ELEFANTE

conselho editorial
Bianca Oliveira
João Peres
Tadeu Breda

edição
Tadeu Breda

assistência de edição
Luiza Brandino

preparação
Natalia Engler
Leticia Feres

revisão
Laura Massunari
Tomoe Moroizumi
Carolina Hidalgo Castelani

capa
Hannah Uesugi
Pedro Botton
[Estúdio Arquivo]

diagramação
Denise Matsumoto
Hannah Uesugi
Pedro Botton

direção de arte
Bianca Oliveira

organização

Ashish Kothari
Ariel Salleh
Arturo Escobar
Federico Demaria
Alberto Acosta

Pluriverso

—

Um dicionário do
pós-desenvolvimento

tradução
Isabella Victoria Eleonora

Dedicado a todas aquelas
e todos aqueles que lutam
pelo pluriverso, resistindo
à injustiça e buscando
caminhos para viver em
harmonia com a natureza.

Muitas palavras são levadas pelo mundo. Muitos mundos se fazem. Muitos mundos nos fazem. Há palavras e mundos que são mentiras e injustiças. Há palavras e mundos que são verdades e verdadeiros. Nós fazemos mundos verdadeiros. Nós somos feitos de palavras verdadeiras. No mundo do poderoso, só cabem os grandes e os que os servem. No mundo que queremos, todos nós cabemos. No mundo que queremos cabem muitos mundos. [...] Em voz baixa e gentilmente, falamos as palavras que encontram a unidade que nos abraça na história, para descartar o esquecimento que nos confronta e destrói. Nossa palavra, nosso canto e nosso grito são para que os mortos já não morram mais. Para que vivam, lutamos; para que vivam, cantamos.

— Exército Zapatista de Libertação Nacional,
Quarta declaração da selva Lacandona (1996)

Apresentação
O *Dicionário do desenvolvimento* revisitado
Wolfgang Sachs   17

Prefácio
Ashish Kothari, Ariel Salleh, Arturo Escobar,
Federico Demaria e Alberto Acosta   29

Introdução
Encontrando caminhos pluriversais
Ashish Kothari, Ariel Salleh, Arturo Escobar,
Federico Demaria e Alberto Acosta   35

O desenvolvimento e suas crises: experiências globais   65

A crítica latino-americana ao desenvolvimento
Maristella Svampa   66

Desenvolvimento para o 1%
Vandana Shiva   71

Kastom Ekonomi da Oceania
Kirk Huffman   76

Mau desenvolvimento
José María Tortosa   81

O projeto de desenvolvimento
Philip McMichael   86

Quebrando as correntes do desenvolvimento
Nnimmo Bassey   91

Universalizando a Terra: soluções reformistas 97

Agricultura inteligente para o clima
Teresa Anderson **98**

Auxílio ao desenvolvimento
Jeremy Gould **103**

BRICS
Ana Garcia e Patrick Bond **108**

Cidades inteligentes
Hug March **113**

Comércio de serviços ecossistêmicos
Larry Lohmann **118**

Desenvolvimento sustentável
Erik Gómez-Baggethun **123**

Ecomodernismo
Sam Bliss e Giorgos Kallis **129**

Economia circular
Giacomo d'Alisa **134**

Economia verde
Ulrich Brand e Miriam Lang **138**

Eficiência
Deepak Malghan **142**

Engenharia reprodutiva
Renate Klein **146**

Ética do bote salva-vidas
John P. Clark **151**

Ferramentas digitais
George C. Caffentzis **155**

Geoengenharia
Silvia Ribeiro **159**

Governança do Sistema Terra
Ariel Salleh 164

Neoextrativismo
Samantha Hargreaves 170

Transumanismo
Luke Novak 175

Um pluriverso popular: iniciativas transformadoras 181

Agaciro
Eric Ns. Ndushabandi e Olivia U. Rutazibwa 182

Agdals
Pablo Domínguez e Gary J. Martin 187

Agroecologia
Victor M. Toledo 192

Amor queer
Arvind Narrain 196

Autonomia
Gustavo Esteva 200

Autonomia zapatista
Xochitl Leyva-Solano 205

Bem Viver
Mónica Chuji, Grimaldo Rengifo e Eduardo Gudynas 209

Bens comuns (commons)
Massimo de Angelis 215

Biocivilização
Cândido Grzybowski 221

Budismo e compaixão baseada em sabedoria
Geshe Dorji Damdul 225

Comunalidade
Arturo Guerrero Osorio 229

Convivialidade
David Barkin   233

Convivialismo
Alain Caillé   237

Decrescimento
Federico Demaria e Serge Latouche   241

Democracia direta
Christos Zografos   246

Democracia ecológica radical
Ashish Kothari   251

Design ecopositivo
Janis Birkeland   256

Direitos da Natureza
Cormac Cullinan   261

Direitos humanos
Miloon Kothari   266

Ecoanarquismo
Ted Trainer   271

Ecofeminismo
Christelle Terreblanche   275

Ecologia da cultura
Ekaterina Tchertkovskaia   280

Ecologia jainista
Satish Kumar   284

Ecologia profunda
John Seed   288

Ecologia social
Brian Tokar   292

Economia da dádiva
Simone Wörer   297

Economia democrática no Curdistão
Azize Aslan e Bengi Akbulut   301

Economia popular, social e solidária
Natalia Quiroga Díaz   **305**

Economia social e solidária
Nadia Johanisova e Markéta Vinkelhoferová   **310**

Economias comunitárias
J. K. Gibson-Graham   **315**

Ecossistemas cooperativos
Enric Duran i Giralt   **319**

Ecossocialismo
Michael Löwy   **323**

Ecoteologia cristã
Seán McDonagh   **327**

Ecovilas
Martha Chaves   **332**

Espiritualidade da Terra
Charles Eisenstein   **336**

Ética islâmica
Nawal Ammar   **340**

Felicidade interna bruta no Butão
Julien-François Gerber   **344**

Feminismos da América Latina
Betty Ruth Lozano Lerma   **348**

Feminismos do Pacífico
Yvonne Underhill-Sem   **352**

Floresta viva: *Kawsak Sacha*
Paty Gualinga   **357**

Hinduísmo e transformação social
Vasudha Narayanan   **361**

Hurai
Yuxin Hou   **365**

Ibadismo
Mabrouka M'Barek   **369**

ICCAs: territórios de vida
Grazia Borrini-Feyerabend e M. Taghi Farvar   **373**

Justiça ambiental
Joan Martínez-Alier 378

Kametsa asaike
Emily Caruso e Juan Pablo Sarmiento Barletti 383

Kyosei
Motoi Fuse 388

Localização aberta
Giorgos Velegrakis e Eirini Gaitanou 391

Mediterraneísmo
Onofrio Romano 395

Minobimaatisiiwin
Deborah McGregor 399

Moedas alternativas
Peter North 403

Movimento de alterglobalização
Geoffrey Pleyers 408

Movimento de Transição
Rob Hopkins 413

Movimento Slow
Michelle Boulous Walker 418

Mulheres de paz (PeaceWomen)
Lau Kin Chi 422

Nayakrishi Andolon
Farhad Mazhar 426

Novo paradigma da água
Jan Pokorný 431

Novos matriarcados
Claudia von Werlhof 436

Ontologias do mar
Karin Amimoto Ingersoll 440

Pacifismo
Marco Deriu 444

País
Anne Poelina 448

Pedagogia
Jonathan Dawson 453

Permacultura
Terry Leahy 458

Política do corpo
Wendy Harcourt 463

Pós-economia
Alberto Acosta 468

Prakritik swaraj
Aseem Shrivastava 473

Produção liderada por trabalhadores
Theodoros Karyotis 478

Produção negentrópica
Enrique Leff 482

Projetos de Vida
Mario Blaser 487

Reconstrução rural
Sit Tsui 491

Religiões chinesas
Liang Yongjia 495

Revolução
Eduardo Gudynas 500

Salário para o trabalho doméstico
Silvia Federici 505

Sentipensar
Patricia Botero Gómez 510

Soberania e autonomia alimentares
Laura Gutiérrez Escobar 515

Soberania energética
Daniela Del Bene, Juan Pablo Soler e Tatiana Roa 520

Software livre
Harry Halpin 525

Subdesenvolver o Norte
Aram Ziai 530

Teologia da libertação
Elina Vuola **534**

Tikkun Olam judaico
Rabino Michael Lerner **539**

Transições civilizatórias
Arturo Escobar **543**

Tribunal Internacional de Arbitragem da Dívida Soberana
Oscar Ugarteche Galarza **548**

Tribunal Internacional pelos Direitos da Natureza
Ramiro Ávila-Santamaría **553**

Ubuntu
Lesley Le Grange **558**

Visão tao de mundo
Sutej Hugu **562**

Posfácio
A Tapeçaria Global de Alternativas 567

Sobre os organizadores 571

Apresentação

O *Dicionário do desenvolvimento* revisitado

Wolfgang Sachs

"A ideia do desenvolvimento perdura como uma ruína na paisagem intelectual." Escrevemos essa frase em 1993 para a introdução do *Dicionário do desenvolvimento*. Em pleno inverno de 1988, na varanda da casa de Barbara Duden, nas proximidades da Universidade Estadual da Pensilvânia, declaramos, em um misto de felicidade e ingenuidade, o fim da "era do desenvolvimento". Entre macarrão, vinho tinto e anéis de cebola, sacos de dormir, um ou dois computadores e pilhas de livros, começamos a esboçar um manual com um único grande propósito: denunciar a ideia do desenvolvimento.

Vamos relembrar: na segunda metade do século xx, a noção de desenvolvimento se firmava como uma poderosa força reguladora sobre as nações. Era o programa geopolítico da era pós-colonial. Considerando que éramos dezessete autores vindos de quatro continentes e que havíamos crescido com o conceito de desenvolvimento enraizado, queríamos nos livrar das profundas convicções herdadas de nossos pais e do pós-guerra. Compreendemos que esse conceito abrira caminho para que o Ocidente impusesse seu poder imperial sobre o mundo. Além disso, sentimos — mais do que soubemos — que o desenvolvimento nos levara a um beco sem saída e que suas consequências nos atingiam na forma de injustiças, crises culturais e degradação ecológica. Em resumo, nos demos conta de que o desenvolvimento tomou um rumo bem conhecido na história

WOLFGANG SACHS nasceu em Munique, na Alemanha, em 1946. É sociólogo, téologo e ecologista. Foi membro do Greenpeace, do Painel Intergovernamental sobre Mudanças Climáticas e do Clube de Roma, além de editor do *Dicionário do desenvolvimento: guia para o conhecimento como poder* (Vozes, 2000).

das ideias: o que nasceu como uma inovação histórica se tornou, ao longo do tempo, uma convenção fadada a terminar em frustração generalizada.

Nosso *spiritus mentor*, Ivan Illich, que estava conosco, comentou que essa conclusão se encaixaria perfeitamente em uma arqueologia da modernidade que ele planejava escrever. Mesmo naquela época, ele acreditava que só se deveria falar sobre o desenvolvimento em um tom lúgubre, como quem redige um obituário.

Retrospectiva

Quando começou a era do desenvolvimento? Em nosso *Dicionário do desenvolvimento*, identificamos o presidente estadunidense Harry S. Truman como o vilão da história. De fato, em 20 de janeiro de 1949, em seu discurso de posse, ele se referiu a mais da metade da população mundial como proveniente de "áreas subdesenvolvidas". Foi a primeira vez que o termo "subdesenvolvimento", que mais tarde se tornaria uma categoria-chave para justificar o poder nacional e internacional, foi pronunciado no alto de um palco político de destaque global. Esse discurso inaugurou a era do desenvolvimento — um período da história mundial que se seguiu à era colonial e foi substituído quarenta anos depois pela era da globalização. Hoje, há claros indícios de que a globalização pode ser substituída por uma era do nacionalismo populista.

Mas o que constitui a ideia de desenvolvimento? Devemos analisar quatro aspectos. Cronológica e politicamente, todas as nações parecem avançar na mesma direção. O tempo que imaginamos é linear, movendo-se apenas para trás ou para a frente, mas a mira do progresso tecnológico e econômico não segue um padrão. Geopoliticamente, os líderes desse percurso, as nações desenvolvidas, mostram aos países atrasados qual caminho seguir. A extraordinária variedade de povos ao redor do mundo passa a ser classificada de forma simplista em nações ricas e pobres. Sociopoliticamente, o desenvolvimento de uma nação é medido por seu desempenho econômico, ou seja, de acordo com o produto interno bruto (PIB). Mesmo as sociedades que acabavam de emergir do domínio colonial foram obrigadas a se colocar sob a custódia da "economia". Por fim, os atores que impõem o desenvolvimento são, em sua maioria, especialistas provenientes de governos, bancos multinacionais e corporações. Antigamente, nos tempos de Marx ou Schumpeter, o desenvolvimento era usado para objetos intransitivos, como no caso de uma flor, que se desenvolve para alcançar a maturidade. Hoje, o termo é usado de modo transitivo, como uma reordenação ativa da sociedade que precisa se completar em poucas décadas, quiçá em anos.

Embora estivéssemos prontos para dizer adeus à era do desenvolvimento, a história mundial não seguiu o mesmo caminho. Pelo contrário: a ideia recebeu novo impulso e ganhou ainda mais fôlego. Assim que os primeiros rascunhos de nosso dicionário ficaram prontos, em novembro de 1989, o Muro de Berlim veio abaixo. Era o fim da Guerra Fria e o início da época da globalização. As portas do mercado transnacional foram escancaradas de uma só vez e seu poder chegou aos quatro cantos do planeta. O Estado-nação se tornou poroso; a economia e a cultura tiveram o mesmo destino, cada vez mais impactadas pelas forças globais. O desenvolvimento, outrora uma tarefa do Estado, agora era desterritorializado. As corporações transnacionais se espalharam por todos os continentes e padronizaram um único estilo de vida: os suvs substituíram os riquixás, os celulares tomaram o lugar do convívio comunitário e o ar-condicionado extinguiu a sesta após o almoço.

A globalização pode ser entendida como uma forma de desenvolvimento sem Estados-nações. As classes médias globais — brancas, negras, asiáticas — foram as que mais lucraram com a situação. Elas fazem compras em shoppings parecidos, consomem os mesmos eletrônicos high-tech e assistem aos mesmos filmes e séries de TV. Como turistas, dispõem livremente do meio decisivo de alinhamento mundial:

o dinheiro. Grosso modo, por volta de 2010, metade da classe média mundial estava vivendo no Norte e a outra metade no Sul. Sem dúvida, esse foi o grande triunfo do "pensamento desenvolvimentista", ainda que seja um desastre anunciado.

Decadência

"Desenvolvimento" é uma palavra artificial, um termo vazio em que se imprime uma significação positiva. Apesar disso, manteve seu status enquanto perspectiva, porque se inscreve em uma rede internacional de instituições que abrange desde a Organização das Nações Unidas (ONU) até as organizações não governamentais (ONGS). No final das contas, bilhões de pessoas fizeram uso do "direito ao desenvolvimento", tal como consta na resolução de 1986 da Assembleia Geral da ONU. Nós, autores do *Dicionário do desenvolvimento*, estávamos ansiosos para proclamar o fim da era do desenvolvimento, mas não previmos o coma político que se arrastaria por décadas. Ainda assim, estávamos certos — apesar de termos imaginado um outro desenrolar dos fatos.

A queda da ideia de desenvolvimento se tornou óbvia na Agenda 2030 da ONU para os Objetivos de Desenvolvimento Sustentável (ODS). Foi-se o tempo em que o desenvolvimento significava uma "promessa". Naquela época, falava-se em jovens nações ambiciosas que avançavam pelos caminhos do progresso. De fato, o discurso do desenvolvimento sustentava uma promessa histórica monumental: no fim, todas as sociedades venceriam o abismo que separa ricos e pobres, e partilhariam os frutos da civilização industrial. Essa era foi enterrada junto com o progresso, pois o que restou foi a luta diária pela sobrevivência. Embora as políticas de combate à pobreza tenham sido bem-sucedidas em alguns países, foram construídas à custa de desigualdades ainda mais profundas em outros lugares e cobraram o alto preço dos danos ambientais irreversíveis. Por fim, mas não menos importante, o aquecimento global e a erosão da biodiversidade abalaram a crença nas nações desenvolvidas como pináculos da evolução social. O efeito foi totalmente oposto: do progresso ao retrocesso, como consequência da lógica capitalista baseada na exploração da natureza. Da obra *Limites do crescimento* (1972 [1973])[1] ao conceito de limites planetários (2009),[2] a análise é clara: a ideia de desenvolvimento como crescimento leva ao colapso, à insustentabilidade da vida humana na Terra. Aliás, os ODS — que carregam o problema no próprio título — são uma decepção semântica. O certo seria chamá-los de OSS: objetivos de sobrevivência sustentável.

A geopolítica do desenvolvimento também implodiu. Que fim levou o imperativo da convergência econômica (*catching up*),[3]

---

1   Escrito por uma equipe de cientistas do Massachusetts Institute of Technology (MIT), *Limites do crescimento* valeu-se de um modelo informatizado para simular as interações entre humanidade e meio ambiente, tendo em conta o aumento populacional e o esgotamento dos recursos naturais. As principais conclusões desse estudo apontavam para um futuro sombrio: o crescimento econômico e populacional teria como consequências o esgotamento dos recursos do planeta e um colapso econômico antes de 2070; ver Meadows *et al.* (1972 [1973]). [N.E.]

2   O conceito foi sugerido em um estudo feito por ambientalistas e cientistas de outras áreas, propondo uma nova definição de limites para a exploração dos recursos naturais com base em uma compreensão de que o Sistema Terra não mais suportará grandes pressões antropogênicas. Os autores identificaram nove limites planetários que não devem ser ultrapassados, pois são responsáveis pela manutenção da estabilidade dos sistemas terrestres há mais de dez mil anos, e isso acarretaria consequências desastrosas e mudanças ambientais abruptas em escala continental ou mesmo global. Ver ROCKSTRÖM, Joham *et al.* "Planetary Boundaries: Exploring the Safe Operating Space for Humanity" [Limites planetários: explorar o espaço operacional seguro para a humanidade], *Ecology and Society*, v. 14, n. 2, art. 32, 2009. [N.E.]

3   Termo usado na teoria do crescimento econômico para indicar a hipótese segundo a qual países mais pobres mostram taxas de crescimento mais altas do que países mais ricos, graças à transferência de tecnologias das nações "mais desenvolvidas" para aquelas

tão caro à ideia de desenvolvimento? Para entender essa virada, vale citar aqui um trecho do documento que anunciou os ODS: "Esta é uma agenda de alcance e significância sem precedentes. [...] São objetivos e metas universais que se aplicam ao mundo todo, tanto aos países desenvolvidos quanto aos em desenvolvimento" (ONU, 2015). A mudança no discurso não poderia estar mais clara: "a geopolítica do desenvolvimento", segundo a qual as nações industriais seriam o grande exemplo para os países pobres, foi simplesmente descartada. Do mesmo modo que a era da Guerra Fria se desvaneceu em 1989, o mito do *catch up* evaporou-se em 2015. Aliás, poucos mitos foram enterrados de forma tão silenciosa.

Que sentido há no desenvolvimento, afinal, se nenhum país pode ser considerado "sustentavelmente desenvolvido"? Para além disso, a geografia econômica do mundo não é mais a mesma. Do ponto de vista geopolítico, a rápida ascensão da China como a maior potência econômica da Terra tem sido espetacular. Os sete principais países recém-industrializados já concentram mais poder econômico do que as nações industriais tradicionais, embora o G7 insista em manter sua aparência de hegemonia. Em outras palavras, a globalização quase dissolveu o consagrado regime Norte-Sul.

Além do mais, o desenvolvimento sempre foi um construto estatístico. Sem seu número mágico, o PIB, seria impossível inventar um ranking para hierarquizar as nações do mundo. Logo, a comparação entre rendimentos foi o ponto central do pensamento desenvolvimentista, pois era a única forma de medir as taxas de pobreza e riqueza relativas de um país. Desde os anos 1970, no entanto, surgiu uma dicotomia que justapõe a ideia de desenvolvimento como crescimento à ideia de desenvolvimento como política social. Instituições como o Banco Mundial, o Fundo Monetário Internacional (FMI) e a Organização Mundial do

---

"menos desenvolvidas". Assim, ao longo do tempo, os países menos desenvolvidos eventualmente alcançariam (em inglês, *to catch up*) os mais avançados em termos econômicos e tecnológicos. [N.E.]

Comércio (OMC) continuaram reverenciando a vertente do crescimento, ao passo que o Programa das Nações Unidas para o Desenvolvimento (PNUD), o Programa das Nações Unidas para o Meio Ambiente (PNUMA) e a maioria das ONGs passaram a enfatizar a linha das políticas sociais. Desse modo, "desenvolvimento" se tornou um termo genérico. Os ODS emergiram desse cenário. O crescimento econômico deixou de ser o propósito central, mas não seria tão simples se livrar do reducionismo do pensamento desenvolvimentista. No lugar dos números do PIB, hoje temos os indicadores sociais — nutrição, saúde, educação, meio ambiente — para mapear o desempenho de um país. Os dados permitem uma comparação que constrói déficits ao longo de uma linha do tempo, expondo as diferenças entre grupos e nações. Reduzir esses déficits no mundo tem sido o objetivo do desenvolvimento nos últimos setenta anos. Nesse sentido, o Índice de Desenvolvimento Humano (IDH), da mesma forma que o PIB, funciona como um índice de deficiência. Ao classificar os países hierarquicamente, ele pressupõe que exista um único caminho para a evolução social. E assim desvendamos o segredo do pensamento desenvolvimentista: ele só pode viver sob a ditadura da comparação quantitativa.

Panorama

No mesmo ano da publicação do *Dicionário do desenvolvimento*, outro livro estava causando furor: *O fim da história e o último homem*, de Francis Fukuyama. A obra é um marco da atmosfera daquele tempo, quando o Ocidente triunfava com sua democracia e o estilo de vida industrializado. Vinte e cinco anos depois, em 2018, nenhuma de suas promessas se cumpriu. Pelo contrário: a desordem reina e caminhamos para o caos, enquanto o medo e a raiva contrastam drasticamente com o triunfalismo dos anos 1990. Se fosse preciso descrever o clima geral no Hemisfério Norte, que se alastra para algumas partes do Sul, a melhor expressão seria: medo do futuro, medo de que as expectativas de vida se reduzam, de que nossos filhos e netos sejam mais desfavorecidos. Na classe média global, corre a suspeita de que as expectativas do desenvolvimento não serão atendidas. De fato, o destino de milhões de pessoas está selado, e não apenas nos países pobres: elas acabarão alienadas de suas tradições e excluídas do mundo moderno, ainda que mergulhadas no estilo de vida ocidental por meio de seus smartphones. Assim, a confusão cultural e a crise ecológica alimentam o medo do futuro.

A era moderna expansionista encalhou na história: é chegada a hora de abandonar o barco. Em um breve olhar, identificamos três grandes narrativas que respondem ao medo do futuro: "a fortaleza", "o globalismo" e "a solidariedade". O "pensamento de fortaleza" expresso pelo neonacionalismo revive o passado glorioso de um povo imaginário. Líderes autoritários refazem o orgulho nacional enquanto criam outros bodes expiatórios — dos muçulmanos à ONU. O resultado é o ódio aos estrangeiros, muitas vezes associado ao fundamentalismo religioso. Uma espécie de "chauvinismo dos abastados" cresce por toda parte, especialmente entre as novas classes médias que precisam defender seus bens materiais dos mais pobres. Em contrapartida, encontramos no "globalismo" a imagem do planeta como um símbolo arquetípico. No lugar da fortaleza mercantilista dos "Estados Unidos em primeiro lugar", os globalistas promovem o ideal de um mundo desregulamentado, de livre-comércio, destinado a gerar riqueza e bem-estar a corporações e consumidores do mundo todo. A elite progressista globalizada pode até sentir algum medo do futuro, mas suas dificuldades são facilmente superadas com o "crescimento verde e inclusivo" e as tecnologias inteligentes.

A terceira narrativa — "a solidariedade" — é diferente. Seu medo do futuro clama pela resistência contra os poderosos, os reais fiadores da sociedade do "cada um por si" e da saga capitalista em busca de lucros. Em vez disso, são valorizados os direitos humanos (coletivos e individuais) e os princípios ecológicos, e as forças do mercado não são um fim em si mesmas, mas sim meios para atingir um fim. Como expressa o slogan "Pense globalmente, aja localmente", cria--se um localismo cosmopolita, para que as políticas locais considerem necessidades mais amplas. Isso significa abolir gradualmente o modo de vida imperialista que a civilização industrial exige e redefinir formas de prosperidade frugais. O Papa Francisco, um dos mais importantes porta-vozes da solidariedade, diz, em sua carta encíclica *Laudato Si': sobre o cuidado da casa comum*:

> Sabemos que é insustentável o comportamento daqueles que consomem e destroem cada vez mais, enquanto outros ainda não podem viver de acordo com a sua dignidade humana. Por isso, chegou a hora de aceitar um certo decrescimento do consumo nalgumas partes do mundo, fornecendo recursos para que se possa crescer de forma saudável noutras partes. (Papa Francisco, 2015, §193)

A meu ver, este *dicionário do pós-desenvolvimento* está diretamente enraizado na narrativa da solidariedade. Os cem verbetes elucidam vários caminhos para a transformação social, que colocam a empatia por seres humanos e não humanos em primeiro lugar; são visões que se posicionam firmemente contra o nacionalismo xenofóbico e o globalismo tecnocrático. É profundamente encorajador perceber que a teoria e a prática da solidariedade, como testemunhamos na diversidade geográfica desses autores, parecem ter alcançado todos os cantos do planeta.

Referências

ILLICH, Ivan. *Tools for Conviviality*. Nova York: Harper & Row, 1993.

MEADOWS, Donella; MEADOWS, Dennis; RANDERS, Jørgen & BEHRENS, William. *The Limits to Growth*. Nova York: Universe, 1972 [Ed. bras.: *Limites do crescimento*. São Paulo: Perspectiva, 1973].

MISHRA, Pankaj. *Age of Anger: A History of the Present*. Londres: Allen Lane, 2017.

ONU — ORGANIZAÇÃO DAS NAÇÕES UNIDAS. *Transformando nosso mundo: a Agenda 2030 para o Desenvolvimento Sustentável*. Trad. Itamaraty. Nova York: ONU, 2015. Disponível em: http://www.itamaraty.gov.br/images/ ed_desenvsust/Agenda2030-completo-site.pdf.

PAPA FRANCISCO. *Carta encíclica Laudato Si': sobre o cuidado da casa comum*. Cidade do Vaticano: Santa Sé, 2015. Disponível em: http://www.vatican.va/ content/francesco/pt/encyclicals/documents/papa-francesco_20150524_ enciclica-laudato-si.html.

RASKIN, Paul. *Journey to Earthland: The Great Transition to Planetary Civilization*. Boston: Tellus, 2016. [Ed. bras.: *Jornada para Terralanda: a grande transição para a civilização planetária*. Trad. Peter Lenny; Marcia B. Niskier & Tania B. Niskier. Rio de Janeiro: Ibase, 2018].

SACHS, Wolfgang (org.). *The Development Dictionary: A Guide to Knowledge as Power*. London: Zed Books: 2010 [1992] [Ed. bras.: *Dicionário do desenvolvimento: guia para o conhecimento como poder*. Petrópolis: Vozes, 2000].

SPEICH-CHASSÉ, Daniel. *Die Erfindung des Bruttosozialprodukts: Globale Ungleichheit in der Wissensgeschichte der Ökonomie*. Göttingen: Vandenhoeck & Ruprecht, 2013.

Prefácio

Ashish Kothari, Ariel Salleh, Arturo Escobar,
Federico Demaria e Alberto Acosta

Este livro convida os leitores a mergulhar em uma profunda experiência de descolonização intelectual, emocional, ética e espiritual. Nossa convicção comum é de que a ideia de "desenvolvimento como progresso" precisa ser desconstruída para abrir caminho às alternativas culturais que nutrem e respeitam a vida na Terra. Esse modelo de desenvolvimento ocidental que domina o planeta é um construto homogeneizante, comumente adotado pelos povos ao redor do mundo sob intensa coerção material. O contratermo "pós-desenvolvimento" comporta uma miríade de críticas sistêmicas e maneiras de viver para além desse paradigma. Assim, este dicionário se destina a repolitizar o debate atual a respeito da transformação socioecológica, enfatizando sua multidimensionalidade. Pode ser útil para o ensino e a pesquisa, para inspirar ativistas de movimentos sociais e como introdução aos curiosos — até mesmo àqueles que estão no poder, mas já não se sentem tão confortáveis com seu mundo.

O livro não é, de modo algum, o primeiro a abordar o tema do pós-desenvolvimento. O *Dicionário do desenvolvimento* organizado por Wolfgang Sachs, publicado há mais de trinta anos, fez escola. Outros títulos importantes são: *La invención del Tercer Mundo: construcción y deconstrucción del desarrollo* [A invenção do Terceiro Mundo: construção e desconstrução do desenvolvimento], de Arturo Escobar; *Le développement: histoire d'une croyance occidentale* [O desenvolvimento: história de uma crença ocidental], de Gilbert Rist; e *The Post-Development Reader* [Antologia do pós-desenvolvimento], organizado por Majid Rahnema e Victoria Bawtree. As contribuições feministas incluem *Staying Alive: Women, Ecology and Development* [Manter-se viva: mulheres, ecologia e desenvolvimento], de Vandana Shiva, e *The Subsistence Perspective: Beyond the Globalised Economy* [A perspectiva da subsistência: além da economia globalizada], escrito por Veronika Bennholdt-Thomsen e Maria Mies. Além desses, os trabalhos de acadêmicos ativistas como Ashis Nandy, Manfred Max-Neef, Serge Latouche, Gustavo Esteva, Rajni Kothari e Joan Martínez-Alier contribuíram enormemente para desenhar os contornos do futuro pós-desenvolvimentista.

O que faltava, até agora, era uma compilação transcultural de conceitos concretos, visões de mundo e práticas que surgem ao redor do planeta, capaz de desafiar a ontologia moderna do universalismo em prol da multiplicidade de universos possíveis. Esse é o significado de reivindicar um pluriverso. A ideia de criar uma coletânea como esta começou a ser discutida por três de nós — Alberto Acosta, Federico Demaria e Ashish Kothari — em Leipzig, Alemanha, por ocasião da IV Conferência Internacional sobre Decrescimento, em 2014. Um ano depois, Ariel Salleh e Arturo Escobar se juntaram ao projeto e começamos a planejá-lo seriamente, até chegarmos à atual centena de verbetes. Temos consciência das lacunas temáticas e geográficas, mas oferecemos este livro como um convite para explorar o que vemos como "modos relacionais de existência". Isso significa reconstruir a política como meio de senti-la profundamente. Foi dessa maneira que, durante a edição — como em qualquer ato que exige cuidado —, deparamos com os limites da nossa própria reflexividade cultural, incluindo as vulnerabilidades, e, portanto, descobrimos novas formas de compreensão e aceitação. "O pessoal é político", como dizem as feministas.

O livro dialoga com uma confluência global de visões econômicas, sociopolíticas, culturais e ecológicas. Cada ensaio é escrito por alguém seriamente engajado na visão de mundo ou prática abordada — de resistentes indígenas a rebeldes de classe média. Agradecemos a paixão e o comprometimento desses autores, muitos dos quais aceitaram imediatamente o convite para contribuir. Eles tiveram um prazo de entrega curtíssimo e foram pacientes com nossos comentários editoriais — o vai-vém inevitável das tentativas de alcançar o máximo de acessibilidade e consistência.

Nosso caloroso obrigado à equipe de Kalpavriksh, em Pune, Índia, especialmente a Shrishtee Bajpai e Radhika Mulay, pela ajuda no acompanhamento dos ensaios e pela contribuição com observações críticas em alguns textos. Agradecimentos especiais também às nossas amigas e colegas Dianne Rocheleau e Susan Paulson, por seus comentários inspiradores sobre a versão inicial do manuscrito. E, claro, somos profundamente gratos a Joan Martínez-Alier e Marta Viana, do Instituto de Tecnologia e Ciência Ambiental (ICTA): esses colegas da Universidade Autônoma de Barcelona viabilizaram nosso encontro editorial em meados de 2017, recebendo-nos em sua vibrante cidade com apoio financeiro do projeto EnvJustice (ERC 695446). Por fim, agradecemos o apoio entusiasmado de nossos publishers e editores internos da AuthorsUpFront e Tulika Books, em Nova Déli, que ajudaram a guiar todo o trabalho até a finalização. Desde o início deste projeto, não tivemos dúvidas de que o livro deveria ser publicado primeiro no Sul global, e o lançamos sob a licença Creative Commons.

Nosso dicionário se diferencia de outras publicações do gênero por ser dividido em três partes, e cada uma delas representa a transição histórica sobre a qual os acadêmicos e ativistas do século XXI se debruçam:

(i) *O desenvolvimento e suas crises: experiências globais.* O conceito de "desenvolvimento", já ultrapassado há algumas décadas, precisa ser reavaliado como uma questão de urgência política. Nesta primeira seção, reconhecidos ativistas acadêmicos dos cinco continentes refletem sobre essa ideia e sua relação com as múltiplas crises da modernidade.

(ii) *Universalizando a Terra: soluções reformistas.* Aqui apresentamos um leque de inovações desenvolvidas sobretudo no Norte global e frequentemente promovidas como "soluções progressistas para a crise". Uma revisão crítica de sua retórica e prática expõe as incoerências internas e sugere que tais ideias tendem a se tornar distrações lucrativas e ecologicamente perdulárias.

(iii) *Um pluriverso popular: iniciativas transformadoras*. Esta seção principal do livro é um compêndio de práticas e visões de mundo, antigas e atuais, locais e globais, que emergem das comunidades indígenas, camponesas e pastoris e de vizinhanças urbanas, além de movimentos feministas, ambientalistas e espirituais. Por múltiplos caminhos, todos chegam à justiça e à sustentabilidade.

As visões e práticas contidas neste dicionário não propõem a aplicação de um conjunto específico de políticas, instrumentos e parâmetros para escapar do "mau desenvolvimento". Em vez disso, sugerem o reconhecimento de pessoas que têm outras perspectivas sobre o bem-estar planetário e de suas habilidades para protegê-lo. Elas procuram fundamentar as atividades humanas de acordo com os ritmos e os limites da natureza, respeitando a materialidade interligada de todas aquelas vidas. Esse conhecimento indispensável precisa ser mantido em segurança entre os bens comuns, e não privatizado ou mercantilizado. O ponto de vista e as práticas oferecidas aqui colocam o Bem Viver acima da acumulação material. Como regra, reverenciam a cooperação em vez da competição e enxergam o trabalho como um meio de vida prazeroso, e não como um "meio de morte" do qual precisamos fugir nos fins de semana e nas viagens de ecoturismo. Da mesma forma, em nome do "desenvolvimento", a criatividade humana é frequentemente destruída por sistemas educacionais tediosos e homogeneizantes.

Os verbetes deste livro são avaliados de acordo com critérios como: os meios de produção econômica e reprodução social são controlados de forma justa?, os humanos estão construindo relações de apoio mútuo com os não humanos?, todas as pessoas têm acesso a modos de vida significativos?, há justiça na distribuição intergeracional de benefícios e malefícios?, as discriminações de gênero, classe, etnia, raça, casta e sexualidade, tradicionais ou modernas, estão sendo eliminadas?, a paz e a não violência estão difundidas por toda a vida comunitária? Essas perguntas guiam a proposta deste dicionário: ajudar na busca coletiva por um mundo ecologicamente sábio e socialmente justo.

Concebemos o livro como uma contribuição à jornada sobre a Tapeçaria Global de Alternativas,[1] que fortalece a esperança e a inspiração pelo aprendizado mútuo, cria estratégias de defesa e ação e constrói iniciativas colaborativas. Ao fazê-lo, não subestimamos os desafios epistemológicos, políticos e emocionais de reconstruir nossas próprias histórias. Como escreveu Mustapha Khayati, em *Captive Words* [Palavras cativas] (1966):

> [...] toda crítica ao velho mundo foi feita na língua daquele mundo, ainda que diretamente contra ela [...]. A teoria revolucionária tem sido obrigada a inventar seus próprios termos, a destruir o sentido dominante de outros termos e estabelecer novos significados [...] correspondentes à nova realidade embrionária que precisa ser libertada [...]. Toda práxis revolucionária sentiu a necessidade urgente de um novo campo semântico e da expressão de uma nova verdade [...] porque *a linguagem é a morada do poder.*[2]

Estamos ao seu lado na luta!

---

1 Para atualizações sobre a Tapeçaria Global de Alternativas, ver Radical Ecological Democracy [Democracia ecológica radical], disponível em: www.radicalecologicaldemocracy.org, surgida da experiência indiana de Vikalp Sangam [Confluências alternativas], disponível em: www.vikalpsangam.org.

2 KHAYATI, Mustapha. "Captive Words: Preface to a Situationist Dictionary" [Palavras cativas: prefácio para um dicionário situacionista], *International Situationists*, n. 10, 1966.

Introdução

Encontrando caminhos pluriversais

Ashish Kothari, Ariel Salleh, Arturo Escobar,
Federico Demaria e Alberto Acosta

Passadas algumas décadas do chamado "desenvolvimento", o mundo está, sem dúvida, em uma crise — sistêmica, múltipla e assimétrica — que demorou a se concretizar, mas que hoje se estende por todos os continentes. Nunca antes tantos aspectos cruciais da vida fracassaram ao mesmo tempo, e a expectativa das pessoas sobre seu próprio futuro e o de seus filhos parece muito incerta. As manifestações da crise são sentidas em todos os âmbitos: ambiental, econômico, social, político, ético, cultural, espiritual e pessoal. Assim, este livro é um ato de renovação e repolitização, no qual "o político" significa uma colaboração entre vozes dissidentes sobre os tipos de mundos alternativos que queremos criar.

Um *dicionário do pós-desenvolvimento* pode aprofundar e ampliar a agenda de pesquisa, diálogo e ação para acadêmicos, políticos e ativistas. Também oferece uma variedade de visões de mundo e práticas relacionadas à nossa busca coletiva por um mundo ecologicamente sábio e socialmente justo. Este programa deverá investigar tudo o que é transformador (o quê, como, quem, para quem e por quê) e diferenciá-lo daquilo que não é.[1] Na transição para um "mundo do pós-desenvolvimento", há companheiros com visão estratégica e há também outros com boas propostas táticas de curto prazo. A democracia, um

---

[1] Para considerações iniciais sobre a agenda do *dicionário do pós-desenvolvimento*, ver Demaria & Kothari (2017). Para uma tentativa inicial de articular diferentes alternativas ao desenvolvimento, ver Kothari, Demaria & Acosta (2014) e Beling *et al.* (2018). Este último discute as sinergias discursivas para uma "grande transformação" em direção à sustentabilidade entre os defensores do desenvolvimento humano, do decrescimento e do Bem Viver.

processo em permanente autorradicalização, deverá dialogar com todas as áreas da vida, começando pelo corpo e avançando para afirmar-se como uma plena Democracia da Terra.[2]

A natureza sedutora da retórica do desenvolvimento — também conhecida como desenvolvimentismo (Nandy, 2003, p. 164-75; Mies, 1986; Deb, 2009; Shrivastava & Kothari, 2012) — foi internalizada em praticamente todos os países. Até mesmo alguns povos que sofrem diretamente as consequências do crescimento industrial do Norte global aceitaram o caminho unilinear do progresso. Muitas nações do Sul global resistiram às tentativas de regulação ambiental, sob a acusação de que o Norte os impedia de alcançar o mesmo nível de desenvolvimento. O debate internacional migra para a questão das "transferências monetárias e tecnológicas" do Norte global para o Sul — que, para a conveniência do primeiro, mantém intactas as premissas básicas do paradigma desenvolvimentista. Estes termos, "Norte e Sul globais", não são designações geográficas: carregam implicações geopolíticas e econômicas. Desse modo, o "Norte global" pode descrever tanto as nações historicamente dominantes como as colonizadas, porém prósperas, elites do Sul. De modo similar, para as novas alianças de alterglobalização,[3] o "Sul global" pode ser uma metáfora para minorias étnicas exploradas, para mulheres em países ricos e para países historicamente colonizados ou "mais pobres" como um todo (Salleh, 2006).

Décadas após a noção de desenvolvimento ter se espalhado pelo mundo, apenas meia dúzia de países considerados "pouco desenvolvidos" ou "em desenvolvimento", ou ainda do Terceiro Mundo — nos termos pejorativos da Guerra Fria —, de fato se qualificou como "desenvolvida". Outros países

---

2   Ver "Earth democracy: Vasudhaiva Kutumkam" [Democracia da Terra: o mundo é uma família], *Navdanya*, s.d. Disponível em: https://www.navdanya.org/site/earth-university/earth-democracy.

3   Para uma forma de globalização fundamentalmente diferente da que hoje é dominante, ver o verbete "Movimento de alterglobalização", p. 408.

lutaram para imitar o modelo econômico do Norte, com altíssimos custos ecológicos e sociais. O problema não está nas falhas de implementação, mas na concepção de desenvolvimento como crescimento linear, unidirecional, material e financeiro, movido pela mercantilização e pelos mercados capitalistas. Apesar das inúmeras tentativas de ressignificar o desenvolvimento, ele continua sendo aquilo que os "especialistas" gerenciam na busca pelo crescimento econômico, medido unicamente pelo PIB — um indicador de progresso raso e impreciso do ponto de vista do bem-estar. Na realidade, o mundo como um todo vivencia o "mau desenvolvimento", mesmo nos países mais industrializados, cujo estilo de vida deveria supostamente servir como um farol para guiar o caminho dos "atrasados".

Uma parte crucial de nossos problemas está na concepção de "modernidade" — sem querer sugerir que tudo o que é moderno seja destrutivo ou injusto, tampouco que toda tradição seja positiva. Na verdade, elementos modernos, como os direitos humanos e os princípios feministas, estão se provando libertadores para muita gente. Referimo-nos à modernidade como a visão de mundo dominante que emergiu da Europa a partir da transição entre Idade Média e Renascimento até o início da Idade Moderna, e que se consolidou no fim do século XVIII. Entre essas práticas culturais e instituições, há uma crença no indivíduo independente do coletivo, na propriedade privada, no livre-mercado, no liberalismo político, no secularismo[4] e na democracia representativa. Outra característica fundamental da modernidade é o "universalismo" — a ideia de que todos vivemos em um único mundo, agora globalizado, e, pior ainda, a noção de que a ciência é a única verdade legítima, o arauto do "progresso".

Entre as causas iniciais dessa crise múltipla está a antiga premissa monoteísta de que um "Deus" pai criou a Terra em benefício de "seus" filhos humanos. Esse posicionamento é

---

4   O termo é usado aqui no sentido de uma orientação anti ou não espiritual e religiosa, e não no sentido de uma orientação que respeite igualmente todas as crenças, religiosas ou não.

conhecido como antropocentrismo.[5] No Ocidente, esse pensamento evoluiu para o vício filosófico de colocar a humanidade contra a natureza e deu origem a dualismos como a divisão entre sujeito *versus* objeto, mente *versus* corpo, masculino *versus* feminino e civilizado *versus* bárbaro. Essas categorias ideológicas clássicas legitimam a devastação do mundo natural, bem como a exploração baseada em diferenças raciais, civilizacionais e de sexo/gênero. As feministas enfatizam a "cultura masculinista de dominação" trazida por esses pares artificiais; os intelectuais do Sul global destacam sua "colonialidade". O sistema de mundo moderno, colonial, capitalista e patriarcal (Grosfoguel & Mielants, 2006), portanto, marginaliza e degrada formas de conhecimento, tais como o cuidado, o direito, a ciência e a economia não ocidentais. Esse é o padrão político predominante no mundo todo, ainda que tenham existido modelos alternativos na Europa, assim como as "modernidades" da América Latina, da China e de outros territórios.

Este livro abrange uma variedade de pontos de vista que vão desde o modelo atual de desenvolvimento globalizante até alternativas não modernas e autodefinidas. Muitas dessas radicais visões de mundo se encaixam na segunda ou na terceira categoria. Ao dar voz à diversidade, compartilhamos da convicção de que a crise global não pode ser gerenciada nas estruturas institucionais existentes. Isso é histórico, estrutural e exige um profundo despertar cultural, uma reorganização das relações tanto internamente quanto entre as sociedades ao redor do mundo, bem como entre seres humanos e o restante da chamada "natureza". Como humanos, nossa lição mais importante é fazer as pazes com a Terra e uns com os outros. Em todo os lugares, as pessoas estão experimentando modos de atender às suas necessidades garantindo os direitos e a dignidade da Terra e de seus habitantes ameaçados. Essa busca

---

5   Ou, como Andrew Dobson (1995) argumenta, "instrumentalismo humano", uma vez que todos nós podemos inevitavelmente ser um pouco centrados no ser humano de um modo neutro. No entanto, a análise do dualismo ideológico como tal se deve à pensadora ecofeminista Elizabeth Dodson-Gray (1979).

é uma resposta ao colapso ecológico, à grilagem de terras, às guerras do petróleo e a todas as formas de extrativismo, tais como a agroindústria e o cultivo de espécies geneticamente modificadas. Esse roubo suprime os meios de subsistência rurais e aumenta a pobreza urbana. Às vezes, o "progresso" ocidental também leva às doenças da opulência, da alienação e do desenraizamento. Mas os movimentos de resistência do povo estão ganhando espaço em todos os continentes. O Global Atlas of Environmental Justice [Atlas da justiça ambiental] (EJAtlas) documenta e cataloga mais de dois mil conflitos,[6] comprovando a existência de um ativo movimento global em prol da justiça ambiental, ainda que não esteja unificado.

Não há qualquer garantia de que o "desenvolvimento" resolverá as tradicionais discriminações e violências contra mulheres, jovens, crianças e minorias intersexuais, sem-terra e desempregados, raças, castas e etnias (Navas, Mingorria & Aguilar-González, 2018). À medida que o capitalismo global desestabiliza as economias regionais, transformando as comunidades em vidas devastadas e populações refugiadas, algumas pessoas buscam refúgio no poder machista da direita política. Essa postura prioriza a identidade nacional e promete "recuperar os empregos" dos migrantes — que se tornam bodes expiatórios. Às vezes, uma classe trabalhadora de esquerda, mas insegura, pode também adotar essa posição, sem reconhecer a culpabilidade de bancos e corporações por sua situação. A guinada ao autoritarismo já é realidade no mundo todo, da Índia aos Estados Unidos, bem como na Europa. Uma classe tecnocrática privilegiada mantém viva a ilusão de uma democracia representativa, com sua trajetória neoliberal de inovação em prol do crescimento verde. Há uma linha tênue entre a

---

6   O EJAtlas coleta histórias de comunidades em dificuldades e é o maior inventário mundial de tais conflitos. O objetivo é tornar essas mobilizações mais visíveis, destacar reivindicações e testemunhos e defender a verdadeira responsabilidade corporativa e estatal pelas injustiças infligidas por meio de suas atividades (Martínez-Alier *et al.*, 2016; Scheidel *et al.*, 2018). Disponível em: http://ejatlas.org.

direita e a esquerda ortodoxa quando se trata de produtivismo, modernização e progresso. Além disso, cada uma dessas ideologias tem por base valores eurocêntricos e masculinistas, de modo a reforçar o status quo.

Karl Marx nos lembrou que, quando uma nova sociedade nasce dentro da antiga, traz consigo vários defeitos do sistema anterior. Mais tarde, Antonio Gramsci observaria sobre seu tempo que "a crise consiste precisamente no fato de que o velho morre e o novo não pode nascer; neste interregno, uma grande variedade de sintomas mórbidos aparece" (Gramsci, 1971 [1930], p. 275-6). Contudo, essas esquerdas europeias não previram as alternativas que surgem hoje das margens políticas, tanto da periferia colonial quanto da periferia doméstica do capitalismo. A análise marxista permanece necessária, mas não é suficiente — precisa ser complementada por perspectivas como as do feminismo e da ecologia, ao lado de outros imaginários que emanam do Sul global, incluindo os ideais gandhianos. Em um momento de transição como este, crítica e ação clamam por novas narrativas, combinadas a soluções materiais práticas. Melhorar o que já fazemos ou fazê-lo em menor escala não é o bastante. O caminho a ser seguido não é simplesmente tornar as empresas mais responsáveis ou ajustar burocracias regulatórias; tampouco é uma questão de reconhecer a cidadania das "pessoas de cor", "idosas", "deficientes", "mulheres" ou "queer" por meio da política progressista pluralista. Da mesma forma, a conservação de algumas poucas áreas "intocadas" da natureza às margens do capitalismo urbano terá pouco efeito contra o colapso da biodiversidade.

Este *dicionário do pós-desenvolvimento* fala de uma época em que os grandes modelos políticos do século xx — democracia liberal representativa e socialismo de Estado — tornaram-se formas de governo incoerentes e disfuncionais, mesmo quando alcançaram bem-estar social e direitos para alguns. Convenientemente, o livro começa com a seção "O desenvolvimento e suas crises: experiências globais", que oferece algumas reflexões sobre a ideia de desenvolvimento, valendo-se da experiência de ativistas acadêmicos de todos os continentes — com exceção da Antártida. São as vozes de Maristella Svampa (América do Sul), Kirk Huffman (Oceania), Vandana Shiva (Ásia), José María Tortosa (Europa), Philip McMichael (América do Norte) e Nnimmo Bassey (África).

Com base nessas críticas, o dicionário se volta à análise dos limites do desenvolvimentismo em seu esforço de moldar soluções reformistas para a crise global. Deparamos com o fantasma da modernidade, reencarnado em infinitas formas à medida que os remédios paliativos dos poderosos mantêm intacto o status quo do Norte-Sul. Essa segunda seção, intitulada "Universalizando a Terra: soluções reformistas", trata, entre outros tópicos, dos mecanismos de mercado, da geoengenharia e da agricultura inteligente para o clima, da questão populacional, da economia verde, da engenharia reprodutiva e do transumanismo. Um dos temas fundamentais é o celebrado gesto político do "desenvolvimento sustentável". Claro que até mesmo as pessoas bem-intencionadas podem, inadvertidamente, promover soluções falsas ou superficiais para os problemas globais. Portanto, novamente, não é tão simples distinguir as iniciativas tradicionais ou superficiais das "radicais, transformadoras" nestes tempos em que o complexo midiático-militar-industrial e as promoções da indústria do *greenwashing* estão mais sedutoras.

A crítica à industrialização não é nova: Mary Shelley (1797-1851), Karl Marx (1818-1883) e Mahatma Gandhi (1869-1948), cada qual a seu modo, expressaram suas desconfianças sobre o processo, assim como vários movimentos populares ao longo dos últimos duzentos anos. No século xx, o debate sobre a sustentabilidade foi fortemente influenciado pelo argumento do relatório *Limites do crescimento*, do Clube de Roma (Meadows *et al.*, 1972 [1973]), e os círculos oficiais têm demonstrado preocupação com as tecnologias de produção em massa e padrões de consumo desde a Conferência de Estocolmo, realizada em 1972. Desse ponto em diante, as conferências globais reiterariam o descompasso entre "desenvolvimento e meio ambiente", como no relatório *Our Common Future* [Nosso futuro comum], também conhecido como relatório Brundtland, publicado em 1987 pela Comissão Mundial sobre Meio Ambiente e Desenvolvimento, que trouxe à tona o assunto. Todavia, a ONU e a maioria dos Estados-nações nunca incluíram em seus documentos uma crítica às forças sociais e estruturais por trás do colapso ecológico. A proposta sempre foi tornar o crescimento econômico e o desenvolvimento "sustentáveis e inclusivos" por meio de tecnologias, mercados e reformas políticas institucionais adequadas. O problema é que esse mantra da sustentabilidade foi engolido pelo capitalismo desde o início e, depois, esvaziado de seu conteúdo ecológico.

A partir da década de 1980, a globalização neoliberal avançou de modo agressivo mundo afora. A ONU mudou seu foco para uma agenda de "diminuição da pobreza" nos países em desenvolvimento, sem questionar as origens da miséria nas economias movidas pela acumulação de capital do Norte global. Na verdade, argumentava-se que os países precisavam alcançar um alto padrão de vida antes de dispor seus recursos para proteger o meio ambiente.[7] O "crescimento" econômico foi, então, redefinido como um passo necessário (Gómez-Baggethun & Naredo, 2015). Essa diluição dos limites nos debates iniciais abriu caminho para o conceito ecologicamente moderno de "economia verde". O novo milênio testemunhou o surgimento de uma infinidade de propostas keynesianas desse tipo, tais como bioeconomia, Revolução Verde para a África, promoção da economia circular na China e na Europa e a Agenda 2030 para o Desenvolvimento Sustentável (Salleh, 2016).

Na Conferência das Nações Unidas sobre Desenvolvimento Sustentável em 2012, também chamada Rio+20, essa ideologia oca da sustentabilidade foi a matriz orientadora para as discussões multilaterais. Por algum tempo, o Programa das Nações Unidas para o Meio Ambiente (PNUMA), com o

---

7   Ver, por exemplo, uma apresentação do ex-primeiro-ministro indiano Manmohan Singh (1991) e uma crítica a ela em Shrivastava & Kothari (2012, p. 121-2).

setor corporativo e até mesmo com parte da esquerda,[8] falou entusiasmadamente sobre a necessidade de um "novo acordo ecológico". Como prelúdio para a Rio+20, o PNUMA publicou um relatório sobre a economia verde, definindo-a como "uma economia que melhora o bem-estar humano e a equidade social, ao mesmo tempo que reduz significativamente os riscos ambientais e a escassez ecológica" (PNUMA, 2011; Salleh, 2012). Em consonância com a política pró-crescimento dos defensores do desenvolvimento sustentável, o relatório conceituou todas as formas naturais de vida ao redor do planeta como "capital natural" e "ativos econômicos críticos", intensificando a mercantilização comercial da vida na Terra. Todavia, a oposição de ativistas da alterglobalização respondeu ferozmente.

A declaração final oficial da Rio+20 defende o crescimento econômico em mais de vinte de seus artigos. Essa abordagem é baseada em um suposto esverdeamento da teoria econômica neoclássica chamado "economia ambiental", uma crença de que o crescimento pode se desvincular da natureza por meio da desmaterialização e da despoluição, através da chamada "ecoeficiência". Contudo, estudos empíricos de ciclo de vida e metabolismo social da economia ecológica mostram que essa produção se "desmaterializou" em termos relativos — usando menos energia e materiais por unidade do PIB —, mas não reduziu quantidades totais ou absolutas de materiais e energia, que é o que importa para a sustentabilidade. Historicamente, os únicos períodos de desmaterialização absoluta coincidem com recessões econômicas.[9] A ideia popular de "eficiência econômica" está longe de respeitar os limites biofísicos — da natureza e dos recursos naturais, da capacidade de assimilação dos ecossistemas ou dos limites planetários.

8   Por exemplo, a New Economics Foundation, em Londres, e a Rosa-Luxemburg-Stiftung, em Berlim.

9   Os economistas ecológicos forneceram evidências empíricas significativas por meio de suas análises sociometabólicas, que medem os fluxos de energia e materiais da economia; ver Krausmann *et al.* (2009) e Jorgenson & Clark (2012). Para uma discussão sobre o método, ver Gerber & Scheidel (2018).

O modelo internacional do capitalismo verde, levado adiante na declaração "Transformando nosso mundo: a agenda 2030 para o desenvolvimento sustentável" (SDSN, 2013; PNUMA, 2011; ONU, 2012, 2013, 2015), revela as seguintes falhas no que ficou conhecido como Objetivos de Desenvolvimento Sustentável (ODS) (Kothari, 2013):

- ausência de análises sobre as raízes estruturais da pobreza, da insustentabilidade e da violência multidimensional, cujas fundamentações históricas são o poder do Estado, os monopólios corporativos, o neocolonialismo e as instituições patriarcais;
- foco inadequado na governança democrática direta com tomadas de decisão responsáveis pelos cidadãos e comunidades autoconscientes em contextos presenciais;
- ênfase contínua no crescimento econômico como motor do desenvolvimento, contradizendo os limites biofísicos do planeta, com a adoção arbitrária do PIB como indicador de progresso;
- dependência permanente da globalização como principal estratégia econômica, minando as tentativas de autossuficiência e autonomia dos povos;
- subserviência permanente ao capital privado e falta de vontade de democratizar o mercado através de seu controle pelos trabalhadores/produtores e pela comunidade;
- a ciência e a tecnologia modernas apresentadas como panaceias sociais, que ignoram os próprios limites e impactos, resultando na marginalização de outros conhecimentos;
- cultura, ética e espiritualidade deixadas de lado e se tornando subservientes às forças econômicas;
- consumismo desregulado, sem estratégias para reverter a contaminação desproporcional do mundo gerada pelo Norte global por meio de resíduos, toxicidade, emissões e alterações climáticas;

- as arquiteturas neoliberais da governança global cada vez mais dependentes de valores gerenciais tecnocráticos por parte das burocracias estatais e multilaterais.

Essa estrutura dos ODS, estabelecida em 2015 e agora global em seu alcance, é um falso consenso.[10] Por exemplo, ela exige "crescimento econômico sustentável", o que entra em contradição com a maioria dos ODS. Se o "desenvolvimento" é visto como um termo tóxico a ser rejeitado (Dearden, 2015), então o "desenvolvimento sustentável" se torna um oxímoro. Mais especificamente, o teórico do decrescimento Giorgos Kallis comentou:

> O desenvolvimento sustentável e sua reencarnação mais recente, o "crescimento verde", despolitizam antagonismos políticos genuínos entre visões alternativas para o futuro. Eles transformam os problemas ecológicos em técnicos, prometendo soluções vantajosas para todos e o objetivo impossível de perpetuar o crescimento econômico sem prejudicar o meio ambiente. (Kallis, 2015)

Isso é o que acontece com as soluções reformistas.

Não pretendemos menosprezar o trabalho de pessoas que estão encontrando novas soluções tecnológicas — tais como energias renováveis — para reduzir problemas; tampouco pretendemos diminuir os muitos elementos positivos contidos na estrutura dos ODS.[11] Ao contrário, nosso objetivo é salientar que, na ausência de uma transformação sociocultural fundamental e estrutural, a inovação tecnológica e gerencial não nos tirará das crises.[12] À medida que as nações e as sociedades ci-

---

10 Esse fenômeno foi antecipado nos trabalhos pioneiros de Shiva (1989) e Hornborg (2009).

11 Para uma visão crítica, mas apreciativa, do potencial da estrutura dos ODS, ver Club de Madrid (2017).

12 Ver *Low-Tech Magazine*, disponível em: www.lowtechmagazine.com/about.html.

vis se preparam para os ODS, é imperativo estabelecer critérios para ajudar as pessoas a fazer tal distinção.

—

Em contraposição ao discurso da razão política convencional, a seção principal deste dicionário, intitulada "Um pluriverso popular: iniciativas transformadoras", reúne uma série de noções e práticas complementares que formam iniciativas radicais e sistêmicas.[13] Algumas delas revivem ou reinterpretam criativamente antigas visões de mundo indígenas; outras vêm de movimentos sociais recentes; outras, ainda, revisitam filosofias e tradições religiosas mais antigas. Todas elas perguntam: o que há de tão errado com a vida cotidiana atual? Quem é responsável por isso? Como seria uma vida melhor e como chegaremos até lá? Ou, como perguntam as feministas da *sostenibilidad de la vida* [sustentabilidade da vida]: "O que é uma vida digna de ser vivida? E como podemos criar condições que permitam concretizá-la?" (Orozco, 2014).

Juntas, essas perspectivas compõem um "pluriverso": um mundo onde caibam muitos mundos, como dizem os zapatistas de Chiapas. Os mundos de todas as pessoas devem coexistir com dignidade e paz, sem depreciação, exploração ou miséria. Um mundo pluriversal supera atitudes patriarcais, racismo, castaísmo e outras formas de discriminação. Nele, as pessoas reaprendem o que significa ser uma parte humilde da "natureza", deixando para trás noções antropocêntricas estreitas de progresso baseadas no crescimento econômico. Enquanto muitas articulações pluriversais criam sinergia entre si, ao contrário da ideologia universalizante do desenvolvimento sustentável, elas não podem ser reduzidas a uma política abrangente para administração da ONU, nem de algum outro regime de governança global, nem por regimes regionais ou estatais. Nós vislumbramos uma confluência mundial de alternativas, capaz

---

13 Para contribuições anteriores, ver Salleh (2017), Kothari, Demaria & Acosta (2014), Escobar (2015) e Beling *et al.* (2018).

de gerar estratégias de transição e de incluir pequenas ações cotidianas rumo a uma grande transformação.

Nosso projeto de desconstruir o desenvolvimento se abre para uma matriz de alternativas, do universo ao pluriverso. Algumas visões e práticas já são bem conhecidas nos círculos ativistas e acadêmicos, tais como o Bem Viver, "uma cultura da vida" com vários nomes em toda a América do Sul; o *ubuntu*, enfatizando o valor da mutualidade humana na África Austral; e o *swaraj*, da Índia, centrado na autoconfiança e no autogoverno (Gudynas, 2011; Metz, 2011; Kothari, 2014). Este livro se baseia na hipótese de que existem milhares de iniciativas transformadoras em todo o mundo. Outras, menos conhecidas, mas igualmente relevantes, seriam *kyosei*, *minobimaatisiiwin*, *nayakrishi*, bem como versões criticamente reflexivas das principais religiões, incluindo o islamismo, o cristianismo, o hinduísmo, o budismo e o judaísmo. Do mesmo modo, visões políticas como o ecossocialismo e a ecologia profunda compartilham pontos de convergência com os ideais comunais mais antigos. Muitos termos têm uma história longa, reaparecem na narrativa de movimentos pelo bem-estar e, novamente, coexistem em harmonia com conceitos contemporâneos, como o decrescimento e o ecofeminismo (Demaria *et al.*, 2013; D'Alisa, Demaria & Kallis, 2014 [2016]; Bennholdt-Thomsen & Mies, 1999; Salleh, 2017).

De norte, sul, leste ou oeste, cada fio no arco-íris do pós--desenvolvimento simboliza a emancipação humana "dentro da natureza" (Salleh, 2017; Santos, 2009). É o último elo que distingue nosso projeto pluriversal do relativismo cultural. Como Aldo Leopold (1949, p. 224) diria: "Uma coisa é certa quando tende a preservar a integridade, a estabilidade e a beleza da 'comunidade biótica'. É errada quando tende ao contrário". Em busca de se fazer as pazes com a Terra, outra meta pacificadora é unir os conhecimentos ancestrais e contemporâneos em um processo que demandará um diálogo horizontal e respeitoso. Isto posto, não há moldes válidos para todos os tempos e lugares, assim como nenhuma teoria é imune ao questionamento. De fato, esse tipo de reflexividade histórica só agora está se tornando reconhecido como um terreno da política. A resposta a estruturas de macropoder como capital e império é uma paisagem bastante conhecida; o que ainda é pouco explorado é o campo do micropoder, ou poder capilar, que alimenta a violência cotidiana. Toda a honrosa retórica da justiça abstrata, incluídas as loas espirituais à Mãe Terra, não serão suficientes para trazer as mudanças que queremos. Construir uma casa pluriversal significa assentar um novo alicerce.

As iniciativas transformadoras, localizadas na terceira e última parte deste livro, em muito diferem das soluções convencionais ou reformistas. Idealmente, elas vão até a raiz de um problema e questionam o que já identificamos como características centrais do discurso do desenvolvimento — crescimento econômico, produtivismo, retórica do progresso, racionalidade instrumental, mercados, universalidade, antropocentrismo e sexismo. Essas alternativas transformadoras abrangem uma ética radicalmente diferente da que sustenta o sistema atual. As entradas nessa seção do livro refletem valores baseados em uma lógica relacional, em um mundo onde tudo está ligado a todo o resto.

Existem muitos caminhos para uma biocivilização, mas nós imaginamos sociedades que englobam os seguintes valores, entre outros mais:

- diversidade e pluriversalidade;
- autonomia e autossuficiência;
- solidariedade e reciprocidade;
- bens comuns e ética coletiva;
- comunhão com a natureza e direitos da natureza;
- interdependência;
- simplicidade e suficiência;
- inclusão e dignidade;
- justiça e equidade;
- recusa de hierarquias;
- dignidade do trabalho;
- direitos e responsabilidades;

- sustentabilidade ecológica;
- não violência e paz.[14]

A agência política pertencerá aos marginalizados, explorados e oprimidos, e as transformações vão integrar e mobilizar múltiplas dimensões, embora não necessariamente de uma só vez. Um exemplo dessa visão pode ser o conjunto de confluências chamado Vikalp Sangam, que ocorre na Índia desde 2014. Os valores defendidos por esse movimento são:

Sabedoria ecológica, integridade e resiliência, priorizando a manutenção de processos ecorregenerativos que conservam ecossistemas, espécies, funções e ciclos, respeitando os limites ecológicos do local ao global e incorporando a ética ecológica em todas as atividades humanas.

Bem-estar social e justiça, com satisfação física, social, cultural e espiritual, bem como equidade de direitos e responsabilidades socioeconômicas e políticas. Relações não discriminatórias e harmonia comunal substituem as hierarquias baseadas em fé, gênero, casta, classe, etnia, habilidade e idade, e os direitos humanos coletivos e individuais são assegurados.

Democracia direta e delegada, em que consensos de tomada de decisão ocorrem na menor unidade de assentamento, da qual todo ser humano tem o direito, a capacidade e a oportunidade de participar, fortalecendo a governança democrática, por meio de delegados diretamente responsáveis, de

14 Para um processo extenso e intensivo de visão dos elementos e valores das alternativas radicais, ver Vikalp Sangam [Confluências alternativas] na Índia, em andamento desde 2014, disponível em: http://kalpavriksh.org/our-work/alternatives/vikalp-sangam; e a nota sobre a visão que foi inspirada nele, "The search for alternatives: key aspects and principles" [A busca por alternativas: aspectos-chave e princípios], disponível em: http://vikalpsangam.org/about/the-search-for-alternatives-key-aspects-and-principles.

maneiras consensuais, respeitosas e que apoiem as necessidades e os direitos daqueles atualmente marginalizados, como os jovens ou as minorias religiosas.

Democratização econômica, na qual a propriedade privada dá lugar aos bens comuns, removendo a distinção entre proprietário e trabalhador. Comunidades e indivíduos — idealmente "prossumidores" — têm autonomia sobre a produção, a distribuição e os mercados locais. A localização é um princípio fundamental, e o comércio é baseado no princípio da troca igual.

Diversidade cultural e democracia do conhecimento, com respeito à pluralidade de modos de viver, a ideias e a ideologias. A criatividade e a inovação são encorajadas, e a geração, a transmissão e o uso do conhecimento — tradicional ou moderno, incluindo ciência e tecnologia — são acessíveis para todos.

▬

Mas onde estão as mulheres — "a outra metade" da humanidade — em todos esses processos? Como podemos garantir que um pluriverso pós-desenvolvimento não dissolva a colonialidade enquanto mantém as mulheres "em seu lugar", como materialmente responsáveis pelas atividades cotidianas? Um primeiro passo para antecipar essa profunda mudança sistêmica é questionar como práticas e conhecimentos tradicionais e modernos beneficiam a "masculinidade" e os privilégios que a acompanham.

Originalmente, as duas palavras, "economia" e "ecologia", compartilhavam uma raiz grega única, *oikos*, que significa "nossa casa". Mas essa unidade foi logo desmembrada, conforme a autoproclamada dominação dos homens sobre a natureza passou a incluir a exploração das mulheres. Civilizações inteiras foram construídas sobre o controle do gênero e da fertilidade da mulher — um recurso essencial para a continuidade de qualquer regime político. Isso transformou as mulheres em "meios", e não "fins", tirando-lhes sua condição de indivíduos completos e dotados de direitos.

Ironicamente, a economia ou o setor produtivo, como é conhecido no Norte global, agora destrói seus próprios fundamentos sociais e ecológicos no setor reprodutivo. O dicionário contém várias entradas sobre os questionamentos das mulheres a esse éthos de desenvolvimento irracional — feminismos da América Latina e do Pacífico, PeaceWomen [Liga internacional de mulheres pela paz e liberdade], matriarcados, salários para o trabalho doméstico, políticas do corpo, economias presentes e ecofeminismo. A maioria dessas iniciativas é baseada na luta das mulheres pela sobrevivência. Elas associam a emancipação política à justiça ambiental, problemas locais a estruturas globais, geralmente argumentando pela subsistência sustentável contra o progresso linear e o "desenvolvimento sustentável" (Bennholdt-Thomsen & Mies, 1999). Inversamente, o feminismo ocidental convencional tende a ser antropocêntrico, de modo que as feministas liberais e até as socialistas podem ser apaziguadas sob o ardil da "igualdade". Assim, essas políticas mantêm e retroalimentam as instituições masculinistas existentes.

Análises oficiais da ONU e dos governos nunca incluíram uma crítica aprofundada das forças estruturais subjacentes ao colapso ecológico. Da mesma forma, a enraizada estrutura dos antigos valores patriarcais é levada adiante pelos desenvolvimentos globais e permanece sem análise. Conhecida como "a mais longa revolução", a libertação das mulheres da dominação social masculina não tem sido fácil. Até mesmo os especialistas muitas vezes confundem o bem-estar do lar ou da comunidade com o bem-estar do provedor, ignorando uma hierarquia de poder doméstica. Na academia, a tendência pós-moderna de reduzir a identidade sexual incorporada à construção do "gênero" é outra convenção inútil. Da mesma forma, tratar "classe, raça e gênero" como "estruturas interseccionais" abstratas pode desviar a atenção da materialidade bruta da experiência vivida. Os gestos democráticos formais — o voto ou a igualdade salarial para as mulheres — são meros arranhões superficiais nos velhos hábitos da opressão de sexo/gênero.[15] A adesão às virtudes espirituais ou a sólidos princípios seculares, como diversidade e solidariedade, pode até ajudar, mas não garante o fim dos impactos biofísicos da violência sexual e de gênero.

Ativistas que buscam alternativas justas e sustentáveis precisam reconhecer esse nível tácito de materialidade política. Em graus variados, as mulheres do Norte e do Sul enfrentam silenciamento e assédio; a elas faltam não apenas recursos mas também, muitas vezes, liberdade de movimento. Elas convivem com indignidades culturalmente estabelecidas sobre menstruação, excisão do clitóris, poligamia, assassinato relacionado ao dote, crime de honra, *sati*,[16] beliscões, apalpadas e, agora, pornografia de vingança em meio digital. Elas aguentam a gravidez forçada, a violência doméstica, o estupro marital, o estupro coletivo, o estupro genocida como arma de guerra, a estigmatização como viúvas e a perseguição como "bruxas" na velhice. No século XXI, uma combinação de aborto de fetos femininos, violência privatizada e danos colaterais da militarização sobre as populações civis está resultando em uma queda na proporção demográfica de mulheres para homens no mundo. Só na Ásia, 1,5 milhão de mulheres perderam a vida na última década devido a esses fatores.

O abuso de crianças e a crueldade com os animais são outros aspectos da antiga e generalizada prerrogativa patriarcal sobre formas de vida "menores". Essas atividades são uma

---

15 O salário das mulheres nas economias desenvolvidas equivale a aproximadamente 65% do salário masculino para um trabalho semelhante. Homens em economias desenvolvidas gastam menos de vinte minutos por dia com seus filhos. Na Índia contemporânea, apenas 15% das mulheres integram o total da força de trabalho remunerada.

16 O *sati* é uma prática de autoimolação de viúvas que se atiram na pira funerária do marido morto, queimando-se vivas em um ato de devoção matrimonial. Difundido na Índia desde o Império Gupta (320-550 d.C.), hoje o *sati* é proibido por lei. [N.E.]

forma de extrativismo, uma gratificação obtida de energias extraídas de outros tipos de corpos, aqueles considerados "mais próximos da natureza". Após a análise pioneira de Elizabeth Dodson-Gray, intelectuais ecofeministas ofereceram uma aguçada crítica histórica da ordem patriarcal capitalista global — incluindo sua religião, economia e ciência. Desconstruindo a potência contínua dos dualismos ideológicos antigos — a humanidade sobre a natureza, o homem sobre a mulher, a pessoa que emprega sobre a que trabalha, a pessoa branca sobre a negra —, elas mostraram que diferentes formas de dominação social estão inter-relacionadas (Dodson-Gray, 1979; Merchant, 1980; Waring, 1988). Assim, uma "política do cuidado" proposta por mulheres do Norte e do Sul globais converge com os costumes de Bem Viver, *ubuntu* e *swaraj*, porque em ambos os hemisférios o trabalho cotidiano das mulheres ensina "outra epistemologia" que não é baseada na lógica instrumental ou de controle, mas na "relacional" — como a racionalidade dos processos ecológicos (Salleh, 2011, 2012, 2017 [1997]). Em sua articulação mais profunda, essas vozes pluriversais contestam a modernidade e o tradicionalismo, localizando a corporificação material de classe, raça, sexo/gênero e espécie dentro de um quadro ecocêntrico. Não pode haver nenhum pluriverso até que os alicerces históricos do direito masculino sejam trazidos para o debate político.

——

Os leitores certamente questionarão a confiança que nós, ao lado de inúmeros autores do dicionário, investimos na ideia de "comunidade". É verdade que esse é um termo questionável, que pode facilmente ocultar opressões baseadas em sexo/gênero, idade, classe, casta, etnia, raça ou habilidade. Além disso, reconhecemos que a governança ou as economias "localizadas" são frequentemente xenófobas, um paroquialismo visto atualmente na oposição nacionalista aos refugiados em muitas partes do mundo. Cercado pela intolerância da direita e por uma "política identitária" defensiva da esquerda, nosso compêndio de alternativas propõe práticas integradoras e inclusivas. Temos esperança de que elementos afirmadores da vida podem ser descobertos até mesmo em algumas das religiões patriarcais do mundo, e esperamos cultivar esse potencial.

O ideal de comunalidade aqui contemplado carrega o sentido paradigmático dos movimentos atuais em direção à "comunização" ou *la comunalidad*. Como no caso das iniciativas em rede da Vikalp Sangam, esses coletivos têm como alicerces a tomada de decisões autônomas por meio de relações face a face e o intercâmbio econômico voltado para atender às necessidades básicas por meio da autossuficiência.[17] Nossa compreensão de comunidade é crítica, está sempre em processo e questionando a hegemonia patriarcal capitalista moderna do indivíduo como núcleo da sociedade. Esperamos que este livro inspire movimentos contrários a essa pressão colonizadora global, assim como somos inspirados por grupos culturais em todo o mundo que ainda desfrutam de uma existência coletiva. Nesse contexto, a socióloga mexicana Raquel Gutiérrez Aguilar propõe o conceito de *entramados comunitarios* [envolvimentos comunitários]:

a multiplicidade de mundos humanos que povoam e engendram o mundo sob diversas normas de respeito, colaboração, dignidade, amor e reciprocidade, que não estão completamente sujeitos à lógica da acumulação de capital, mesmo que muitas vezes sejam atacados e subjugados por ela [...] tais envolvimentos comunitários [...] são encontrados em diversos formatos e modelos [...]. Eles incluem diversas configurações humanas, imensamente variadas, algumas de longa data, outras mais jovens, que conferem significado e "fornecem" aquilo que na filosofia política clássica é conhecido como "espaço socionatural". (Aguilar, 2011, p. 36)

---

17 Para uma narrativa detalhada sobre a legitimidade do uso de "comunidade" e vários derivados, reconhecendo as contestações, ver Escobar (2010, 2014).

Muitas cosmovisões e práticas radicais contidas neste livro permitem visualizar o pluriverso. Ao falarmos sobre elas, aumentamos sua existência e viabilidade. De fato, é a proliferação de afirmações provenientes desses "outros" mundos que torna este livro possível. Todavia, é nesse sentido que as soluções de desenvolvimento convencional ou reformistas podem ser consideradas falsas. Em resposta à crise ecológica, "especialistas" no Norte global se baseiam no conceito de "um único mundo" responsável pela devastação do planeta como o ponto de partida de suas supostas soluções. No entanto, seu compromisso com *la dolce vita* não nos pode ajudar na tarefa fundamental de tornar o pluriverso sustentável. Repetindo: a noção do pluriverso questiona o próprio conceito de universalidade, fundamental para a modernidade eurocêntrica. Com a expressão "um mundo onde caibam muitos mundos", os zapatistas nos dão a definição mais sucinta e adequada do pluriverso.

O Ocidente conseguiu vender sua própria ideia de "um único mundo" — conhecido apenas pela ciência moderna e governado por sua própria cosmovisão —, ao passo que os movimentos da alterglobalização propõem a pluriversalidade como um projeto compartilhado, baseado na multiplicidade de "formas de fazer mundo". Por causa das assimetrias de poder, os povos indígenas tiveram de alienar a própria experiência de senso comum do mundo e aprender a viver com o dualismo masculinista eurocêntrico entre humanos e não humanos, que trata os indígenas como não humanos, como "recursos naturais". Eles resistem a essa separação quando se mobilizam em nome de montanhas, lagos ou rios, por considerá-los seres sencientes com "direitos", e não meros objetos ou recursos. Contudo, muitas pessoas no mundo industrializado estão exigindo que os direitos do restante da natureza sejam expressos em leis e políticas. Ao fazê-lo, estão dando um passo em direção à incorporação de algo que os povos indígenas sempre integraram em sua visão de mundo, mas reivindicam da maneira formal com que estão familiarizadas.[18] Há um longo caminho a ser percorrido até a integração da multiplicidade de mundos, mas os movimentos por justiça e ecologia estão encontrando um crescente terreno comum. Assim, as lutas políticas das mulheres também convergem para esse mesmo ponto.

Na maioria das vezes, tanto no Norte quanto no Sul do mundo, são mães e avós as cuidadoras comuns que se unem a esse emaranhamento, defendendo e reconstituindo modos de ser comunitários e formas de autonomia locais. Como os indígenas descritos anteriormente, elas recorrem a maneiras não patriarcais de fazer, ser e saber.[19] Elas convidam à participação, à colaboração, ao respeito, à aceitação mútua e à horizontalidade; elas honram a sacralidade na renovação cíclica da vida. Sua cultura tacitamente matriarcal resiste a ontologias fundamentadas em dominação, hierarquia, controle, poder, negação de outros, violência e guerra. Do movimento mundial PeaceWomen até as redes africanas antiextrativistas, as mulheres estão defendendo a natureza e a humanidade com a mensagem clara de que não pode haver descolonização sem despatriarcalização.

Tais iniciativas ressoam poderosamente nos conceitos de pós-desenvolvimento aqui descritos (Acosta & Brand, 2017 [2018]). Para o pluriverso, não se trata de um conceito da moda, mas de uma prática. Os imaginários sociais baseados nos direitos humanos e nos direitos da natureza não serão alcançados por meio de uma intervenção de cima para baixo. Iniciativas como o movimento Cidades em Transição ou as ecovilas podem conter uma mistura de soluções reformistas e mudanças sistêmicas e mais amplas. Projetos emancipatórios dependerão da solidariedade entre continentes e poderão

---

18 Ver, por exemplo, Kauffman & Sheehan (2018) e Global Alliance for the Rights of Nature [Aliança global pelos direitos da natureza], disponível em: http://therightsofnature.org.

19 Essa ética não deve ser lida pela lente da ideologia liberal, isto é, como "natureza essencial" das mulheres. É um resultado aprendido da experiência com trabalhos de cuidado, historicamente atribuídos a mulheres na maioria das culturas.

trabalhar de mãos dadas com os movimentos de resistência. Um exemplo foi a iniciativa Yasuní-ITT no Equador, que exigia "deixar o petróleo no solo, o carvão no buraco e as areias betuminosas na terra" (Acosta, 2014). Viver de acordo com as percepções de múltiplos mundos parcialmente conectados, ainda que radicalmente diferentes, pode nos ajudar a deixar de lado, em nossa vida pessoal e coletiva, certezas tradicionais e modernas e universalismos. Como organizadores do *dicionário do pós-desenvolvimento*, nos esforçamos em fornecer algumas ferramentas conceituais e práticas para honrar um pluriverso que promova uma biocivilização ecocêntrica, diversificada, multidimensional e capaz de encontrar um equilíbrio entre as necessidades individuais e comunitárias. Essa política viva e prefigurativa se baseia no princípio de criar agora os alicerces dos mundos que queremos ver concretizados no futuro; implica uma contiguidade de meios e fins.

Como chegaremos daqui até lá? Afinal, estamos falando de mudanças profundas nas esferas econômica, política, social e cultural, e de uma sexualidade viva. Uma transição como essa implica aceitar um conjunto de medidas e mudanças em diversos domínios da vida e em diferentes escalas geográficas. As transições podem ser confusas e não totalmente radicais, mas podem ser consideradas "alternativas" se pelo menos tiverem um potencial de mudança. Dada a diversidade de visões imaginativas em todo o mundo, a maneira de construir sinergias entre elas permanece em aberto. Haverá contratempos; estratégias desaparecerão ao longo do caminho, e outras surgirão. Diferenças, tensões e até contradições existirão, mas elas podem se tornar base para uma troca construtiva. Os caminhos para o pluriverso são múltiplos e abertos e estão em contínua evolução.

Referências

ACOSTA, Alberto. "Iniciativa Yasuní-ITT: La difícil construcción de la utopía", *Rebelión*, 3 fev. 2014.

ACOSTA, Alberto & BRAND, Ulrich. *Salidas del laberinto capitalista: Decrecimiento y postextractivismo*. Barcelona: Icaria, 2017 [Ed. bras.: *Pós-extrativismo e decrescimento: saídas do labirinto capitalista*. Trad. Tadeu Breda. São Paulo: Elefante, 2018].

AGUILAR, Raquel Gutiérrez. "Pistas reflexivas para orientarnos en una turbulenta época de peligro". *In*: AGUILAR, Raquel Gutiérrez; SIERRA, Natalia; DÁVALOS, Pablo; OLIVERA, Oscar; MONDRAGÓN, Héctor; ALMENDRA, Vilma; ZIBECHI, Raúl; ROZENTAL, Emmanuel & MAMANI, Pablo (orgs.). *Palabras para tejernos, resistir y transformar en la época que estamos viviendo*. Cochabamba: Pez en el Árbol, 2011.

BELING, Adrian; VANHULST, Julien; DEMARIA, Federico; RABI, Violeta; CARBALLO, Ana & PELENC, Jérôme. "Discursive Synergies for a 'Great Transformation' towards Sustainability: Pragmatic Contributions to a Necessary Dialogue between Human Development, Degrowth, and Buen Vivir", *Ecological Economics*, n. 144, p. 304-13, 2018.

BENNHOLDT-THOMSEN, Veronika & MIES, Maria. *The Subsistence Perspective: Beyond the Globalised Economy*. Londres: Zed Books, 1999.

CLUB DE MADRID. *A New Paradigm for Sustainable Development? Summary of the Deliberations of the Club de Madrid Working Group on Environmental Sustainability and Shared Societies*. Madri: WLA-Club de Madrid, 2017. Disponível em: http://www.clubmadrid.org/wp-content/uploads/2017/11/Shared_Societies-Report-13.pdf.

D'ALISA, Giacomo; DEMARIA, Federico & KALLIS, Giorgos. *Degrowth: A Vocabulary for a New Era*. London: Routledge, 2014 [Ed. bras. *Decrescimento: vocabulário para um novo mundo*. Trad. Roberto Cataldo Costa. Porto Alegre: Tomo Editorial, 2016].

DEARDEN, Nick. "Is Development Becoming a Toxic Term?", *The Guardian*, 22 jan. 2015.

DEB, Debal. *Beyond Developmentality: Constructing Inclusive Freedom & Sustainability*. Nova Déli: Daanish Books, 2009.

DEMARIA, Federico & KOTHARI, Ashish. "The Post-Development Dictionary Agenda: Paths to the Pluriverse ", *Third World Quarterly*, v. 38, n. 12, p. 2588-99, 2017.

DEMARIA, Federico; SCHNEIDER, François; SEKULOVA, Filka & MARTÍNEZ--ALIER, Joan. "What Is Degrowth? From an Activist Slogan to a Social Movement", *Environmental Values*, v. 22, n. 2, p. 191-215, 2013.

DOBSON, Andrew. *Green Political Thought*. Londres: Routledge, 1995.

DODSON-GRAY, Elizabeth. *Green Paradise Lost*. Wellesley: Roundtable Press, 1979.

ESCOBAR, Arturo. *Encountering Development: The Making and Unmaking of the Third World*. Princeton: Princeton University Press, 1995.

ESCOBAR, Arturo. "Latin America at a Crossroads: Alternative Modernizations, Post-Liberalism, or Post-Development?", *Cultural Studies*, v. 24, n. 1, p. 1-65, 2010.

ESCOBAR, Arturo. "Sustainability: Design for the Pluriverse", *Development*, v. 54, n. 2, p. 137-40, 2011.

ESCOBAR, Arturo. *Sentipensar con la tierra: Nuevas lecturas sobre desarrollo, territorio y diferencia*. Medellín: Ediciones Unaula, 2014.

ESCOBAR, Arturo. "Degrowth, Post-Development, and Transitions: A Preliminary Conversation", *Sustainability Science*, v. 10, n. 3, p. 451-62, 2015.

ESCOBAR, Arturo. *Autonomía y diseño: La realización de lo comunal*. Buenos Aires: Tinta Limón, 2017.

EZLN — EJÉRCITO ZAPATISTA DE LIBERACIÓN NACIONAL. "Cuarta Declaración de la Selva Lacandona", 1º jan. 1996. Disponível em: http://enlacezapatista.ezln.org.mx/1996/01/01/cuarta-declaracion-de-la-selva-lacandona/.

GANDHI, Mohandas Karamchand. "Hind Swaraj". *In*: PAREL, Anthony (org.). *Gandhi: Hind Swaraj and Other Writings*. Cambridge: Cambridge University Press, 1997 [1909].

GERBER, Julien-François & SCHEIDEL, Arnim. "In Search of Substantive Economics: Comparing Today's Two Major Socio-Metabolic Approaches to the Economy — MEFA and MUSIASEM", *Ecological Economics*, n. 144, p. 186-94, 2018.

GÓMEZ-BAGGETHUN, Erik & NAREDO, José Manuel. "In Search of Lost Time: The Rise and Fall of Limits to Growth in International Sustainability Policy", *Sustainability Science*, v. 10, n. 3, p. 385-95, 2015.

GRAMSCI, Antonio. *Selections from the Prison Notebooks*. Nova York: International Publishers, 1971 [1930] [Ed. bras.: *Cadernos do cárcere*, v. 3, *Notas sobre o Estado e a política*. Rio de Janeiro: Civilização Brasileira, 2007.]

GROSFOGUEL, Ramón & MIELANTS, Eric. "The Long-Durée Entanglement between Islamophobia and Racism in the Modern/Colonial Capitalist/ Patriarchal World-System: An Introduction", *Human Architecture: Journal of the Sociology of Self-Knowledge*, v. 5, n. 1, 2006.

GUDYNAS, Eduardo. "Buen Vivir: Today's Tomorrow", *Development*, v. 54, n. 4, p. 441-7, 2011.

GUPTE, Manisha. "Envisioning India Without Gender and Patriarchy? Why not?". *In*: KOTHARI, Ashish & JOY, K. J. (orgs.). *Alternative Futures: India Unshackled*. Nova Déli: AuthorsUpFront, 2017.

HORNBORG, Alf. "Zero-Sum World: Challenges in Conceptualizing Environmental Load Displacement and Ecologically Unequal Exchange in the World-System", *International Journal of Comparative Sociology*, v. 50, n. 3/4, p. 237-62, 2009.

JORGENSON, Andrew & CLARK, Brett. "Are the Economy and the Environment Decoupling? A Comparative International Study: 1960-2005", *American Journal of Sociology*, v. 118, n. 1, p. 1-44, 2012.

KALLIS, Giorgos. "The Degrowth Alternative", *Great Transition Initiative*, fev. 2015.

KAUFFMAN, Craig & SHEEHAN, Linda. "The Rights of Nature: Guiding Our Responsibilities through Standards". *In*: TURNER, Stephen; SHELTON, Dinah; RAZAQQUE, Jona; MCINTYRE, Owen & MAY, James (orgs.). *Environmental Rights: The Development of Standards*. Cambridge: Cambridge University Press, 2018.

KOTHARI, Ashish. "Missed Opportunity? Comments on Two Global Reports for the Post-2015 Goals Process", *Kalpavriksh e ICCA Consortium*, Pune, 13 jul. 2013.

KOTHARI, Ashish. "Radical Ecological Democracy: A Path Forward for India and Beyond", *Development*, v. 57, n. 1, p. 36-45, 2014.

KOTHARI, Ashish. "Why Do We Wait so Restlessly for the Workday to End and for the Weekend to Come?", *Scroll*, 17 jun. 2016. Disponível em: http://scroll.in/article/809940/.

KOTHARI, Ashish; DEMARIA, Federico & ACOSTA, Alberto. "Buenvivir, Degrowth and Ecological Swaraj: Alternatives to Sustainable Development and the Green Economy", *Development*, v. 57, n. 3-4, p. 362-75, 2014.

KRAUSMANN, Fridolin; GINGRICH, Simone; EISENMENGER, Nina; ERB, Karl-Heinz; HABERL, Helmut & FISCHER-KOWALSKI, Marina. "Growth in Global Materials Use, GDP and Population During the 20th Century", *Ecological Economics*, v. 68, n. 10, p. 2696-705, 2009.

LATOUCHE, Serge. *Farewell to Growth*. Trad. David Macey. Londres: Polity, 2009 [Ed. bras.: *Pequeno tratado do decrescimento sereno*. Trad. Claudia Berliner. São Paulo: Martins Fontes, 2009].

LEOPOLD, Aldo. *A Sand County Almanac and Sketches Here and There*. Nova York: Oxford University Press, 1949. [Ed. bras.: *Almanaque de um condado arenoso e alguns ensaios sobre outros lugares*. Trad. Rômulo Ribon. Belo Horizonte: Editora UFMG, 2019.]

MARTÍNEZ-ALIER, Joan; TEMPER, Leah; BENE, Daniela Del & SCHEIDEL, Arnim. "Is There a Global Environmental Justice Movement?", *Journal of Peasant Studies*, v. 43, n. 3, p. 731-55, 2016.

MARX, Karl & ENGELS, Friedrich. *The Manifesto of the Communist Party*. Moscou: Foreign Languagens Publishing House, 1959 [1872] [Ed. bras.: *Manifesto comunista*. São Paulo: Boitempo, 1998].

MEADOWS, Donella; MEADOWS, Dennis; RANDERS, Jørgen & BEHRENS, William. *The Limits to Growth*. New York: Universe Books, 1972 [Ed. bras.: *Limites do crescimento*. São Paulo: Perspectiva, 1973].

MERCHANT, Carolyn. *The Death of Nature: Women, Ecology and the Scientific Revolution*. Nova York: Harper & Row, 1980.

METZ, Thaddeus. "Ubuntu as a Moral Theory and Human Rights in South Africa", *African Human Rights Law Journal*, v. 11, n. 2, p. 532-59, 2011.

MIES, Maria. *Patriarchy and Accumulation on a World Scale: Women in the International Division of Labour*. Londres: Zed Books, 1986.

NANDY, Ashis. *The Romance of the State and the Fate of Dissent in the Tropics*. Nova Déli: Oxford University Press, 2003.

NAVAS, Grettel; MINGORRIA, Sara & AGUILAR-GONZÁLEZ, Bernardo. "Violence in Environmental Conflicts: The Need for a Mutidimensional Approach", *Sustainability Science*, v. 13, n. 3, p. 649-60, 2018.

ONU — ORGANIZAÇÃO DAS NAÇÕES UNIDAS. "Resilient People, Resilient Planet. A Future Worth Choosing", United Nations Secretary-General's High-Level Panel on Global Sustainability. Nova York: ONU, 2012. Disponível em: https://en.unesco.org/system/files/GSP_Report_web_final.pdf.

ONU — ORGANIZAÇÃO DAS NAÇÕES UNIDAS. "A New Global Partnership: Eradicate Poverty and Transform Economies Through Sustainable Development", *The Report of the High-Level Panel of Eminent Persons on the Post-2015 Development Agenda*. Nova York: ONU, 2013. Disponível em: https://sustainabledevelopment.un.org/index.php?page=view&type=40 0&nr=893&menu=1561.

ONU — ORGANIZAÇÃO DAS NAÇÕES UNIDAS. *Transforming Our World: The 2030 Agenda for Sustainable Development*. Nova York: ONU, 2015. Disponível em: https://sustainabledevelopment.un.org/post2015/transformingourworld.

OROZCO, Amaia Pérez. *Subversión feminista de la economía: Aportes para un debate sobre el conflicto capital-vida*. Madri: Traficantes de Sueños, 2014.

PNUMA — PROGRAMA DAS NAÇÕES UNIDAS PARA O MEIO AMBIENTE. *Towards a Green Economy: Pathways to Sustainable Development and Poverty Eradication: A Synthesis for Policy Makers*. Nairóbi: Programa das Nações Unidas para o Meio Ambiente, 2011. Disponível em: https://sustainabledevelopment. un.org/content/documents/126GER_synthesis_en.pdf.

RAHNEMA, Majid & BAWTREE, Victoria (orgs.). *The Post-Development Reader*. Londres: Zed Books, 1997.

RIST, Gilbert. *The History of Development: From Western Origins to Global Faith*. Londres: Zed Books, 2003.

SACHS, Wolfgang (org.). *The Development Dictionary: A Guide to Knowledge as Power*. Londres: Zed Books, 2010 [1992] [Ed. bras.: *Dicionário do desenvolvimento: guia para o conhecimento como poder*. Petrópolis: Vozes, 2000].

SALLEH, Ariel. "We in the North are the Biggest Problem for the South: A Conversation with Hilkka Pietila", *Capitalism Nature Socialism*, v. 17, n. 2, p. 44-61, 2006.

SALLEH, Ariel. "Climate Strategy: Making the Choice between Ecological Modernisation or 'Living Well'", *Journal of Australian Political Economy*, n. 66, p. 118-43, 2011.

SALLEH, Ariel. "Green Economy or Green Utopia? Rio+20 and the Reproductive Labor Class", *Journal of World-Systems Research*, v. 18, n. 2, p. 141-5, 2012.

SALLEH, Ariel. "Climate, Water, and Livelihood Skills: A Post-Development Reading of the SDGs", *Globalizations*, v. 13, n. 6, p. 952-9, 2016.

SALLEH, Ariel. *Ecofeminism as Politics: Nature, Marx and the Postmodern*. Londres: Zed Books, 2017 [1997].

SANTOS, Boaventura de Sousa. "A Non-Occidentalist West? Learned Ignorance and Ecology of Knowledge", *Theory, Culture and Society*, v. 26, n. 7-8, p. 103-25, 2009.

SCHEIDEL, Arnim; TEMPER, Leah; DEMARIA, Federico & MARTÍNEZ-ALIER, Joan. "Ecological Distribution Conflicts as Forces for Sustainability: An Overview and Conceptual Framework", *Sustainability Science*, v. 13, n. 3, p. 585-98, 2018.

SDSN — SUSTAINABLE DEVELOPMENT SOLUTIONS NETWORK. *An Action Agenda for Sustainable Development. Report for the UN Secretary General.* Nova York: SDSN, 2013. Disponível em: https://unstats.un.org/unsd/broaderprogress/pdf/130613-SDSN-An-Action-Agenda-for-Sustainable-Development-FINAL.pdf.

SHELLEY, Mary. *Frankenstein.* Londres: Penguin, 2009 [1818] [Ed. bras.: *Frankenstein.* Trad. Ruy Castro. São Paulo: Seguinte, 1994].

SHIVA, Vandana. *Staying Alive: Women, Ecology and Development.* Londres: Zed Books, 1989.

SHRIVASTAVA, Aseem & KOTHARI, Ashish. *Churning the Earth: The Making of Global India.* Nova Déli: Viking/Penguin, 2012.

SINGH, Manmohan. "Environment and the New Economic Policies", *Foundation Day Lecture, Society for Promotion of Wastelands Development,* Nova Déli, 17 jun. 1991.

WARING, Marilyn. *Counting for Nothing: What Men Value and What Women are Worth.* Sydney: Allen &Unwin, 1988.

ZIAI, Aram. "Post-Development: Premature Burials and Haunting Ghosts", *Development and Change,* v. 46, n. 4, p. 833-54, 2015.

O desenvolvimento e suas crises: experiências globais

—

A crítica latino-americana ao desenvolvimento

Maristella Svampa

Palavras-chave: consumismo, subdesenvolvimento, matriz colonial de poder, extrativismo

---

Abordagens críticas à noção hegemônica de desenvolvimento existem na América Latina desde as primeiras discussões do Clube de Roma sobre os *Limites do crescimento* (Meadows *et al.*, 1972 [1973]), passando pelos debates sobre desenvolvimento sustentável até a crítica contemporânea da expansão da fronteira de mercadorias. Gostaria de ressaltar três momentos-chave do pensamento latino-americano: a crítica à sociedade de consumo; a crítica pós-desenvolvimentista; e as perspectivas críticas sobre o extrativismo.

A primeira fase é bem ilustrada pelo economista brasileiro Celso Furtado. Distanciando-se das perspectivas clássicas da Comissão Econômica para a América Latina e o Caribe (Cepal) da ONU, ele afirmou que uma das conclusões indiretas de *Limites do crescimento* era que o estilo de vida promovido pelo capitalismo só seria viável para uma minoria (os países industrializados e as elites dos países subdesenvolvidos), pois qualquer tentativa de generalizar o modo de vida consumista levaria ao colapso do sistema. Na mesma linha, o grupo interdisciplinar argentino Fundación Bariloche, coordenado por Amílcar Herrera, apontou que por trás de *Limites do crescimento* estava presente a lógica neomalthusiana característica do discurso hegemônico. Em 1975, o grupo criou um

---

MARISTELLA SVAMPA é socióloga, escritora e pesquisadora do Consejo Nacional de Investigaciones Científicas y Técnicas (Conicet) da Argentina. É professora da Universidade Nacional de La Plata e autora de vários livros sobre sociologia política e movimentos sociais, como *As fronteiras do neoextrativismo na América Latina* (Elefante, 2019) e *Debates latino-americanos* (Elefante, no prelo).

modelo alternativo intitulado *¿Catástrofe o Nueva Sociedad? Modelo Mundial Latinoamericano* [Catástrofe ou nova sociedade? Um modelo latino-americano de mundo], argumentando que a degradação ambiental e a devastação dos recursos naturais não se deviam ao crescimento populacional, mas às altas taxas de consumo nos países ricos, e são elas que de fato estabeleciam uma divisão entre países "desenvolvidos" e "subdesenvolvidos". Os setores privilegiados do planeta deveriam, portanto, baixar seus padrões de consumo excessivo e diminuir suas taxas de crescimento econômico a fim de reduzir a pressão sobre os recursos naturais e o meio ambiente. Embora essas críticas não escapassem à lógica dominante do produtivismo, isto é, a importância do crescimento econômico ilimitado como um valor em si mesmo, elas tinham a virtude de propor um primeiro questionamento à episteme dominante.

Outros conceitos da década de 1980 também enfatizaram as críticas ao consumo, como a noção de "desenvolvimento em escala humana" e a "teoria das necessidades humanas", desenvolvidas pelo economista chileno Manfred Max-Neef. Contudo, como pontua Arturo Escobar, a crítica cultural mais aguda à sociedade pós-industrial, caracterizada pela racionalidade instrumental e pelo materialismo crasso (levado a cabo por Marcuse na Europa), proveio de Ivan Ilitch, o criador da noção de *convivialidade*, que ganharia grande influência na região. Assim, nesse primeiro momento, a crítica ao desenvolvimento envolvia repensar principalmente o *consumo* e os *padrões culturais* em função do interesse social e da criação de sociedades igualitárias, baseadas em estilos de vida mais sóbrios e em um sistema produtivo de maior durabilidade.

O segundo momento, associado à *perspectiva pós--desenvolvimentista*, analisa o desenvolvimento como discurso de poder. Destaca-se a contribuição de Gustavo Esteva (1992 [2000]) no *Dicionário do desenvolvimento*, coordenado por Wolfgang Sachs, que elaborou uma crítica radical ressaltando a matriz colonial da ideia de desenvolvimento como uma invenção do pós-guerra (1949) por parte dos Estados Unidos e das demais potências ocidentais. Outra contribuição notável foi a crítica pós-desenvolvimentista de Arturo Escobar, que desconstruiu o conceito moderno de desenvolvimento, mostrando seus principais mecanismos de dominação (a divisão entre desenvolvimento e subdesenvolvimento; a profissionalização do "problema" e o surgimento de "especialistas"; e sua institucionalização por meio de uma rede de organizações nacionais, regionais e internacionais). Escobar ressaltou os modos pelos quais o desenvolvimento tornou invisíveis diversas experiências e conhecimentos locais. Ele sugeriu ainda que não se deveria pensar em "desenvolvimento alternativo", mas em "alternativas ao desenvolvimento".

Uma terceira fase começou no início dos anos 2000, com a crítica aos (neo)*extrativismos* vigentes e o início do *consenso das commodities*. Essas noções estimularam uma crítica ao produtivismo dominante que recorre à visão hegemônica do desenvolvimento, ilustrada na atualidade pela expansão dos megaprojetos extrativos (mineração em grande escala, extração de petróleo, novo capitalismo agrário combinando organismos geneticamente modificados e agroquímicos, barragens em grande escala, megaempreendimentos imobiliários, entre outros), caracterizados pela ocupação intensiva de territórios, pela apropriação de terras e pela apropriação destrutiva de bens naturais para exportação. O extrativismo se refere à superexploração e à exportação em larga escala de bens primários da América Latina para economias centrais e emergentes, ao passo que a noção de consenso das commodities sugere que, de modo semelhante ao Consenso de Washington, há um acordo — cada vez mais explícito — sobre a dinâmica irreversível ou irresistível do atual modelo extrativista, que impede a possibilidade de um debate sobre as alternativas aos atuais modelos de desenvolvimento. Além de supostas vantagens comparativas, como os altos preços internacionais, essa dinâmica aprofunda o papel histórico da região como provedora de matérias-primas, intensificando as assimetrias entre o centro econômico global e suas periferias, o que se reflete na tendência de reprimarização das economias nacionais e na distribuição desigual de conflitos socioambientais.

Ao contrário das duas fases analíticas anteriores, a atual tem visto uma ressignificação explícita da questão ambiental, desta vez em relação à territorialidade, à política e à civilização, questionando a visão hegemônica de desenvolvimento. Essa "ambientalização das lutas", como diria Enrique Leff, traduz-se em diversos movimentos ecossocioterritoriais dirigidos contra o setor privado (corporações, em sua maioria transnacionais) e contra o Estado (em diferentes escalas e níveis). Tais movimentos ampliaram e radicalizaram sua posição representativa e discursiva incorporando outros temas, como a crítica aos modelos de desenvolvimento percebidos como monoculturais e crescentemente destrutivos, colocando em xeque, ao mesmo tempo, a visão instrumental e antropocêntrica da natureza, baseada em uma ontologia dualista e hierárquica.

Diante desse panorama epistêmico-político, podemos afirmar que estamos presenciando a consolidação de um pensamento radical, que aponta para uma nova racionalidade ambiental e para uma visão pós-desenvolvimentista. Conceitos horizontais como Bem Viver, bens comuns, ética do cuidado, soberania alimentar, autonomia, direitos da natureza e ontologias relacionais fazem parte da recente mudança dialética do pensamento latino-americano, que sintetiza contribuições de períodos anteriores, integrando a crítica a modelos de consumo e padrões culturais dominantes e reformulando a perspectiva do pós-desenvolvimento.

Referências

ESCOBAR, Arturo. *Sentipensar con la tierra: Nuevas lecturas sobre desarrollo, territorio y diferencia.* Medellín: Ediciones Unaula, 2014.

ESTEVA, Gustavo. "Development". *In*: SACHS, Wolfgang (org.). *The Development Dictionary: A Guide to Knowledge as Power.* Londres/Nova York: Zed Books, 1992 [Ed. bras.: "Desenvolvimento". *In*: SACHS, Wolfgang (org.). *Dicionário do desenvolvimento: guia para o conhecimento como poder.* Petrópolis: Vozes, 2000].

GUDYNAS, Eduardo. *Extractivismos: Ecología, economía y política de un modo de entender el desarrollo y la Naturaleza.* Cochabamba: Cedib/Claes, 2015.

ILLICH, Ivan. *Tools for Conviviality.* Londres: Boyars, 1973.

MEADOWS, Donella; MEADOWS, Dennis; RANDERS, Jørgen & BEHRENS, William. *The Limits to Growth.* Nova York: Universe Books, 1972 [Ed. bras.: *Limites do crescimento.* São Paulo: Perspectiva, 1973].

SVAMPA, Maristella. *Debates Latinoamericanos: Indianismo, desarrollo, dependencia y populismo.* Buenos Aires: Edhasa, 2016.

Desenvolvimento para o 1%

Vandana Shiva

Palavras-chave: crises globais, lógica patriarcal capitalista, violência econômica, pobreza, *oikos*

Precisamos ir além do discurso do "desenvolvimento" e do produto interno bruto (PIB), moldados pelo pensamento patriarcal capitalista, e reivindicar nossa verdadeira humanidade como membros da Família da Terra. Como Ronnie Lessem e Alexander Schieffer escreveram:

> Se os pais da teoria capitalista tivessem escolhido uma mãe em vez de um homem burguês solteiro como a menor unidade econômica para suas construções teóricas, não teriam sido capazes de formular o axioma da natureza egoísta dos seres humanos da maneira como fizeram. (Lessem & Schieffer, 2010, p. 124)

Economias patriarcais capitalistas são moldadas por meio da guerra e da violência — guerras contra a natureza e diversas culturas, e violência contra as mulheres. E enquanto o objetivo é possuir e controlar a riqueza real que a natureza e as pessoas produzem, há uma crescente substituição de processos materiais por ficções econômicas, tais como a "lógica" dos mercados competitivos.

A separação é a característica-chave dos paradigmas emergentes da convergência dos valores patriarcais e do capitalismo.

VANDANA SHIVA é diretora da Research Foundation for Science, Technology, and Ecology (RFSTE) de Nova Déli. Ex-física quântica, tornou-se ativista ambiental influente e autora de vários livros, incluindo *Staying Alive: Women, Ecology and Development* [Manter-se viva: mulheres, ecologia e desenvolvimento] (1989), *Monoculturas da mente: perspectivas em biodiversidade e biotecnologia* (2003 [1993]) e *Stolen Harvest: The Hijacking of the Global Food Supply* [Safra roubada: o sequestro do suprimento global de alimentos] (2000). É uma das ganhadoras do Prêmio Nobel Alternativo e do Prêmio da Paz de Sydney.

Inicialmente, separa-se a natureza dos humanos; então, os humanos são separados de acordo com gênero, religião, casta e classe. Essa divisão do que está inter-relacionado e interconectado é a raiz da violência — primeiro na mente, depois nas ações cotidianas. Não é por acaso que as desigualdades sociais do passado tomaram uma forma nova e brutal com o surgimento da globalização corporativa. De acordo com as tendências atuais, 1% da população mundial logo controlará a riqueza correspondente à soma dos 99% restantes.

Nos dias de hoje, as corporações reivindicam uma personalidade jurídica sobre os direitos das pessoas. Mas o distanciamento entre as construções fictícias e as verdadeiras fontes de criação de riqueza foi ainda mais longe: as finanças agora são substituídas por capital, com ferramentas e tecnologias que permitem que os ricos acumulem riqueza como "rentistas", sem precisarem fazer nada. Ganhar dinheiro na economia financeira se baseia em especulação. E a desregulamentação financeira permite que os ricos especulem usando o salário suado de outras pessoas. A ideia de "crescimento" surgiu como a medida do sucesso entre indivíduos e governos. Ela fala de um paradigma projetado pelo *Big Money* patriarcal capitalista apenas para que esse mesmo *Big Money* cresça cada vez mais.

O que o paradigma do crescimento econômico não leva em consideração é a destruição da vida na natureza e na sociedade. Tanto a ecologia como a economia derivam da palavra grega *oikos*, que significa "casa", e ambas as palavras pressupõem uma forma de gestão doméstica. Quando a economia trabalha contra a ciência da ecologia, o resultado é a má administração da Terra, nosso lar. As crises climática, hídrica, alimentar ou da biodiversidade são diferentes sintomas da má gestão da Terra e de seus recursos. As pessoas administram mal a Terra e destroem seus processos ecológicos ao não reconhecerem a natureza como "capital real" e "fonte" de todo o resto que dela deriva. Sem a natureza e seus processos ecológicos para sustentar a vida na Terra, as maiores economias entram em colapso e as civilizações desaparecem.

No modelo de desenvolvimento neoliberal contemporâneo, os pobres são pobres porque o 1% se apropriou de seus recursos de subsistência e riqueza. Vemos isso atualmente nos deslocamentos tanto das comunidades curdas de Rojava, no Oriente Médio, quanto dos povos rohingya, de Mianmar. Os camponeses estão ficando mais pobres porque o 1% promove uma agricultura industrial baseada na compra de sementes caras e insumos químicos, o que os acorrenta a dívidas e destrói seu solo, sua água, sua biodiversidade e sua liberdade. Meu livro *Earth Democracy: Justice, Sustainability, and Peace* [Democracia da Terra: justiça, sustentabilidade e paz] (2005) descreve como a Monsanto monopolizou o suprimento de sementes de algodão por meio de um marketing sobre a alta qualidade do algodão transgênico Bt. Muitas vezes forçados a contrair dívidas para a compra dessas caras sementes oriundas de organismos geneticamente modificados (OGM) e outras tecnologias da Revolução Verde, cerca de trezentos mil agricultores indianos se suicidaram nas últimas duas décadas, e a maioria dos suicídios aconteceu no chamado Cinturão do Algodão. Para resistir a esses monopólios violentos, dei início a uma fazenda de pesquisa rural chamada Navdanya.[1] Salvamos as variedades tradicionais de algodão orgânico dos agricultores para distribuí-las no movimento Seed Freedom [Liberdade das sementes].

Se os agricultores estão ficando mais pobres é porque o Cartel do Veneno — agora reduzido a três atores, Monsanto Bayer, DowDuPont[2] e Syngenta ChemChina — os tornam

---

1   Disponível em: https://www.navdanya.org/.

2   A DowDuPont foi a breve fusão das empresas Dow Chemical Company e DuPont, gigantes da produção de insumos químicos, agrícolas, polímeros, entre outros. A junção das duas corporações entrou em vigor em 2017 e representava o maior conglomerado de produção de sementes e agrotóxicos do mundo. Em junho de 2019, entretanto, houve a dissolução da DowDuPont e as empresas voltaram a operar de maneira independente. O curto período de fusão gerou uma nova empresa, a Corteva Agriscience. Antes a divisão agrícola da DowDuPont, a Corteva é atualmente uma multinacional autônoma, líder mundial na produção de agrotóxicos e também de sementes geneticamente modificadas. [N.E.]

dependentes da compra de sementes e produtos químicos caros. Corporações verticalmente integradas que ligam sementes, produtos químicos, comércio internacional e processamento de junk food estão roubando 99% do valor que os agricultores produzem. Eles estão ficando mais pobres porque o "livre-comércio" promove o dumping, a destruição dos meios de subsistência e a queda dos preços agrícolas. Além disso, os pequenos agricultores são de fato mais produtivos do que as grandes fazendas industriais corporativas, e não usam substâncias prejudiciais ao meio ambiente, como fertilizantes, pesticidas e sementes geneticamente modificadas. Em contraste, o movimento camponês global Vía Campesina aponta que as formas tradicionais de abastecimento alimentar não apenas permitem mais autonomia aos agricultores mas podem inclusive mitigar os efeitos do aquecimento global.

Não é preciso dizer que a "economia do crescimento" do 1% é totalmente antivida, e muitos desses efeitos são sentidos também por pessoas que trabalham no Norte global. A ONG filipina Ibon International afirma que, se a violência masculina era usada tradicionalmente para explorar as mulheres tanto como trabalhadoras produtivas quanto como órgãos reprodutivos, agora essa violência trabalha a serviço do lucro capitalista. Pessoas em todos os lugares estão ficando mais pobres porque os governos capturados pelo 1% impõem políticas de privatização lucrativas para saúde e educação, transporte e energia, reforçadas pelas determinações do Banco Mundial e do Fundo Monetário Internacional (FMI). Trabalhadores, fazendeiros, donas de casa e a natureza em geral são transformados em "colônias" pelo paradigma econômico patriarcal capitalista dominante. O modelo capitalista de desenvolvimento pela globalização exprime uma convergência de duas formas de violência: o poder das antigas culturas patriarcais e o moderno regime neoliberal do dinheiro.

Referências

LA VÍA CAMPESINA. "Small Scale Farmers Are Cooling Down the Earth". *In*: *La Vía Campesina Policy Documents*. Jacarta: La Vía Campesina, 2009.

LESSEM, Ronnie & SCHIEFFER, Alexander. *Integral Economies: Releasing the Economic Genius of Your Society*. Farnham: Ashgate/Gower, 2010.

SHIVA, Vandana. *Earth Democracy: Justice, Sustainability, and Peace*. Boston: South End Press, 2005.

SHIVA, Vandana. "How Wealth Creates Poverty", *Resurgence & Ecologist*, n. 240, jan.-fev. 2007.

SHIVA, Vandana. *Soil, not Oil: Climate Change, Peak Oil and Food Insecurity*. Londres: Zed Books, 2009.

Kastom Ekonomi da Oceania

Kirk Huffman

Palavras-chave: Oceano Pacífico, Austrália, Melanésia, Regenvanu, *Kastom Ekonomi*

Em conversas com chefes de aldeias do Pacífico, é usual ouvir que

> [os] estrangeiros costumavam nos dizer que precisávamos "mudar", então eles nos disseram que precisávamos de "progresso" e, agora, eles nos dizem que precisamos de "desenvolvimento". De modo geral, isso significa que eles estão atrás de algo que temos — nossas florestas ou nossa terra, ou o que está sob nossa terra, ou nossa alma, língua ou cultura, ou nosso sentimento de contentamento com nosso estilo de vida.

Os referidos representantes estrangeiros podem ser do Banco Mundial, do Banco Asiático de Desenvolvimento (ADB), de governos estrangeiros, empresas madeireiras ou mineradoras, ou ONGS. Algumas igrejas pentecostais promovem as mesmas visões desenvolvimentistas. Tudo faz parte de um novo mundo de "crescimento perpétuo", onde o verdadeiro Deus é a acumulação de dinheiro. Muitos projetos em todo o Pacífico não trouxeram os resultados prometidos ou falharam tão completamente que a palavra "desenvolvimento", hoje, é muitas vezes usada para se referir a algo que dá errado.

Na Oceania, a maior parte do desenvolvimento destrutivo está concentrada nas maiores ilhas da Melanésia, no oeste do Pacífico. Na Polinésia, ou seja, no Pacífico central e oriental, e

---

KIRK HUFFMAN é antropólogo/etnólogo residente em Sydney, com dezoito anos de experiência em campo em Vanuatu, nas Ilhas Salomão, no Magrebe, em partes do Saara, no norte da Colômbia e no oeste do Mediterrâneo. É curador honorário do National Museum — Vanuatu Cultural Centre [Museu nacional do centro cultural de Vanuatu].

na Micronésia, ao norte, as ilhas são menores e carecem de recursos. Notáveis exceções são Nauru e Banaba, quase destruídas pela extração de fosfato. Na Melanésia, que compreende as ilhas da Nova Guiné, as Ilhas Salomão, Vanuatu, Nova Caledônia e a nação fronteiriça de Fiji, o desenvolvimento continua em ritmo acelerado. A Papua Ocidental foi desmatada para abrir espaço para plantações de palma para extração de óleo e para a maior mina de cobre e ouro do mundo. Enquanto isso, os melanésios locais já são superados em número pelas famílias javanesas pobres, trazidas pelo programa Transmigrasi, patrocinado pelo governo da Indonésia. Originalmente financiado pelo Banco Mundial, esse modelo de desenvolvimento teve como resultado a repressão severa dos povos indígenas da Papua Ocidental por parte das forças militares e paramilitares indonésias.

Na vizinhança, em Papua Nova Guiné, o vasto projeto de gás natural líquido da Exxon Mobil antagoniza as populações tribais, enquanto implementa-se o escandaloso programa Special Agricultural Business License [Licenças especiais de empresas agrícolas]. O último capítulo dessa saga coloca os proprietários de terras na ilha da Nova Bretanha contra o gigante madeireiro da Malásia, Rimbunan Hijau. O governo de Papua Nova Guiné está alinhado à empresa, que também é dona de um jornal local e de uma companhia de transporte, além de um novo e enorme complexo hoteleiro na capital, Port Moresby.

Outro entre os piores cenários de desenvolvimento é o da ilha de Bougainville, sujeita às operações militares de Papua Nova Guiné por quase uma década a partir de 1989, depois que os ilhéus fecharam a mina de cobre Panguna da Rio Tinto. O centro de pesquisa Jubilee Australia (2014, p. 11) estima que, durante esse período de conflito, ocorreram entre dez mil e quinze mil mortes na ilha. A Austrália, nos bastidores, ainda faz lobby para reabrir a mina e oferece grandes somas a acadêmicos para que realizem serviços de consultoria, a fim de conquistar a concordância do governo agora autônomo de Bougainville. Relatórios da imprensa local mostram que as mulheres resistem fortemente a esses movimentos. Essa trágica situação inspirou os filmes *Avatar* (2009) e *Mister Pip* (2013).

O corte de madeira e algumas operações de mineração criam problemas contínuos nas Ilhas Salomão. Mais a sul e a leste, a nação de Vanuatu tem poucos recursos minerais e fechou duas grandes empresas madeireiras asiáticas na ilha de Mala Kula, nos anos 1980 e 1990, depois de confrontos entre suas operações e a população local. No entanto, desde o início dos anos 2000, Vanuatu se tornou vítima de alienadores estrangeiros de terras graças ao uso indevido de uma nova legislação de registro de títulos, que permite arrendar e subdividir terras indígenas e vendê--las a estrangeiros. Essa ameaça mobilizou o povo ni-vanuatu, levando à realização de uma Cúpula Nacional da Terra em 2006. Ralph Regenvanu, ex-diretor do Vanuatu Cultural Centre, fundou então o Partido da Terra e Justiça. Em 2014, como ministro das Terras, ele introduziu uma legislação mais rigorosa para proteger as propriedades indígenas. A partir de então, o partido da oposição, apoiado por investidores e agentes imobiliários, apresenta regularmente moções de desconfiança ao governo.

Conhecida na história recente como as Novas Hébridas, Vanuatu teve a experiência única de ser governada por duas potências coloniais ao mesmo tempo — a Inglaterra e a França. Assim, desde a independência, em 1980, muitos Ni-Vanuatu têm prudentemente suspeitado de influências externas. Seu costume tradicional, conhecido em inglês pidgin[1] como *Kastom*, é visto pelos economistas como um "bloqueio ao desenvolvimento". No entanto, melanésios sagazes tendem a ver o *Kastom* como uma forma de proteção do mau desenvolvimento e da doença que o acompanha: *Sik blong Mane*, ou vício em dinheiro. Em 2005, o Vanuatu Cultural Centre começou a promover o estilo de vida e a economia tradicionais da Melanésia e, em 2007, o governo declarou uma *Yiablong Kastom Ekonomi*.

Regenvanu descreveu a economia tradicional como a fonte de resiliência da Melanésia. Em 2009, ele fez um discurso sobre

---

1   O pidgin é um idioma híbrido, oriundo do contato entre falantes de inglês, espanhol, francês etc. e falantes de outros idiomas da África, das Américas e da Ásia. Faz as vezes de segunda língua, com fins comunicacionais limitados. [N.E.]

"As ilhas do Pacífico e o mundo: a crise econômica global" na conferência do Lowy Institute, em Brisbane. Mesmo assim, economistas e políticos regionais do Banco Mundial ignoraram sua sabedoria. Os Ni-Vanuatu desejam promover a *Kastom Ekonomi* e proteger os direitos da terra, a agricultura e a autossuficiência — um caminho muito mais sustentável do que os modelos artificiais de crescimento contínuo, tais como propostas de construção, excesso de dependência do turismo ou do "estilo de vida dos *baby boomers* australianos aposentados".

A Austrália faz parte da Oceania, mas tem dificuldade de perceber isso. Ela também enfrenta problemas com seus povos originários, que ainda não têm representação constitucional e cuja Native Title Law [Lei de títulos dos nativos] é constantemente ameaçada por propostas de desenvolvimento. Os povos originários da Austrália também têm a maior taxa de encarceramento indígena do mundo. De 1863 até o final do século, as plantações de açúcar de Queensland dependeram de uma força de trabalho importada das ilhas do Pacífico, conhecida como *kanakas*. Os trabalhadores sazonais do Pacífico ainda hoje fornecem mão de obra às fazendas australianas, mas os ilhéus têm opiniões divergentes sobre esse "país que é um irmão mais velho". Esse quadro melhoraria se a Austrália suspendesse as severas restrições ao consumo de kava,[2] em vigor desde 2008, e atenuasse a retórica sobre o desenvolvimento econômico em favor de visões políticas

---

2   O extrato de kava (ou kava-kava) é feito a partir da raiz da *Piper methysicum*, planta nativa das ilhas do Pacífico Sul, e utilizado há muitos séculos pelos povos originários locais, geralmente de maneira ritualística. A kava possui propriedades ansiolíticas que diminuem a fadiga, o estresse, a insônia e diversos distúrbios nervosos, além de ter sido também utilizada para o tratamento de sífilis e gonorreia. Seu cultivo é feito principalmente em Vanuatu, Fiji, Papua Nova Guiné, Tonga e Samoa, e a Austrália impõe severas medidas de restrição à importação do extrato da planta desde 2007: a venda em lojas e farmácias é permitida apenas na forma de comprimidos, cápsulas ou chás. Atualmente, o governo australiano está efetivamente discutindo as restrições à importação de kava, em um projeto intitulado Kava Pilot, previsto para ser implementado em 2021. [N.E.]

mais conscientes do ponto de vista cultural e climático. Se isso não acontecer, China e Indonésia esperam nos bastidores com modelos de desenvolvimento que só podem significar desgraça para os modos de vida do Pacífico.

Referências

GINZBURG, Oren. *There you go!* Londres: Survival International, 2006. Disponível em: www.survivalinternational.org/thereyougo.

HUFFMAN, Kirk. *Traditional Money Banks in Vanuatu*. Port Vila: Vanuatu National Cultural Council/Unesco, 2005.

HUFFMAN, Kirk. "Review and Reflections on Tim Anderson and Gary Lee (orgs.) 'In Defence of Melanesian Customary Land'", *Pacific Currents*, v. 1, n. 2; v. 2, n. 1, 2010.

JUBILEE AUSTRALIA. *Voices of Bougainville Report*. Sydney: The Jubilee Australia Research Centre, 2014.

REGENVANU, Ralph. "The Traditional Economy as Source of Resilience in Vanuatu". *In*: ANDERSON, Tim & LEE, Gary (orgs.). *In Defence of Melanesian Customary Land*. Sydney: AID/WATCH, 2010.

ROBIE, David. *Don't Spoil My Beautiful Face: Media, Mayhem & Human Rights in the Pacific*. Auckland: Little Island Press, 2014.

Mau desenvolvimento

José María Tortosa

Palavras-chave: necessidades básicas, mau desenvolvimento, subdesenvolvimento, bem-estar, liberdade, identidade

---

A expressão "mau desenvolvimento" implica uma metáfora, em parte como uma reação às limitações e aos efeitos prejudiciais secundários do "desenvolvimento" como programa. Seu par, o termo "subdesenvolvimento", tornou-se parte da linguagem pública depois do discurso inaugural do presidente estadunidense Harry Truman, em 1949, no qual prevalecia uma clara inclinação anticomunista, típica da época. No uso da palavra "desenvolvimento" existe uma metáfora subjacente, extraída da biologia, isto é, de que os seres vivos se desenvolvem, crescendo de acordo com seu código genético. É um processo natural, gradual, benéfico e sem irregularidades. Caso esse desenvolvimento não ocorra, o médico pode intervir, como afirma o quarto item daquele discurso: seria o caso, então, de se propor um redirecionamento para o acordo entre empresas e governos de países "desenvolvidos" a fim de transferir tecnologia e produzir crescimento nos "subdesenvolvidos". Entretanto, há uma ressalva: "O antigo imperialismo/exploração pelo lucro estrangeiro não tem lugar em nossos planos. O que nós imaginamos é um programa de desenvolvimento baseado nos conceitos de justiça democrática", afirmou Truman.

Como em outras metáforas, o desenvolvimento eclipsa uma ideologia, especialmente se estiver concentrado no

---

JOSÉ MARÍA TORTOSA é doutor em sociologia. Foi professor da Universidade de Alicante e diretor do Instituto Interuniversitario de Desarrollo Social y Paz (Iudesp), além de colaborar em projetos de desenvolvimento com a Universidade das Nações Unidas.
É autor de trinta livros.

objetivo do crescimento, em geral aquele expresso pelo produto interno bruto (PIB) e sem qualquer tipo de referência a algum de seus limites. A economia baseada no PIB implica crescimento ilimitado, deixando de fora a segunda parte da metáfora biológica, o envelhecimento, e esquecendo quase sistematicamente da relação não necessariamente benéfica entre esse processo e o meio ambiente.

A metáfora do mau desenvolvimento é diferente. De acordo com essa perspectiva, os seres vivos sofrem mau desenvolvimento quando seus órgãos não seguem o código, se desequilibram e deformam. Seu uso na ciência social parece ter começado com um artigo de Sugata Dasgupta, em 1967. O trabalho clássico foi escrito por Samir Amin em 1990. Também pode ser citado o livro editado por Jan Danecki, em 1993, com participação intercontinental, refletindo sobre as discussões do projeto "Objetivos, Processos e Indicadores de Desenvolvimento" (Projeto GPID) da ONU, realizado entre 1978 e 1982, com participação de Amin e dirigido por Johan Galtung e depois por Carlos Mallman.

É uma metáfora, mas, ao contrário do "desenvolvimento", o "mau desenvolvimento", como expressa o título da obra de Amin, tenta se referir, primeiramente, à verificação do fracasso em escala global do programa desenvolvimentista e, em segundo lugar, à percepção do mal-estar na estrutura e no funcionamento do sistema mundial e de seus componentes, dos Estados às comunidades locais. Se o "desenvolvimento" implica um elemento normativo (desejável), o "mau desenvolvimento" contém um componente empírico (observável), ou mesmo um elemento crítico (indesejável).

Ampliando a metáfora, pode-se fazer uma analogia ao que seria a medicina clínica, que parte de um diagnóstico, realiza um prognóstico e estabelece uma terapia como resposta ao que foi diagnosticado, em busca de um ideal de saúde nem sempre bem definido, mas cuja ausência tende a ser claramente estabelecida e classificada: a doença. Nesse sentido, o mau desenvolvimento pode ser entendido como parte de uma doença cujos componentes são numerados de acordo com o quadro a seguir, no qual, de um lado, encontram-se as necessidades básicas (especificadas por Johan Galtung) e, de outro, os três (ou quatro) níveis nos quais pode se dar um diagnóstico: o sistema local (que pode ser distinto do estatal), o ecossistema e o sistema mundial — ou, como preferem Fernand Braudel e Immanuel Wallerstein, sistema-mundo.

	ESTATAL/LOCAL	ECOSSISTEMA	SISTEMA MUNDIAL
Bem-estar	Pobreza Desigualdade Estagnação	Aquecimento global Exaustão de recursos Poluição	Polarização Periferalização Exploração
Liberdade	Democracia limitada Repressão Marginalização	Dependência da natureza, sem parceria	Dependência Repressão Marginalização
Identidade	Colonização interna Nacionalismo Fundamentalismo	Alienação da natureza, perda de raízes	Colonização Homogeneização Reações identitárias
Segurança	Violência Guerra civil Terrorismo	Catástrofes provocadas por humanos	Guerra entre países Terrorismo transnacional Nuclearização

O quadro pode ser lido horizontalmente, constatando-se os casos de falta de atendimento das necessidades humanas básicas. No entanto, uma leitura vertical pode ser mais proveitosa. Tal leitura pode ser iniciada na terceira coluna, que se refere às relações entre diferentes atores do sistema mundial, caracterizados pela assimetria de sua capacidade e de seu poder de decisão e influência. Não se trata de "desenvolvimento" e "subdesenvolvimento", caracterizados pelo crescimento e pela tecnologia, mas de centro e periferia, caracterizados por seu poder.

A segunda coluna se refere a temas que estiveram presentes, pelo menos retoricamente, em algumas das abordagens para o "desenvolvimento", como o "ecodesenvolvimento". Foram colocadas aqui para chamar a atenção para uma dupla realidade. Por um lado, as causas da degradação do ecossistema tendem a existir com mais frequência em países onde o poder é centralizado (e, mais recentemente, nos países emergentes). Por outro lado, deparamos com certos problemas na forma de catástrofes provocadas pelo homem — que, em alguns casos, podem ser mais dramáticos nos países periféricos em comparação com outros, mas cujos efeitos sobre a sobrevivência da espécie e a manutenção do sistema atual podem ser generalizados.

Por fim, a primeira coluna indica os pontos nos quais o mau desenvolvimento atual é mais bem reconhecido ou verificado. Sua incidência é muito maior nos países periféricos, seguidos pelos emergentes e, finalmente, também nos países centrais e nos atualmente hegemônicos. Entretanto, a pobreza, a repressão, o fundamentalismo ou a violência criminal não são patrimônio exclusivo da periferia: são encontrados, às vezes com maior intensidade, nos países centrais.

A palavra "mau desenvolvimento" não traz consigo uma classificação, mais ou menos artificial, de países "desenvolvidos" e "subdesenvolvidos", como foi esboçado no discurso de Truman, ao lado da proposta de que os "desenvolvidos" fossem em auxílio dos "subdesenvolvidos". A perspectiva que ela oferece é diferente: todos os países são, de uma forma ou de outra, mal desenvolvidos, e a razão última é sua imersão no sistema-mundo que produz, em uma palavra, o capitalismo — que é onde o problema parece residir.

Referências

AMIN, Samir. *Maldevelopment: Anatomy of a Global Failure*. Tóquio/Londres: United Nations University Press/Zed Books, 1990.

DANECKI, Jan (org.). *Insights into Maldevelopment: Reconsidering the Idea of Progress*. Varsóvia: University of Warsaw, Institute of Social Policy, 1993.

DASGUPTA, Sugata. "Peacelessness and Maldevelopment: A New Theme for Peace Research in Developing Nations", *Proceedings of the II International Peace Research Association*, 1968.

GALTUNG, Johan. "The Basic Needs Approach". *In*: LEDERER, Katrin; GALTUNG, Johan & ANTAL, David (orgs.). *Human Needs: A Contribution to the Current Debate*. Boston: Oelgeschlager, Gunn & Hain, 1980.

SATRÚSTEGUI, Koldo Unceta. "Desarrollo, subdesarrollo, maldesarrollo y postdesarrollo: una mirada transdisciplinar sobre el debate y sus implicaciones", *Carta Latinoamericana: Contribuciones en Desarrollo y Sociedad en América Latina*, n. 7, abr. 2009 [Ed. bras.: "Desenvolvimento, subdesenvolvimento, mau desenvolvimento e pós-desenvolvimento: um olhar transdisciplinar sobre o debate e suas implicações", trad. Eric de Sales, *Revista Perspectivas do Desenvolvimento*, Brasília, v. 1, n. 1, nov. 2013].

TORTOSA, José María. *Maldesarrollo y Mal Vivir. Pobreza y violencia a escala mundial*. Quito: Abya Yala, 2011.

O projeto de desenvolvimento

Philip McMichael

Palavras-chave: desenvolvimento, mudanças climáticas, soberania alimentar

---

O "projeto de desenvolvimento" de meados do século xx se consolidou como modelo para a construção das nações e como estratégia para a ordem mundial na esteira da depressão econômica, da guerra mundial, da descolonização e, sobretudo, no contexto da Guerra Fria. Os Estados Unidos lideraram a reconstrução do pós-guerra para estabilizar o capitalismo e estender seu império econômico ao mundo pós-colonial. Ao descrever as chamadas culturas do Terceiro Mundo como subdesenvolvidas, o papel da exploração colonial na ascensão do Ocidente foi apagado. Além disso, o desenvolvimento industrial de estilo ocidental foi imposto como padrão universal, representado nas métricas do produto interno bruto (PIB). Como substitutos do Primeiro Mundo, as instituições de Bretton Woods (Banco Mundial, Fundo Monetário Internacional) serviram como as principais agências financeiras que complementavam os programas de ajuda estadunidenses, mirando os países do Terceiro Mundo como clientes comerciais e obtendo acesso a recursos estratégicos em uma cruzada anticomunista.

PHILIP MCMICHAEL é professor de sociologia do desenvolvimento na Universidade Cornell, em Nova York. Trabalhou na Organização das Nações Unidas para a Alimentação e a Agricultura (FAO), no Instituto de Pesquisa das Nações Unidas para o Desenvolvimento Social (UNRISD), na Via Campesina e no International Planning Committee for Food Sovereignty [Comitê internacional de planejamento para a soberania alimentar]. É autor de *Settlers and the Agrarian Question: Foundations of Capitalism in Colonial Australia* [Colonos e a questão agrária: fundações do capitalismo na Austrália colonial] (1984), *Development and Social Change: A Global Perspective* [Desenvolvimento e mudança social: uma perspectiva global] (1996) e *Regimes alimentares e questões agrárias* (2016 [2013]).

Assim, mesmo quando o desenvolvimento foi identificado como crescimento econômico nacional, ele evoluiu como regra de mercado em escala mundial.

Apresentando-se como um avanço civilizatório sobre o passado e como a porta para um futuro de consumo ilimitado, o desenvolvimento se normalizou no discurso moderno como uma inevitabilidade sedutora. Contudo, o desenvolvimento é imaginado e medido considerando apenas o lado positivo do cálculo de custo real. E ele mesmo se revela um paradoxo, traindo sua promessa inicial. A perspectiva de prosperidade material sem fim, para todos e por meio de um mercado global em expansão, é desmentida pela desigualdade global, em que uma minoria privilegiada consome as riquezas produzidas por trabalhadores e ecossistemas superexplorados. Em vez do consumo em massa, o paradoxo revela um enriquecimento seletivo em meio a uma situação de emprego precário, endividamento crescente e mão de obra barata. Além disso, o aumento da entropia é cada vez mais evidente na deterioração das condições ecológicas e das frágeis instituições sociais; as elites políticas e econômicas praticam a autopreservação, ignorando as necessidades públicas e a emergência climática iminente. Um mundo repleto de mercadorias não tem sensores ambientais, e as mudanças climáticas são o maior fracasso do mercado mundial atualmente, como observou o *Stern Review on the Economics of Climate Change* [Relatório Stern sobre a economia das mudanças climáticas] do Reino Unido (Stern, 2006).

O desenvolvimento neoliberal atual amplifica o enfoque capitalista centrado no ganho de curto prazo por meio do aumento da velocidade de circulação de capital e mercadorias, justapondo o "tempo econômico" ao "tempo geoquímico--biológico de longo prazo controlado pelos ritmos da natureza" (Martínez-Alier, 2002, p. 215). Por exemplo, quando a aquicultura de camarão destrói manguezais costeiros, o desenvolvimento de "todos os camarões que você é capaz de comer" prejudica não apenas os viveiros de peixes e os meios de subsistência locais como também os repositórios de biodiversidade, os sumidouros de carbono e a defesa costeira contra o aumento do nível do mar (Martínez-Alier, 2002, p. 80). Ademais, enquanto o tempo econômico alega uma melhoria linear no passado, seu passado está sempre presente nas mudanças climáticas:

> A cada ano, o aquecimento global se mantém, e as temperaturas continuam subindo. As condições de vida na Terra serão determinadas mais intensamente pelas emissões de outrora, de modo que os efeitos de ontem se intensificam hoje — ou, dizendo de outra maneira, *o poder causal do passado aumenta inexoravelmente*, até o ponto em que realmente é "tarde demais". O significado desse destino terrível, tão frequentemente advertido no discurso das mudanças climáticas, é o *naufrágio final da história no presente*. (Malm, 2016, p. 9, grifo no original)

Infelizmente, os seres humanos menos responsáveis pelas mudanças climáticas são os mais vulneráveis, pois foram marginalizados pelo desenvolvimento: das culturas rurais atuais e dos refugiados do clima aos moradores de favelas (um terço da população urbana global). Do ponto de vista biofísico, a pesquisa apresentada em *Ecosystems and Human Well-Being: Synthesis* [Bem-estar dos humanos e dos ecossistemas: síntese] afirmou que o desenvolvimento econômico recente "resultou em uma perda substancial e irreversível na diversidade da vida na Terra. Se esses problemas não forem resolvidos, haverá diminuição substancial dos benefícios que as gerações futuras obteriam dos ecossistemas" (Millennium Ecosystem Assessments, 2005, p. 1).

Em resposta, o Painel de Alto Nível para a Iniciativa dos Objetivos de Desenvolvimento Sustentável da ONU observou que "o ambiente e o desenvolvimento nunca foram devidamente tratados em conjunto", e acrescentou uma noção um tanto questionável: "porque 'valorizamos o que podemos medir', um fator importante para se avaliar adequadamente a abundância natural da Terra é incorporá-la aos sistemas contábeis" (ONU, 2013). Essa visão implica um tipo particular de controle sobre a natureza em nome do interesse privado, excluindo outros significados e usos da terra, privilegiando os direitos do investidor sobre os direitos dos usuários. Além disso, aprofunda a externalização da natureza ao separar elementos de processos biofísicos interativos e classificá-los como "serviços ecossistêmicos", mercantilizados em nome da governança ambiental e do "desenvolvimento sustentável", possivelmente na ilusão de que ainda resta mundo natural suficiente para preservar. Sustentar o desenvolvimento em um meio ambiente em perigo é uma alternativa insuficiente para a reabilitação de ecossistemas degradados e a promoção de práticas de biodiversidade.

O pós-desenvolvimento aborda essas múltiplas contradições ao adotar princípios de reparo e regeneração natural, começando pela responsabilidade local. Mais da metade dos alimentos do mundo são produzidos por uma variedade de culturas rurais com sistemas agrícolas de baixo insumo, o que confirma essa possibilidade (Hilmi, 2012). Essa é a genuína agricultura convencional centenária. Ao concentrar capital e centralizar o controle, a narrativa de desenvolvimento apropriou-se do termo "convencional" para a agricultura industrial, entendendo práticas de baixo insumo como obsoletas. Mas este também é o paradoxo do desenvolvimento — como afirma a Vía Campesina, uma forte coalizão camponesa internacional com duzentos milhões de agricultores: se receberem apoio, os sistemas agrícolas locais podem "alimentar o mundo e esfriar o planeta", adaptando as práticas agrícolas aos ciclos naturais, por meio de métodos agroecológicos restauradores em todo o Sul e o Norte globais, ancorando um amplo movimento de soberania alimentar para a democratização dos sistemas alimentares. A variante urbana inclui mercados de alimentos regionais e economias solidárias próximas a mais de trezentas cidades em transição que surgiram na última década no Reino Unido, na América do Norte, na África do Sul, na Europa e na Austrália, além do gerenciamento do decréscimo de energia via permacultura, comunalização urbana e construção de alianças entre comunidades.

Tais iniciativas promovem a regeneração natural para restaurar em vez de arruinar a biodiversidade; sequestrar, em vez de liberar emissões; converter, em vez de consumir energia. Esses são os princípios pós-desenvolvimentistas já existentes, que se contrapõem à precificação de mercado ou ao ato de reduzir a natureza a uma mercadoria. Para a sobrevivência da humanidade e da vida na Terra, a proteção desses princípios material e socialmente significativos é imperativa ao sustento de ambientes rurais e urbanos. Nesse sentido, pós-desenvolvimento significa acabar com o fetichismo do mercado.

Referências

HILMI, Angela. *Agricultural Transition: A Different Logic*. Iaundê: The More and Better Network, 2012 [Ed. bras.: *Transição na cultura agrícola: uma lógica distinta*. Iaundê: The More and Better Network, 2012. Disponível em: https://ag-transition.org/pdf/Transicao-na-cultura-agricola_pt.pdf].

MALM, Andreas. *Fossil Capital: The Rise of Steam Power and the Roots of Global Warming*. Londres/Nova York: Verso, 2016.

MARTÍNEZ-ALIER, Joan. *The Environmentalism of the Poor: A Study of Ecological Conflicts and Valuation*. Cheltenham: Edward Elgar, 2002. [Ed. bras.: *O ecologismo dos pobres: conflitos ambientais e linguagens de valoração*. São Paulo: Contexto, 2007.]

MILLENNIUM ECOSYSTEM ASSESSMENTS. *Ecosystems and Human Well-Being: Synthesis*. Washington: Island Press, 2005.

ONU — ORGANIZAÇÃO DAS NAÇÕES UNIDAS. "A New Global Partnership: Eradicate Poverty and Transform Economies through Sustainable Development", *The Report of the High-Level Panel of Eminent Persons on the Post-2015 Development Agenda*. Nova York: ONU, 2013. Disponível em: https://sustainabledevelopment.un.org/index.php?page=view&type=40 0&nr=893&menu=1561.

STERN, Nicholas. *Stern Review: The Economics of Climate Change*. Cambridge: Cambridge University Press, 2006.

Quebrando as correntes do desenvolvimento

Nnimmo Bassey

Palavras-chave: África, desenvolvimento, colonialismo, mudanças climáticas

---

A busca pelo "desenvolvimento" promoveu uma carnificina no continente africano. A noção de que devemos trilhar o caminho traçado por outros é essencialmente imperialista, usada para justificar o colonialismo, o neocolonialismo e o neoliberalismo. O fato de esses conceitos ainda continuarem em voga é uma prova da resiliência da acumulação primitiva capitalista. As forças por trás desse fenômeno agora promovem a escravização da natureza e a entronização da guerra com armas ultramodernas.

O desenvolvimento, segundo o padrão linear moldado pelo Norte global, é uma ideia manipulada que divide as nações entre desenvolvidas e subdesenvolvidas. Ele sugere crescimento, expansão, ampliação e difusão, ainda que nada disso capte o senso de justiça ou equidade, nem mesmo considere os limites ecológicos de um planeta finito.

A maioria dos governos africanos não questionou o conceito de desenvolvimento em si. Os líderes políticos tampouco compreendem o fato de que o mundo industrializado chegou à situação atual por meio da exploração insustentável da natureza e da exploração injusta de territórios e povos. Pensadores como Walter Rodney (1973 [1975]), Chinweizu Ibekwe (1975)

NNIMMO BASSEY é diretor do think tank ecológico da Health of Mother Earth Foundation (Homef), com sede na Nigéria. Foi presidente da federação Friends of the Earth International de 2008 a 2012. Seus livros incluem *To Cook a Continent: Destructive Extraction and the Climate Crisis in Africa* [Cozinhar um continente: extração destrutiva e crise climática na África] (2012) e *Oil Politics: Echoes of Ecological War* [Política do petróleo: ecos da guerra ecológica] (2016).

e Frantz Fanon (1963 [2005]) produziram excelentes exposições que deveriam ter provocado introspecção crítica. Talvez nossos líderes não sejam ousados o suficiente para rejeitar esse caminho inaceitável, mesmo depois de terem testemunhado agentes de potências imperiais assassinarem Thomas Sankara, de Burkina Faso, Amílcar Cabral, de Guiné Bissau, e Patrice Lumumba, do Congo — três líderes que propunham noções alternativas. Será que o pagamento contínuo da chamada dívida colonial à França por suas antigas colônias na África fala de um continente ainda colonizado?

Quais são os indicadores de desenvolvimento na África? O primeiro é o produto interno bruto (PIB), renomeado como problema doméstico bruto por Lorenzo Fioramonti (2013). Ele é calculado segundo a extensão da infraestrutura física e a quantidade de reservas monetárias. Um grau mais alto de ambas indica a extração excessiva dos recursos naturais e humanos. A acumulação de reservas externas atesta o fato de que tais recursos são armazenados para sustentar as indústrias estrangeiras e custear as importações. Quando as nações dispõem de liquidez, de acordo com os parâmetros do Banco Mundial e do Fundo Monetário Internacional (FMI), elas são rapidamente encorajadas a obter empréstimos externos dos detentores de suas "reservas"; quando estão em apuros, há a imposição de condições extremas que precisam ser cumpridas antes de se afrouxar a corda em volta de seu pescoço econômico.

A pilhagem que acompanhou o colonialismo é constantemente negligenciada. Alguns consideram o colonialismo como uma forma de ajuda que iluminou, de maneira salutar, um continente supostamente "escuro". Como observou Hickel (2015):

> O debate sobre as reparações é ameaçador porque subverte completamente a narrativa usual de desenvolvimento. Sugere que a pobreza no Sul global não é um fenômeno natural, mas foi ativamente criada. E coloca os países ocidentais no papel não de benfeitores, mas de saqueadores.

Não há dinheiro suficiente no mundo para compensar os males do colonialismo. Hoje em dia, além do auxílio proveniente das relações bilaterais, há fundações filantrópicas que assumiram o papel messiânico de determinar o caminho e o padrão do desenvolvimento africano — o que, ironicamente, não é muito diferente do que já acontece em nome do "desenvolvimento".

Atualmente, o regime climático é uma arena na qual os pobres, no Norte e no Sul, sofrem todas as medidas de mitigação, enquanto os ricos e poderosos agravam os problemas. Secas, fome e escassez hídrica crescem à medida que os governos negligenciam as realidades socioculturais e ecológicas em busca de divisas estrangeiras. Para conseguir mais dinheiro, os governos compram o engodo da compensação de carbono e do ambientalismo de mercado, afrouxando os controles ambientais e financeiros das empresas transnacionais, o que se manifesta na apropriação de terras e no deslocamento de comunidades florestais, seja para abrir caminho para monoculturas orientadas à exportação, seja para bloquear florestas para o estoque de carbono.

O novo amor do Sul pelo mercado de divisas estrangeiras e a disposição para ser um depósito de "bens", independentemente dos prejuízos causados à produção local, também se manifestam na proliferação de regras comerciais injustas, zonas de livre-comércio, conflitos violentos e até mesmo guerras. É instrutivo notar que todo o sangue derramado em nações ricas em minerais, como o Congo, não impediu que a extração continuasse. Embora chamados de "diamantes de sangue" ou "petróleo sangrento", nem a exploração dos recursos nem sua exportação se detiveram.

A saída é perceber que estamos em um jogo de cartas marcadas e nos tornarmos nós mesmos agentes de transformação social. Mas qual é a transformação que queremos? Correndo o risco de parecer romântico, nosso futuro pode muito bem ser encontrado em nosso passado. A África precisa recuperar sua história e afirmar que demos grandes passos desde os anos imediatamente pós-coloniais até a década de 1980, quando o Banco Mundial impôs seus chamados Programas de Ajuste

Estrutural, os quais interromperam os investimentos sociais e prejudicaram a produtividade fabril e agrícola. Assim, as fronteiras artificiais que separam nossos povos em várias nacionalidades e lhes impõem línguas estrangeiras exigem questionamentos e resoluções. Nós também devemos recuperar a interconexão de nossa humanidade — *ubuntu* —, que fez do coletivo a base da organização comunitária.

A narrativa da "ascenção da África" pode ser outro meio de atenuar as reflexões críticas sobre a natureza das relações econômicas entre as nossas nações (Bond, 2013) e também com as nações do Norte e da China. A "ascensão" baseada em valores convencionais do PIB não reflete as realidades objetivas dos cidadãos, porque os números são impulsionados principalmente pela exportação de matérias-primas do setor extrativo. No entanto, a África deve ascender. E, para ascendermos, devemos nos agarrar firmemente à terra, que abre nossos olhos para nosso contexto e realidade, para as forças que dominaram nossa cultura, crença e padrões de pensamento. Então poderemos questionar a noção de "desenvolvimento", ver as correntes ao redor dos tornozelos, rompê-las e assim entoar o chamado para um despertar africano.

Referências

BOND, Patrick. "Africa 'Rising', South Africa Lifting? Or the Reverse?", *Daily Maverick*, 6 fev. 2013.

FANON, Frantz. *The Wretched of the Earth*. Nova York: Grove Press, 1963 [Ed. bras.: *Os condenados da terra*. Trad. Enilce Albergaria Rocha & Lucy Magalhães. Juiz de Fora: UFJF, 2005].

FIORAMONTI, Lorenzo. *Gross Domestic Problem: The Politics behind the World's Most Powerful Number*. Londres/Nova York: Zed Books, 2013.

HICKEL, Jason. "Enough of Aid: Let's Talk Reparations", *The Guardian*, 27 nov. 2015.

IBEKWE, Chinweizu. *The West and the Rest of Us: White Predators, Black Slaves and the African Elite*. Nova York: Random House, 1975.

RODNEY, Walter. *How Europe Underdeveloped Africa*. Dar Es Salaam: Tanzanina Publishing House, 1973 [Ed. port.: *Como a Europa subdesenvolveu a África*. Lisboa: Seara Nova, 1975].

Universalizando a Terra: soluções reformistas

—

Agricultura inteligente para o clima

Teresa Anderson

Palavras-chave: agricultura, mudanças climáticas, agricultura inteligente para o clima, agronegócio, greenwashing, adaptação, mitigação

---

"Agricultura inteligente para o clima" é uma expressão da moda usada para descrever a agricultura que supostamente mitiga ou se adapta às mudanças climáticas. Todavia, a ausência de uma definição clara ou de critérios específicos para diferenciá-la permitiu que a indústria do agronegócio adotasse o termo com entusiasmo para voltar a qualificar suas atividades como boas para as condições climáticas. Muitas organizações do movimento de alimentos desconfiam dessa expressão — ou até se opõem a ela. Elas compartilham preocupações crescentes de que o termo é tão vago que está sendo usado para práticas de *greenwashing*, que são, de fato, prejudiciais para o clima e a agricultura. Há grande preocupação com o fato de que a promoção da agricultura inteligente traz mais danos do que benefícios e, na realidade, prejudica a transição para a sustentabilidade e a justiça, urgentemente necessárias em nossos sistemas alimentares.

O termo "agricultura inteligente para o clima" foi inicialmente formulado pela Organização das Nações Unidas para Alimentação e Agricultura (FAO), com o objetivo de promover

---

TERESA ANDERSON é diretora de políticas e comunicações sobre mudança climática e resiliência na ActionAid International, em Londres. É autora de vários relatórios e artigos, incluindo *Clever Name, Losing Game: How Climate-Smart Agriculture is Sowing Confusion in the Food Movement* [Nome inteligente, jogo perdido: como a agricultura inteligente para o clima está semeando confusão no movimento de alimentos] (2014) e *Hotter Planet, Humanitarian Crisis: El Niño, the "New Normal" and the Need for Climate Justice* [Planeta mais quente, crise humanitária: El Niño, o "novo normal" e a necessidade de justiça climática] (em coautoria com Mark Curtis, 2016).

abordagens agrícolas capazes de mitigar e se adaptar às mudanças climáticas e, ao mesmo tempo, aumentar a produção. O problema é que não há definições específicas para o que pode ou não pode ser chamado de "inteligente para o clima". Como resultado da vaga conceituação da FAO, as corporações adotam livremente essa noção para descrever práticas que, segundo elas, impulsionam a inovação e reduzem o impacto ambiental. No entanto, não há critérios significativos ou evidências necessárias que justifiquem o uso do termo. As práticas agrícolas inteligentes para o clima não precisam seguir princípios agroecológicos ou similares. Tampouco existem salvaguardas sociais para evitar que as atividades assim chamadas minem os meios de subsistência dos agricultores, induzam a apropriação de terras ou levem os agricultores a se endividar.

Assim, enquanto alguns podem supor que a agricultura inteligente para o clima promova, de fato, atividades climaticamente benéficas, não há garantias de que este seja o caso. Infelizmente, a expressão agora é tão amplamente utilizada que parece ser tarde demais para desenvolver definições ou critérios significativos. Para que a agricultura aborde genuinamente os múltiplos desafios associados às mudanças climáticas, é necessária uma profunda mudança sistêmica.

Os efeitos das mudanças climáticas são sentidos em todo o mundo, de modo que a agricultura, a segurança alimentar, a soberania alimentar e as comunidades agrícolas estão particularmente expostas a seus impactos. Padrões de chuvas irregulares, secas, inundações e temperaturas extremas prejudicam cada vez mais a capacidade dos agricultores para cultivar alimentos.

Ao mesmo tempo, a agricultura — particularmente o modelo de Revolução Verde da agricultura industrial — é uma das principais causas das mudanças climáticas. Uma proporção significativa das emissões globais de gases de efeito estufa (GEE) é oriunda da produção pecuária industrial, bem como do uso disseminado de nitrogênio sintético (Gilbert, 2012).

Além de contribuir para o problema das alterações climáticas, a Revolução Verde da agricultura deixa os sistemas alimentares particularmente vulneráveis aos seus impactos. Em sua maioria, as sementes vendidas pelo agronegócio foram desenvolvidas para exigir grandes quantidades de água e fertilizantes nitrogenados sintéticos. Entretanto, esses fertilizantes fazem a matéria orgânica que retém água no solo se decompor e desaparecer, o que contribui para o solo secar rapidamente em épocas de estiagem, levando a baixos rendimentos ou à quebra de safra. A redução da capacidade de absorção de água pelo solo também deixa as culturas mais expostas a danos causados por tempestades ou inundações.

Portanto, está claro que é urgentemente necessário agir, tanto para reduzir a contribuição da agricultura para as mudanças climáticas quanto para ajudar os sistemas alimentares a enfrentar os impactos atuais e futuros. Felizmente, uma das soluções mais eficazes para reduzir a contribuição da agricultura para as mudanças climáticas é também uma das mais eficazes estratégias de adaptação disponíveis. Ao substituir fertilizantes sintéticos por técnicas naturais, a agroecologia reduz as emissões e melhora a capacidade do solo de absorver e reter água em épocas de seca ou inundação. Ampliar o acesso dos agricultores a uma diversidade de variedades de sementes adaptadas localmente também é fundamental para garantir que eles possam lidar com uma série de eventos climáticos imprevisíveis. E, ao fortalecer as economias locais, a distância percorrida pelos alimentos pode ser reduzida, ao mesmo tempo que aumentam a soberania alimentar e o controle dos agricultores sobre seus sistemas alimentares.

Empresas do agronegócio, no entanto, buscam atrasar essas transformações necessárias. Em vez de reconhecer a necessidade de transformar práticas agrícolas, muitas dessas empresas estão simplesmente usando o termo "agricultura inteligente para o clima" para encobrir com novas palavras as mesmas práticas agrícolas industriais danosas, e assim continuar o que já estavam fazendo: negócios, como de costume.

Empresas como Monsanto, McDonald's, Syngenta, Walmart e Yara (a maior fabricante de fertilizantes do mundo) alegam que são pioneiras em práticas agrícolas inteligentes para o clima. Elas argumentam que os maiores benefícios climáticos virão a partir das ações encabeçadas pelas maiores produtoras agrícolas, e que empresas poluidoras devem fazer parte da solução. A Monsanto afirma que suas sementes Roundup Ready, geneticamente modificadas e tolerantes a herbicidas, reduzem as emissões de CO_2 do solo, pois a aplicação dessas substâncias substitui o esforço para eliminar ervas daninhas. Além disso, a empresa espera desenvolver sistemas que monitorem as emissões de GEE e deem orientações sobre padrões climáticos. A Yara alega estar desenvolvendo fertilizantes e técnicas de aplicação que terão um impacto reduzido nas emissões. O McDonald's diz ser líder no desenvolvimento de "carne sustentável". Muitos defensores da agricultura industrial afirmam que a "intensificação sustentável" pode ser uma estratégia para a agricultura climaticamente inteligente, porque aumenta a produtividade e reduz as emissões por unidade de produção. Alguns projetos também foram vinculados a financiamentos controversos por meio da compensação de carbono.

Ao se declararem inteligentes em relação ao clima, as corporações esperam evitar o escrutínio e a regulamentação, para que possam continuar suas atividades e expandir seus negócios, mesmo que provavelmente aumentem suas emissões globais de GEE. Todavia, ao manter tudo como está, também minam a soberania alimentar local e trazem uma série de outros problemas socioeconômicos e ambientais associados às suas práticas de agricultura industrial.

Para complicar o debate, muitos grupos promotores de atividades agrícolas de pequena escala e agroecológicas que realmente não contribuem para o aquecimento global também as chamam de inteligentes para o clima. A confusão surge quando diferentes atores usam o mesmo termo para descrever abordagens muito díspares. O termo "agricultura inteligente para o clima" continua a ser usado por alguns governos, organizações não governamentais (ONGs) e empresas, mas com significados e agendas amplamente diferentes. Vários governos, corporações e ONGs aderiram à Global Alliance for Climate-Smart Agriculture [Aliança global para agricultura inteligente para o clima] (Gacsa). Enquanto isso, centenas de organizações da sociedade civil expressaram sua oposição à agricultura inteligente para o clima, ao Gacsa e a qualquer endosso formal do termo nas negociações climáticas da Organização das Nações Unidas (ONU).

Referências

ACTIONAID. *Climate Resilient Sustainable Agriculture Experiences from ActionAid and its Partners*, 2014. Disponível em: https://actionaid.org/publications/2014/climate-resilient-sustainable-agriculture-experiences-actionaid-and-its-partners.

CAMPBELL, Bruce M.; THORNTON, Philip; ZOUGMORÉ, Robert; VAN ASTEN, Piet & LIPPER, Leslie. "Sustainable Intensification: What Is Its Role in Climate-Smart Agriculture?", *ScienceDirect*, v. 8, p. 39-43, 2014.

CLIMATE SMART AGRICULTURE CONCERNS. "Corporate-Smart Greenwash: Why We Reject the Global Alliance on Climate-Smart Agriculture", *LDC Watch*, jul. 2014.

FAO — FOOD AND AGRICULTURE ORGANIZATION OF THE UNITED NATIONS. "Climate-Smart Agriculture", s.d. Disponível em: www.fao.org/climate-smart-agriculture/overview/en/.

GILBERT, Natasha. "One-Third of Our Greenhouse Gas Emissions Come from Agriculture", *Nature*, 31 out. 2012.

MONSANTO. "Driving Innovation in Modern Agriculture to Combat Climate Change", 23 maio 2017.

YARA. "Sustainability", 2015. Disponível em: https://web.archive.org/web/20150524033435/https://www.yara.com/sustainability/climate_smart_agriculture/.

Auxílio ao desenvolvimento

Jeremy Gould

Palavras-chave: Aidland, imperialismo, colonialismo, "ONGuização", privatização

---

O auxílio ao desenvolvimento — também conhecido como apoio ou cooperação para o desenvolvimento — pode ser entendido como um complexo de práxis e léxis governamentais cuja gênese se deu na fermentação geopolítica posterior à Segunda Guerra Mundial e ao desmoronamento dos impérios coloniais globais da Europa. À luz do contexto histórico, essa ajuda ao desenvolvimento reflete esforços estratégicos conjuntos entre as potências industriais ocidentais para sustentar os privilégios econômicos e políticos do império dentro de uma ordem mundial pós-colonial radicalmente transformada. No entanto, a retórica que justifica o auxílio ao desenvolvimento o retrata como um esforço para ajudar as populações que foram inadvertidamente deixadas para trás na inevitável marcha da humanidade em direção à modernidade. A fusão do puro interesse próprio com uma vontade declarada de fazer o bem é um paradoxo estrutural que ressoa em todos os aspectos de tal auxílio.

As motivações presentes em sua elaboração foram diversas. Por um lado, a descolonização oferecia uma oportunidade única para os Estados Unidos tirarem proveito de uma Europa enfraquecida pela guerra e pelo conflito interno. Por outro lado, e em consonância com suas aspirações de domínio global, os Estados Unidos propuseram esse auxílio para promover seus interesses nos países recém-independentes da Ásia e da África.

JEREMY GOULD é antropólogo. Lecionou na Universidade de Helsinki e na Universidade de Jyväskylä, na Finlândia. Foi consultor em várias agências internacionais de desenvolvimento e realizou pesquisas etnográficas sobre ajuda ao desenvolvimento em países africanos, incluindo Tanzânia e Zâmbia.

Ao mesmo tempo, as metrópoles imperiais da Europa estavam ansiosas para salvaguardar suas vantagens nas antigas colônias. O auxílio proporcionou um meio "técnico" para sustentar o domínio econômico (e ideológico). Um terceiro fator foi o estabelecimento de uma agenda emergente de multilateralismo que permitiu que a Organização das Nações Unidas (ONU) se consolidasse como um instrumento de cooperação e autoridade intergovernamental em meio ao aprofundamento da competição pós-guerra entre campos capitalistas e socialistas. Convém notar que, embora a União Soviética e seus aliados tenham prestado assistência econômica substancial a muitas ex-colônias, esses investimentos nunca foram contabilizados sob os auspícios da Assistência Oficial ao Desenvolvimento (AOD). Nesse sentido, a AOD era um empreendimento exclusivamente capitalista.

Em meio a essa mistura de contestação ideológica, competição comercial e elaboração de estratégias geopolíticas, o discurso do auxílio ao desenvolvimento adquiriu uma aparência técnica rarefeita, caracterizada por duas premissas implícitas: uma é a virtude categórica do capitalismo, que traz consigo a eficiência econômica, a produtividade e o aumento do consumo como uma meta histórica inevitável para todos os povos; a segunda premissa é o imperativo moral imanente das populações "avançadas" de prestar socorro àqueles que ainda não foram "desenvolvidos". Ignorou-se que as populações "subdesenvolvidas" das ex-colônias criaram sofisticadas tecnologias adequadas a seus contextos e administraram ambientes complexos e frágeis, bem como se subestimou seu estatuto de sujeitos políticos com poderes soberanos independentes. Esses silêncios e suposições implícitas sublinham um dos vários paradoxos constitutivos do auxílio ao desenvolvimento: sua implantação estratégica para promover o interesse próprio ocidental é sistematicamente obscurecida por meio de uma linguagem "técnica", que aparece ao mesmo tempo ontologicamente descontextualizada, moralmente inatacável e politicamente neutra.

Muitos estudiosos notaram a natureza contraditória das práticas de conhecimento inseridas no aparato de auxílio ao desenvolvimento. Está bem documentado que a proposta fracassou em alcançar objetivos primários e há evidências substanciais de efeitos "perversos" dessa práxis, mas o discurso autorreferencial que circula na "Aidland" [Terra da ajuda] (Apthorpe, 2011) transmite uma fé inabalável em seu potencial de melhoria e de sucesso final. De fato, David Mosse (2005) argumentou que o objetivo de retratar um projeto como bem-sucedido pode ser mais importante do que a obtenção de resultados substanciais de desenvolvimento.

Ao fim da Guerra Fria, testemunhou-se uma mudança significativa na organização da ajuda ao desenvolvimento. Dos anos 1950 até os anos 1990, a ajuda foi esmagadoramente uma empreitada pública e intergovernamental; nas duas décadas posteriores, viu-se sua dramática privatização. Isso se reflete, acima de tudo, no papel crescente das agências de auxílio internacional, privadas e ricas — Oxfam, ActionAid, Care International, Save the Children, World Vision, e assim por diante. Essas poderosas organizações, cujo capital-base consiste principalmente em doações privadas, assumiram papel significativo na formulação e na implementação de políticas ao serem subcontratadas por agências públicas. Normalmente, essas agências privadas internacionais trabalham com — ou por meio de — organizações privadas mais fracas em países "receptores", contribuindo dramaticamente para a "ONGuização" dos movimentos sociais locais. A ONGuização se refere a um processo pelo qual um corpo ou movimento local perde autonomia política e intelectual, tornando-se um cliente contratado do organismo internacional. O papel influente de agências privadas — como as fundações Carnegie, Ford, Gates e Rockefeller — na produção de conhecimento relacionado ao Sul global e na definição de agendas globais de desenvolvimento é outra faceta da privatização insidiosa dessa proposta de auxílio.

A ideia de desenvolvimento como progresso humano natural e inevitável permanece sedutora. A narrativa de que a humanidade progride da austeridade à abundância, da exaustiva labuta manual a uma época de lazer e criatividade possibilitada pela inovação tecnológica, está no cerne do apelo da modernidade. A retórica da Aidland se fundamenta nesse imaginário da inevitabilidade histórica e acrescenta a ele o imperativo moral universal do socorro. Os volumes de dinheiro destinados ao auxílio ao desenvolvimento flutuam de ano para ano, mas não mostram sinais de desaparecer.

Dito isso, a influência hegemônica da ajuda ocidental ao desenvolvimento está se desfazendo. O surgimento da China como um importante ator geopolítico e sua dramática incursão no mercado desse auxílio, especialmente na África, têm desafiado irreparavelmente as pretensões do Ocidente em relação ao domínio pós-colonial. Mais importante ainda, inúmeros atores nos chamados contextos receptores — políticos, funcionários do governo, líderes comunitários, ativistas, jornalistas, artistas ou acadêmicos — desenvolveram hoje estratégias sofisticadas para adaptar as facetas do aparato de ajuda e seus recursos a suas próprias agendas sociais, econômicas e políticas. Em alguns casos, essas estratégias locais apenas transpõem práticas corruptas da Aidland para outros fins. E, no entanto, também é evidente que os movimentos que militam por justiça, frequentemente liderados por povos indígenas, estão surgindo em todo o Sul global para desafiar os silêncios e os pressupostos tácitos que naturalizam o trabalho de "desenvolvimento".

Referências

APTHORPE, Raymond. "With Alice in Aidland: A Seriously Satirical Allegory". *In*: MOSSE, David (org.). *Adventures in Aidland: The Anthropology of Professionals in International Development*. Nova York/ Oxford: Berghahn, 2011.

ESCOBAR, Arturo. "Introduction to the Second Edition". *In*: ESCOBAR, Arturo *Encountering Development: The Making and Unmaking of the Third World*. Princeton: Princeton University Press, 2011.

GOULD, Jeremy. "Timing, Scale and Style: Capacity as Governmentality in Tanzania". *In*: MOSSE, David & LEWIS, David (orgs.). *The Aid Effect: Giving and Governing in International Development*. Londres/Ann Arbor: Pluto Press, 2005.

MOSSE, David. *Cultivating Development: An Ethnography of Aid Policy and Practice*. Londres: Pluto Press, 2005.

BRICS

Ana Garcia e Patrick Bond

Palavras-chave: BRICS, subimperialismo, bancos de desenvolvimento, reforma multilateral

---

As nações dos BRICS — Brasil, Rússia, Índia, China e África do Sul — não foram inicialmente consideradas um potencial bloco geopolítico em 2001, quando Jim O'Neill, da Goldman Sachs Asset Management, concebeu a sigla como o próximo grupo de economias de alto crescimento. A crise financeira mundial em 2008-2009 consolidou o G20, incluindo todos os países dos BRICS, com o objetivo de gerar uma resposta mundial à instabilidade financeira, baseada em princípios keynesianos: curto prazo de financiamento por débito estatal, política monetária frouxa e coordenação de empréstimos para resgates bancários. Em 2009, a primeira cúpula dos BRIC ocorreu em Ecaterimburgo, na Rússia, criando expectativas de um desafio futuro para o domínio de países ocidentais em instituições multilaterais (Bond & Garcia, 2015). A pedido de Pequim, a África do Sul foi adicionada em 2010, para manter o equilíbrio continental.

Desde então, há uma contradição evidente entre o potencial econômico dos BRICS e seu papel político na defesa do multilateralismo centralizado no Ocidente. Por exemplo, a crise mundial ofereceu a quatro países do bloco a oportunidade

---

ANA GARCIA é professora de relações internacionais da Universidade Federal Rural do Rio de Janeiro e membro do Instituto de Políticas Alternativas para o Cone Sul da América Latina. Doutorou-se pela Pontifícia Universidade Católica do Rio de Janeiro.

PATRICK BOND é professor de economia política na Universidade de Witwatersrand, em Joanesburgo. Seus livros abordam aspectos vinculados à economia política nos âmbitos do urbanismo, do meio ambiente (especialmente mudanças climáticas), da crise financeira global, da África, de modo geral, e do Zimbábue e da África do Sul, em particular.

de pressionar por maior poder de voto no Fundo Monetário Internacional (FMI) durante a "reforma de cotas" de 2010-2015, para a qual os BRICS contribuíram com 75 bilhões de dólares em fundos de recapitalização. O voto da China subiu de 3,8% para 6,1% do total, mas isso se deu à custa de reduzir a entrada de países mais pobres, como a Nigéria (cuja participação votante caiu 41%), a Venezuela (queda de 41%) e até mesmo a África do Sul (queda de 21%).

Os altos preços das commodities e os baixos salários alimentaram o crescimento acelerado dos BRICS antes do pico de preços em 2011 e das subsequentes quedas em 2015. As corporações com sede nos países do bloco se tornaram grandes investidoras internacionais. A modernização econômica oferece aos BRICS um caminho capitalista para o desenvolvimento baseado na exploração da força de trabalho e da natureza, e o crescimento econômico desses países é marcado por extrema desigualdade, apesar da demanda de seus líderes por maior igualdade no sistema internacional.

O acordo dos BRICS para criar um Novo Banco de Desenvolvimento (NBD) foi assinado na cúpula de Fortaleza, em 2014, no mesmo ano em que Pequim criou o Asian Infrastructure Investment Bank [Banco asiático de investimento em infraestrutura]. Ambos os bancos se concentram em projetos de infraestrutura e energia, servindo, em última instância, aos interesses das indústrias extrativistas e agroindustriais (Garcia, 2017). Novos corredores logísticos dentro e perto dos Estados que compõem o bloco conectam territórios e recursos naturais a mercados estrangeiros, como a Iniciativa Cinturão e Rota da Seda, na China — que gerou um grande conflito com a Índia por causa da passagem pela Caxemira, controlada pelo Paquistão —, e o Corredor de Nacala, em Moçambique.

A rápida operacionalização desses novos bancos se deve, em parte, à ausência inicial de padrões socioambientais que exigissem avaliações de impacto ou negociações com as comunidades, embora o primeiro conjunto de créditos tenha sido direcionado a projetos de energia renovável. O princípio da não ingerência nos assuntos internos distingue o NBD das tradicionais instituições financeiras multilaterais, como o Banco Mundial. No entanto, em 2016, o NBD iniciou uma ampla colaboração operacional com o Banco Mundial, incluindo a participação conjunta na preparação de projetos, cofinanciamento e intercâmbio de pessoal.

Da mesma forma, o Arranjo Contingente de Reservas (ACR), que tem um fundo inicial de cem bilhões de dólares, pode ser ativado no caso de uma crise na balança de pagamentos dos BRICS, mas apenas de maneira complementar ao FMI. Um país mutuário deve manter um programa de ajuste estrutural do FMI; caso contrário, será capaz de emprestar apenas 30% de sua cota de fundos do ACR. No caso da África do Sul, que será a primeira a contrair empréstimos para pagar uma dívida de 150 bilhões de dólares, essa cota é de apenas dez bilhões. Assim, tanto o NBD quanto o ACR funcionam de forma complementar às instituições de Bretton Woods.

Da mesma forma, dentro da Convenção-Quadro das Nações Unidas sobre Mudança do Clima, quatro dos países dos BRICS — Brasil, África do Sul, Índia e China — desempenharam um papel central ao lado do presidente dos Estados Unidos, Barack Obama (2009-2017), ao pôr fim à cláusula do Protocolo de Kyoto relativa às reduções obrigatórias de emissões. Essa aliança começou na conferência do clima em Copenhague, em 2009, e continuou em 2011, em Durban. Em 2015, culminou em um acordo climático não vinculante em Paris, benéfico principalmente para os poluidores históricos, bem como para os países dos BRICS, cujas economias têm uma alta intensidade de emissão de carbono.

Há, certamente, potencial para que os BRICS contestem a hegemonia ocidental. O melhor exemplo pode estar na luta pelos direitos de propriedade intelectual sobre medicamentos na Organização Mundial do Comércio (OMC), na qual o Brasil e a Índia enfrentaram governos ocidentais e empresas farmacêuticas durante a década de 1990. Em 2001, ativistas soropositivos celebraram os medicamentos genéricos contra a aids, resultado de uma isenção de propriedade intelectual da

OMC, o que possibilitou, somente na África do Sul, um aumento considerável na expectativa de vida (de 52 anos, em 2004, para 64 anos, atualmente). Além disso, tensões geopolíticas entre o Ocidente e pelo menos duas nações do bloco — Rússia e China — continuarão a ocorrer em incidentes como o asilo de Edward Snowden em Moscou, em 2013, a invasão russa da Crimeia, em 2014, as caóticas alianças de guerra na Síria, o posicionamento de mísseis na Polônia e a expansão econômica chinesa, bem como os conflitos no Mar da China Meridional. Todavia, essas tensões têm sido exceções, e a contribuição geral dos BRICS para o multilateralismo está se acomodando à hegemonia ocidental. Estruturando-se como um projeto de elites nacionais e suas corporações multinacionais, os países do bloco não formularam uma alternativa ideológica à globalização neoliberal, da qual a China é o principal impulsionador atualmente. Em vez disso, eles trabalham dentro da ordem capitalista e ocupam um lugar cada vez mais importante na reprodução expandida do capital global.

Para explicar esse processo, o teórico da dependência brasileiro Ruy Mauro Marini (1965) desenvolveu, durante a década de 1960, o conceito de "subimperialismo", que identifica os principais países na expansão do imperialismo. Hoje, o papel de "xerife adjunto" fortalece a mercantilização imperialista em relação a tudo: às políticas econômicas neoliberais, ao extrativismo mineral e petrolífero e ao controle repressivo das populações dissidentes. Como resposta, as forças de oposição, tanto dos BRICS quanto dos países sob sua influência, estão se mobilizando em solidariedade para exigir uma mudança real, local e global, como um processo ainda emergente dos "BRICS de baixo para cima" (Bond & Garcia, 2015).

Referências

BOND, Patrick & GARCIA, Ana (orgs.). *BRICS: An Anti-Capitalist Critique*. Joanesburgo: Jacana Media, 2015.

GARCIA, Ana. "BRICS Investment Agreements in Africa: More of the Same", *Studies in Political Economy*, v. 98, n. 1, p. 24-47, 2017.

MARINI, Ruy Mauro. "Brazilian Interdependence and Imperialist Integration", *Monthly Review*, v. 17, n. 7, p. 10-29, 1965.

Cidades inteligentes

Hug March

Palavras-chave: TIC, soberania tecnológica, transformação urbana

---

A cidade inteligente (*smart city*) é um conceito ambíguo que está moldando profundamente os debates sobre sustentabilidade e estratégias de competitividade urbana, tanto no Norte quanto no Sul global. Sua pedra angular é o uso intensivo e difundido das tecnologias da informação e comunicação (TIC) para aprimorar a gestão urbana e melhorar sua sustentabilidade.

Embora seja impossível apresentar uma lista abrangente de cidades, regiões ou países que implementam os planos de cidade inteligente, vale a pena mencionar alguns dos casos mais paradigmáticos. A Europa é pioneira: lugares como Amsterdã[1] ou Barcelona[2] encabeçam o ranking das cidades inteligentes nos últimos anos. A maioria das estratégias de cidades inteligentes pretende modernizar o ambiente já construído, adicionando uma "aparência digital" à cidade,

---

[1] O documentário *Smart City: In search of the Smart Citizen* [Cidade inteligente: em busca do cidadão inteligente] (2015, dir. Dorien Zandbergen & Sara Blom) aborda e discute a conversão de Amsterdã em uma referência mundial de cidade inteligente. Disponível em: https://gr1p.org/en/documentary-smart-city-in-search-of-the-smart-citizen.

[2] Barcelona Digital City (2017-2020) é um roteiro elaborado pelo conselho municipal de Barcelona para usar tecnologia e dados para fornecer serviços melhores e mais acessíveis aos cidadãos,

HUG MARCH leciona na Faculdade de Economia e Negócios da Universidade Aberta da Catalunha, na Espanha, e é pesquisador no Urban Transformation and Global Change Laboratory (Turba Lab), no Internet Interdisciplinary Institute (IN3). É um ecologista político urbano interessado em entender criticamente o papel da tecnologia e das finanças na transformação socioambiental.

mas há casos em que se constrói toda a estrutura urbana, como Masdar, nos Emirados Árabes Unidos, ou Songdo, na Coreia do Sul. O conceito não só impactou o urbanismo do Norte global como está moldando profundamente os debates urbanos também no Sul global. São notáveis a magnitude e a ambição das propostas de cidades inteligentes na Índia: mais de cem projetos estão em desenvolvimento em todo o país. Por último, mas não menos importante, também salientamos que o conceito está começando a influenciar o urbanismo no continente africano.

Com a captura contínua de dados refinados sobre o metabolismo urbano por meio do uso generalizado de aplicativos móveis, sensores, medidores inteligentes, redes inteligentes, plataformas de gerenciamento integrado e similares, a cidade inteligente promete o uso mais eficaz de recursos, a diminuição da poluição urbana e uma qualidade de vida melhor. Grandes conglomerados de TIC, empresas de serviços públicos e consultorias internacionais emergem como atores-chave na implementação da cidade inteligente.

Essa versão digital renovada de modernização ecológica por meio das TIC, liderada por empresas, apresenta muitos perigos para uma transição pós-desenvolvimento. Primeiro, os principais pressupostos da cidade inteligente denotam alto grau de determinismo tecnológico. O uso intensivo das TIC é tomado de forma acrítica, como um ponto de passagem obrigatório que garantiria automaticamente uma qualidade de vida melhor para todos. Portanto, no imaginário da cidade inteligente, a mudança tecnológica lidera a mudança social. Essa narrativa costuma ser caracterizada por uma perspectiva ontológica que enquadra os processos socioambientais urbanos como desafios técnicos e de engenharia, solucionáveis por meios tecnológicos. Impulsionada por uma grandiloquência

tornando o governo mais participativo, transparente e eficaz. Também enfatiza o fortalecimento digital para combater a desigualdade e a inovação digital para enfrentar os desafios sociais. Mais informações disponíveis em: https://ajuntament.barcelona. cat/digital/es.

despolitizada, ela superestima a capacidade transformadora da tecnologia e, ao mesmo tempo, ofusca as dimensões político-econômicas estruturais dos problemas socioambientais urbanos, como a pobreza, a discriminação ou a desigualdade. Ao fazê-lo, as implantações hegemônicas que caracterizam as cidades inteligentes substituem a busca pela justiça socioambiental e o "direito à cidade" por uma suposta democratização da tecnologia. Segundo, as tecnologias de cidade inteligente podem aprofundar as fragmentações urbanas, reforçar as atuais relações desiguais de poder e aprofundar as disparidades sociais e a exclusão de determinados setores. Terceiro, a cidade inteligente pode ser entendida como um mecanismo para acelerar a circulação de capital e a obtenção de lucros por e para empresas privadas em tempos de reestruturação urbana pós-crise. O controle privado monopolista sobre tecnologias inteligentes pode resultar em um bloqueio sociotécnico que impede a materialização de transições sociotécnicas alternativas e mais igualitárias. Quarto, também poderia ser vista como um passo mais próximo de uma distopia urbana de vigilância completa e uma mudança em direção à governança urbana autoritária.

Para além das implicações político-econômicas, os benefícios ambientais das TIC urbanas devem ser submetidos a um exame crítico. As soluções da cidade inteligente pretendem reduzir o consumo de água e energia, diminuindo as emissões de uma maneira eficiente e econômica. Por um lado, melhorias de eficiência podem levar a um aumento no consumo total de recursos, seguindo o paradoxo de Jevons. Por outro, a produção de tecnologias de cidade inteligente pode acarretar impactos socioambientais derivados da fabricação, manipulação e descarte das TIC (por exemplo, a extração de materiais escassos em zonas de conflito, como metais essenciais e terras-raras).

Em suma, numa perspectiva crítica, a cidade inteligente poderia ser caracterizada como um significante vazio, oco e despolitizado, construído à imagem do capital para extrair rendas urbanas e promover o crescimento econômico. Em outras palavras, pode ser entendida como uma versão digital recondicionada da modernização ecológica aplicada em escala urbana, em desacordo com uma alternativa pós--desenvolvimento. No entanto, o que é verdadeiramente problemático não são as TIC e as tecnologias inteligentes em si, mas a economia política subjacente aos imaginários tecnocráticos e corporativos, tecnologicamente deterministas, não espaciais e pró-crescimento. Na verdade, uma subversão progressista, de baixo para cima e emancipadora das tecnologias de cidade inteligente e das TIC pode ser viável. Se desenvolvidas em uma lógica de código aberto por cooperativas, pequenas e médias empresas ou organizações sem fins lucrativos, e mantidas sob controle público democrático, muitas tecnologias de cidade inteligente — como medidores, sensores, redes inteligentes ou plataformas abertas — podem ser interessantes para uma transição pós-desenvolvimento. De fato, organizações de base lançam mão de experimentos de baixo para cima com as TIC, que incluem desde o mapeamento de aplicativos até sensores de fabricação doméstica, demonstrando ter a habilidade de se apropriar dessas tecnologias, utilizá-las e adaptá-las, e são capazes de produzir novos dados para articular uma política de contestação socioambiental urbana. Em outros lugares, as administrações locais preocupadas com questões de soberania tecnológica estão começando a articular alternativas para as cidades inteligentes hegemônicas e lideradas por corporações. Esses discursos e práticas alternativas giram em torno de uma redistribuição colaborativa da "inteligência" e abrem a possibilidade de uma transformação urbana progressista, cívica, democrática, cooperativa, baseada na cidadania e liderada pela comunidade; uma transformação que não seja controlada pelas elites tecnocráticas e pelo capital nem submissa ao fetichismo do crescimento econômico perpétuo.

Referências

GLASMEIER, Amy & CHRISTOPHERSON, Susan. "Thinking about Smart Cities", *Cambridge Journal of Regions, Economy and Society*, v. 8, n. 1, p. 3-12, 2015 (Special Issue: Smart Cities).

MARCH, Hug. "The Smart City and Other ICT-Led Techno-Imaginaries: Any Room for Dialogue with Degrowth?", *Journal of Cleaner Production*, v. 197, n. 2, p. 1694-703, 2018.

MARCH, Hug & RIBERA-FUMAZ, Ramon. "Smart Contradictions: The Politics of Making Barcelona a Self-Sufficient City", *European Urban and Regional Studies*, v. 23, n. 4, p. 816-30, 2016.

Comércio de serviços ecossistêmicos

Larry Lohmann

Palavras-chave: serviços ecossistêmicos, meio ambiente, mudanças climáticas, biodiversidade, neoliberalismo, mercados de carbono, Acordo de Paris

As respostas oficiais à crise ambiental giram cada vez mais em torno de unidades comerciais de benefício ambiental. O Protocolo de Kyoto de 1997, o Esquema de Comércio de Emissões da União Europeia de 2005 e o Acordo de Paris de 2015 afirmam combater as mudanças climáticas por meio do intercâmbio de direitos de poluição. Esquemas semelhantes autorizam o comércio de *tokens* de biodiversidade, que os industriais ou empresários podem comprar para "neutralizar" a destruição pela qual são responsáveis.

Nenhuma dessas iniciativas "ambientalistas de mercado" tem potencial para enfrentar a crise climática, a crise da biodiversidade ou qualquer outra crise ecológica. Essa não é sua função. Elas são mais bem compreendidas como componentes da luta capitalista para encontrar respostas ao colapso de compromissos assumidos forçadamente durante o século xx.

Um desses compromissos envolveu o Estado de bem-estar social do Norte: o gerenciamento da demanda e um acordo de altos salários e alto consumo para uma aristocracia de seus trabalhadores brancos, aliados ao "subconsumo" do suprimento de petróleo barato pelo Sul global. Esse compromisso falhou a partir da década de 1970, pois os produtores de petróleo se recusaram a manter os preços baixos, as mulheres se recusaram a fazer trabalhos reprodutivos não remunerados, as minorias

LARRY LOHMANN trabalha na ONG britânica The Corner House. Morou na Tailândia e no Equador. Participa do conselho consultivo do World Rainforest Movement (WRM). É autor de vários artigos acadêmicos e de livros como *Energy, Work and Finance* [Energia, trabalho e finanças] (com Nicholas Hildyard, 2014).

rechaçaram o racismo, os trabalhadores exaustos procuraram caminhos para escapar à rotina. Para lidar com a queda nas taxas de lucro, novos suprimentos de mão de obra barata foram reunidos no Sul global, apartando da terra um número historicamente sem precedentes de pessoas e, no Norte global, distanciando os trabalhadores do Estado de bem-estar social, dos sindicatos e dos acordos salariais conquistados. Para dar aos novos trabalhadores algo com que trabalhar, foram lançadas novas ofensivas para extrair matérias-primas de territórios comuns e indígenas em todo o mundo. A fim de acompanhar esse extrativismo revigorado, encontrou-se uma resposta "neokeynesiana" ao problema de como supostamente os trabalhadores mal remunerados poderiam comprar todos os novos bens oferecidos: uma vasta expansão do crédito privado, na verdade uma colonização dos futuros salários dos pobres. O setor financeiro também ajudou a preencher a lacuna de lucro ao promover bolhas especulativas, liquidação de ativos, invenção de derivativos, especulação imobiliária, evasão fiscal em escala industrial, roubo de bens públicos e outras fraudes.

Um segundo compromisso que desmoronou durante o final do século xx foi o desenvolvimentismo nacional, que o capital havia considerado uma forma de amortecer as energias revolucionárias dos movimentos nacionalistas pós-coloniais. Com sua promessa de divisão do trabalho entre a agricultura e a indústria, em nível nacional e orientada para a independência, o desenvolvimentismo inevitavelmente se opunha a relações mais globalizadas de propriedade e valor. Também foi vítima de contradições inerentes à promoção de substitutos capitalistas para abordagens comunais. A Revolução Verde, a ajuda alimentar e a infraestrutura ampliada, bem como a "reforma agrária" centrada em propriedades individuais privatizadas, apenas aumentaram a dependência e a divisão de classes. Felizmente para o capital, a necessidade de compromisso diminuiu à medida que o espectro de uma alternativa socialista desaparecia após as reformas chinesas de 1979 e o colapso da União Soviética, uma década mais tarde. O capital conseguiu tirar vantagem também da ascensão da Organização dos Países Exportadores de Petróleo (OPEP) utilizando-se da dívida dos petrodólares como meio pós-desenvolvimentista para disciplinar o Sul global no mercado mundial. O retorno a uma ordem global mais colonial foi anunciado por uma nova onda de tratados comerciais coercitivos e corredores intercontinentais de infraestrutura, encabeçados pelo slogan da Organização Mundial do Comércio (OMC): "Feito no mundo".

A regulamentação ambiental convencional foi um terceiro compromisso que fracassou, pois estabeleceu — e contribuiu para — a "maximização" dos sumidouros livres de resíduos com os quais o capital industrial havia contado por tanto tempo. As burocracias reguladoras afirmavam ser capazes de administrar crises aplicando pastiches de princípios comuns, como o direito incondicional à vida de várias espécies, inclusive a humana. Mas, tal como o assistencialismo — marcado por uma defesa indiferente do direito humano de subsistir —, esse compromisso não poderia durar. Assim que foi promulgada, a emblemática legislação ambiental dos Estados Unidos nos anos 1970 passou a ser atacada como uma "proibição ao crescimento". Ideólogos neoliberais, think tanks com sede em Washington e organizações não governamentais ambientais estavam à disposição para oferecer uma saída. A regulamentação permaneceria, mas os elementos que se referiam a bens comuns deveriam desaparecer. Limites à degradação seriam estabelecidos não "de fora", por especialistas que ignoram as necessidades do capital, mas por meio da colaboração com as empresas. A ciência física seria substituída pela "economicciência". Nenhum dos direitos humanos ou não humanos seria incondicional.

A chave era construir "uma nova natureza", que consistia em serviços ecossistêmicos padronizados para serem comercializados em todo o mundo. Para evitar a despesa de reduzir o impacto ambiental em seus arredores, as empresas agora poderiam cumprir as leis ambientais comprando unidades de baixo custo de compensação ecológica, onde quer que estejam localizadas. Elas seriam equivalentes de redução de emissões de CO_2, unidades de conservação de morcegos, "compromissos de mitigação transferidos internacionalmente" e assim por diante. A natureza foi reformulada e "calculada em média" para produzir símbolos de alívio regulatório barato, com recursos e mão de obra a baixos preços, ajudando a manter abertos os canais de extração e poluição que a legislação ambiental convencional colocava sob ameaça. O problema era que o investimento fluiria para os novos serviços ecossistêmicos somente quando houvesse demanda suficiente de extração, produção de combustíveis fósseis e desenvolvimento de infraestrutura. Em uma derradeira reconciliação orwelliana, um ambiente "saudável" passou a depender da degradação ambiental.

Assim, as usinas de energia na Europa, por exemplo, poderiam "compensar" suas emissões de gases de efeito estufa colonizando a capacidade fotossintética de extensões de terra na América Latina, África ou Ásia. As corporações também poderiam explorar um futuro hipotético comprando unidades de "degradação evitada": desde que pudessem alegar estar impedindo a degradação "inevitável" em outros lugares, as empresas privadas estavam legalmente autorizadas a continuar seus negócios. Portanto, os novos mercados de ecossistemas eram como uma máquina regeneradora de mitologias coloniais autorrealizáveis. Essa retórica opunha os terceiromundistas, carentes de imaginação e destinados a destruir seu meio ambiente através do desenvolvimento industrial irresponsável ou da agricultura de corte e queima, aos investidores iluminados do Norte, os únicos capazes de ações independentes para garantir o futuro da natureza. Assim como o welfarismo e o desenvolvimentismo, a regulação ambiental convencional deu lugar tanto à aparição de relações de valor mais globalizadas quanto a novos colonialismos do espaço e do tempo.

Como o objetivo da negociação de serviços ecossistêmicos é baratear a regulamentação para facilitar a acumulação de capital, a pressão para baixar os preços é tão grande quanto a exercida sobre os mercados de produtos primários. Nenhum país do Sul fará fortuna por meio do comércio de serviços ecossistêmicos nem por meio do neoextrativismo. Os movimentos populares devem se opor a ambos como parte de sua luta contra programas de austeridade, cortes salariais, novos cerceamentos de bens comuns, financeirização, acordos de livre-comércio e outros aspectos do neoliberalismo.

Referências

ARAGHI, Farshad. "The Invisible Hand and the Visible Foot: Peasants, Dispossession and Globalization". *In*: AKRAM-LODHI, Haroon & KAY, Cristóbal (orgs.). *Peasants and Globalization: Political Economy, Rural Transformation and the Agrarian Question*. Nova York: Routledge, 2009.

ROMAIN, Felli. "On Climate Rent", *Historical Materialism*, v. 22, n. 3-4, p. 251-80, 2014.

VALDERRAMA, Sara Peña. *Entangling Molecules: An Ethnography of a Carbon Offset Project in Madagascar's Eastern Rainforest*. Tese (Doutorado em Antropologia), Durham University, Durham, 2016.

Desenvolvimento sustentável

Erik Gómez-Baggethun

Palavras-chave: ecodesenvolvimento, livre-comércio, relatório Brundtland, crescimento verde

---

Há três décadas, o relatório Brundtland da Comissão Mundial sobre Meio Ambiente e Desenvolvimento inaugurou o termo "desenvolvimento sustentável" a fim de harmonizar objetivos político-econômicos e conservação ambiental (WCDE, 1987). Desde então, o desenvolvimento sustentável tem guiado a política ambiental internacional e se reafirmou com o conceito de *economia verde* (PNUMA, 2011). Além disso, deve orientar a política de desenvolvimento global até o ano de 2030 por meio dos Objetivos de Desenvolvimento Sustentável (ODS).

Contornando as ideias apresentadas em *Limites do crescimento* (Meadows *et al.*, 1972 [1973]) e a distribuição de riqueza — que haviam dado forma aos critérios de sustentabilidade ao longo dos anos 1970, representados nas declarações de Estocolmo em 1972 e de Cocoyoc em 1974 —, o relatório Brundtland reclamava "políticas expansivas de crescimento, comércio e investimento" e concluía que "a economia internacional deve acelerar o crescimento mundial" (WCDE, 1987, §74). De acordo com a hipótese da curva ambiental de Kuznets, uma suposta sinergia entre crescimento e meio ambiente está baseada na expectativa de uma economia desmaterializada, na qual o crescimento é desvinculado dos recursos materiais e energéticos graças a tecnologias mais eficientes e reformas nas políticas institucionais (WCDE, 1987, §32).

ERIK GÓMEZ-BAGGETHUN é professor de governança ambiental na Universidade Norueguesa de Ciências da Vida (NMBU), conselheiro científico sênior do Instituto Norueguês para Pesquisa da Natureza (Nina) e pesquisador visitante sênior da Universidade de Oxford. Sua pesquisa abrange tópicos de política ambiental, economia ecológica e ciência da sustentabilidade.

Ao apontar as raízes da deterioração ambiental, o desenvolvimento sustentável desvia o foco dos países ricos, até então responsabilizados por se apoderarem desproporcionalmente dos recursos naturais do mundo, e lança as atenções aos países pobres, agora culpados de "exercer pressões sem precedentes sobre as terras, águas, florestas e outros recursos naturais do planeta" (WCDE, 1987, §7). Em consonância à tese de Inglehart sobre o pós-materialismo (que afirma que as culturas só desenvolvem uma consciência ambiental depois de alcançar determinados níveis de riqueza), o desenvolvimento sustentável identifica os camponeses e os habitantes das florestas do Sul global, em vez dos consumistas ricos do Norte global, como os principais responsáveis pela degradação do meio ambiente. As ideias de redistribuição da riqueza e de desenvolvimento qualitativo como questões prioritárias ao crescimento material (evidentes no ecodesenvolvimento, predecessor do desenvolvimento sustentável) não são levadas em consideração, o que favorece uma globalização impulsionada pelo livre-comércio, na qual a redução da pobreza deve ser tratada mediante o crescimento global contínuo e a economia do gotejamento.

Desde a publicação do relatório Brundtland, todos os principais relatórios sobre sustentabilidade, bem como as declarações das Cúpulas da Terra, respaldam o crescimento econômico e a liberalização do comércio, alegando que não existe conflito entre crescimento, justiça social e proteção ambiental. Tais critérios se aplicam às declarações da Cúpula da Terra no Rio de Janeiro (ONU, 1992, princípio 12), em Johannesburgo (ONU, 2002, princípio 18) e novamente no Rio de Janeiro (ONU, 2012, artigo 4º), além do relatório do Programa das Nações Unidas para o Meio Ambiente (PNUMA) sobre Economia Verde (PNUMA, 2011) e dos ODS (ONU, 2015, objetivo 8). O consenso sobre o desenvolvimento sustentável e seu distanciamento das ideias econômicas e políticas mais radicais que caracterizavam os critérios de sustentabilidade durante a década de 1970 estão resumidos na declaração da Cúpula do Rio de 2012 (convenientemente rotulada de Rio+20, e não de Estocolmo+40), que postula a promoção do crescimento econômico em 23 artigos e reafirma a importância de uma "liberalização significativa do comércio" como motor de crescimento econômico (Gómez-Baggethun & Naredo, 2015). O desenvolvimento sustentável tem sido criticado por representar tanto um oxímoro (uma contradição no próprio termo) como um pleonasmo (uma expressão redundante). Um oxímoro porque, ao eliminar a tensão entre dois termos fundamentalmente contrastantes, serve como um tipo de *greenwashing* que desvia a atenção das contradições econômicas e ecológicas das economias impulsionadas pelo crescimento. E um pleonasmo porque, se o desenvolvimento realmente significa algo diferente do crescimento do produto interno bruto (PIB), como sugerem alguns de seus defensores bem-intencionados, então termos como "sustentável", "verde" ou "humano" são, na melhor das hipóteses, redundantes e, na pior, dispositivos retóricos que simplesmente mistificam a visão expansionista e a ideologia do crescimento sobre as quais sustentam-se os conceitos tradicionais de desenvolvimento.

Os economistas ecológicos demonstraram empiricamente que a suposta compatibilidade entre crescimento e meio ambiente mostrou-se ilusória até agora. Em sua obra *O ecologismo dos pobres*, Martínez-Alier (2002 [2007]) questiona as suposições "pós-materialistas" do desenvolvimento sustentável, sinalizando que, em última instância, a sustentabilidade não depende tanto da consciência ambiental (como a entendem os cosmopolitas), e sim dos perfis metabólicos, isto é, das reais pegadas ecológicas de água, carbono, energia, entre outras, resultantes das normas estabelecidas sobre os recursos materiais. Os chamados habitantes "pós-materialistas" dos países ricos, que podem conduzir carros elétricos, compensar as emissões atmosféricas e separar o lixo, têm maiores pegadas ecológicas do que os habitantes "materialistas" das florestas e selvas do Sul, que dependem da natureza para seu sustento. O sonho tecnológico da desmaterialização continua ilusório: por mais que alguns indicadores ambientais, especialmente locais e urbanos, tenham melhorado nas últimas décadas, o aumento do PIB tem sido acompanhado da crescente pressão, em escala mundial, sobre os sistemas ecológicos que asseguram a vida. Se, atualmente, alguns países estão se desmaterializando em termos relativos (por unidade do PIB), não se observam sintomas de desmaterialização absoluta da economia global (Jackson, 2017). Em escala planetária, o PIB segue diretamente vinculado ao consumo total de energia e materiais, assim como as emissões de CO_2. A hipótese inspirada na curva ambiental de Kuznets, que prevê desmaterialização com crescimento do PIB, só se tornou realidade nos países desenvolvidos que deslocaram sua atividade industrial para os subdesenvolvidos, com mão de obra mais barata e normas de regulamentação ambiental mais frouxas.

Trinta anos depois, o desenvolvimento sustentável continua um mito, e a mudança não está logo ali. Os movimentos pós-desenvolvimentistas seguem enfrentando forças enormes, que só poderiam ser superadas por meio de uma estratégia de longo prazo que ignore as distrações ecológicas marginais e busque obstinadamente mudanças econômicas e políticas estruturais para reconverter o metabolismo econômico global. Também se fará necessário forjar coalizões e alianças táticas mais amplas, que abarquem desde os movimentos sociais e ambientalistas de base até aqueles representantes governamentais e acadêmicos críticos capazes de se comprometer e de reformar os processos de formulação de políticas. Para que consigam se transformar em noções que orientem de forma válida a transição a uma sociedade ecologicamente viável e socialmente justa, o desenvolvimento sustentável e a economia verde deverão transcender as noções de crescimento e de desenvolvimento unidirecional.

Referências

GALTUNG, Johan. "The Cocoyoc Declaration", *Transcend Media Service*, 29 mar. 2010.

GÓMEZ-BAGGETHUN, Erik & NAREDO, José Manual. "In Search of Lost Time: The Rise and Fall of 'Limits to Growth' in International Sustainability Policy", *Sustainability Science*, v. 10, n. 3, p. 385-95, 2015.

JACKSON, Tim. *Prosperity without Growth: Economics for a Finite Planet*. Londres: Earthscan, 2017.

MARTÍNEZ-ALIER, Joan. *The Environmentalism of the Poor: A Study of Ecological Conflicts and Valuation*. Cheltenham: Edward Elgar, 2002 [Ed. bras.: *O ecologismo dos pobres: conflitos ambientais e linguagens de valoração*. São Paulo: Contexto, 2007.]

MEADOWS, Donella; MEADOWS, Dennis; RANDERS, Jørgen & BEHRENS, William. *The Limits to Growth*. Nova York: Universe Books, 1972 [Ed. bras.: *Limites do crescimento*. São Paulo: Perspectiva, 1973].

ONU — ORGANIZAÇÃO DAS NAÇÕES UNIDAS. Report of the United Nations Conference on the Human Environment, Stockolm, 5-16 June 1972. Estocolmo: ONU, jun. 1972. Disponível em: https://www.un.org/ga/search/view_doc.asp?symbol=A/CONF.48/14/REV.1

ONU — ORGANIZAÇÃO DAS NAÇÕES UNIDAS. "Declaração da Conferência das Nações Unidas sobre meio ambiente e desenvolvimento, Rio de Janeiro, 3-14 jun. 1992", *Estudos Avançados*, v. 6, n. 15, maio-ago. 1992.

ONU — ORGANIZAÇÃO DAS NAÇÕES UNIDAS. Declaração da Conferência das Nações Unidas sobre Desenvolvimento Sustentável, Joanesburgo, 2-4 set. 2002. Disponível em: https://cetesb.sp.gov.br/proclima/wp-content/uploads/sites/36/2013/12/decpol.pdf.

ONU — ORGANIZAÇÃO DAS NAÇÕES UNIDAS. "O futuro que queremos": declaração da Conferência das Nações Unidas sobre Desenvolvimento Sustentável, Rio de Janeiro, 20-22 jun. 2012. Disponível em: https://riomais20sc.ufsc.br/files/2012/07/CNUDS-versão-português-COMITÊ-Pronto1.pdf.

ONU — ORGANIZAÇÃO DAS NAÇÕES UNIDAS. Objetivos de Desenvolvimento Sustentável, 2015. Disponível em: https://brasil.un.org/pt-br/sdgs.

PNUMA — PROGRAMA DAS NAÇÕES UNIDAS PARA O MEIO AMBIENTE. *Towards a Green Economy: Pathways to Sustainable Development and Poverty Eradication*. Nairobi: Unep, 2011.

WCED — WORLD COMMISSION ON ENVIRONMENT AND DEVELOPMENT. *Our Common Future (Brundtland Report)*. Oxford: Oxford University Press, 1987. Disponível em: www.un-documents.net/our-common-future.pdf.

WIEDMANN, Thomas O.; SCHANDL, Heinz; LENZEN, Manfred; MORAN, Daniel; SUH, Sangwon; WEST, James & KANEMOTO, Keiichiro. "The Material Footprint of Nations", *Proceedings of the National Academy of Sciences*, v. 112, n. 20, p. 6271-6, 2015.

Ecomodernismo

Sam Bliss e Giorgos Kallis

Palavras-chave: pós-ambientalismo, dissociação, Antropoceno, tecnologia

---

O ecomodernismo pressupõe a salvação pela tecnologia. A solução para os problemas ambientais criados pela tecnologia, argumentam os ecomodernistas, é mais tecnologia. Eles propõem a concentração da atividade humana em cidades densas e fazendas industriais para que haja mais espaço para a vida selvagem. Defendem a implantação de energia nuclear, modificação genética, materiais sintéticos e mais novas tecnologias que "dissociam" os seres humanos da natureza. Suas propostas são diminuir o impacto ambiental da humanidade e alcançar o desenvolvimento econômico para todos. Esses dois objetivos, argumentam eles, só podem ser alcançados por meio da libertação dos recursos biológicos e dos ciclos naturais. Camponeses, pastores, moradores de florestas e comunidades de pescadores que dependem diretamente dos ecossistemas que habitam são considerados vilões ambientais, destruidores da natureza intocada. Os ecomodernistas acreditam que mais eficiência energética e material enriquece a sociedade e incrementa o consumo. E que a inovação vai liberar fontes de energia baratas, abundantes, limpas e densas, que transformarão o crescimento em algo sustentável.

A ideia de ecomodernismo nasceu nos Estados Unidos. Ao contrário da "ecoeficiência" e da "modernização ecológica",

SAM BLISS é doutor em economia ecológica pela Universidade de Vermont. É o correspondente estadunidense do coletivo acadêmico Research & Degrowth e membro fundador da Degrow US.

GIORGOS KALLIS é cientista ambiental e trabalha com economia ecológica e ecologia política. É membro do Instituto Catalão de Pesquisa e Estudos Avançados (Icrea) e professor da Universidade Autônoma de Barcelona.

as escolas de pensamento ambiental mais proeminentes na Europa, os ecomodernistas não enfatizam a conservação de energia nem as energias renováveis. Raramente falam em mercados livres ou preços de carbono; em vez disso, propõem que os governos financiem pesquisas para os avanços tecnológicos necessários.

Em abril de 2015, um grupo de dezoito cientistas e intelectuais publicou o *Manifesto Eco Modernista*, com "a convicção de que o conhecimento e a tecnologia, aplicados com sabedoria, poderão permitir um bom ou até mesmo um magnífico Antropoceno" (Asafu-Adjave, Foreman, Pritzker *et al.*, 2015, p. 6 [2016, p. 3]). É um texto fácil de ler, com três mil palavras de argumentos simples que articulam um futuro ecomodernista, repleto de cidades artificiais de alta tecnologia e regiões selvagens inexploradas e intocadas. Foi coreografado pelo Breakthrough Institute, um think tank de advocacy em Oakland, Califórnia, fundado em 2003 por Michael Shellenberger e Ted Nordhaus, ambos estrategistas de longa data de grupos ambientais.

Em 2004, essa dupla foi autora de *The Death of Environmentalism* [A morte do ambientalismo], um ensaio que atacava as estratégias políticas do movimento e pedia uma renovação, um "pós-ambientalismo". O prefixo "pós" indicava um afastamento das clássicas demandas ambientalistas por limites e regulamentação. Também sugeriu a tese "pós-materialista" de que as pessoas apreciam a natureza e pagam para protegê-la quando ficam ricas. Na década seguinte, a dupla construiu, em torno do Breakthrough Institut, uma rede de conservacionistas pró-energia nuclear e anticonservação de recursos. Ecomodernismo *é* pós-ambientalismo.

O manifesto de 2015 tentou unir polos distantes do espectro político em torno de sua visão tecnologicamente otimista, enquadrada em uma linguagem positiva e apolítica. Nenhum movimento social se materializou. Em junho de 2016, uma "marcha pela esperança ambiental" para salvar uma usina nuclear na Califórnia foi organizada pelo novo grupo pró-nuclear Environmental Progress, de Shellenberger, e contou com a participação de apenas oitenta pessoas. Aparentemente, salvar o meio ambiente acelerando o próprio desenvolvimento industrial que o destruiu não é uma narrativa que mobiliza as massas. Então, por que prestar atenção no ecomodernismo?

Porque setores poderosos prestam muita atenção ao manifesto; a grande mídia e o mundo acadêmico também. As avaliações variaram entre entusiasmo, ceticismo e duras críticas, mas o que é digno de nota é o fato de que publicações como *The New York Times*, *The Guardian* e até mesmo o conselho editorial da *Nature*, a revista científica mais citada do mundo, tenham lido e transmitido a mensagem contida no manifesto. Os autores do texto incluem ilustres estudiosos ambientais, como David Keith, da Universidade Harvard, e Ruth DeFries, da Universidade Columbia.

Não há movimento social associado ao pós-ambientalismo, porque o pós-ambientalismo não precisa de um. É tão somente uma versão exagerada de algumas das atitudes e convicções mais dominantes na sociedade: que podemos continuar a consumir como de costume, se incentivarmos tecnologias limpas; que comunidades pobres degradam seu ambiente ao gerir e coletar diretamente os recursos de que dependem; que as mudanças climáticas são um desafio técnico que não requer transformação social ou cultural; e, por fim, que o crescimento econômico é um processo natural e inevitável. Em certo sentido, o pós-ambientalismo é o antiambientalismo com a crença distorcida, supostamente baseada na ciência, de que fazer o que pensávamos ser ruim para o meio ambiente é a única maneira de salvá-lo. É possível imaginar que seja reconfortante para as pessoas ouvir que a sustentabilidade e a redução da pobreza podem ser alcançadas sem sacrificar o opulento estilo de vida de que desfrutam ou pelo qual lutam. Não há necessidade de protestos ou manifestações, porque tudo o que deve ser feito é simplesmente acelerar os processos há muito tempo em andamento: urbanização, intensificação agrícola, crescimento econômico, substituição de recursos biológicos e mão de obra por minerais e energia moderna, seja fissão, seja fusão nuclear. O manifesto provê aos políticos conservadores um forte discurso para que eles aleguem estar a favor do meio ambiente enquanto autorizam mais da mesma destruição.

Contudo, todos os processos celebrados pelo manifesto levaram a danos ambientais cada vez maiores. Acreditar que acelerá-los reverterá essa tendência contraria as evidências científicas. Nossa revisão minuciosa da literatura revela que as principais afirmações dos pós-ambientalistas não se fundamentam em fatos. Quando se considera a pegada ecológica das cidades, vemos que a urbanização traz consigo o aumento do uso de recursos e a poluição. A agricultura intensiva não deixa espaço para a vida selvagem. Novas fontes de energia se somam às antigas, em vez de substituí-las. Os países desenvolvidos apenas parecem reduzir os impactos ambientais, quando na verdade o que fazem é exportá-los para países menos desenvolvidos. As pessoas que se "desacoplam" da natureza se importam menos em protegê-la. Movimentos sociais mudam o mundo para melhor; tecnologias sozinhas, não.

O ecomodernismo suprime a paixão pela organização e mobilização em prol da transformação socioecológica, assegurando às pessoas que a tecnologia artificial avançada substituirá a natureza na economia, de modo que possamos simplesmente deixar o mundo natural se desenvolver sem nossa intervenção. A mensagem é que nós, humanos, nunca aprenderemos a dividir nosso planeta de uma maneira mais consciente com as demais espécies; ao contrário, devemos separar nossas economias de suas ecologias. O resultado é uma profecia autorrealizável. Uma profecia que, se concretizada, será um desastre total.

Referências

ASAFU-ADJAYE, John; FOREMAN, Christopher; PRITZKER, Rachel *et al.*
An Ecomodernist Manifesto, abr. 2015. Disponível em: http://www.eco-
modernism.org/manifesto-english [Ed bras.: *Manifesto Eco Modernista*.
Trad. Maurício Waldman & Tadeu A. Marques. São Paulo: Kotev, 2016
(Série Meio Ambiente, 8). Disponível em: http://mw.pro.br/mw/meio_
ambiente_08.pdf].

BLOMQVIST, Linus; NORDHAUS, Ted & SHELLENBERGER, Michael. *Nature
Unbound: Decoupling for Conservation*. Oakland: The Breakthrough
Institute, 2015.

SHELLENBERGER, Michael & NORDHAUS, Ted. *The Death of Environmentalism:
Global Warming Politics in a Post-Environmental World*. Oakland:
The Breakthrough Institute, 2004. Disponível em: https://s3.us-
east-2.amazonaws.com/uploads.thebreakthrough.org/legacy/
images/Death_of_Environmentalism.pdf.

Economia circular

Giacomo d'Alisa

Palavras-chave: metabolismo societal, eficiência de recursos, reutilização, sustentabilidade, crescimento

---

A economia circular (EC) é uma visão estratégica emergente que propõe dissociar crescimento econômico e impactos ambientais. Seus principais objetivos são:

1. reduzir o uso de matéria-prima para reverter o modelo extrativista do atual sistema econômico;
2. aumentar as práticas de reutilização, evitando os padrões de descarte para materiais e bens que ainda têm valor de uso para diferentes atores da sociedade;
3. aumentar a capacidade de reciclagem de bens, implementando arranjos de mercado efetivos para materiais secundários.

As soluções técnicas e de design, assim como as gerenciais, estão na vanguarda da pesquisa e das aplicações da EC. Essas soluções estendem a usabilidade da vida dos materiais, já que se contrapõem à obsolescência planejada do modelo de negócios-padrão — isto é, à engenharia da vida útil limitada dos produtos, cujo objetivo é aumentar seu volume de vendas no longo prazo.

O surgimento do conceito de EC remonta aos pioneiros da economia ecológica, como Kenneth Boulding. Em meados dos

---

GIACOMO D'ALISA é economista ecológico e ecologista político. Seus interesses de pesquisa abrangem gestão de resíduos, justiça ambiental, tráfico ilegal de lixo e crimes ambientais. Promove visões de decrescimento e está interessado em explorar como seria uma sociedade de decrescimento centrada no cuidado e no bem comum. Atualmente, é professor no Centro de Estudos Sociais (CES) da Universidade de Coimbra, em Portugal.

anos 1960, ele criticou a ideia de uma economia de caubóis, em expansão contínua e linear, demandando cada vez mais terras para colonizar e expandir a produção pecuária. Ele previu o advento da economia da espaçonave, em que a expansão para novas fronteiras extrativistas não é mais possível, e a reciclagem de materiais e energia se converte na principal preocupação de uma empresa. Mais tarde, nos anos 1980, o equilíbrio material da economia também se tornou um argumento central de economistas ambientais muito influentes, como David Pearce e Kerry Turner (1990), que, provavelmente pela primeira vez, usaram o termo "economia circular". Eles explicaram que a economia só pode parecer um sistema linear em expansão quando ignoramos o meio ambiente — o sistema fechado que estabelece os limites para a extração e o descarte do material. No mesmo período, ecologistas industriais e ecodesigners deram início a pesquisas aplicadas para entender como aumentar a eficiência no uso de materiais e estender a vida útil dos produtos. Esses estudos contribuíram para o desenvolvimento do chamado metabolismo industrial, ou seja, a avaliação integrada das atividades laborais, bem como dos processos tecnológicos e físicos necessários para converter energia e matérias-primas e secundárias em produtos e resíduos. A urgência de reduzir o desperdício teve grande influência no desenvolvimento dessas ideias e aplicações, o que também explica por que as políticas de EC são originárias ou componentes diretas do quadro legislativo e dos planos programáticos de resíduos (Ghisellini, Cialani & Ulgiati, 2016).

São muitas as áreas do saber que contribuem para as reflexões sobre a EC. No campo da arquitetura, por exemplo, o conceito "do berço ao berço" tem levado os designers a imaginarem produtos regenerativos. Cientistas e gestores de recursos naturais estão promovendo a disseminação da abordagem da biomimética, que tenta imitar as qualidades de elementos e estruturas presentes na natureza para resolver questões humanas. A EC também aplica princípios oriundos da permacultura, um sistema integrado de cultivo que emula a evolução de ecossistemas biológicos auto-organizados.

Não obstante, os padrões atuais da economia "real" dos fluxos materiais e energéticos sugerem que é necessário ter cautela em relação às qualidades redentoras da EC. A economia atual é muito mais eficiente que a de um século atrás, mas usa recursos em um nível nunca antes visto: extrai uma quantidade sem precedentes de matérias-primas e libera quantias insustentáveis de resíduos sólidos e gasosos. A pegada material das nações, um indicador que explica o impacto associado à extração de matéria-prima para o país que realmente consome os produtos da cadeia, mostra que nenhuma dissociação absoluta está perto de ser alcançada. Tornar-se mais rico não facilita a pressão sobre os recursos naturais (Wiedmann *et al.*, 2015). Um primeiro estudo empírico com o objetivo de estimar a circularidade da economia mundial esclarece que apenas 6% dos materiais extraídos são reciclados e voltam para alimentar o ciclo de produção e consumo. Na verdade, o atual potencial máximo de reciclagem é de cerca de 30%; os outros 70% são compostos principalmente de energia e, em menor escala, de resíduos de rocha que não podem ser reciclados (Haas *et al.*, 2015). Logo, não é difícil concluir que o padrão atual da economia global está muito distante do objetivo da EC.

Ademais, embora haja expectativas — ainda que nem sempre plenamente demonstradas — de que a EC aumentará o nível de emprego e criará postos de trabalho significativos, é espantoso que não haja discussão sobre a possibilidade de aumentar a desigualdade de distribuição e acesso a recursos, produtos e serviços, mesmo nos cenários de EC.

A cautela expressa anteriormente não deve ser entendida como uma rejeição superficial de princípios e aplicações da EC. De fato, seus atores merecem atenção. Eles seriam, entre outros, as comunidades de EC de código aberto, ou seja, especialistas, designers e inovadores que buscam promover transparência, acesso livre a informações, produtos e tecnologias, e oferecer soluções de código aberto para problemas ambientais e de recursos. Esses movimentos de base desafiam não apenas o modelo de negócios como também a instituição essencial do capitalismo, ou seja, a propriedade privada do conhecimento e da informação. A hesitação em se envolver com esses atores das florescentes economias digitais baseadas em bens comuns pode significar uma oportunidade perdida, uma vez que algumas das inovações mais importantes para tornar técnica e socialmente possível uma sociedade de "decrescimento" com baixas emissões de carbono estão ocorrendo nesse âmbito. Portanto, é extremamente importante seguir sua evolução e criar sinergia com eles.

Referências

GHISELLINI, Patrizia; CIALANI, Catia & ULGIATI, Sergio. "A Review on Circular Economy: The Expected Transition to a Balanced Interplay of Environmental and Economic Systems", *Journal of Cleaner Production*, v. 114, p. 11-32, 2016.

HAAS, Willi; KRAUSMANN, Fridolin; WIEDENHOFER, Dominik & HEINZ, Markus. "How Circular Is the Global Economy? An Assessment of Material Flows, Waste Production, and Recycling in the European Union and the World in 2005", *Journal of Industrial Ecology*, v. 19, n. 5, p. 765-77, 2015.

PEARCE, David W. & TURNER, Kerry R. *Economics of Natural Resources and the Environment*. Londres: Harvester Wheatsheaf, 1990.

WIEDMANN, Thomas O.; SCHANDL, Heinz; LENZEN, Manfred; MORAN, Daniel; SUH, Sangwon; WEST, James & KANEMOTO, Keiichiro. "The Material Footprint of Nations", *Proceedings of the National Academy of Sciences*, v. 112, n. 20, p. 6271-6, 2015.

Economia verde

Ulrich Brand e Miriam Lang

Palavras-chave: sustentabilidade, crescimento, eficiência de recursos, valorização da natureza, externalização de custos

---

A ideia de economia verde contém uma promessa tripla: superar tanto a crise econômica como a crise ecológica e aliviar a pobreza (PNUMA, 2011). Seus objetivos são um processo de produção de baixo carbono, eficiência de recursos, investimentos verdes, inovação tecnológica e aumento da reciclagem, empregos verdes, erradicação da pobreza e inclusão social. Os meios para atingir essas metas são descritos como um quadro político "adequado", capaz de internalizar os custos externos e incentivar o consumo sustentável, as empresas verdes e as reformas tributárias. Em 2011, a Organização para a Cooperação e o Desenvolvimento Econômico (OCDE) desenvolveu uma "estratégia de crescimento verde" que enfatiza a inovação como um meio para dissociar o crescimento do esgotamento do capital natural. A Comissão Europeia tentou desenvolver um plano para o crescimento sustentável, promovendo uma economia de mercado ecológica, mas competitiva,

ULRICH BRAND é professor de política internacional na Universidade de Viena. Sua pesquisa e docência se concentram na política do meio ambiente e de recursos globais, na transformação socioecológica, na América Latina e no "modo de vida imperial". Foi membro da comissão de pesquisa do Bundestag alemão para crescimento, bem-estar e qualidade de vida (2011-2013) e faz parte do Grupo de Trabalho Permanente sobre Alternativas ao Desenvolvimento, criado pela Fundação Rosa Luxemburgo.

MIRIAM LANG leciona estudos sociais e globais na Universidade Andina Simón Bolívar, em Quito, Equador. Sua área de pesquisa abrange críticas ao desenvolvimento, alternativas sistêmicas e interseção entre interculturalidade, gênero e relações sociais com a natureza. De 2011 a 2015, coordenou o Grupo de Trabalho Permanente sobre Alternativas ao Desenvolvimento, criado pela Fundação Rosa Luxemburgo.

reduzindo o uso de recursos e aumentando sua eficiência. Os proponentes também argumentam que uma onda de inovações tecnológicas fascinantes promete um novo período de crescimento econômico. Uma estratégia contra o aumento da destruição ambiental consiste em reconhecer o valor econômico da natureza, dando-lhe um preço. A suposição é de que a natureza será protegida se for incluída no cálculo comercial como "capital natural" (Salleh, 2012; Brand & Lang, 2015; Fatheuer, Fuhr & Unmüssig, 2016).

Promovido como um novo paradigma global pela Conferência das Nações Unidas sobre Desenvolvimento Sustentável (Rio+20) em 2012, o conceito de economia verde também é fortemente contestado por seus pontos cegos. Tal qual o desenvolvimento sustentável, a economia verde é um oxímoro usado para legitimar a política internacional, agrupando interesses e estratégias bastante diferentes e até contraditórios para o crescimento econômico e a preservação da natureza.

Um de seus principais problemas é enfatizar o crescimento, que, na verdade, significa um aumento considerável na extração de recursos para a produção de bens e serviços. Tudo isso é medido em dinheiro e serve à lógica dos lucros e da acumulação de capital, ao passo que perguntas como quem produz os produtos, e sob quais condições, tornam-se preocupações secundárias. Além disso, governos de países economicamente poderosos não questionam os modos de produção e de vida imperial ocidental (Brand & Wissen, 2012), mantendo uma forma de globalização capitalista baseada na liberalização e na desregulamentação. A concorrência pela participação no mercado mundial e o objetivo do crescimento econômico prevalecem. Para o setor empresarial, uma vida útil curta para produtos cuja fabricação demanda grandes quantidades de matéria-prima é, muitas vezes, mais lucrativa do que a produção ecológica de produtos de alta qualidade.

As estratégias para uma economia verde permanecem inseridas na racionalidade capitalista. A lógica da constante orientação para novos investimentos, lucros e para a dinâmica da competição não é questionada. A economia verde não se opõe à mineração intensiva para o capital, a projetos de infraestrutura de grande escala, a caríssimos parques eólicos marinhos ou ao comércio de emissões. Muitas vezes, os problemas ambientais não são resolvidos, mas apenas deslocados. Um exemplo são os carros movidos a agrocombustíveis "renováveis" na Europa, enquanto pequenos agricultores na Indonésia são expropriados de seus meios de subsistência à medida que as florestas tropicais são derrubadas para dar lugar a plantações de palma.

Essa proposta tampouco dá importância a perspectivas de gênero, reprodução social e trabalho reprodutivo, uma vez que os defensores da economia verde geralmente se referem à economia de mercado capitalista, aos bens e serviços produzidos como mercadorias a serem vendidas. Em contrapartida, as economistas feministas se concentram em atividades cotidianas não mercantis, que geram bem-estar social geral, e em condições qualitativas, como o escopo e a capacidade para exercer a autodeterminação ou para dispor mais livremente de seu próprio tempo (Biesecker & Hofmeister, 2010). Além disso, as ecofeministas enfatizam a proteção dos recursos globais ao priorizar estilos de vida simples e ecossuficientes.

Em suma, a ideia de uma economia verde corre o risco de intensificar a enganosa valorização capitalista da natureza. Como resposta à destruição ambiental em algumas partes do mundo, ela permanece alinhada às necessidades das corporações e dos ricos, e permite a estabilização dos modos de produção e de vida capitalistas, patriarcais e imperiais.

Para entender de maneira crítica a dinâmica dominante mencionada, sugerimos discutir o capitalismo verde em vez da economia verde. Esse conceito alternativo aponta para a emergência histórica de uma nova formação capitalista, substituindo o velho modo de desenvolvimento "pós-fordista-neoliberal" em crise e seu regime de acumulação dominado pelas finanças. Em países como a Alemanha ou a Áustria, o "capital verde" pode se fortalecer, e os setores "tradicionais", como a indústria automobilística, podem se tornar mais verdes. Um bloco de poder "verde", um Estado "verde" e um corporativismo "verde" integrando trabalhadores e sindicatos seriam parte dessa estabilização, totalmente compatível com imperativos capitalistas, como crescimento econômico e competitividade, e com margens suficientes de distribuição para empresas e instituições estatais. Certamente, uma formação social capitalista verde vai evoluir apenas em alguns países e regiões, será altamente excludente e — considerando a externalização de custos em outras regiões do mundo — de nenhum modo favorável ao meio ambiente. Em algumas partes do planeta, o capitalismo verde significa de fato a continuidade da oligarquização do modo de vida imperial.

Referências

BIESECKER, Adelheid & HOFMEISTER, Sabine. "(Re)productivity: Sustainable Relations both between Society and Nature and between the Genders", *Ecological Economics*, v. 69, n. 8, p. 1703-11, 2010.

BRAND, Ulrich & LANG, Miriam. "Green Economy". *In*: PATTBERG, Philipp H. & ZELLI, Fariborz (orgs.). *Encyclopedia of Global Environmental Politics and Governance*. Cheltenham/Northampton: Edward Elgar, 2015.

BRAND, Ulrich & WISSEN, Markus. "Global Environmental Politics and the Imperial Mode of Living: Articulations of State-Capital Relations in the Multiple Crisis", *Globalizations*, v. 9, n. 4, p. 547-60, 2012.

BRAND, Ulrich & WISSEN, Markus. "Strategies of a Green Economy, Contours of a Green Capitalism". *In*: VAN DER PIJL, Kees (org.). *Handbook of the International Political Economy of Production*. Cheltenham: Edward Elgar, 2015.

FATHEUER, Thomas; FUHR, Lili & UNMÜSSIG, Barbara. *Inside the Green Economy: Promises and Pitfalls*. Munique: Oekom, 2016.

PNUMA — PROGRAMA DAS NAÇÕES UNIDAS PARA O MEIO AMBIENTE. *Towards a Green Economy: Pathways to Sustainable Development and Poverty Eradication: A Synthesis for Policy Makers*. Nairóbi: PNUMA, 2011. Disponível em: www.unep.org/greeneconomy.

SALLEH, Ariel. "Rio+20 and the Extractivist Green Economy", *Arena*, n. 119, p. 28-30, 2012.

Eficiência

Deepak Malghan

Palavras-chave: eficiência, desvio de norma, história, economia política, quantificação

---

A ideia de eficiência é onipresente no mundo contemporâneo. Sua melhoria constante é o objetivo dos engenheiros de automóveis, bem como dos dirigentes dos bancos centrais. O venerável *Oxford English Dictionary* [Dicionário Oxford de inglês] nos diz que o substantivo "eficiência" tem mais de uma dúzia de interpretações atualmente, entre as quais "uma medida de eficácia" ou de "sucesso em atingir o objetivo pretendido". Não é supreendente, portanto, que os argumentos de eficiência tenham sido centrais tanto para a teoria quanto para a prática do desenvolvimento do Sul global no pós-guerra. Esse vocábulo fornece um parâmetro objetivo para medir a eficácia dos projetos realizados em nome do desenvolvimento. No entanto, uma métrica de eficiência não é mais objetiva do que sua "finalidade" subjacente. Ela é capaz de manter um manto de objetividade porque, por ser "um agente operativo ou uma causa eficiente", tornou-se um fim em si mesma — a "causa final". ·

A eficiência é tão difundida na ordem social atual que diversas disciplinas, da ciência da computação aos estudos da cultura e tudo o mais entre elas, estudam suas manifestações. Apesar da aparente diversidade, é possível identificar um mecanismo gerativo estável que explica sua história evolutiva e sua economia política, desde suas origens no longo século XVIII inglês até os dias de hoje.

Qualquer medida de eficiência envolve três etapas. Em primeiro lugar, um referencial normativo deve ser definido para o fenômeno em estudo. Exemplos podem incluir o trabalho

---

DEEPAK MALGHAN é economista e historiador ecológico. Leciona no Instituto Indiano de Administração em Bangalore (IIMB).

máximo que pode ser extraído de um motor térmico ideal, ou então o prazer máximo que pode ser obtido de uma atividade humana. O máximo desenvolvimento humano seria outro exemplo. Em segundo lugar, são feitas observações sobre o estado atual do mundo, medindo o desempenho de motores a vapor reais. Em terceiro lugar, qualquer medida de eficiência simplesmente relata o desvio do estado observado do mundo a partir do referecial normativo. Essa noção de desvio de norma forneceu, desde o século XIX até os dias de hoje, uma estrutura duradoura para questões políticas de melhoria, progresso, modernização e desenvolvimento.

A eficiência é um dispositivo de desvio de norma quantificado e sua história se cruza significativamente com o aumento da quantificação no século XIX. A interseção entre eficiência e quantificação conecta as primeiras tecelagens de algodão da Revolução Industrial britânica à linha de montagem da Ford nos Estados Unidos. Foi essa lógica que mediou a transição do camponês e do artesão para o proletariado industrial. Na virada do século XX, as medidas quantificadas de eficiência chegaram aos lares com a ascensão do movimento da economia doméstica. A estrutura de desvio de norma subjacente a essas medições era central para a disseminação da quantificação e da objetividade. Normas subjetivas podiam, então, ser enterradas dentro de uma medida de eficiência de desvio de norma. Há um componente normativo irredutível para qualquer métrica de eficiência pela qual não nos interessamos mais. Um aumento monotônico na eficiência é um bem absoluto, mesmo que resulte na pilhagem em grande escala de pessoas e do próprio planeta.

A eficiência foi componente integral dos paradigmas de desenvolvimento em ambos os lados da divisão da Guerra Fria. Desde o início, a estrutura de desvio de norma subjacente à eficiência foi fundamental para medir o desempenho do desenvolvimento. Por exemplo, quando os economistas do desenvolvimento estudam o progresso de um país ao longo do tempo ou fazem comparações entre países, eles identificam a renda nacional desse país como uma porcentagem da renda nacional dos Estados Unidos nos anos correspondentes. Métricas contemporâneas para medir um conjunto mais amplo de resultados de desenvolvimento para além da renda nacional, como Índice de Desenvolvimento Humano (IDH), derivaram diretamente de batalhas ideológicas e materiais sobre questões de eficiência. As metas de eficiência são sempre citadas como justificativa para as prescrições de liberalização-privatização--globalização que supostamente resultam em melhor desempenho de desenvolvimento. No entanto, o uso e o abuso da eficiência não se limitam aos que defendem a globalização neoliberal como ferramenta para o rápido desenvolvimento econômico. Os argumentos de eficiência estavam no centro do empreendimento comunista desde o tempo da ascensão bolchevique na Rússia até o final da Guerra Fria. Como Stálin sugeriu, "a essência do leninismo" era a união do movimento revolucionário russo e da eficiência estadunidense.

A "acumulação por despossessão", em vez de um "novo imperialismo", é na verdade parte de uma longa cadeia de eventos pontuada pela ideia de eficiência. Um compromisso com a eficiência impulsiona uma economia política de produção, que por sua vez exige a centralização dos recursos produtivos, tornando inevitáveis os conflitos e as disputas sobre o desenvolvimento. A eficiência como virtude nacional e social está no coração do pensamento liberal moderno pelo menos desde o início do século XIX, fornecendo a justificação normativa para os impérios construídos sobre os ombros das conquistas coloniais. Os conflitos causados pelo desenvolvimento em diversas regiões do Sul global, geralmente relacionados a deslocamentos e expropriações, são alimentados pelas próprias ideias de um progresso inspirado pela eficiência, o que sustentou o próprio empreendimento colonial. Embora o núcleo e a periferia dos atuais conflitos gerados pelo desenvolvimento estejam frequentemente situados dentro dos limites de um Estado-nação, ainda é útil estudar a economia política de tais conflitos por meio da lente da eficiência.

Na era do desenvolvimento, não há ideia mais importante do que o crescimento econômico que sustenta nosso compromisso contínuo com a eficiência. Para além do reconhecimento da "solução de compromisso" entre igualdade e eficiência, e de intervenções periódicas de correção, o "evangelho da eficiência" prevaleceu amplamente. Seja na esteira da crise global do petróleo na década de 1970, seja ainda mais vigorosamente com o reconhecimento da ameaça existencial das mudanças climáticas, a melhoria da eficiência energética e, mais amplamente, da eficiência ecológica têm sido a resposta favorita à situação do meio ambiente. Mas essas melhorias não resolveram os temores vitorianos em relação ao carvão e não vão resolver nossos enigmas contemporâneos.

A revolução da eficiência seguiu seu curso e embasou historicamente a economia política. Desse modo, um mundo pós-desenvolvimento só pode ser criado — ou mesmo imaginado — se abandonarmos o compromisso com a eficiência. Um mundo pós-desenvolvimento não pode ser construído com a eficiência como seu princípio orientador.

Referências

ALEXANDER, Jennifer Karns. *The Mantra of Efficiency: From Waterwheel to Social Control*. Baltimore: Johns Hopkins University Press, 2008.

CHATTERJEE, Partha. *Lineages of Political Society: Studies in Postcolonial Democracy*. Nova York: Columbia University Press, 2011.

Engenharia reprodutiva

Renate Klein

Palavras-chave: ciência misógina, engenharia reprodutiva, manipulação genética, barriga de aluguel, eugenia

---

De bebês de proveta ao apagamento de mulheres, as indústrias de reprodução e genética conquistaram cada vez mais espaço nos últimos quarenta anos. Desde 1978, quando nasceu Louise Brown, o primeiro bebê a vir ao mundo por meio da técnica de fertilização in vitro (FIV), as indústrias gêmeas de engenharia genética e reprodutiva, ao lado dos defensores do controle populacional, continuaram sua cruzada global para definir:

- quais populações do mundo devem ter filhos;
- mulheres de qual classe, raça ou idade são aceitáveis como mães;
- quais qualidades genéticas seus filhos deveriam ter;
- de qual sexo essas crianças deveriam ser.

Nós, acadêmicos e ativistas que criticamos essas tecnologias e políticas emergentes na década de 1980, estávamos corretos ao combinar as duas indústrias, chamando nossa rede de Feminist International Network of Resistance to Reproductive and Genetic Engineering [Rede internacional feminista de resistência à engenharia reprodutiva e genética] (Finrrage).

Desde então, testemunhamos o desenvolvimento concomitante da manufatura genética e da criação de bebês de forma

---

RENATE KLEIN é bióloga e cientista social, coordenadora da Feminist International Network of Resistance to Reproductive and Genetic Engineering (Finrrage), sediada na Austrália. É também editora na Spinifex Press e pesquisadora internacional de saúde feminista. Foi professora associada de estudos sobre a mulher na Universidade Deakin, em Melbourne. Seu livro mais recente é *Surrogacy: A Human Rights Violation* [Barriga de aluguel: uma violação aos direitos humanos] (2017).

industrial, mas, décadas depois, essas tecnologias estão convergindo. O objetivo oficial declarado é eliminar o sofrimento das pessoas inférteis, bem como aliviar a dor e o infortúnio causados por doenças genéticas. O objetivo "não oficial" é ganhar o máximo possível de dinheiro. De fato, é isso que acontece: as empresas capitalistas de engenharia genética e reprodutiva valem bilhões em todo o mundo.

Tecnologias pró-natalidade e antinatalidade são dois lados da mesma moeda patriarcal misógina: a estratégia das indústrias de reprodução e genética é explorar o desejo por uma criança biológica e, mais recentemente, explorar o medo de as mulheres serem julgadas como "indignas" de se reproduzir. Para aquelas consideradas "inferiores", como as com deficiência ou pertencentes a um grupo étnico pobre e marginalizado, a instrução comum é contracepção, aborto ou esterilização.

A FIV é uma indústria brutal, cara e em grande parte malsucedida, mas as clínicas que oferecem esse serviço proliferam globalmente. Suas ofertas mais recentes incluem a prática perigosa de serviços de "doação" de óvulos para mulheres mais velhas e serviços de "barriga de aluguel" para homens gays (Klein, 2017). Além disso, a população de homens subférteis aumentou dramaticamente nos últimos trinta anos devido ao uso de pesticidas tóxicos (Schafer, 2014) e de outras ameaças ambientais. Metade de todos os "tratamentos" de FIV usa injeção intracitoplasmática de espermatozoide, de modo que um único espermatozoide seja inserido no óvulo de uma mulher fértil. A base de dados da Finrrage indica que, levando em consideração todo o ciclo doloroso de FIV que uma mulher experimenta até o nascimento de um bebê vivo, as taxas reais de sucesso ainda são de apenas 20% a 30%, embora as clínicas em todo o mundo aleguem 70% de sucesso.

Enquanto a indústria reprodutiva estava desmembrando as mulheres em úteros e óvulos para recombiná-las à vontade, a indústria de engenharia genética anunciou sua revolução na década de 1980. A tecnologia de DNA recombinante pode produzir uma infinidade de bactérias e vírus geneticamente modificados, entre os quais estão sementes híbridas para uma "revolução genética" que corrija os erros da Revolução Verde e seu fracasso no chamado Terceiro Mundo. No ano 2000, o genoma humano foi mapeado e, desde então, a medicina personalizada tem oferecido testes de 1,5 mil a dois mil dólares para qualquer "mal" que possa vir a prejudicar nossa saúde ou a vida de nossos filhos ainda não concebidos. Apesar da natureza indeterminada desses riscos futuros, essa medicalização das pessoas cria ansiedades em relação à sua constituição genética, bem como um senso de responsabilidade de identificar precocemente os portadores de genes "ruins".

Especialmente problemática para as mulheres grávidas é a recente introdução de testes pré-natais não invasivos baseados no rastreamento de DNA placentário livre em células no sangue materno. Um único exame de sangue feito até a décima semana de gravidez pode revelar até cem doenças monogênicas (determinadas por um único gene) que um feto pode ter. A mensagem profissional é: abortar e começar de novo, mas da próxima vez use a FIV e o diagnóstico genético pré-implantacional (DGP). No DGP, uma única célula de um embrião inicial é removida para que se verifique sua qualidade, incluindo seu sexo, e apenas o "melhor" embrião é implantado. Trata-se de eugenia médica em ação, jogando com o medo das pessoas de ter um filho com deficiência. Na Islândia, 99% das suspeitas de gravidez com síndrome de Down são abortadas (Cook, 2017). A exploração médica de tais ansiedades está interferindo seriamente na fruição da vida e da gravidez das pessoas.

O advento da tecnologia reprodutiva exige atenção da comunidade internacional, e um grande número de indivíduos críticos, especialmente entre os jovens, deve se reconectar com o slogan feminista radical "Meu corpo, minhas regras". Nós "somos" nossos corpos e devemos resistir à invasão regulatória da tecnociência na vida cotidiana. Longe de oferecer "escolha" ou "autodeterminação", as indústrias de reprodução e genética levam à "determinação externa" por meio de ideologias sem alma, em ações de "recortar e colar".

Uma vez que o útero artificial — ectogênese — seja aperfeiçoado (Bulletti *et al.*, 2011) e o "aprimoramento" da raça humana se torne possível graças à linha germinativa, usando repetições palindrômicas curtas, agrupadas regularmente e em intervalos regulares (*clustered regularly interspaced short palindromic repeats* — CRISPR-Cas9), o apagamento patriarcal das mulheres será completo. O CRISPR é uma molécula-guia feita de ácido ribonucleico (RNA), e o Cas9 é uma enzima bacteriana. O RNA CRISPR é anexado ao Cas9, de modo a trabalhar como uma tesoura molecular. Essa nova e rápida tecnologia de edição de genes pode fazer alterações em embriões ainda em fase precoce, que serão irrevogavelmente transmitidas para a próxima geração (Klein, 2017).

Enquanto isso, a "barriga de aluguel" comercial que utiliza mulheres pobres como reprodutoras para pessoas ricas viola profundamente os direitos humanos das mães biológicas, do óvulo e dos filhos manufaturados.[1]

É imperativo que os pensadores progressistas de esquerda se juntem às feministas para impedir a destruição tecnológica do que pode ser a própria definição de vida humana.

---

1   Ver Stop Surrogacy Now [Pelo fim da barriga de aluguel], disponível em: http://stopsurrogacynow.com.

Referências

BULLETTI, Carlo; PALAGIANO, Antonio; PACE, Caterina; CERNI, Angelica; BORINI, Andrea & ZIEGLER, Dominique de. "The Artificial Womb", *Annals of the New York Academy of Science*, v. 1221, n. 1, p. 124-8, 2011.

COOK, Michael. "Iceland: Nearly 100% of Down Syndrome Babies Terminated", *Bioedge*, 19 ago. 2017.

KLEIN, Renate. *Surrogacy: A Human Rights Violation*. Mission Beach: Spinifex Press, 2017.

SCHAFER, Kristin. "Pesticides and Male Infertility: Harm from the Womb through Adulthood — and into the Next Generation", *Physicians for Social Responsibility*, 26 fev. 2014. Disponível em: https://web.archive.org/web/20171019134636/http://www.psr.org/environment-and-health/environmental-health-policy-institute/responses/pesticides-and-male-infertility.html.

Ética do bote salva-vidas

John P. Clark

Palavras-chave: controle populacional, neomalthusianismo, tragédia dos comuns

---

A ética do bote salva-vidas é uma teoria bastante influente na contemporaneidade. Desenvolvida pelo biólogo Garrett Hardin, aplica-se a questões como fome mundial, auxílio alimentar, política de imigração e crescimento populacional global. Em um artigo de 1968 na *Science*, Hardin delineou sua famosa "tragédia dos comuns", uma situação na qual os indivíduos exploram um recurso comum para seu benefício pessoal exclusivo, resultando na degradação do recurso e em sérios danos para a sociedade em geral. Em um outro artigo, publicado em 1974, ele argumentou que a tragédia ocorre globalmente como resultado funcional não desejado da ajuda alimentar para aqueles que sofrem de fome e desnutrição.

Segundo a ética do bote de salva-vidas, o mundo está se dirigindo para uma crise catastrófica, na qual a população global atingirá um nível insustentável, sendo que muitos países já atingiram esse patamar. Alega que a principal causa dessa crise é a rápida taxa de crescimento populacional, geralmente em países do Sul global; que a ajuda alimentar dos países ricos aos pobres é um fator importante na produção de taxas de fertilidade insustentavelmente altas; e que a ajuda alimentar causa um "efeito catraca", impedindo que a população de um país pobre caia para uma "capacidade de carga" que é considerada seu limite "normal" e, em vez disso, permite que ela aumente de maneira insustentável. A ética do bote salva-vidas prevê

JOHN P. CLARK é ecologista social, diretor do La Terre Institute for Community and Ecology e professor emérito de filosofia na Universidade Loyola, em Nova Orleans. Seu livro mais recente é *The Tragedy of Common Sense* [A tragédia do senso comum] (2016).

que o resultado do auxílio contínuo será o colapso global —
econômico e populacional.

Esse ponto de vista dá continuidade a uma longa tradição
de pensamento neomalthusiano e de darwinismo social, frequentemente usados para racionalizar a desigualdade social,
a exploração econômica e o imperialismo global como formas de maximizar o bem geral. Como é típico de tais ideologias, está repleto de inconsistências teóricas e de conflitos
com evidências empíricas.

Para começar, o conceito de capacidade de carga é circular.
Não há evidências empíricas de que qualquer nível específico
de população esgote qualquer capacidade real de uma determinada área geográfica para sustentar seus habitantes; tampouco
se apresentou uma análise para demonstrar que algum caso
real de diminuição da população foi resultado de exceder essa
capacidade. Qualquer conceito de capacidade de carga empiricamente baseado, assim como algumas análises de pegada
ecológica, mostra que sociedades abastadas e industrializadas,
que consomem enormes quantidades de combustíveis fósseis e
outros recursos, excederão muito mais a capacidade do que as
sociedades mais pobres, que consomem relativamente poucos
recursos per capita.

Além disso, a ética do bote salva-vidas ignora sistematicamente o fato de que muitos países pobres e desnutridos
produzem grandes quantidades de bens, incluindo produtos
agrícolas, que são exportados para sociedades de consumo
ricas, e que sua escassez alimentar doméstica é resultado
de relações globais de poder e de exploração econômica e
comercial, não de taxas de fertilidade elevadas que excedem
a capacidade de carga.

A ética do bote salva-vidas rejeita a possibilidade de uma
"transição demográfica benigna" não coercitiva, o que é refutado
pela realidade histórica. Desde 2016, a maioria dos países tem
apresentado taxas de fecundidade abaixo da taxa de reposição, e
três quartos têm taxas menores do que três filhos por mulher —
e sem as medidas draconianas de controle populacional que
Hardin defende. A taxa de fecundidade da Índia, de 2,45, é agora

muito menor do que a taxa dos Estados Unidos no período de 1945 a 1964, pouco antes da publicação do manifesto de Hardin. Evidências históricas também mostram que, ao contrário das alegações da ética do bote salva-vidas, as principais causas da fome têm sido políticas e econômicas, e não demográficas. Em países como Ucrânia, Nigéria, Bangladesh, Timor-Leste e muitos outros, a fome foi o resultado de objetivos deliberados de política estatal, reforçando a autoridade do regime governante, protegendo interesses econômicos e, mais comumente, esmagando cidadãos dissidentes e movimentos separatistas.

Na realidade, a relação entre a segurança alimentar e as taxas de fecundidade é precisamente o oposto do que é postulado pela ética do bote salva-vidas. Por exemplo, por um lado, grande parte da África subsaariana tem níveis extremamente baixos de bem-estar social em todas as áreas, incluindo a segurança alimentar. De acordo com o manifesto de Hardin, essa situação deveria produzir declínios nas taxas de fecundidade. No entanto, a região também tem as maiores taxas de crescimento populacional do mundo. Por outro lado, as áreas do Sul global em que a fecundidade está em declínio são aquelas em que a produção de alimentos e outros indicadores de bem-estar social vêm melhorando.

A agenda do neomalthusianismo é invalidada pela aplicação inconsistente de seus próprios princípios ideológicos falhos. Recusar-se a salvar vidas humanas não é um caminho para o bem maior da sociedade. No entanto, se salvar vidas em países pobres de fato prejudicasse a posteridade, salvar vidas em países ricos, nos quais cada pessoa consome muitas vezes mais do que as pessoas dos países pobres, seria muito mais prejudicial para as futuras gerações. Contudo, os defensores do argumento da ética do bote salva-vidas nunca recomendam sacrificar as vidas dos consumidores abastados para promover o bem geral.

Finalmente, a ética do bote salva-vidas é invalidada porque ignora totalmente a relação íntima entre a fome no mundo e as políticas de desenvolvimento colonial e neocolonial, que trataram o Sul global como fonte barata de mão de obra, de matérias-primas e de produtos agrícolas. Historicamente, as políticas coloniais passaram por três estágios, que geraram desnutrição generalizada e fome severa. São eles:

- destruição forçada de economias de subsistência tradicionais baseadas nos bens comuns;
- uso de leis, políticas públicas e força coercitiva para tornar o trabalho indígena subserviente às demandas dos interesses econômicos imperiais;
- recusa, por parte das autoridades, de alocar excedentes de alimentos prontamente disponíveis para sanar o problema da fome.

Hoje, a escassez de alimentos é cada vez mais causada por fatores econômicos e políticos combinados às condições climáticas.

Por sua capacidade de apagar essa história, de distorcer realidades empíricas e de mascarar a exploração global como o curso normal da natureza, a ética do bote salva-vidas tem funcionado como uma poderosa ferramenta de economia neocolonial e até mesmo de modelos genocidas de desenvolvimento.

Referências

CLARK, John. *The Tragedy of Common Sense*. Regina: Changing Suns Press, 2016.

DAVIS, Mike. *Late Victorian Holocausts*. Londres: Verso, 2017 [Ed. bras.: *Holocaustos coloniais: clima, fome e imperialismo na formação do Terceiro Mundo*. Trad. Alda Porto. Rio de Janeiro: Record, 2002].

HARDIN, Garrett. "The Tragedy of the Commons", *Science*, v. 162, n. 3859, p. 1243-48, 1968.

HARDIN, Garrett. "Living on a Lifeboat", *BioScience*, v. 24, n. 10, p. 561-8, 1974.

MOORE LAPPÉ, Frances & COLLINS, Joseph. *World Hunger: Ten Myths*. Nova York: Grove Press, 2015.

OSTROM, Elinor. *Governing the Commons: The Evolution of Institutions for Collective Action*. Cambridge: Cambridge University Press, 2015.

Ferramentas digitais

George C. Caffentzis

Palavras-chave: computadores, Foxconn, exploração, danos ambientais

---

A expressão "computadores de sangue" surgiu à medida que o desenvolvimento levou à adoção de ferramentas digitais em quase todas as esferas da vida cotidiana. Em analogia a "diamantes de sangue", segue as evidências crescentes da trilha sangrenta que envolve a produção desses aparelhos. A relação é mais específica entre algumas empresas digitais e milícias responsáveis por deslocamentos e mortes de milhões de pessoas na República Democrática do Congo. O termo aparece pela primeira vez em um relatório publicado em 2009 pela organização não governamental britânica Global Witness, intitulado "Faced with a Gun, What Can You Do?" [Diante de uma arma, o que você pode fazer?]. Esse documento acusa empresas de mineração, de produção de metais e de eletrônicos de serem cúmplices silenciosas da violência infligida por grupos armados operando principalmente nas províncias ricas em minerais nas regiões norte e sul de Kivu, que "forçam os civis a minerarem, extorquem impostos e se recusam a pagar salários" (Dias, 2009).

O coltan, um mineral necessário para a produção de smartphones e laptops, é uma preocupação especial. O objetivo do relatório da Global Witness e outros similares era alertar os consumidores e as autoridades para a necessidade de controles mais

GEORGE C. CAFFENTZIS é professor emérito da Faculdade de Filosofia da Universidade Southern Maine, em Portland, Estados Unidos, e autor de *In Letters of Blood and Fire: Work, Machines, and the Crisis of Capitalism* [Em letras de sangue e fogo: trabalho, máquinas e a crise do capitalismo] (2013) e *No Blood for Oil: Essays on Energy, Class Struggle and War 1998-2016* [Petróleo sem sangue: ensaios sobre energia, luta de classes e guerra, 1998-2016] (2017).

rígidos sobre o processo por meio do qual esses minerais chegam ao mercado internacional e aos compradores. Como resultado de campanhas organizadas em 2010 com o lema "No blood for my mobile" [Meu celular sem sangue], o Congresso estadunidense aprovou uma lei, conhecida como Dodd-Frank Act [Lei Dodd-Frank], que exige que as empresas divulguem as fontes de extração de seus minerais. No entanto, não existem telefones ou computadores livres de conflitos, porque os "canais pelos quais circula o coltan são [...] labirínticos e frequentemente clandestinos" (Brophy & De Peuter, 2014, p. 63).

Contudo, questões mais amplas sobre o papel das ferramentas digitais na produção e na luta social não são suficientemente abordadas pelos movimentos. Muitas vezes a tecnologia digital é elogiada sem críticas, tida como uma ferramenta organizacional central que conecta ativistas em todo o mundo, fornecendo meios rápidos e eficazes de debate e mobilização, com pouca ou nenhuma menção aos custos ecológicos e sociais de sua produção. Como observou o teórico Saral Sarkar em *Eco-socialism or Eco-capitalism? A Critical Analysis of Humanity's Fundamental Choices* [Ecossocialismo ou ecocapitalismo? Uma análise crítica das escolhas fundamentais da humanidade], a produção digital é um desastre ecológico:

> O fato de os computadores e a maioria dos produtos eletrônicos estarem cada vez menores também constitui uma desvantagem para o meio ambiente. Tais produtos são altamente complexos e contêm uma mistura de vários materiais. A miniaturização torna cada vez mais difícil, às vezes impossível, separar esses materiais, o que é um obstáculo para a reciclagem. (Sarkar, 1999, p. 128)

Ele acrescenta que a Alemanha sozinha gera, anualmente, 120 mil toneladas de resíduos de informática, que contêm substâncias altamente tóxicas.

Um elemento-chave da aura ideológica autocongratulatória que irradia da indústria de computadores é sua suposta "limpeza". Os porta-vozes dessa indústria continuamente comparam sua revolução informatizada e desmaterializada com a era suja dos motores a vapor ou de combustão interna, movidos a carvão ou petróleo. Essa ideologia é um presente não intencional do teórico original do computador, Alan Turing, que, na década de 1930, descreveu essa máquina de maneira totalmente abstrata. Nessa estrutura, ele conseguiu mostrar que havia limites internos nos poderes da computação, ou seja, há números que não são computáveis por nenhum computador. Todavia, Turing não tinha nenhuma preocupação com as origens dos materiais que constituíam um computador, com a fonte de sua energia livre ou com o calor residual gerado por sua operação. Como Charles Bennett escreveu: "Os computadores podem ser considerados motores capazes de transformar energia livre em calor desperdiçado e trabalho matemático" (Gleick, 2011 [2013]). A necessidade de energia livre e seu corolário — a necessidade de reduzir calor residual — estão inevitavelmente se intensificando, já que o uso da tecnologia computacional e da comunicação é cada vez mais necessário ao ciclo de produção e reprodução do sistema capitalista.

O rastro de destruição dos produtos eletrônicos digitais também é confirmado pelas condições notórias de exploração nas quais são produzidos. Trabalhadores nas fábricas da Foxconn — a maior fabricante de computadores do mundo —, na China continental, muitas vezes ameaçaram cometer suicídio em protesto contra longas horas de trabalho e salários de fome. Certamente, ferramentas digitais também têm sido usadas para dar força às lutas políticas em todo o mundo (Brophy & De Peuter, 2014, p. 66). Todavia, ativistas e acadêmicos devem se abster de celebrar a digitalização sem levar em conta as condições nas quais suas tecnologias são produzidas. É impossível, por exemplo, afirmar de forma não problemática — como em alguns círculos radicais — que a internet representa um novo tipo de bem comum, considerando que sua produção material é baseada na destruição de muitos bens naturais, expropriação e contaminação tóxica de vastas áreas de terra, além de deslocamentos forçados ou assassinato daqueles que vivem nessas regiões.

Essas preocupações são especialmente importantes, pois a questão da tecnologia é central para todos os projetos transformadores do século XXI. É crucial desenvolver uma visão abrangente sobre o tema dos computadores, investigando as condições de sua produção e os efeitos de seu uso. Esse processo deve ter como diretriz a percepção de que a tecnologia capitalista foi historicamente produzida para controlar a luta dos trabalhadores e destruir as formas existentes de organização na base da resistência da classe trabalhadora. A digitalização não pode ser simplesmente apropriada e direcionada para objetivos diferentes.

Referências

BROPHY, Enda & DE PEUTER, Greig. "Labours of Mobility: Communicative Capitalism and the Smartphone Cybertariat". *In*: HERMAN, Andrew; HADLAW, Jan & SWISS, Thomas (orgs.). *Theories of the Mobile Internet: Materialities and Imaginaries*. Nova York: Routledge, 2014.

DIAS, Elizabeth. "First Blood Diamonds, Now Blood Computers?", *Time Magazine*, 24 jul. 2009.

GLEICK, James. *The Information: A History, A Theory, A Flood*. Nova York: Vintage Books, 2011 [Ed. bras.: *A informação: uma história, uma teoria, uma enxurrada*. São Paulo: Companhia das Letras, 2013].

SARKAR, Saral. *Eco-Socialism or Eco-Capitalism? A Critical Analysis of Humanity's Fundamental Choices*. Londres: Zed Books, 1999.

Geoengenharia

Silvia Ribeiro

Palavras-chave: tecnoajuste, mudanças climáticas, quarta revolução industrial, princípio da precaução

---

As tecnologias poderiam desempenhar um papel positivo perante o agravamento das crises do meio ambiente, do clima, da sociedade, da saúde e da economia. Para tanto, devem ser ecologicamente sustentáveis, cultural e localmente apropriadas, socialmente justas e incorporar uma perspectiva de gênero. Nas sociedades industriais, no entanto, a tecnologia tornou-se basicamente uma ferramenta usada para aumentar os lucros de grandes corporações e de grupos econômicos poderosos. Esse é certamente o caso das tecnologias que alimentam a chamada quarta revolução industrial — biotecnologia, genômica, nanotecnologia, informática, inteligência artificial e robótica. A convergência dessas tecnologias tem implicações e impacto de grande magnitude nas sociedades.

Muitas vezes, elas são apresentadas como a solução para todas as crises, o que favorece aqueles que as controlam. Seu mito, como uma fórmula milagrosa, baseia-se na falsa suposição de que questionar a causa das crises não é necessário, porque todo problema tem uma solução tecnológica. Diante da crise alimentar, por exemplo, governos e corporações responderam propondo uma "agricultura de precisão" altamente tecnológica, com mais agrotóxicos, sementes e animais geneticamente modificados, que fosse "inteligente para o clima", com sementes suicidas providas pela tecnologia Terminator e "impulsos genéticos" (*gene drives*) destinados a erradicar completamente espécies consideradas "pragas". Diante das crises

SILVIA RIBEIRO é uruguaia e trabalha no México como diretora para a América Latina da organização internacional da sociedade civil Action Group on Erosion, Technology, and Concentration (Group ETC), com sede no Canadá e nas Filipinas.

energética e climática, os sistemas insustentáveis de produção e consumo baseados em combustíveis fósseis não são questionados; em vez disso, apresentam-se novas tecnologias que permitiriam intensificar o uso da biomassa, por meio da biologia sintética e da nanotecnologia, promovendo, desse modo, a expansão de monoculturas gigantes de árvores e plantações geneticamente modificadas.

Invariavelmente, a indústria exalta os benefícios potenciais dessas tecnologias ao mesmo tempo que minimiza os riscos ou os apresenta como incertos ou discutíveis. Como resposta a essa postura, estão surgindo redes de organizações, movimentos sociais e cientistas críticos, com o objetivo de entender e monitorar o complexo horizonte tecnológico criado pela indústria, exigindo a aplicação do princípio da precaução.[1]

Uma das falsas soluções tecnológicas mais extremas é a geoengenharia, também chamada de manipulação climática. Trata-se de uma série de propostas para intervenção em larga escala e alteração de ecossistemas — um "tecnoajuste" para as mudanças climáticas. Envolve dois conceitos principais, cada um com seus tipos próprios de intervenção: gerenciamento de radiação solar e remoção de dióxido de carbono, também conhecida como remoção de gases de efeito estufa. Essas propostas podem envolver intervenções na terra, no mar ou na atmosfera. Nenhuma delas tenta abordar as causas das mudanças climáticas; em vez disso, concentram-se apenas em gerenciar alguns de seus sintomas.

Existe uma variedade de propostas de geoengenharia: a injeção de sulfatos ou outros produtos químicos na estratosfera a fim de bloquear os raios solares e produzir um efeito de atenuação da luz; instalações para absorver dióxido de carbono da atmosfera e depois enterrá-lo em reservatórios marinhos ou geológicos; fertilização do oceano com ferro ou ureia para estimular o florescimento do plâncton, com a expectativa de que ele absorva volumes maiores de dióxido de carbono, o

---

1   Um exemplo é o da Red de Evaluación Social de Tecnologías en América Latina (Red Tecla), disponível em: www.redtecla.org/.

que alteraria a química do mar; e megaplantações de culturas transgênicas que refletem a luz solar. Todas as propostas apresentam riscos enormes, podem ter efeitos negativos sinérgicos imprevisíveis e envolver impactos transfronteiriços.[2] Embora cada esquema proposto de geoengenharia tenha riscos específicos e efeitos potenciais, todos eles compartilham vários impactos negativos:

- propõem a manipulação do clima — um ecossistema dinâmico global essencial para a vida no planeta —, correndo o risco de criar desequilíbrios maiores do que as próprias mudanças climáticas;
- para que sejam globalmente atuantes, devem necessariamente ser implementados em megaescala, o que pode ampliar os impactos;
- a geoengenharia tem origem nas tentativas militares de alterar o clima como arma de guerra — o risco de uso para fins bélicos está sempre presente;
- os esquemas podem ser implantados unilateralmente: um grupo de países ou agentes econômicos poderia implementá-los com fins hostis ou comerciais;
- os impactos serão sentidos de forma desigual entre as regiões, afetando gravemente muitos países do Sul global, que contribuíram menos para as mudanças climáticas;
- fases experimentais não são possíveis: dada a escala e o intervalo de tempo necessários para diferenciar os efeitos dos fenômenos climáticos em andamento, a experimentação equivaleria à implantação;
- muitos esquemas foram projetados para fins lucrativos e uso comercial, particularmente para ganhar créditos de carbono, o que aumentaria a comercialização de crises climáticas;

---

2   Ver Geoengineering Monitor [Monitoramento da geoengenharia], disponível em: www.geoengineeringmonitor.org/.

- por último, mas não menos importante, as soluções tecnológicas fornecem um pretexto para que a emissão de gases de efeito estufa continue acontecendo.

Os principais atores interessados em geoengenharia são os governos do Norte global, as empresas de energia e outras indústrias que estão entre os principais agentes causadores das mudanças climáticas. Para eles, a geoengenharia é uma boa opção, pois permite que continuem emitindo gases de efeito estufa enquanto são pagos por supostamente "resfriar o planeta".

Os defensores mais ativos da geoengenharia incluem um pequeno número de cientistas, principalmente nos Estados Unidos e no Reino Unido, que conseguiram convencer suas respectivas academias de ciências a publicar relatórios sobre geoengenharia. Eles também exercem certa influência sobre o Painel Intergovernamental sobre Mudanças Climáticas (IPCC), que em seu Quinto Relatório de Avaliação incluiu uma proposta de geoengenharia — bioenergia com captura e armazenamento de carbono (BECCS) — como um componente da maioria dos cenários para a estabilização da temperatura da Terra. Espera-se que a BECCS forneça a base para "zero emissões líquidas de carbono" ou "emissões negativas". Esses conceitos, no entanto, são altamente especulativos e criam a ilusão de que as emissões de gases de efeito estufa podem ser aumentadas, uma vez que seriam compensadas pela BECCS ou outras soluções tecnológicas. Não há nenhuma prova independente ou estudo científico que demonstre sua viabilidade energética, econômica ou tecnológica. Além disso, o impacto da BECCS na biodiversidade e no uso da terra e da água pode ser enorme. Também competiria com terras agrícolas e representaria uma ameaça aos territórios indígenas e camponeses.

Dada a ausência de um mecanismo científico global transparente e eficaz para lidar com essas tecnologias, a Convenção sobre Diversidade Biológica estabeleceu uma moratória de fato sobre geoengenharia em 2010, defendendo o princípio da precaução diante dos impactos potenciais da geoengenharia na biodiversidade e nas culturas que a nutrem. Considerando a gravidade dos impactos e seu caráter intrinsecamente injusto, mais de uma centena de organizações e movimentos sociais em todo o mundo têm exigido a proibição das tecnologias de geoengenharia desde 2010.

Referências

ANDERSON, Kevin & PETERS, Glen. "The Trouble with Negative Emissions", *Science*, v. 354, n. 6309, p. 182-3, 2016.

ERNSTING, Almuth & MUNNION, Oliver. "Last-Ditch Climate Option or Wishful Thinking? Bioenergy with Carbon Capture and Storage", *Biofuelwatch*, nov. 2015.

ETC GROUP. "Geopiracy: The Case against Geoengineering", 17 out. 2010.

ETC GROUP & HEINRICH BÖLL FOUNDATION. "Climate Change, Smoke and Mirrors. A Civil Society Briefing on Geoengineering", maio 2017.

Governança do Sistema Terra

Ariel Salleh

Palavras-chave: Governança do Sistema Terra, Antropoceno, hegemonia neoliberal, desenvolvimento, autonomia cultural, conhecimento incorporado

---

No século XXI, a relação entre governantes e governados é cada vez mais distante, embora a proposta de uma fundamentação local para uma democracia global seja inerente aos movimentos populares de alterglobalização. Com a atual superprodução e estagnação do capitalismo, o movimento de acumulação neoliberal se volta para a especulação financeira. As funções do Estado — regulamentação trabalhista e medidas de bem-estar — são aliciadas pelo setor corporativo. As propostas para a Earth System Governance [Governança do Sistema Terra] (ESG) buscam uma arquitetura política internacional em que o clima e a biodiversidade sejam questões "pós-soberanas". A governança dirige-se a "atores políticos" que não são Estados, ou seja, burocracias intergovernamentais, empresas e redes científicas de elite. Para além dessa classe dominante transnacional, a ação criativa de trabalhadores, povos indígenas e mulheres que prestam cuidados é relegada ao segundo plano.

A ESG é oferecida como um novo "paradigma do conhecimento" para uma economia e uma política globais

ARIEL SALLEH é ativista, autora de *Ecofeminism as Politics: Nature, Marx, and the Postmodern* [Ecofeminismo como política: a natureza, Marx e o pós-moderno] (2007 [1997]) e organizadora de *Eco-Sufficiency and Global Justice: Women Write Political Ecology* [Ecossuficiência e justiça global: mulheres escrevem ecologia política] (2009). Fundadora da revista estadunidense *Capitalism Nature Socialism*, é também professora associada de economia política na Universidade de Sydney, Austrália, catedrática emérita na Universidade Friedrich Schiller, em Jena, Alemanha, e professora visitante na Universidade Nelson Mandela, na África do Sul.

ambientalmente receptivas. Propõe cinco problemas analíticos, chamados de "cinco As" (na versão em inglês): arquitetura, agência, adaptabilidade, responsabilidade, alocação e acesso. Esses pilares combinam-se a quatro temas transversais de pesquisa: poder, conhecimento, normas e escala. A ESG tem também quatro domínios de estudo de caso, ou "atividades emblemáticas": sistema de água, alimentos, clima e economia. Vincula-se ao argumento do Antropoceno e, como ele, ameniza as tensões históricas entre capital e trabalho, núcleo geográfico e periferia, produção e reprodução. Ao "naturalizar" os problemas criados pelo homem, tanto a noção do Antropoceno quanto a ESG podem substituir a responsabilidade social enquanto defendem o status quo capitalista.

No início dos anos 1970, George Kennan, então estrategista de política externa dos Estados Unidos, propôs um órgão de administração global localizado fora da Organização das Nações Unidas (ONU). O apoio veio da Sociedade Mont Pèlerin e da Heritage Foundation, entidades de direita que apoiam o individualismo, a iniciativa privada, a competitividade e o livre-comércio. Parcialmente em resposta a esse chamado, o Fórum Econômico Mundial surgiu em 1987, e um Conselho Empresarial Mundial para o Desenvolvimento Sustentável foi proativo na Cúpula da Terra do Rio, em 1992. As convenções da Agenda 21 do Rio, da Biodiversidade e das Mudanças Climáticas refletem essa influência. O Fundo Global para o Meio Ambiente foi instalado no Banco Mundial logo em seguida. No final dos anos 1990, propostas para uma "Organização Mundial do Meio Ambiente" para operar ao lado da neoliberal Organização Mundial do Comércio (OMC) partiram do presidente Jacques Chirac, da França, e do chanceler Helmut Kohl, da Alemanha, apoiados por Brasil, Cingapura e África do Sul.

Enquanto os cientistas europeus falavam sobre a Earth System Analysis [Análise do Sistema Terra], o Instituto Potsdam de pesquisas sobre o impacto climático revia os cerca de oitocentos acordos multilaterais ambientais (AMAs) existentes. O objetivo era alinhar a Convenção sobre o Comércio

Internacional de Espécies Ameaçadas, os resíduos perigosos (Convenção da Basileia), os níveis de ozônio (Protocolo de Montreal) e a biossegurança (Protocolo de Cartagena) com o Acordo-Geral sobre Tarifas e Comércio (GATT). Outros participantes importantes no diálogo em curso sobre governança ambiental são a Câmara de Comércio Internacional (ICC), o Banco Mundial, a Organização para a Cooperação e o Desenvolvimento Econômico (OCDE), a Organização das Nações Unidas para a Educação, a Ciência e a Cultura (Unesco), a Confederação Sindical Internacional (CSI) e a New Economics Foundation (NEF). Desde a crise financeira de 2008, a Green Economy Coalition [Coligação economia verde] (GEC) se aliou a grandes ONGS.

Com sede na Universidade Lund, a pesquisa sobre ESG é reconhecida pelo International Human Dimensions Programme on Global Environmental Change [Programa internacional de dimensões humanas sobre mudança ambiental global] (IHDP), pela Universidade das Nações Unidas e pelo International Council for Science [Conselho internacional de ciência] (ICSU), alocando ativamente centros acadêmicos em todo o mundo. Parece ser extremamente bem financiada, com patrocinadores que incluem o Instituto Potsdam e a Fundação Volkswagen. O site da ESG exibe projetos, conferências e publicações. Um tema central é a ideia de uma Organização Mundial do Meio Ambiente, possivelmente alcançada por meio da modernização do Programa das Nações Unidas para o Meio Ambiente (PNUMA), dotando-o de poderes de sanção sobre Estados-nações, como tem a OMC. Alternativamente, alguns defensores da ESG veem a Organização Internacional do Trabalho (OIT) como modelo; outros argumentam que uma agência destinada a fazer a mediação entre governo, empresas e trabalhadores não é adequada para resolver conflitos ambientais complexos entre atores com interesses culturais diversos. Inovações neoliberais, como as parcerias público-privadas, também estão sob a alçada dos pesquisadores da ESG.

Quando a Cúpula Rio+20 foi realizada, em 2012, a rede ESG apresentou uma proposta para a fundação de uma Organização Mundial do Meio Ambiente, o que coincidiu com uma agenda de "economia verde" patrocinada por empresas, pelo governo e pela ONU. *O futuro que queremos*, título do documento final da cúpula, foi elaborado com a ajuda de empresas de relações públicas. Os movimentos populares ecologistas e pela justiça social responderam a essa proposta do establishment com um manifesto global intitulado *Outro futuro é possível*. Nas palavras da Vía Campesina: "Exigimos a proibição total de projetos de geoengenharia e experimentos sob o disfarce de tecnologia 'verde' ou 'limpa'. [...] Lutamos pela produção sustentável de alimentos em pequena escala para consumo comunitário e local". Em 2015, a missão implícita nos Objetivos de Desenvolvimento do Milênio da ONU foi transferida para um conjunto de Objetivos de Desenvolvimento Sustentável (ODS), refletindo o programa corporativo da "economia verde".

As vozes da sociedade civil resistem com razão à promoção dos valores de mercado como princípio organizador da vida cotidiana e da tomada de decisões políticas. Ao mesmo tempo que afirmam ser leais ao "princípio da subsidiariedade"[1] democrático, os projetos de desenvolvimento capitalista e o livre-comércio colonizam recursos, trabalho e mercados na periferia global, o que faz as pessoas perderem meios de subsistência locais e autonomia cultural. Os planos descendentes de "desenvolvimento sustentável" se apoiam no extrativismo. A lógica de mercado, como no caso dos pagamentos por serviços ecossistêmicos, é tão somente um custo de oportunidade para o Sul global. O princípio justo de "responsabilidades comuns, mas diferenciadas, e respectivas capacidades", incorporado ao Protocolo de Kyoto original, é posto de lado conforme as negociações internacionais se arrastam nas reuniões da Convenção-Quadro das Nações Unidas sobre Mudança do Clima.

---

1   O princípio da subsidiariedade limita a intervenção estatal, de modo que o Estado atue em pé de igualdade com o setor privado. Isso significa que as iniciativas econômicas pública e privada não podem bloquear uma à outra. [N.E.]

Com seus "cinco As" e a manipulação técnico-legal da autoridade em múltiplas escalas, a ESG constitui um processo hegemônico, que fala de mudança enquanto caminha de mãos dadas com aqueles que estão no poder. A crença de que a natureza existe para a conveniência humana e os pressupostos "racionais instrumentais" de que ela pode ser controlada refletem uma arrogância masculinista nascida da revolução científica europeia. A ESG e a tese do Antropoceno reforçam essa violência por meio das abstrações da teoria dos sistemas. Como um "paradigma do conhecimento", a ESG ignora as pesquisas críticas, bem como as perspectivas das feministas camponesas, indígenas e ecofeministas, que têm por base o trabalho de manutenção dos processos de vida. A classe dominante transnacional de hoje, com seus modos de conhecimento objetivantes e dissociados da vida, pode promover apenas uma ilusão de "governança da Terra". Uma resposta pós-desenvolvimentista às crises ecológicas e sociais deve ser inclusiva, empírica e democrática.

Referências

BIERMANN, Frank & BAUER, Steffen. "The Rationale for a World Environment Organization". *In*: BIERMANN, Frank & BAUER, Steffen (orgs.). *A World Environment Organization: Solution or Threat for Effective International Environmental Governance?* Londres: Ashgate, 2005.

ONU — ORGANIZAÇÃO DAS NAÇÕES UNIDAS. *O futuro que queremos: declaração final da Conferência das Nações Unidas sobre Desenvolvimento Sustentável (Rio+20)*. Rio de Janeiro: ONU, 2012. Disponível em: https://riomais20sc.ufsc.br/files/2012/07/CNUDS-versão-português-COMITÊ-Pronto1.pdf.

SALLEH, Ariel. "Neoliberalism, Scientism, and Earth Systems Governance". *In*: BRYANT, Raymond (org.). *The International Handbook of Political Ecology*. Cheltenham: Edward Elgar, 2015.

STEFFEN, Will; GRINEVALD, Jacques; CRUTZEN, Paul & MCNEILL, John. "The Anthropocene: Conceptual and Historical Perspectives", *The Royal Society Publishing*, v. 369, n. 1938, p. 842-67, 2011.

WEFORUM. "Davos 2018", *World Economic Forum*, 2018. Disponível em: https://www.weforum.org/focus/davos-2018.

Neoextrativismo

Samantha Hargreaves

Palavras-chave: acumulação, extrativismo, nacionalismo de recursos, progressismo

---

No final da primeira década dos anos 2000, emerge um discurso político que descreve uma nova onda de extrativismo nos países latino-americanos. Ele acompanha o aumento do preço global das commodities e coincide com a ascensão ao poder de alguns governos de tendência esquerdista. O termo relacionado, neoextrativismo, descreve uma variante do extrativismo empregada por esses Estados para financiar reformas sociais. Trata-se do nacionalismo de recursos — um parente do neoextrativismo africano —, que afirma que o governo controla e se beneficia dos bens naturais em seu território.

Tipicamente, a política neoextrativista inclui a nacionalização direta de algumas ou de todas as indústrias extrativas, o crescimento da participação pública, a renegociação de contratos, os esforços para aumentar o aluguel de recursos por meio de mecanismos inovadores de tributação e as atividades de beneficiamento de valor agregado. As iniciativas neoextrativistas são cada vez mais promovidas por meio de instituições e iniciativas globais, como a Organização das Nações Unidas (ONU), a Organização para a Cooperação e o Desenvolvimento Econômico (OCDE) e a Iniciativa para a Transparência das Indústrias Extrativas (ITIE). No continente africano, a União Africana, o Banco Africano de Desenvolvimento (BAD) e o Africa Progress Panel [Painel

---

SAMANTHA HARGREAVES é fundadora e diretora da African Gender and Extractives Alliance (WoMin), uma ONG feminista que abrange todo o continente africano e se opõe à extração destrutiva de recursos. Seu histórico de ativismo se centra na reforma agrária, na terra e na construção do movimento de mulheres.

para o progresso da África] desempenharam um papel ativo na disseminação do neoextrativismo.

O neoextrativismo e sua contraparte africana mais fraca, o nacionalismo de recursos, são defendidos pelos proponentes como alternativas que apoiam o desenvolvimento nacional, salvaguardam o meio ambiente e beneficiam as comunidades locais. Para além desse verniz progressista, no entanto, o modelo capitalista de acumulação permanece inalterado. "O neoextrativismo latino-americano demonstrou as limitações desse modelo, centrado em esperar que exportações e investimentos estrangeiros resolvam problemas históricos e estruturais de desigualdade, injustiça e, acima de tudo, destruição do meio ambiente" (Aguilar, 2012, p. 7).

Embora as modalidades de propriedade possam passar total ou parcialmente do setor privado para o Estado, os processos produtivos continuam seguindo as regras-padrão de maximização do lucro, competitividade, eficiência e externalização de impactos. Ainda que a linguagem da autodeterminação nacional acompanhe o neoextrativismo, os países ricos permanecem no controle, determinando de fato quais recursos importam e de onde proveem. A ideologia do progressismo defende o extrativismo com uma lógica de crescimento, argumentando que o "bolo deve crescer" para que seja possível combater a pobreza. Assim, o investimento estrangeiro e o produtivismo podem ser promovidos em detrimento da proteção dos recursos naturais e dos direitos de subsistência das comunidades indígenas e de outras comunidades.

O neoextrativismo fomenta conflitos relativos aos recursos naturais, não cria empregos e externaliza custos sociais e ambientais. Nos lugares onde ocorreu a nacionalização, as empresas estatais de mineração geralmente não operam de maneira diferente das empresas privadas, pois continuam destruindo o meio ambiente e desrespeitando as relações sociais. As responsabilidades cívicas do Estado são comprometidas pela necessidade de salvaguardar as condições de acumulação. O Estado defende o neoextrativismo como se fosse de interesse nacional, e movimentos e comunidades que desafiam seus impactos são rotulados como "antidesenvolvimento". Gudynas (2010) observa que, quando benefícios excedentes são usados pelo Estado para financiar programas sociais e de bem-estar público, o Estado ganha uma nova fonte de "legitimidade social". E o discurso público promove veementemente a ideia de que o extrativismo é indispensável ao desenvolvimento, o que confere a ela um status hegemônico.

A experiência da América Latina é esclarecedora para outras regiões que buscam progredir por meio do neoextrativismo e do nacionalismo de recursos. A Africa Mining Vision [Visão de mineração da África] (AMV) e o quadro de políticas sobre mineração e desenvolvimento africanos são a expressão mais concreta dessa tendência no continente. Esse quadro tem como ponto de partida a noção de que a África é rica em minerais inexplorados, historicamente mal utilizados e que devem agora ser extraídos de forma transparente, equitativa e ideal para se alcançar o desenvolvimento socioeconômico. A chave para essa estratégia de desenvolvimento modernista é a industrialização baseada em minerais, que deve erradicar a pobreza e propiciar um crescimento sustentável, de acordo com as definições dos Objetivos de Desenvolvimento do Milênio. No entanto, a AMV, amplamente apoiada por organizações da sociedade civil africana por meio da African Initiative on Mining, Environment and Society [Iniciativa africana para mineração, ambiente e sociedade] (Aimes), fracassou diante de uma recente crise dos preços das commodities, da competição entre Estados e da interferência corporativa na arena política nacional.

Voltando à questão da externalização, os impactos do desenvolvimento baseado no extrativismo são profundamente relacionados ao sexo/gênero. A WoMin, uma ONG pelos direitos das mulheres que luta contra a extração predatória de recursos naturais na África, bem como outros movimentos feministas na América Latina, na Ásia e no Pacífico, tornam visível a forma pela qual o trabalho barato ou não remunerado da classe trabalhadora e das mulheres camponesas no Sul global contribui para a acumulação de capital. Tais relações de exploração são muitas vezes invisíveis e permanecem inalteradas sob o neoextrativismo liderado pelo Estado. As funções de trabalho reprodutivo assumidas pelas mulheres significam que as mulheres trabalhadoras e camponesas trabalham mais e por mais horas do que os homens para que possam ter acesso a água potável e energia, além de cuidarem de crianças, trabalhadores e outros membros da família. A responsabilidade tradicional das mulheres pela reprodução social é apenas parcialmente aliviada pelo investimento estatal em serviços sociais. Além dos custos sociais e ambientais imediatos para as comunidades, os impactos de longo prazo do extrativismo sobre as mudanças climáticas serão sentidos em grande parte por mulheres pobres que trabalham para restaurar ecossistemas danificados.

O neoextrativismo ou nacionalismo de recursos não é nem transformador nem emancipatório. É, na melhor das hipóteses, uma trajetória reformista, disfarçada pelo manto do desenvolvimento neoliberal — o progressismo. Pode favorecer algumas reformas sociais a curto e médio prazo, mas não conseguirá resolver a profunda contradição entre "capital *versus* vida", que está destruindo a humanidade e o próprio planeta.

Referências

AGUILAR, Carlos. *Transitions towards Post-Extractive Societies in Latin America: An Answer to the EU Raw Materials Initiative*. Dublin: Comhlámh, 2012. Disponível em: https://www2.weed-online.org/ads/transitions_towards_post_extractive_societies_in_latin_america_2012.pdf.

ALTERNAUTAS (RE)SEARCHING DEVELOPMENT. "About Us". Disponível em: http://www.alternautas.net/about-us/.

FITZ, Don. "Progressive Extractivism: Hope or Dystopia?", *Climate and Capitalism*, 24 jun. 2014.

GUDYNAS, Eduardo. "The New Extractivism of the 21st Century: Ten Urgent Theses about Extractivism in Relation to Current South American Progressivism", *America's Program Report*, 21 jan. 2010. Washington: Center for International Policy, 2010. Disponível em: http://postdevelopment.net/2010/02/19/new-extractivism-of-the-21st-century-10-urgent-theses/.

PETRAS, James & VELTMEYER, Henry. *The New Extractivism: A Post-Neoliberal Development Model or Imperialism of the Twenty-First Century?* Londres: Zed Books, 2014.

Transumanismo

Luke Novak

Palavras-chave: transumanismo, inteligência artificial (IA), progresso, singularidade, risco existencial

---

Os transumanistas acreditam que a natureza humana pode evoluir por meio de aplicações científicas que aumentem a expectativa de vida, as habilidades intelectuais e físicas e até mesmo o controle emocional (Bostrom, 2005). Ao substituir células e órgãos por seus equivalentes geneticamente aprimorados ou operados por máquinas, as pessoas seriam capazes de se mover de modo mais veloz e processar informações mais rapidamente. As ferramentas do transumanismo incluem tecnologias como engenharia genética, fertilização in vitro, clonagem, terapia germinal, inteligência artificial (IA), bem como a fusão completa de máquinas e seres humanos, conhecida como singularidade. O objetivo é eliminar o sofrimento e alcançar uma sabedoria divina que supere em muito as capacidades dos mais inteligentes seres humanos de hoje. O transumanismo é um movimento clandestino pequeno, mas poderoso. Seu principal defensor, Ray Kurzweil, trabalha no Google com aprendizado de máquinas e processamento de linguagem, e é amigo íntimo de Larry Page, CEO da Alphabet, conglomerado que controla o Google. Ele é o mais radical dos transumanistas, guiando seu programa e convidando outros a seguirem seu projeto de melhoramento humano. Kurzweil (2005, p. 9 [2018, p. 25-6]) afirma:

> A Singularidade representará o ponto culminante da fusão entre nosso pensamento e nossa existência com nossa tecnologia, tendo como resultado um mundo que ainda é humano, mas que transcende

---

LUKE NOVAK é sociólogo e antropólogo, dedicado à análise dos riscos existenciais representados pelo transumanismo, pela singularidade e pela inteligência artificial (IA).

nossas raízes biológicas. Não haverá diferença, pós-Singularidade, entre homem e máquina ou entre a realidade física e a virtual. Se alguém quiser saber o que vai permanecer como humano neste mundo, a resposta: nossa espécie é aquela que procura intrinsecamente estender seu alcance físico e mental além das limitações atuais.

Essa fusão entre humano e máquina em uma singularidade fomentará o que é chamado de era "pós-humana", antecipando uma transcendência para o Ponto Ômega, previsto em 1965 pelo filósofo Teilhard de Chardin e definido como uma consciência coletiva que se assemelha a Deus. No Ponto Ômega, os seres humanos serão capazes de viver indefinidamente, conquistar o cosmos e criar uma consciência integrada com o universo. Acredita-se que essa transformação comece com o upload da mente humana para um computador. Além disso, os transumanistas creem que este mundo tem significado porque é místico e mágico, e ninguém pode calcular como será o universo depois que a singularidade for alcançada.

O transumanismo parte de uma crença implícita no progresso científico racional, isto é, o progresso pelo progresso. Tirosh-Samuelson sugeriu que o "transumanismo é uma fé secular, que por um lado seculariza os motivos religiosos tradicionais, e, por outro, confere à tecnologia um significado salvífico" (Wolyniak, 2015, p. 63). Há uma aspiração de transcender a condição humana, pois a atual biologia dos seres humanos é vista como fraca e falha em atender às necessidades do futuro. A pergunta altamente política de quem tem o direito de definir as necessidades futuras não é pontuada por esse movimento.

Por que alguns acadêmicos e cientistas defendem o transumanismo e por que tantas pessoas nas sociedades capitalistas tardias adotaram essa narrativa? Os humanistas tradicionalmente separam as categorias de humano e animal. Além disso, privilegiam "razão e autonomia individual" na tomada de decisões. Essa ideia de progresso pode ser vista por duas perspectivas. O sociólogo alemão Max Weber aponta para a afinidade cultural com o conhecimento científico e seus efeitos no desenvolvimento da sociedade e dos indivíduos. No entanto, a outra perspectiva é histórica e baseada na convicção de que os seres humanos sempre estiveram em um projeto de avanço tecnológico — isto é, está na natureza humana "aprimorar" a própria vida, de maneira semelhante ao ato de usar a primeira ferramenta (Toffoletti, 2007).

Ao transcender a biologia e assumir o controle dos processos naturais de evolução, os transumanistas esperam alcançar o objetivo final de se tornarem pós-humanos. A Humanity+, antiga World Transhumanist Association [Associação transumanista mundial], define o pós-humano como um futuro ser humano hipotético "cujas capacidades básicas excedem as dos seres humanos atuais de forma tão radical que esse novo ser não é mais inequivocamente humano, segundo nossos padrões vigentes" (Humanity+, 2016). No entanto, tal uso específico do substantivo "pós-humano" não deve ser confundido com a acepção filosófica e cultural do termo. Esses pós-humanistas afirmam que se posicionar como um "sujeito pós-humano" descentralizado permite desafiar as limitações do antropocentrismo humanista, da nomenclatura masculinista e das relações binárias como natureza/cultura e máquina/humano.

Os transumanistas acreditam que, até o ano de 2045, o poder intelectual combinado de todos os seres humanos será superado pelos computadores (Kurzweil, 2005, p. 70 [2018, p. 157]). No entanto, eles temem um mundo dominado por invenções superinteligentes de IA. Alguns até argumentam que a única maneira de mitigar esse risco é que os próprios humanos se tornem transumanos. Por exemplo, Kurzweil acha que devemos evitar o surgimento da IA superinteligente encorajando os humanos a se fundirem com as máquinas. No entanto, os riscos dos quais os transumanistas querem proteger o mundo são os mesmos riscos encorajados por suas soluções.

Estudiosos humanistas, cristãos e até mesmo Francis Fukuyama acreditam que o aprimoramento colocará questões morais se proporcionar a um indivíduo uma vantagem injusta sobre outro. Os teólogos rejeitam o transumanismo com base na lei natural: qualquer tentativa de alterar a condição humana é vista como uma afronta pecaminosa a Deus. O sociólogo

Nick Bostrom introduziu o termo "risco existencial" no contexto de tecnologias perigosas como a IA. Ele acredita que a superinteligência é um dos vários riscos existenciais "nos quais um resultado adverso aniquilaria a vida inteligente originária da Terra ou limitaria permanente e drasticamente seu potencial" (Frankish & Ramsey, 2014, p. 329). De qualquer forma, esse mundo da pós-singularidade é tão remoto que é impossível calcular os riscos.

Referências

BOSTROM, Nick. "In Defense of Posthuman Dignity", *Bioethics*, v. 19, n. 3, p. 202-14, 2005.

FRANKISH, Keith & RAMSEY, William. *The Cambridge Handbook of Artificial Intelligence*. Cambridge: Cambridge University Press, 2014.

HUMANITY+. "Transhumanist FAQ", *Humanity+*, 2016. Disponível em: https://humanityplus.org/philosophy/transhumanist-faq/.

KURZWEIL, Ray. *The Singularity Is Near: When Humans Transcend Biology*. Nova York: Viking, 2005 [Ed. bras.: *A singularidade está próxima: quando os humanos transcendem a biologia*. São Paulo: Itaú Cultural/ Iluminuras, 2018].

TOFFOLETTI, Kim. *Cyborgs and Barbie Dolls: Feminism, Popular Culture and the Posthuman Body*. Londres: I. B. Tauris, 2007.

WOLYNIAK, Joseph. "The Relief of Man's Estate': Transhumanism, the Baconian Project, and the Theological Impetus for Material Salvation". *In*: MERCER, Calvin & TROTHEN, Tracy J. (orgs.). *Religion and Transhumanism: The Unknown Future of Human Enhancement*. Santa Bárbara: Praeger, 2015.

Um pluriverso popular: iniciativas transformadoras

—

Agaciro

Eric Ns. Ndushabandi e Olivia U. Rutazibwa

Palavras-chave: dignidade, desenvolvimento, Ruanda, decolonialidade

---

> *A privação prolongada de autoestima nos ensinou o pleno significado de* Agaciro. Agaciro *implica criar autoestima, o que só é alcançado se todos nós volorizarmos uns aos outros. Criar a unidade, permanecer juntos e nos responsabilizarmos mutuamente significa que estamos cumprindo a responsabilidade do* Agaciro.
> — H. E. Paul Kagame, presidente de Ruanda

Agaciro é um conceito com múltiplos significados, que variam de acordo com o contexto histórico e geográfico, e se refere a coisas, pessoas ou à sua interação. Geralmente traduzido como "valor", "dignidade" e "autorrespeito" (Behuria, 2016), *Agaciro* fala sobre as experiências concretas dos ruandeses.

ERIC NS. NDUSHABANDI é diretor do Institute of Research and Dialogue for Peace (IRDP), em Quigali, Ruanda, um think tank independente, que inclui uma escola de debates para jovens. É professor de ciências políticas na Universidade de Ruanda e sua pesquisa se concentra em iniciativas locais para a reconstrução do Estado-Nação no contexto pós-genocídio, além de temas como educação política e cívica por meio do *Ingando* (campo de solidariedade) e do *Itorero* (liderança tradicional).

OLIVIA U. RUTAZIBWA é professora associada na Universidade de Portsmouth, no Reino Unido. Pesquisa relações internacionais, entendimentos decoloniais de solidariedade global com base em filosofias e práticas de autodeterminação por meio de *Agaciro* e *Black Power* e recuperação autônoma na Somalilândia. Foi editora do *Africa Desk* e jornalista da revista *Mondiaal Nieuws*, sediada em Bruxelas.

Este texto explora as formas criativas para que a ideia de dignidade recupere a centralidade na ideia de desenvolvimento e nas práticas sociais por meio de *Agaciro*, e analisa até que ponto o conceito constitui uma alternativa pós-desenvolvimento ou decolonial à hegemonia internacional. Nossa conclusão preliminar é que, em Ruanda, o poder simbólico associado a *Agaciro* permite que os ruandeses se projetem como agentes principais do desenvolvimento, em vez de seus destinatários ou beneficiários. Considerando as diferentes políticas para as quais se recorre a *Agaciro*, concluímos que seu potencial como pensamento alternativo radical é real, mas não automático.

A maioria dos pesquisadores considera *Agaciro* como uma atitude cultural que data de tempos pré-coloniais, mas que "desapareceu" temporariamente durante a colonização de Ruanda — primeiro pela Alemanha, depois pela Bélgica — e mesmo depois da independência (1962), culminando com sua total supressão durante o genocídio contra os Tutsi (1994). Desde então, o conceito não só foi revisitado e revalorizado nas culturas popular, urbana e de elite como também passou a ser conscientemente traduzido em ideologia política e políticas públicas, como o Agaciro Development Fund [Fundo de desenvolvimento Agaciro], depois do genocídio promovido pelo partido então no poder, a Frente Patriótica de Ruanda.

Agaciro se revela por meio da formulação deliberada de políticas públicas voltadas tanto para os ruandeses dentro do país quanto em diáspora, e também como instrumento indireto de comunicação com o restante do mundo. O Agaciro Development Fund foi proposto por ruandeses no nono Umushyikirano [Conselho nacional de diálogo], em 2011. Ruandeses no país e em diáspora foram convidados a fazer contribuições voluntárias para o fundo, lançado oficialmente pelo presidente Kagame em 23 de agosto de 2012 como forma de aumentar a poupança pública para alcançar a autossuficiência, manter a estabilidade em tempos de turbulência na economia nacional e acelerar os objetivos de desenvolvimento socioeconômico de Ruanda — incluindo o financiamento de importantes projetos nacionais de acordo com a "Visão 2020" para o país. O presidente Kagame sugeriu que o fundo fosse percebido como um sinal de dignidade — uma conquista, algo que não foi dado por outros. O importante não é a quantidade de dinheiro, mas a "ideia" em si.

Como uma filosofia em construção e uma política pública que impulsiona soluções locais, o conceito de *Agaciro* não incorpora automaticamente uma alternativa radical ao pensamento e à prática do desenvolvimento internacional. Mas isso pode acontecer. Quando questionada sobre como a ideia de *Agaciro* influencia seus pensamentos e comportamentos, a ex-ministra da East African Community [Comunidade da África Oriental] (EAC), Valentine Rugwabiza, deu como exemplo o desejo dos ruandeses de acabar com o mercado de roupas usadas no país — um tipo de comércio que, para ela, contraria o princípio de dignidade de *Agaciro*. É uma mostra dos desafios que estão no caminho para que o conceito seja automaticamente convertido em uma alternativa pós-desenvolvimento. Em tal contexto, ele poderia simplesmente constituir uma transposição das preferências do mercado liberal, impulsionadas pelo Ocidente, para realizar uma demanda local.

No entanto, a mera contestação da mentalidade de sobras, mesmo que apenas neste estágio discursivo ou simbólico, desafia fundamentalmente a ideia de "aproximar-se do Ocidente" por meio da promoção da ideia de dignidade.

O que precisa ser colocado em primeiro plano para que se reconheça *Agaciro* como uma filosofia alternativa decolonial ou radical? Aqui sugerimos três caminhos relacionados à epistemologia, à ontologia e à normatividade como convites para futuras pesquisas e engajamento.

O primeiro diz respeito à necessidade de "des-silenciar" os conhecimentos vindos do — e sobre o — Sul global. Um mapeamento sistemático, que construísse um arquivo vivo de *Agaciro*, seria de grande contribuição para esse imperativo. O objetivo deve ser documentar suas diferentes interpretações e práticas relacionadas ao valor intrínseco da dignidade e da autoconfiança.

Em segundo lugar, pode-se e deve-se implantar *Agaciro* para desmistificar algumas das nossas compreensões ontológicas, tanto do desenvolvimento quanto das relações internacionais e da solidariedade. *Agaciro* nos permite questionar o modo como tendemos a suspeitar de soluções locais e a compará-las invariavelmente a padrões ocidentais idealizados, e nossa quase incapacidade de conceber a boa vida para o "restante do planeta" na ausência do "Ocidente". *Agaciro*, como renovação da dignidade e da autodeterminação, convida a repensarmos radicalmente a forma da solidariedade internacional.

Finalmente, é necessário relacionar normativamente *Agaciro* a um projeto anticolonial (i)material de "decolonialidade" e avaliar incansavelmente seus desdobramentos, evitando sua glorificação simplesmente por ser "doméstico". Isso requer uma investigação constante sobre até que ponto a invocação de *Agaciro* constitui um rompimento ou uma reprodução da desigualdade, da opressão, da exclusão ou da violência. Segundo a prática de *Agaciro*, esse exercício deveria, em primeiro lugar, ser liderado pelas pessoas envolvidas. É necessário estar atento para que sua proposta não seja reduzida a uma estratégia neoliberal de responsabilidade individual para o sucesso empreendedor, pois o conceito é também — e talvez antes de tudo — uma reafirmação radical da dignidade e do valor inegável de cada indivíduo, incorporado na história, na comunidade e no meio ambiente. Para atores externos, implantar *Agaciro* de forma decolonial começa por aplicar o teste anticolonial ao seu compromisso (i)material com o país.

Desde o fim do genocídio, o processo de reconstrução de Ruanda procedeu denunciando o papel do regime colonial e dos regimes domésticos que destruíram a relação dos cidadãos ruandeses entre si.

Em suma, *Agaciro* representa o valor, a autoestima e a dignidade e, de diferentes maneiras, tem sido deliberadamente empregado na Ruanda contemporânea por meio de políticas públicas. No cerne dessa ideia está um convite para as constantes cocriação, apropriação, subversão, reinterpretação e negociação daquilo que pode e deve implicar o reencontro com a dignidade nas relações domésticas e internacionais, comunais e intercomunitárias. Esse é um chamado que transcende o contexto de Ruanda, mas muito pode ser aprendido com a experiência ruandesa a esse respeito.

Referências

AGACIRO. Direção: Annette Uwizeye & Allan Karakire, 2011. Disponível em: www.youtube.com/watch?v=10BN_qmlQMU.

BEHURIA, Pritish. "Countering Threats, Stabilising Politics and Selling Hope: Examining the *'Agaciro'* Concept as a Response to a Critical Juncture in Rwanda", *Journal of Eastern African Studies*, v. 10, n. 3, p. 434-51, nov. 2016.

HASSELSKOG, Malin; MUGUME, Peter J.; NDUSHABANDI, Eric & SCHIERENBECK, Isabell. "National Ownership and Donor Involvement: An Aid Paradox Illustrated by the Case of Rwanda", *Third World Quarterly*, v. 38, n. 8, p. 1816-30, 2016.

RUTAZIBWA, Olivia Umurerwa. "Studying *Agaciro*: Moving beyond Wilsonian Interventionist Knowledge Production on Rwanda", *Journal of Intervention and Statebuilding*, v. 8, n. 4, p. 291-302, 2014.

Agdals

Pablo Domínguez e Gary J. Martin

Palavras-chave: gestão de recursos comunais, patrimônio, resiliência, Magrebe, Mediterrâneo

---

"Agdal" — plural *Igudlan/Igdalen* ou, mais comumente, *"agdals"*, em inglês — é um termo de origem tamazight, isto é, da família de línguas amazigh/berbere do norte da África. Refere-se principalmente a um tipo de gestão de recursos comunais em que há uma restrição temporária sobre o uso de recursos naturais específicos dentro de um território definido, com a intenção de maximizar sua disponibilidade em períodos críticos de necessidade. (Auclair *et al.*, 2011)

Um exemplo notável de *agdal* são os pastoreios localizados na região do Alto Atlas, no Marrocos, para os quais os pastores podem levar seus rebanhos — mas apenas durante certo período de tempo, previamente acordado entre a comunidade. Os *agdals* também podem ser áreas arbóreas, como as florestas de argan (*Argania spinosa*) no oeste do Marrocos, às quais o acesso é proibido para que os frutos possam amadurecer antes da colheita. As restrições costumam ser aplicadas a campos agrícolas, leitos

PABLO DOMÍNGUEZ é antropólogo ambiental e estudou os sistemas de gestão de recursos naturais comunitários das populações amazigh do Alto Atlas, no Marrocos. Atualmente, dedica-se a pesquisar de que maneiras o conceito de patrimônio pode promover ou desvalorizar *agdals* e outros bens comuns na Espanha, na França, na Itália, na África Oriental e na América Latina. Leciona no Laboratório de Geografia do Meio Ambiente da Universidade de Toulouse, na França, e no Instituto de Ciência e Tecnologia Ambiental da Universidade Autônoma de Barcelona (ICTA-UAB), na Espanha.

GARY J. MARTIN está envolvido na conservação e na prática etnobotânica há mais de 35 anos em mais de cinquenta países. É fundador da Global Diversity Foundation na Universidade de Oxford e foi professor na Escola de Antropologia e Conservação da Universidade de Kent, no Reino Unido.

de algas, áreas de forragem e de plantas medicinais, pomares e locais sagrados, entre outros lugares, como planícies costeiras, montanhas, oásis e até mesmo áreas urbanas.

A análise dos *agdals* revela vantagens biológicas e sociais em relação a outros tipos de manejo da paisagem. Eles favorecem a distribuição relativamente equitativa dos benefícios dos recursos naturais por meio da tomada de decisões coletivas e do reconhecimento de direitos comuns de acesso, e são governados por instituições locais que estabelecem regras de uso. Eles também maximizam a produção anual de biodiversidade culturalmente importante e mantêm a viabilidade da extração de recursos ao longo do tempo, resultando em ecossistemas mais biodiversos e resilientes do que aqueles que, em contextos geográficos similares, não são gerenciados pela comunidade. Os *agdals* pastoris, por exemplo, costumam ser abertos para rebanhos de animais domésticos do final da primavera até o início do verão, quando a maioria das plantas forrageiras já completou seu ciclo reprodutivo, evitando a degradação observada nas pastagens de acesso aberto no Magrebe.

Ao mesmo tempo, abordar apenas o lado produtivo dos *agdals* não apresentaria um quadro completo. Além de uma ferramenta agroeconômica, o *agdal* é um elemento cultural que centraliza todo um sistema de referências sacramentais, éticas, estéticas e simbólicas que o transformam em um reflexo fiel da cultura amazigh montanhesa e o tornam um fato social total. Efetivamente, a regulação ritual concentrava uma parte importante do sistema *agdal*. Tais rituais podiam incluir que as proibições anuais do *agdal* muitas vezes fossem anunciadas e legitimadas por descendentes de santos, ou mesmo que oferendas como sacos de cereais, manteiga, cuscuz e sacrifícios de gado fossem dadas a eles, que, por sua vez, compartilhavam os produtos com todos os visitantes e distribuíam *baraka*[1] entre os celebrantes do ritual.

---

1   Na cultura beduína, *baraka* é uma força ambígua e misteriosa, de origem sagrada, que habita os seres, os lugares e os objetos. Aquele que possui *baraka* pode distribuir bênçãos, prosperidade,

A existência dos *agdals* é antiga: suas origens remontam às sociedades amazigh que habitam a região há muitos milhares de anos (Auclair *et al.*, 2011; Navarro Palazón, Garrido & Almela, 2017). Presume-se que eles persistiram e se recriaram continuamente ao longo do tempo no norte da África e no Saara, e se adaptaram a diversas situações econômicas, ambientais e políticas. O termo *agdal* também tem sido usado em novos contextos, incluindo em centros urbanos de rápida expansão demográfica, como Rabat ou Marrakesh, no Marrocos. Nesta última, o termo pode ter começado a se aplicar aos imóveis localizados ao sul da medina, após a restauração alauita (século XVII), que por sua vez foi fundada pelo califado almóada no século XII (Navarro Palazón *et al.*, 2017).

Embora o jardim *agdal* de Marrakesh tenha alcançado um status público mais elevado — entrou para a lista dos Patrimônios da Humanidade em 1985 —, os *agdals* rurais têm maior relevância contemporânea, apesar da falta geral de consciência sobre sua existência. Eles são os ICCAS[2] do Magrebe e desempenham papel fundamental na manutenção do patrimônio cultural imaterial e material, das cerimônias rituais aos agroecossistemas tradicionais, ao mesmo tempo que reforçam a resiliência dos sistemas socioecológicos em diversos ambientes. Depois de estudos acadêmicos intensivos no início do século XXI, são tidos como um modelo de conservação e uso sustentável baseado em conhecimentos, inovações e práticas das comunidades indígenas e locais que incorporam estilos de vida tradicionais, conforme definido

---

boa sorte, proteção e energias curativas. Ver CHELHOD, J. "La baraka chez les árabes ou l'influence bienfaisante du sacré", *Revue de l'histoire des religions*, v. 148, n. 1, p. 69-88, 1995 *apud* FERREIRA, Claudia Falluh Balduino. "A expressão positiva do sagrado, ou *baraka*, no romance árabe *La Nuit de l'errur*", *Ipotesi*, v. 16, n. 2, p. 201-13, jul.-dez. 2012. [N.E.]

2   ICCAS são territórios e áreas conservadas por povos indígenas e comunidades locais. Ver o verbete "ICCAS: territórios de vida", p. 373. [N.E.]

na Convenção sobre Diversidade Biológica e outros acordos ambientais internacionais.

Adgals são pontos importantes de biodiversidade, não apenas como ricos reservatórios de fauna e flora mas também como áreas altamente ameaçadas por expansão das fronteiras agrícolas privatizadas, intensificação do pastoreio, êxodo rural, transformações nas crenças culturais e mudanças climáticas. *Agdals* pastoris e florestais ganharam especial destaque como Important Plant Areas [Áreas importantes de plantas] (IPA) no Alto Atlas marroquino, pois abrigam um grande número de espécies botânicas endêmicas, úteis e em risco de extinção.

A relevância desse manejo está levando à sua inclusão em projetos comunitários de restauração cultural e ecológica. Ainda que muitas vezes recorram a financiamento e apoio de instituições externas, há associações comunitárias que buscam defender os *agdals* existentes ou aplicar o princípio da gestão comunitária a áreas degradadas, com base na proibição temporária do uso de recursos. A motivação para esse renascimento incipiente deriva de preocupações práticas com a erosão e outros desafios ambientais, além de um interesse mais amplo em recuperar a identidade cultural e as paisagens.

Embora os *agdals* geralmente não tenham reconhecimento governamental explícito — e sejam pouco considerados nos planos nacionais de agricultura e conservação —, a conscientização em relação aos benefícios bioculturais dessas áreas administradas comunitariamente tem o potencial de influenciar políticas públicas de uso sustentável da terra.

Em suas múltiplas manifestações como fato cultural, território administrado comunitariamente e até mesmo espaço verde urbano, os *agdals* permanecem ancorados em um contexto humano e geográfico específico. Iniciativas para recriá-los ou impô-los fora desse domínio seriam inadequadas, mas continuam a ser uma alternativa viável em áreas específicas do Magrebe, além de uma inspiração para os defensores da gestão comunitária dos recursos naturais na bacia do Mediterrâneo e em todo o mundo.

Referências

AGDAL — VOICES OF THE ATLAS. Direção: Pablo Domínguez, 2008.

AUCLAIR, Laurent & ALIFRIQUI, Mohamed (orgs.). *Agdal: Patrimoine socio-écologique de l'Atlas marocain*. Rabat: IRCAM/IRD, 2012. Disponível em: https://horizon.documentation.ird.fr/exl-doc/pleins_textes/divers13-07/010059469.pdf.

AUCLAIR, Laurent; BAUDOT, Patrick; GENIN, Didier; ROMAGNY, Bruno & SIMENEL, Romain. "Patrimony for Resilience: Evidence from the Forest *Agdal* in the Moroccan High Atlas Mountains", *Ecology and Society*, v. 16, n. 4, p. 24, 2011.

DOMÍNGUEZ, Pablo; ZORONDO-RODRÍGUEZ, Francisco & REYES-GARCÍA, Victoria. "Relationships between Religious Beliefs and Mountain Pasture Uses: A Case Study in the High Atlas Mountains of Marrakech, Morocco". *Human Ecology*, v. 38, n. 3, p. 351-62, 2010.

NAVARRO PALAZÓN, Julio; GARRIDO, Fidel & ALMELA, Íñigo. "The Agdal of Marrakesh (Twelfth to Twentieth Centuries): An Agricultural Space for Caliphs and Sultans". *Final Report of the Research Project Almunias of Western Islam: Architecture, Archeology and Historical Sources*, (HAR2015-64605-c2-1-p), cofinanciado pelo Ministério de Economia, Indústria e Competitividade da Espanha e pelo Fundo Europeu de Desenvolvimento Regional. Granada: Escuela de Estudios Árabes, 2017, p. 106.

Agroecologia

Victor M. Toledo

Palavras-chave: agroecologia, agricultura sustentável, sistemas alimentares, crise socioecológica

---

A agroecologia é um campo de conhecimento ainda incipiente, que oferece soluções para os sérios problemas ambientais e de produção de alimentos causados pela agricultura moderna ou industrializada e pelo agronegócio em todo o mundo. Trata-se de uma disciplina híbrida, pois combina o conhecimento proveniente das ciências naturais e sociais, adota um enfoque multidisciplinar segundo a linha da "ciência pós-normal" e procura não ser apenas um conhecimento aplicado mas também um exemplo de pesquisa participativa. Como forma de pensamento crítico, a agroecologia se empenha em contestar a desigualdade social e também os distúrbios ambientais. Os especialistas identificam três esferas ou dimensões que funcionam como uma espécie de "santíssima trindade" agroecológica: a pesquisa científica ecológica e agrícola, as práticas agrícolas empíricas e a necessidade de elaborar uma abordagem com e para os movimentos sociais rurais. Nas duas últimas décadas, o número de publicações e iniciativas descritas como agroecológicas aumentou exponencialmente. Da mesma forma, o número de movimentos sociais e políticos que adotam a agroecologia como principal objetivo vem crescendo aceleradamente.

As dimensões científica e prática da agroecologia se referem respectivamente a campos cognitivos e técnicos, ao

---

VICTOR M. TOLEDO é pesquisador no Instituto de Pesquisa em Ecossistemas e Sustentabilidade da Universidade Nacional Autônoma do México (Unam), com foco no estudo das relações entre as culturas indígenas e seu ambiente natural (etnoecologia), sociedades sustentáveis e agroecologia. É autor de mais de duzentas publicações científicas, incluindo vinte livros.

passo que a terceira dimensão está relacionada aos movimentos sociais e às ações políticas das comunidades camponesas. Muitos atores — camponeses, famílias rurais, povos indígenas, trabalhadores rurais sem-terra —, homens e mulheres, estão usando a agroecologia como ferramenta para a reivindicação e a defesa de seus territórios e recursos naturais, seus estilos de vida e seu patrimônio biocultural. Alguns exemplos são os inúmeros sindicatos camponeses nacionais, principalmente na América Latina, Índia e Europa. O mais conhecido é a Vía Campesina, uma aliança global de duzentos milhões de agricultores que abrange cerca de 182 organizações locais e nacionais em 73 países da África, da Ásia, da Europa e das Américas. Defende a agricultura sustentável de pequena escala como forma de promover a justiça social e a dignidade, e se opõe fortemente à agricultura corporativa, que destrói as pessoas e a natureza.

Na América Latina, as práticas agroecológicas abrangem pesquisas científicas e tecnológicas realizadas em estreita ligação com movimentos sociais e políticos rurais, uma tendência que experimentou uma expansão sem precedentes em muitos países da região. A agroecologia é praticada por dezenas de milhares de famílias camponesas como resultado de movimentos sociais ou da implementação de políticas públicas, com avanços extraordinários no Brasil, em Cuba, na Nicarágua, em El Salvador, em Honduras, no México e na Bolívia, e com conquistas moderadas na Argentina, na Venezuela, na Colômbia, no Peru e no Equador.

Em seu estágio inicial, a agroecologia foi concebida como mero campo técnico centrado na aplicação de conceitos e princípios ecológicos ao projeto de sistemas agrícolas sustentáveis. No entanto, à medida que crescia, foi incorporando mais explicitamente conceitos e métodos das ciências sociais, pautando questões culturais, econômicas, demográficas, institucionais e políticas. A tendência dominante na América Latina é a "agroecologia política", uma prática que reconhece que a sustentabilidade agrícola não pode ser alcançada simplesmente por inovações tecnológicas ambientais ou agronômicas, mas que é necessária uma mudança institucional imprescindível nas relações de poder, ou seja, que leve em consideração fatores sociais, culturais, agrícolas e políticos.

A evolução do pensamento agroecológico constitui um processo muito interessante. Sua principal inovação epistemológica tem sido o diálogo intercultural, por meio do qual os pesquisadores identificam as formas de conhecimento embutidas na mente dos agricultores tradicionais. Considera-se esse conhecimento local, tradicional ou indígena como uma memória ou sabedoria biocultural, transmitida oralmente por centenas de gerações. Esse conhecimento não científico é utilizado pelos povos indígenas há milhares de anos para produzir alimentos e outras matérias-primas. Por isso, alguns autores definem a agroecologia como uma abordagem transcultural, participativa e orientada para a ação; outros também consideram a agroecologia como uma nova expressão da Participatory Action Research [Pesquisa de ação participativa] (PAR), um movimento que, impulsionado por cientistas sociais críticos, promovia a mudança emancipatória em todo o chamado Terceiro Mundo nos anos 1970. Ao reconhecer cosmovisões, conhecimento e práticas tradicionais como base para a inovação científica e tecnológica, os agroecologistas colocam em prática os conceitos de diálogo intercultural e a coprodução de conhecimento.

A maior parte da produção de alimentos do mundo continua a ser fruto do trabalho de camponeses ou agricultores tradicionais de pequena escala, cuja população é estimada entre 1,3 e 1,6 bilhão de pessoas. Seus conhecimentos e práticas agrícolas são o produto de mais de dez mil anos de tradição e experimentação. Esse fato foi recentemente corroborado pela Organização das Nações Unidas para Alimentação e Agricultura (FAO), mostrando que a maior parte dos alimentos destinados aos pratos dos quase sete bilhões de humanos é produzida por pequenos produtores, um reconhecimento que levou a FAO a declarar 2014 como o Ano Internacional da Agricultura Familiar. Um estudo feito em 2009 pela ONG internacional Grain confirmou que os camponeses ou agricultores de pequena escala realmente produzem a maior parte dos alimentos consumidos globalmente pelos humanos, mas acrescentou que realizam essa façanha em apenas 25% da superfície agrícola total, em lotes de, em média, 2,2 hectares. Os três quartos restantes do total de terras agrícolas são de propriedade de 8% dos produtores, incluindo proprietários de terras de médio e grande porte, como fazendas ou latifúndios, empresas e corporações, que geralmente adotam o modelo de produção agroindustrial.

Os agroecologistas trabalham predominantemente, mas não de forma exclusiva, com pequenos agricultores, comunidades camponesas e povos indígenas na melhoria dos sistemas alimentares, na justiça agrária e na emancipação dos povos rurais. De fato, para superar a crise do moderno mundo industrial e tecnocrático, necessitamos de sistemas de produção de alimentos compatíveis com o meio ambiente, as culturas rurais e a saúde humana. A agroecologia é, portanto, um instrumento científico, tecnológico, intercultural e sociopolítico crucial, que confronta as crises ecológica e social do mundo contemporâneo, e busca alcançar uma modernidade pós-industrial e alternativa.

Referências

ALTIERI, Miguel A. & TOLEDO, Victor M. "The Agroecological Revolution in Latin America: Rescuing Nature, Ensuring Food Sovereignty and Empowering Peasants", *Journal of Peasant Studies*, v. 38, n. 3, p. 587-612, 2011.

MÉNDEZ, v. Ernesto; BACON, Christopher M.; COHEN, Roseann & GLIESSMAN, Stephen R. (orgs.). *Agroecology: A Transdisciplinary, Participatory and Action-Oriented Approach*. Boca Raton: CRC Press, 2015.

TOLEDO, Victor Manuel & BARRERA-BASSOLS, Narciso. *La Memoria Biocultural*. Barcelona: Icaria, 2008 [Ed. bras.: *A memória biocultural: a importância ecológica das sabedorias tradicionais*. São Paulo: Expressão Popular, 2015].

Amor queer

Arvind Narrain

Palavras-chave: queer, transformação, identidade, amor, política LGBTQIA+

O amor não é uma emoção que pode ser domesticada pelo mercado, pela família, comunidade, ciência médica, religião ou nação. Ao contrário, o amor tem uma qualidade próxima da loucura, que os gregos chamavam de *mania*, e que pode levar uma pessoa a desafiar a tradição e romper a ortodoxia.

Um ato de amor pode ser o início de uma subversão do status quo. Essa ideia de um amor subversivo é central para o movimento queer. A própria palavra "queer" implica um questionamento das normas de gênero e sexualidade. Para alguns, é uma reinvenção das ideias de amor e relacionamento; para outros, uma reestruturação da lei, da política e da socie- dade, uma contestação da maneira como habitamos o mundo. Representa aqueles que saem e/ou optam por se desligar dos contornos da ordem social heteronormativa. Quando as cele- brações do "orgulho queer" em todo o mundo adotam como slogans "o direito de amar", "o amor é um direito humano" e "não criminalizem o amor", elas sinalizam o potencial radical do amor queer. A política queer é mais ampla que a política LGBT — lésbicas, gays, bissexuais e transgêneros. Vai além da identidade ou da política de questão única. É marcada, como diz Leela Gandhi (2006), por uma "capacidade de parentes- co radical", na qual o queer expande o âmbito ideológico da

ARVIND NARRAIN é membro fundador do Alternative Law Forum em Bangalore, Índia, e diretor da ARC International em Genebra, articulan- do principalmente os direitos LGBTQIA+ em leis e nas políticas interna- cionais. Seus livros incluem *Queer: Despised Sexualities and Social Change* [Queer: sexualidades desprezadas e mudança social] (2004); *Because I Have a Voice: Queer Politics in India* [Porque eu tenho voz: política queer na Índia] (2005); e *Law Like Love: Queer Perspectives on Law* [Lei como amor: perspectivas queer sobre a lei] (2011).

política LGBT para incluir "afinidades improváveis com estrangeiros, excluídos e marginalizados".

Essa forma de amor radical se expressa na vida de milhares de pessoas que decidem amar alguém de acordo com sua própria escolha, contrariando decretos religiosos, convenções sociais e expectativas familiares. O amor queer é tão ameaçador para a ordem social vigente que algumas famílias preferem matar os amantes a permitir que o amor floresça. Na Índia, a lista de mártires inclui o jovem dalit Ilavarasan, morto por ousar se casar com uma mulher de casta mais alta, Divya; Rizwanur Rahman, um jovem muçulmano que foi morto por ousar se apaixonar por Priyanka Todi, uma garota hindu; e Swapna e Sucheta, de Nandigram, que preferiram cometer suicídio a serem forçadas a viver uma sem a outra.

Ao desafiar os códigos sociais, esses amantes tornam a ordem social mais permeável e lançam as bases para um mundo mais igualitário, em que as diferenças de raça, religião e casta deixariam de ter importância.

A política queer visa destruir as normas rígidas e opressivas de gênero e sexualidade, codificadas em instituições sociais tão diversas quanto o casamento, a família, a lei e o establishment médico. O projeto político queer também defende uma perspectiva mais ampla da transformação social, cujas raízes estão no desejo íntimo de duas ou mais pessoas que querem estar juntas com tanta intensidade que estão dispostas a desafiar as restrições sociais.

O amor queer também implica o cultivo de uma sensibilidade que permita ir além do amor por uma única pessoa e simpatizar com o sofrimento de estranhos. Amar alguém independentemente de seu gênero ou de sua sexualidade e simpatizar com causas aparentemente distantes às vezes são dois aspectos inter-relacionados do amor. Um dos exemplos foi o caso do revolucionário irlandês Roger Casement, cujas paixões incluíam não apenas o sexo com homens como também a busca por justiça para os congoleses brutalizados a mando do rei Leopoldo, da Bélgica. Ele se importava igualmente com os povos indígenas da Amazônia massacrados pelas potências coloniais. Casement, além de lutar pela liberdade da Irlanda, documentou essas formas de sofrimento em dois relatórios pioneiros de direitos humanos, sem deixar de ter relações sexuais com outros homens.

No mundo contemporâneo, outra figura notável é Chelsea (antes Bradley) Manning, que deixou de ser um membro leal das Forças Armadas dos Estados Unidos para se tornar um de seus dissidentes mais corajosos. Chelsea Manning correu o risco de ser condenada à morte ao divulgar uma documentação confidencial de ações militares atrozes, devido a uma empatia "incomum" que sentia pelos iraquianos, por percebê-los como seres humanos.

Não menos importante do que o ato público de denunciar irregularidades — um ato do mais profundo amor — foi a decisão de Manning de falar sobre a verdade íntima de querer ser reconhecida como mulher, e não como homem. Não há apenas uma dimensão pública e externa em suas profundas convicções morais; há também uma dimensão privada e interna. Há um reconhecimento de que algo não está certo com o mundo como ele existe, assim como há o reconhecimento de que algo não está certo a respeito de sua própria identidade.

No mundo capitalista, retirar-se para as esferas privada e pessoal da vida é uma posição frequente para muitas pessoas aflitas com as forças que cometem injustiças em escala global. Mas uma mudança da dimensão íntima do amor e da sexualidade para um amor público e transformador, como gestado por Manning, é vital. Na era contemporânea, a própria existência da vida, humana e não humana, está ameaçada. Uma política que leva a sério a criminalização do erótico precisa se preocupar com esse sistema social que domina e escraviza a natureza. Uma política queer construirá alianças proativamente com a luta comum contra qualquer forma de desenvolvimento que marginalize simultaneamente queers, mulheres, negros, dalits e outros seres oprimidos.

Referências

GAARD, Greta. "Toward a Queer Ecofeminism", *Hypatia*, v. 12, n. 1, p. 114-37, 1997.

GANDHI, Leela. *Affective Communities: Anticolonial Thought and the Politics of Friendship*. Nova Déli: Permanent Black, 2006.

GUPTA, Alok & NARRAIN, Arvind (orgs.). *Law Like Love: Queer Perspectives on Law*. Nova Déli: Yoda Press, 2011.

NARRAIN, Arvind & CHANDRAN, Vinay (orgs.). *Nothing to Fix: Medicalisation of Sexual Orientation and Gender Identity*. Nova Déli: Sage and Yoda Press, 2015.

NARRAIN, Arvind. "Imagining Utopia: The Importance of Love, Dissent and Radical Empathy". *In*: KOTHARI, Ashish & JOY, K. J. (orgs.). *Alternative Futures: India Unshackled*. Nova Déli: AuthorsUpFront, 2017.

TÓIBÍN, Colm. "A Whale of a Time", *London Review of Books*, v. 19, n. 19, 2 out. 1997.

Autonomia

Gustavo Esteva

Palavras-chave: autonomia, democracia radical, patriarcalismo, modernidade

---

Atualmente, autonomia faz alusão a atitudes, práticas e posições em todo o espectro ideológico, desde o autogoverno de indivíduos independentes até movimentos reais que adotam a democracia radical como horizonte emancipatório para além do capitalismo, do modo industrial de produção, da modernidade ocidental e do patriarcado. Mais do que autonomia, há autonomias, tanto na realidade quanto em projetos políticos, como mitos mobilizadores e como utopias — como aquilo que ainda não existe.

Consequentemente, excluo deste ensaio duas escolas de pensamento e ação que, a meu ver, não são alternativas reais ao regime dominante:

- a escola individualista, às vezes chamada de "libertária", e suas uniões voluntárias de egoístas (Stirner), que geralmente operam dentro do pseudoanarquismo capitalista;
- a escola socialista, leninista e supostamente anticapitalista, que reduz a autonomia a uma forma descentralizada de administrar os poderes verticais do Estado, dentro de estruturas de dominação justificadas como requisitos para a transição ao socialismo. A autonomia enquanto autoatividade da multidão (Negri, Virno) pertence a essa escola, pois todas essas abordagens lidam com massas, não pessoas.

GUSTAVO ESTEVA é ativista e intelectual público mexicano. Colunista no *La Jornada* e ocasionalmente no *The Guardian*, participa de organizações de base locais, nacionais e internacionais. É autor de inúmeros livros e ensaios.

Isto posto, abordaremos o cerne da questão e algumas alternativas que oferecem possibilidades reais.

A palavra "autonomia" é muito antiga. No século XVII, na Europa, o termo grego podia ser usado em referência à liberdade concedida aos judeus que viviam de acordo com suas próprias leis, ou para discutir a autonomia kantiana da vontade individual. No século XX, várias escolas europeias de pensamento e ação adotaram a palavra para caracterizar suas posições e aspirações. No resto do mundo, outras noções, atitudes e práticas que hoje seriam chamadas autônomas existem desde tempos imemoriais.

Para compreender os debates atuais, podemos pontuar diferenças entre *ontonomia*, as normas tradicionais e endógenas ainda vigentes em todos os lugares; *autonomia*, que se refere aos processos pelos quais um grupo ou comunidade adota novas normas; e *heteronomia*, quando as regras são impostas pelos outros. Movimentos autonômicos tentam ampliar, tanto quanto possível, as esferas de ontonomia e autonomia.

Uma nova constelação semântica decorrente de movimentos sociais e políticos emancipatórios compartilha, pelo menos parcialmente, os seguintes elementos:

Vai além da democracia formal. Tanto a Grécia, que cunhou a palavra "democracia", quanto os Estados Unidos, que lhe deram sua forma moderna, eram sociedades escravocratas. Durante os últimos duzentos anos, formas suavizadas de escravidão foram promovidas ou omitidas em regimes que o grande intelectual negro W.E.B. Dubois caracterizou corretamente como despotismo democrático. A democracia participativa não elimina a verticalidade das sociedades democráticas, governadas por ditaduras profissionais, nas quais os profissionais assumem poderes legislativos, executivos e judiciários em cada campo e impedem a participação de pessoas comuns nas funções do governo.

Hoje, o desencanto com a democracia é universal. O despertar dos zapatistas, em 1994, colocou a autonomia no centro do debate político. "Basta! Fora todos!", disseram os argentinos em 2001. "Meus sonhos não cabem em suas urnas", afirmaram os Indignados na Espanha. O Occupy Wall Street, nos Estados Unidos, permitiu que milhões de pessoas finalmente reconhecessem que seu sistema está a serviço do 1%. Ainda há tentativas de reformá-lo, mas, em vez disso, muitas lutas tentam ampliar e fortalecer os espaços nos quais as pessoas podem praticar seu próprio poder. Estão literalmente construindo a democracia a partir de suas raízes, de modo que as pessoas comuns possam assumir o poder do Leviatã, ser livres para falar, para escolher e para agir (Lummis, 1996). Tentativas desse tipo são incontáveis e aparecem em todo o mundo. Em 1º de janeiro de 2017, por exemplo, o Congresso Nacional Indígena do México, com o apoio dos zapatistas, lançou uma proposta para criar um Conselho de Governo baseado tanto na autonomia indígena quanto na não indígena. Em vez de tentar apoderar-se do aparato estatal, concebido e operando para controlar e dominar, procuram desmantelá-lo e criar instituições nas quais a prática de mandar obedecendo possa prosperar.

Além da sociedade econômica. Os movimentos autonômicos, amplamente visíveis na América Latina, não estão apenas desafiando a globalização neoliberal como também agem explicitamente contra o capitalismo, sem, no entanto, se tornarem socialistas. Alguns tentam acabar com sua dependência do mercado ou do Estado e também estão rompendo com a "premissa da escassez", que define a sociedade econômica, isto é, a suposição lógica de que os desejos humanos são grandes, para não dizer infinitos, enquanto seus meios são limitados. Tal suposição cria um problema econômico por excelência: a alocação de recursos por meio do mercado ou do plano. Esses movimentos, ao contrário, adotam o "princípio da suficiência", evitando a separação de meios e fins econômica e politicamente. Suas lutas adotam a forma do resultado que desejam produzir.

Além da modernidade ocidental. Um número crescente de pessoas se desvincula dolorosamente das verdades e dos valores que definem a modernidade ocidental, nos quais chegaram a acreditar outrora. A maioria dessas pessoas ainda não consegue encontrar um novo sistema de referência. Confrontados com essa perda de valores e orientação, alguns podem se tornar fundamentalistas. Outros, porém, podem reconhecer a relatividade de suas verdades anteriores, imersos em diferentes formas de pluralismo radical (Pannikar), e praticar novas formas de conhecer e experimentar o mundo, participando da insurreição do conhecimento subjugado (Foucault). Substituem os substantivos que criam dependência — educação, saúde, comida, moradia e assim por diante — por verbos que trazem de volta sua agência pessoal, sua autonomia: aprender, curar, comer, habitar. Reconhecem o indivíduo como uma construção moderna da qual se desassociam em favor de uma concepção das pessoas como elos em redes de relacionamentos (Pannikar), que constituem os muitos de *nós*, pessoas reais que estamos definindo uma nova sociedade.

Além do patriarcado. Diversas escolas feministas que escapam às visões convencionais das sociedades pós-patriarcais participam de movimentos autonômicos. Um exemplo claro é a sociedade zapatista, na qual a política e a ética, e não a economia, estão no centro da vida social, e o cuidado com a vida, as mulheres e a Mãe Terra têm a mais alta prioridade. Nessas sociedades, as práticas autônomas caracterizam todas as áreas da vida cotidiana, regidas por processos democráticos que organizam comunalmente a arte da esperança e da dignidade.

Referências

ALBERTANI, Claudio; ROVIRA, Guiomar & MODONESI, Massimo (orgs.). *La autonomía possible: Reinvención de la política y emancipación*. Cidade do México: Universidad Autónoma de la Ciudad de México, 2009.

DINERSTEIN, Ana C. *The Politics of Autonomy in Latin America: The Art of Organising Hope*. Hampshire: Palgrave MacMillan, 2015.

LINEBAUGH, Peter. *The Magna Carta Manifesto: Liberties and Commons for All*. Berkeley: University of California Press, 2008.

LUMMIS, C. Douglas. *Radical Democracy*. Ithaca: Cornell University Press, 1996.

PANNIKAR, Raimon. *El espíritu de la política*. Barcelona: Península, 1999 [Ed. bras.: *O espírito da política: Homo politicus*. São Paulo: Triom, 2005].

Autonomia zapatista

Xochitl Leyva-Solano

Palavras-chave: zapatismo, práticas autônomas, bom governo, lutas anticapitalistas

A autonomia é um elemento central nas práticas de resistência e rebelião do movimento zapatista. Compreende modos, processos e redes de luta, governo e vivência rebelde que, juntos, constituem uma alternativa radical ao sistema estabelecido e suas instituições. A autonomia zapatista emerge da base e da esquerda em tempos de guerra e envolve múltiplos enfoques.

A longa resistência do Ejército Zapatista de Liberación Nacional [Exército zapatista de libertação nacional] (EZLN) foi mencionada na Primera Declaración de la Selva Lacandona [Primeira declaração da Selva Lacandona], em 1º de janeiro de 1994: "Somos o resultado de quinhentos anos de luta". O EZLN declarou guerra ao governo e incitou o povo mexicano a se unir à luta por trabalho, terra, moradia, alimentação, saúde, educação, independência, liberdade, democracia, justiça e paz. Em 1994, o EZLN também anunciou a criação de 38 municípios rebeldes, quebrando o cerco militar e confrontando politicamente a estratégia de contrainsurgência implementada pelo governo.

Como um bom governo, digno e rebelde, o EZLN encontrou apoio para suas ações iniciais no artigo 39 da Constituição mexicana, que estabelece que "o povo tem sempre o direito inalienável de alterar ou modificar sua forma de governo". A reivindicação desse artigo ficou mais vigorosa após a relutância do governo

XOCHITL LEYVA-SOLANO é cofundadora e ativista de coletivos e redes altermundistas. Pesquisadora do Centro de Investigações e Estudos Superiores em Antropologia Social, em Chiapas, México, coproduziu vários vídeos e escreveu diversos artigos e livros em colaboração com mulheres e jovens indígenas em resistência. Os materiais são usados em contextos ativistas, acadêmicos e comunitários.

em cumprir os Acordos de San Andrés, assinados em 1996 com o EZLN. Além de não efetivar os acordos, o governo também não elaborou uma nova estrutura constitucional que tornaria possíveis o exercício da autonomia e a autodeterminação dos povos indígenas em todos os âmbitos e em todos os níveis.

Diante do crescimento de uma prolongada guerra de desgaste, o movimento zapatista mobilizou práticas e redes de governos autônomos vinculados a localidades municipais, resultando nos Municipios Autónomos Rebeldes Zapatistas (Marez) e regiões e zonas zapatistas. Tudo isso é organizado sob o princípio de "mandar obedecendo", que inclui as seguintes premissas básicas:

- servir, e não servir-se;
- representar, e não suplantar;
- construir, e não destruir;
- obedecer, e não mandar;
- propor, e não impor;
- convencer, e não vencer;
- descer, e não subir.

Esses fundamentos em ação trazem a ética de volta ao coração da política e expõem as práticas de "má governabilidade" do sistema político mexicano, incluindo a corrupção, a violência e a impunidade.

Quando "o povo comanda e o governo obedece", isso envolve "deveres" e "obrigações" permanentes de ambas as partes. A eleição das autoridades ocorre, em geral, por meio de assembleias. As autoridades dos diferentes níveis são as seguintes: agentes autônomos e comissários; membros dos conselhos autônomos municipais e regionais; coordenadores das várias áreas de trabalho; e membros das diferentes comissões e das Juntas de Buen Gobierno (JBG), que operam em cada zona e estão localizados nos Caracoles Zapatistas.

O governo autônomo zapatista é organizado de acordo com "áreas de trabalho" que mudam ao longo do tempo e de município para município, mas geralmente incluem saúde, educação, agroecologia, mulheres, questões agrárias, justiça, comunicação, comércio, transporte, administração e registro civil. Nessas áreas e em outros níveis de governo, as várias posições são rotativas, coletivas e não remuneradas. Cada pessoa participante está relacionada a outras com base em seu próprio potencial e capacidade de ser, fazer, aprender e desaprender. Desse modo, desafiam as formas dominantes de organização social e do poder baseado na classificação individual e no trabalho assalariado especializado.

Como uma alternativa radical, abrangente e criadora de vida, o apoio zapatista de base compreende camponeses e camponesas indígenas que cultivam a terra para sua subsistência e reprodução e, desse modo, geram as condições materiais para suas lutas autônomas. As mulheres ocupam uma posição central, assim como a terra/o território e a Mãe Terra, como criadoras e doadoras de vida.

A Lei das Mulheres Revolucionárias incorporou as mulheres na luta ao insistir em seus direitos políticos e sociais e em sua integridade física e moral, zelando por eles. O conteúdo dessa lei seria irrelevante se as mulheres no apoio de base — em diálogo com as mulheres armadas do EZLN — não tivessem incorporado essas lutas em todos os sentidos: em sua relação com o exército de ocupação, cultivando diariamente a terra com as próprias mãos, recuperando o território perdido, ressocializando seus filhos e filhas, organizando cooperativas, sendo professoras de educação autônoma, promotoras de cura autônoma e produtoras de rádio e vídeo. Não há dúvida de que a luta zapatista fortaleceu suas raízes por meio das mulheres e dos homens no nível de base. Com seu apoio, a política zapatista ganhou uma força que muitas outras experiências revolucionárias não puderam alcançar, porque não conseguiram conectar sua luta às esferas da vida cotidiana e incorporar as dimensões das mulheres, da família, da comunidade, dos coletivos e da transnacionalidade.

A autonomia zapatista também se estabeleceu como uma referência central, a partir de baixo, à globalização em andamento. Vinte anos após o primeiro Encontro Intergaláctico

Zapatista pela Humanidade e contra o Neoliberalismo, Alejandra, uma jovem guardiã da Escuelita Zapatista [Escolinha zapatista], resume a consciência planetária glocal[1] zapatista:

> Como sabemos, o sistema capitalista faz o que quer, eles decidem como governar, como devemos viver, e é isso que não queremos [...]. Não estamos apenas lutando por nosso próprio bem, [...] queremos liberdade para todos [...]. Como zapatistas, não estamos usando armas, [...] estamos usando nossas palavras, nossa política [...] queremos derrotar o sistema, esse é o nosso principal objetivo. (ELZN, 2014)

Referências

EZLN — EJÉRCITO ZAPATISTA DE LIBERACIÓN NACIONAL. *Cuadernos de texto de primer grado del curso*. México: Escuelita Zapatista-EZLN, 2013.

EZLN — EJÉRCITO ZAPATISTA DE LIBERACIÓN NACIONAL. "Rebeldía Zapatista: La Palabra del EZLN", *Enlace Zapatista*, 28 fev. 2014. Disponível em: http://enlacezapatista.ezln.org.mx/2014/02/28/editorial-revista-rebeldia/.

EZLN — EJÉRCITO ZAPATISTA DE LIBERACIÓN NACIONAL. *Critical Thought in the Face of the Capitalist Hydra I: Contributions by the Sixth Commission of the EZLN*. Durham: Duke University Press, 2016.

---

1   Glocalização é a integração dos conceitos "local" e "global", ou seja, o entendimento do mundo como um todo, atrelado à prática de ação localizada em uma determinada região. Ver *Oxford Reference*. "Glocal". Disponível em: https://www.oxfordreference.com/search?q=glocal. [N.E.]

Bem Viver

Mónica Chuji, Grimaldo Rengifo e Eduardo Gudynas

Palavras-chave: alternativas ao desenvolvimento, América do Sul, modernidade, movimentos indígenas

---

A categoria do Bem Viver expressa um conjunto de perspectivas sul-americanas que compartilham um questionamento radical do desenvolvimento e de outros componentes centrais da modernidade, ao mesmo tempo que oferece alternativas para superá-la. Não é uma ideia análoga ao entendimento ocidental de bem-estar ou de boa vida, tampouco pode ser descrita como uma ideologia ou cultura. Expressa uma mudança mais profunda no conhecimento, na afetividade e na espiritualidade, como abertura ontológica para outras concepções a respeito daquilo que a modernidade denomina como sociedade e natureza. O Bem Viver é uma categoria em construção, plural, que assume expressões específicas em diferentes lugares e regiões, e é heterodoxa, porque hibridiza elementos indígenas e críticas oriundas da própria modernidade.

Há registros de referências às ideias de Bem Viver desde meados do século xx, mas seus significados atuais foram articulados na década de 1990. Destacam-se as contribuições do Proyecto Andino de Tecnologías Campesinas [Projeto andino de tecnologias camponesas] (Pratec) (Apffel-Marglin, 1998),

MÓNICA CHUJI é intelectual kíchwa da Amazônia. Fez parte da Assembleia Constituinte do Equador, além de ter sido ministra da Comunicação e porta-voz do governo durante a primeira administração do presidente Rafael Correa.

GRIMALDO RENGIFO é educador peruano e promotor da cultura andina, especialmente da ligada à terra. É membro da equipe do Proyecto Andino de Tecnologías Campesinas (Pratec).

EDUARDO GUDYNAS é pesquisador uruguaio do Centro Latino-Americano de Ecologia Social (Claes) e pesquisador associado do Departamento de Antropologia da Universidade da Califórnia, em Davis, Estados Unidos.

no Peru; do Centro Andino para el Desarrollo Agropecuario [Centro andino para o desenvolvimento agropecuário] (Cada) (Medina, 2001), na Bolívia; e de diversos intelectuais no Equador, além de líderes sociais e indígenas, como ressalta Acosta (2012 [2016]). Uma ampla gama de movimentos sociais apoiou essas ideias, e a partir de então elas foram inseridas em mudanças políticas na Bolívia e no Equador, alcançando reconhecimento constitucional.

O Bem Viver é uma categoria plural porque inclui diferentes versões específicas para cada contexto social, histórico e ecológico. Elas são resultado da inovação, vinculação e hibridização de conceitos provenientes de algumas tradições indígenas e de posturas críticas dentro da própria modernidade.

Entre as contribuições de base indígena estão o *suma qamaña* dos Aimará e o *nhandereko* dos Guarani; o *sumak kawsay* e ideias correlatas, como o *allin kawsay* dos Kichwa do Equador e dos Quéchua do Peru. O *shür waras*, do povo achuar do Equador e do Peru, e o *küme morgen*, dos Mapuche do Chile, são conceitos análogos (Rengifo, 2002; Yampara, 2011).

Entre as contribuições provenientes dos saberes ocidentais e que questionam a própria modernidade estão as críticas radicais ao desenvolvimento, incluindo o pós-desenvolvimento; o reconhecimento da colonialidade do poder e do conhecimento; a crítica feminista ao patriarcado; as éticas alternativas que reconhecem o valor intrínseco do não humano; e as perspectivas ambientais como as da ecologia profunda.

Não há um único Bem Viver, mas versões que dependem de cada contexto histórico, cultural, social e ecológico (por exemplo, o *sumak kawsay* do Equador é diferente do *suma qamaña* da Bolívia). Também não é correto afirmar que o Bem Viver é exclusivamente uma postura indígena ou um retorno à situação pré-colonial, ainda que esses aportes sejam essenciais para sua construção.

Para além dessa diversidade, existem componentes em comum entre a crítica e as alternativas (Gudynas, 2011). Todos eles questionam o conceito de progresso e a noção de uma única história universal e linear. As alternativas se abrem para processos históricos múltiplos, paralelos, não lineares e até mesmo circulares. Questionam o desenvolvimento em razão de sua obsessão com o crescimento econômico, o consumismo, a mercantilização da natureza etc. Essa crítica abrange o desenvolvimento em todas as suas variações, tanto capitalistas como socialistas. Consequentemente, partindo de seu sentido original, um Bem Viver socialista não faz sentido. As alternativas são pós-capitalistas e pós-socialistas, desacoplando-se do crescimento e focalizando a completa satisfação das necessidades humanas com base em uma noção de vida austera.

Reconhece-se uma colonialidade do saber/poder na modernidade, que impõe formas cartesianas de conhecimento e valoração. Portanto, o objetivo é descolonizar os saberes e resgatar epistemologias subordinadas ou invisibilizadas.

O Bem Viver desloca a centralidade dos seres humanos como únicos sujeitos dotados de representação política e como fonte de toda valorização. Isso implica aberturas éticas (reconhecendo valores intrínsecos aos não humanos, como os direitos da natureza) e aberturas políticas (aceitando a existência de sujeitos não humanos). Enfrenta-se o patriarcado, mesmo no âmago dos domínios rurais e indígenas, postulando alternativas feministas para reavivar o papel fundamental das mulheres na defesa das comunidades e da natureza.

A separação moderna entre a humanidade e a natureza é rechaçada. O Bem Viver reconhece comunidades ampliadas, formadas por seres humanos e não humanos (animais, plantas, montanhas, espíritos etc.), em territórios específicos — como no conceito de *ayllu*, comunidades socioecológicas mistas enraizadas em um território específico.

Ele também rejeita todas as formas de colonialismo e se distancia do multiculturalismo. Em vez disso, defende um tipo de interculturalidade que valoriza cada tradição de conhecimento, postulando a necessidade de refundar a política com base na plurinacionalidade.

Os diversos tipos de Bem Viver conferem importância substancial à afetividade e à espiritualidade. Relacionamentos em comunidades expandidas não se restringem a trocas de mercado ou ligações utilitárias; em vez disso, eles incorporam reciprocidade, complementaridade, comunalismo, redistribuição e assim por diante.

Suas ideias têm sido alvo de duras críticas. Alguns consideram que elas expressam um reducionismo indigenista, enquanto outros afirmam que, na verdade, são uma invenção no estilo New Age, pouco indígena. Intelectuais da esquerda convencional afirmaram que são uma distração do verdadeiro objetivo, que não é buscar uma alternativa ao desenvolvimento, mas alternativas ao capitalismo; eles também rejeitaram as éticas que reconhecem o valor intrínseco dos não humanos.

Apesar desses argumentos, as ideias do Bem Viver alcançaram forte e amplo apoio nos países andinos e, a partir dali, difundiram-se rapidamente por toda a América Latina e pelo cenário global. Serviram de base para alternativas concretas ao desenvolvimento, como o reconhecimento constitucional dos direitos da natureza e da Pacha Mama, as moratórias à exploração petrolífera amazônica, os modelos de transições pós-extrativistas ou as cosmopolíticas que envolvem a participação de atores não humanos.

A nítida contradição entre essas ideias originais de Bem Viver e as estratégias de desenvolvimento dos governos boliviano de Evo Morales e equatoriano de Rafael Correa, que promoveram o extrativismo (como a megamineração ou a extração de petróleo na Amazônia), tornou-se evidente. Os regimes progressistas tentaram superar essas contradições por meio de novas definições de Bem Viver, seja como um tipo de socialismo, no Equador, seja como um desenvolvimento integral, na Bolívia, colocando-o novamente dentro da modernidade. Essas posições foram apoiadas por agências estatais (por exemplo, o Instituto de Altos Estudios Nacionales, do Equador), intelectuais e líderes comunitários, além de intelectuais não sul-americanos (que, a despeito de suas intenções, apenas repetiram a colonialidade dos saberes).

Apesar de tudo, as ideias originais do Bem Viver continuam alimentando a resistência social ao desenvolvimento convencional, como no caso das manifestações indígenas e cidadãs na Bolívia, no Equador e no Peru, em defesa do território, da água e da Mãe Terra. Isso demonstra que o Bem Viver não se limita a poucos intelectuais e ONGs: a proposta conquistou uma popularidade tão grande entre a opinião pública que nutriu amplas mobilizações e conduziu a reformulações governamentais.

As redefinições desenvolvimentistas e os usos propagandísticos do Bem Viver, bem como as ações governamentais contra as organizações indígenas, tiveram amplo efeito. Alguns intelectuais associados a grupos indígenas entenderam que o conceito de Bem Viver havia sido aliciado pelo progressismo para servir aos seus fins eleitorais e desenvolvimentistas.

Em suma, o Bem Viver é uma proposta em curso, nutrida por diferentes movimentos e ativistas, com seus avanços e retrocessos, inovações e contradições. Está inevitavelmente em construção, já que não é simples superar a modernidade. Deve necessariamente ser plural, pois engloba posturas que questionam a modernidade e se abrem a outras formas de pensar, sentir e ser — outras ontologias —, que estão enraizadas em histórias, territórios, culturas e ecologias específicas. No entanto, há claras convergências dentro dessa diversidade que a diferenciam da modernidade, como a desconexão da crença moderna no progresso, o reconhecimento de comunidades estendidas, fundamentadas em visões de mundo relacionais, e uma ética que aceita o valor intrínseco de não humanos.

Referências

ACOSTA, Alberto. *Buen vivir/Sumak kawsay: Una oportunidad para imaginar otros mundos*. Quito: AbyaYala, 2012 [Ed. bras.: *O Bem Viver: uma oportunidade para imaginar outros mundos*. São Paulo: Elefante/Autonomia Literária, 2016].

APFFEL-MARGLIN, Frédérique (org.). *The Spirit of Regeneration: Andean Culture Confronting Western Notions of Development*. Londres: Zed Books, 1998.

GUDYNAS, Eduardo. "Buen Vivir: Today's tomorrow", *Development*, v. 54, n. 4, p. 441-7, 2011.

MEDINA, Javier (org.). *Suma Qamaña: La comprensión indígena de la Vida Buena*. La Paz: GTZ/FAM, 2001.

RENGIFO, Grimaldo. *Allin Kawsay: El Bienestar en la concepción Andino Amazónica*. Lima: Pratec, 2002.

YAMPARA H., Simón. "Cosmovivencia Andina: Vivir y convivir en armonía integral — Suma Qamaña", *Revista de Estudios Bolivianos*, n. 18, p. 1-22, 2011.

Bens comuns (*commons*)

Massimo de Angelis

Palavras-chave: bens comuns (*commons*), práxis comunitária (*commoning*), tragédia dos comuns, capital, movimentos sociais

---

Ao falar de bens comuns (*commons*), refiro-me a sistemas sociais formados por três elementos básicos interconectados: (i) um conjunto de recursos mantidos em comum e governados por (ii) uma comunidade de cidadãos (*commoners*) que também (iii) se engajam na práxis comunitária (*commoning*) ou em ações em comum que reproduzem de forma coletiva sua vida e a de sua comunidade. Nesse sentido, todas as formas de cooperação humana não hierárquicas são diferentes formas de bens comuns. Essa definição é mais geral e completa do que a da sabedoria convencional, que entende esses bens simplesmente como recursos compartilhados por um conjunto de indivíduos.

A noção de bens comuns tem sua própria história e interpretações diversas. O historiador Peter Linebaugh (2008) vê a origem dessa palavra nas práticas camponesas medievais para coletivizar a terra do rei, uma prática que era chamada de *commoning* (práxis comunitária). Com o avanço do capitalismo e suas sucessivas ondas de cerceamento dos bens comuns, o termo se tornou cada vez menos usado, enquanto a linguagem política/teórica começou a se concentrar em outra terminologia para

MASSIMO DE ANGELIS é professor de economia política na Universidade de East London, na Inglaterra. Em 2000, fundou o jornal on-line *The Commoner*. É autor de várias publicações sobre economia política crítica, globalização neoliberal, movimentos sociais e bens comuns, entre as quais *The Beginning of History: Global Capital and Value Struggles* [O começo da história: lutas globais de capital e valor] (2007) e *Omnia Sunt Communia: On the Commons and the Transformation to Postcapitalism* [Omnia Sunt Communia: sobre os bens comuns e a transformação para o pós-capitalismo] (2017).

se referir à prática altercapitalista. Essa situação não se modificou até as décadas de 1960 e 1970, quando alguns movimentos sociais reintroduziram em suas agendas o comunitarismo e o "compartilhamento". Foi precisamente nessa época que surgiu a crítica moderna dos bens comuns: em 1968, o ecologista Garrett Hardin publicou um artigo na *Science*, "The Tragedy of the Commons" [A tragédia dos comuns]. Um artigo seminal, que afirmava que a partilha de terra ou de qualquer outro bem entre um grupo de agricultores sempre tem como resultado o esgotamento de recursos. Em sua demonstração, Hardin utiliza o individualismo metodológico para supor que os diferentes agricultores visam apenas a maximização de sua utilidade individual. Para isso, permitem que suas vacas pastem por mais tempo no campo, ou então adquirem mais vacas. Obviamente, diz, dentro dessa crescente competição entre os agricultores no contexto de limitados recursos, eles se esgotarão, daí a tragédia dos comuns. A solução proposta por Hardin era dupla: prosseguir com a privatização dos bens comuns segundo diferentes direitos de propriedade ou mediante o monitoramento e a imposição de regras estatais sobre o patrimônio comum.

Foi Elinor Ostrom (1990) quem produziu uma crítica simples e eficaz à tese de Hardin. Depois de ter estudado milhares de casos diferentes de bens comuns ao redor do mundo, alguns dos quais perduraram por centenas de anos, Ostrom argumentou que Hardin não falava sobre a tragédia dos bens comuns, mas sobre a tragédia do livre-acesso. Contudo, a parábola de Hardin não considera que os bens comuns são governados pelos cidadãos, que decidem de forma coletiva as regras de acesso e as monitoram continuamente. Assim, os cidadãos não zelam apenas por seus próprios interesses mas também para que sua própria interação coletiva com os recursos compartilhados seja sustentável; caso contrário, todos perderiam os recursos de que dependem. Dessa forma, Ostrom estabelece uma clara conexão entre a riqueza mantida em comum (*commonwealth*) e uma comunidade de cidadãos e seu sistema de gestão.

A definição original de Ostrom para os bens comuns sofre, no entanto, de uma limitação importante. Em sua abordagem, os bens comuns aparecem como bens rivais ou subtraíveis, com baixo grau de exclusividade. Desse modo, apenas os sistemas de recursos são bens comuns — por exemplo, uma zona pesqueira, um canal de irrigação, um aquífero ou uma área de pastagem —, ao passo que essa situação não se aplica às unidades de recursos derivadas desses sistemas, como "as toneladas de peixe colhidas de um pesqueiro, os metros cúbicos de água retirados de um aquífero ou de um canal de irrigação, as toneladas de forragem consumidas pelos animais da área de pastagem" (Ostrom, 1990, p. 31).

Essa distinção, no entanto, vai de encontro à experiência histórica e à complexidade das formas contemporâneas dos bens comuns, uma vez que são reivindicados por movimentos sociais plurais de todo o mundo. Em primeiro lugar, tanto historicamente quanto na experiência atual há, de fato, numerosos exemplos em que as comunidades agrupam unidades de recursos excluíveis em um "fundo comum" e logo estabelecem regras ou costumes para sua apropriação individual, de brinquedotecas a cozinhas comunitárias. Em segundo lugar, nas últimas décadas, tem crescido o interesse em bens comuns não rivais, como o conhecimento, a música ou os softwares de código aberto. Assim como os recursos comuns de Ostrom, é difícil proibir que as pessoas desfrutem desse último tipo mencionado. Além disso, o "estoque" do recurso não é reduzido ao ser utilizado. A verdadeira questão, nesse caso, é a privatização imposta pelo capital, que torna esses recursos artificialmente escassos. O movimento de acesso aberto é um dos que, com diferentes matizes, tem por base a recusa da privatização de bens não rivais, como informação e conhecimento. Na academia e no ciberespaço, é um movimento social dedicado aos princípios de uso compartilhado da informação, código aberto, copyleft,[1] Creative

---

1 Em oposição a copyright, o copyleft é uma licença que legalmente impede a apropriação de um software livre, ou seja, que se receba direitos autorais com ele ou com qualquer versão modificada a partir dele. São chamados softwares livres aqueles que podem ser livremente copiados, distribuídos e modificados, sem necessidade

Commons (cc)[2] e recursos não privatizados de conhecimento comum (Benkler, 2003).

Todos esses casos apontam para a definição de bens comuns não apenas como um tipo de recurso compartilhado — que poderia ser qualquer coisa — mas como um sistema social composto por três elementos (De Angelis, 2017): uma comunidade de riquezas em comum, uma comunidade de cidadãos comuns e uma práxis comunitária, do fazer em comum, incluindo o ato de gerir a relação entre a comunidade, as riquezas em comum e a natureza, e entre os próprios cidadãos da comunidade uns com os outros. Nas últimas décadas, testemunhamos comunidades indígenas e novos e inovadores sistemas de bens comuns surgirem e se tornarem mais visíveis em praticamente todos os lugares, das ruas de Cochabamba às de Nova York, Joanesburgo, Atenas e Mumbai. Esses sistemas subtraem recursos dos sistemas capitalistas e os inserem em processos de produção coletiva e culturais baseadas em práticas de valor participativas e democráticas, cujos horizontes são o bem-estar dos cidadãos comuns e a sustentabilidade ambiental. Essa ação coletiva ocorre primeiro como instinto de sobrevivência perante os muitos cerceamentos e crises do neoliberalismo, e

---

de autorização prévia. Sob a licença copyleft, o utilizador pode modificar a versão original do software, desde que mantenha a mesma licença para futuros utilizadores. Além do âmbito da programação digital, o copyleft foi aplicado em diversas outras obras intelectuais, da música ao jornalismo, recebendo modificações para se adequar a cada área. Ver *Copyleft: manual de uso*. Trad. A. Jodorowsky *et al*. Disponível em: https://www.ufrgs.br/soft-livre-edu/arquivos/copyleft-manual-de-uso-pt-br.pdf. [N.E.]

2   As licenças Creative Commons (cc) são uma contraposição ao tradicional sistema de direitos autorais. Elas permitem que uma produção intelectual seja livremente distribuída, desde que preservados alguns direitos, à escolha do autor. Existem pelo menos quatro tipos de licença cc, que variam entre a permissão ou a proibição do uso comercial da obra, bem como o direito ou o veto à sua modificação. As licenças cc são aplicáveis em qualquer país do mundo e a proposta é aumentar o repositório de bens comuns digitais. Ver "Sobre as licenças", *Creative Commons*. Disponível em: https://creativecommons.org/licenses/?lang=pt_BR. [N.E.]

como recusa a submeter-se às suas tecnologias exploradoras em questões de interesse social, como alimentação, moradia, energia, saúde, educação, artes e cultura, ou até mesmo os "bens globais" da biosfera. Depois, atuam como uma inovadora exploração participativa de novas tecnologias e formas de cooperação cibernéticas na produção de software de código aberto — cooperações *peer-to-peer* como a Wikipédia e máquinas de código aberto. Esses espaços multifacetados de cooperação geram esperança de uma transformação pós--capitalista, uma vez que representam o surgimento de modelos alternativos de produção ecológica opostos ao capitalismo e aos sistemas autoritários de Estado. Existe, no entanto, o perigo de que estes últimos sejam capazes de cooptar os bens comuns de tal maneira que o custo da reprodução social seja transferido ainda mais para eles. Isso requer o entrelaçamento dos bens comuns tradicionais e emergentes e dos movimentos sociais em organizações comuns, que reconstruam o tecido da reprodução social e estabeleçam um limite cada vez maior à tendência para o crescimento sem fim.

Referências

BENKLER, Yochai. "The Political Economy of Commons", *The European Journal for the Informatics Professional*, v. 4, n. 3, p. 6-9, 2003.

DE ANGELIS, Massimo. *Omnia Sunt Communia: On the Commons and the Transformation to Postcapitalism*. Londres: Zed Books, 2017.

HARDIN, Garrett. "The Tragedy of the Commons", *Science*, v. 162, n. 3859, p. 1243-48, 1968.

LINEBAUGH, Peter. *The Magna Carta Manifesto: Liberties and Commons for All*. Berkeley: University of California Press, 2008.

OSTROM, Elinor. *Governing the Commons: The Evolution of Institutions for Collective Action*. Cambridge: Cambridge University Press, 1990.

THE DIGITAL LIBRARY OF THE COMMONS. Disponível em: https://dlc.dlib.indiana.edu/dlc/.

Biocivilização

Cândido Grzybowski

Palavras-chave: crise civilizatória, cuidados, bens comuns, justiça social e ambiental, direitos humanos e responsabilidades

---

A noção de biocivilização ou civilização da vida refere-se à busca de um novo paradigma civilizatório, conceito ainda embrionário. A biocivilização indica uma direção para onde avançar. No entanto, em vez de apresentar um modelo uniforme para o mundo, busca ser um conceito extremamente diverso, assim como o planeta e a própria vida. Para alcançarmos a biocivilização, devemos nos reintegrar à vida, à dinâmica e ao ritmo dos sistemas ecológicos, ajustando-nos a eles, enriquecendo-os e facilitando sua renovação e regeneração. Em vez da lógica do livre-mercado e da satisfação de interesses privados, o princípio orientador basilar seria a ética da responsabilidade coletiva e individual em todas as relações e processos, na economia, no poder, na ciência e na tecnologia. Os pilares da biocivilização são: fazer o melhor possível localmente, seguindo o princípio da subsidiariedade em relação aos demais níveis; centralizar os bens comuns; criar trabalho decente compartilhado entre todos, homens e mulheres; garantir direitos humanos, igualdade, liberdade, felicidade; e realizar as potencialidades das pessoas, em toda sua diversidade e de acordo com sua vontade.

Estamos diante de um desafio filosófico e político muito sério, pois o desafio é desmantelar as presunções de pensamento e ação que internalizamos, muitas vezes sem que tenhamos consciência, mas que moldam nossa mente e, portanto,

CÂNDIDO GRZYBOWSKI é filósofo, sociólogo e ativista social fortemente engajado no Fórum Social Mundial. Foi diretor e atualmente é assessor de gestão do Instituto Brasileiro de Análises Sociais e Econômicas (Ibase), localizado no Rio de Janeiro.

organizam a economia e o poder na sociedade. Somos levados a acreditar que a falta de desenvolvimento, o não desenvolvimento ou o subdesenvolvimento estão na raiz das doenças sociais. O desenvolvimento é o sonho e a ideologia que domina o planeta Terra; é entendido como um crescimento permanente do produto interno bruto (PIB), o que implica a posse e o consumo sempre crescentes de bens materiais.

Diante da crise da civilização capitalista dominante, uma questão que surge como condição *sine qua non* é a necessidade de reestruturar e reconstruir nossa relação com a natureza. Afinal, somos parte da biosfera. Somos natureza, natureza viva, dotados de consciência. As gerações futuras têm o mesmo direito às condições naturais das quais desfrutamos hoje. Além disso, a integridade do planeta é um valor *em si*, e é nosso dever preservá-lo. Interagir com a natureza é, por definição, estar vivo. É a partir dessa relação com ela que definimos, do ponto de vista da biocivilização, a sustentabilidade da vida e do planeta.

A destruição ambiental deve ser vista como um aspecto da crescente desigualdade social. Essa destruição é socialmente desigual, uma vez que alguns grupos e sociedades são mais responsáveis por ela do que outros. Vincular a luta pela justiça social à luta contra a destruição ambiental é indispensável, pois uma depende da outra. Trata-se de uma redefinição radical das lutas sociais do nosso tempo a partir da perspectiva da civilização da vida.

Para se tornar sustentável novamente, a civilização humana moderna deve abandonar o antropocentrismo e mudar radicalmente o modo como vê a natureza e como se relaciona com ela (Calame, 2009). Todas as formas de vida, assim como os complexos sistemas ecológicos inter-relacionados que regulam o planeta Terra, têm o direito fundamental de existir. Este deve ser o princípio, a condição e a limitação fundamentais da intervenção humana na relação com a natureza e na construção de sociedades prósperas.

Os valores de cuidado, convívio e compartilhamento se referem aos fundamentos de uma economia voltada para a vida. Eles são, na verdade, a economia primordial, uma vez que alicerçam a existência humana (Spratt *et al.*, 2009). O cuidado é a atividade essencial do dia a dia. Esse trabalho vital é feito notadamente por mulheres, que carregam a carga da dupla jornada e sofrem com a dominação masculina. Estamos, de fato, sofrendo uma inversão, em que o que é essencial — o cuidado — é considerado exclusivo do âmbito privado e sem valor para a economia dominante. O cuidado se recusa a respeitar o princípio de valor do mercado capitalista, expresso pelo PIB. Devemos situar o cuidado no centro da economia, como um princípio para a gestão da simbiose entre a vida humana e a vida natural que constitui o planeta, e como a base da vida das comunidades, nas quais inevitavelmente vivemos e compartilhamos com os outros.

A desmercantilização e a descomercialização dos bens comuns são condições cruciais para superar a crise civilizatória e caminhar rumo à sustentabilidade. Os bens comuns são um dos princípios fundamentais da biocivilização. Recuperar, expandir e recriar os bens comuns são tarefas que implicam a criação de um novo paradigma civilizatório.

Os princípios do convívio e do compartilhamento são o corolário do cuidado. O cuidado floresce com a vida comunitária e a amizade. A vida cultural, os sonhos, a imaginação, as crenças, o conhecimento e a cooperação florescem com o cuidado.

Aqui surge um problema fundamental, que está presente na atual cultura política dos direitos humanos, mas não com ênfase suficiente. Não há direitos humanos sem responsabilidades humanas. Para ser considerado titular de direitos, é necessário reconhecer o mesmo direito para todos. Ou seja, para que tenhamos direitos, devemos, ao mesmo tempo, ser responsáveis pelos direitos de todos os demais. Esta é uma relação compartilhada e, como tal, uma relação de corresponsabilidade. A crescente conscientização sobre os direitos e as responsabilidades humanas dentro das sociedades, entre elas e na relação com a biosfera ilumina a questão fundamental da interdependência, do âmbito local ou territorial até o âmbito planetário.

Referências

BOLLIER, David & HEILFRICH, Silke (orgs.). *The Wealth of the Commons: A World Beyond Market and State*. Armherst: Levellers Press, 2012.

CALAME, Pierre. *Essai sur l'œconomie*. Paris: Charles Léopold Mayer, 2009.

GRZYBOWSKI, Cândido. "Caminhos e descaminhos para a biocivilização", Ibase, Rio de Janeiro, 28 jul. 2011. Disponível em: http://rio20.net/pt-br/documentos/caminhos-e-descaminhos-para-a-biocivilizacao/.

GRZYBOWSKI, Cândido. "Biocivilization for Socio-Environmental Sustainability: A Brazilian View on the Hard but Necessary Transition". *In*: REDER, Michel; RISSE, Verena; HIRSCHBRUNN, Katharina & STOLL, Georg (orgs.). *Global Common Good: Intercultural Perspectives on a Just and Ecological Transformation*. Frankfurt am Main: Campus Verlag, 2015.

SPRATT, Stephen; SIMMS, Andrew; NEITZERT, Eva & RYAN-COLLINS, Josh. *The Great Transition: A Tale of How it Turned Out Right*. Londres: New Economics Foundation, 2009.

Budismo e compaixão baseada em sabedoria

Geshe Dorji Damdul

Palavras-chave: compaixão, felicidade, educação, engajamento social

---

Desde o dia em que nascemos, realizamos atos como sugar leite do peito da mãe ou chorar, ambos impulsionados pelo desejo de evitar o sofrimento e alcançar a felicidade. Esse fato afeta todos os seres, sem nenhuma exceção, crédulos ou céticos, ricos ou pobres, educados ou sem instrução. Direta ou indiretamente, todos buscamos a felicidade maior.

Durante uma das palestras públicas do Dalai Lama na Universidade de Déli, em 2008, uma menina lhe perguntou: "Qual é o significado da vida?". O Dalai Lama, sem pensar duas vezes, disse: "Nós vivemos na esperança e esperamos pela felicidade genuína. Portanto, a felicidade genuína é o significado da vida".

A fonte essencial da felicidade está dentro de nós. Assim como o som de um aplauso, que invariavelmente requer duas mãos se juntando, todos os sofrimentos pelos quais passamos surgem da união de duas condições — a externa e a interna. O número de fatores externos costuma ser tão alto que dificilmente conseguimos eliminar alguma parte dele. Se o fator interno, por sua vez, for removido, será como retirar uma das mãos no movimento do aplauso: não importa quanto a outra mão se mova, não haverá som de palmas. O som do sofrimento cessa. Buda indicou que o ego autorreferencial alimentado

---

GESHE DORJI DAMDUL é diretor da Tibet House, em Nova Déli, Índia, o centro cultural do Dalai Lama. Terminou seu Geshe Lharampa Degree (doutorado) em 2002, na Universidade Drepung Loseling Monastic, em Carnataca, Índia. É o tradutor oficial do Dalai Lama desde 2005. Viaja por todo o mundo ensinando filosofia, psicologia, lógica e prática budistas.

pela ignorância é o pior dos fatores internos, e sua erradicação impede todas as infelicidades.

Caminhos para a felicidade por meio da erradicação da ignorância egoísta. Assim como se requer luz para eliminar a escuridão, é por meio da introdução da luz da sabedoria que a escuridão da ignorância pode ser eliminada, disse Buda ou o Dhammapada.

A sabedoria da interdependência para gerar bondade amorosa. A separação e o ódio surgem da ignorância, que não vê a família da humanidade como única, mas dividida em diferentes etnias, religiões e países. Fenômenos mundiais como o aquecimento global não conhecem fronteiras nacionais. Os pássaros no ar e os peixes no oceano também não conhecem essas linhas virtuais. A gripe aviária, o envenenamento de peixes por mercúrio e a radioatividade se espalham pelo mundo sem pontos de controle fronteiriço. Na verdade, somos todos interdependentes, e o reconhecimento desse fato deve suscitar amor e afeição, de forma semelhante a como uma criança pequena sente um amor incrível por sua mãe ao perceber-se dependente de seu amor e bondade. Essa filosofia está muito alinhada ao postulado da física quântica de que o que é observado existe apenas pela perspectiva do observador.

Ego versus *autoconfiança*. Muitas vezes as pessoas entendem os termos "ego" e "autoconfiança" como intercambiáveis. Esse é o erro mais grave. O "ego" é o que dá origem a todas as emoções destrutivas e, portanto, não apenas origina todas as formas de ação irrealistas e prejudiciais como também provoca experiências infelizes na própria pessoa. Em contraste, a "autoconfiança" nos mantém calmos. A pessoa "autoconfiante" age de maneira realista e, assim, atinge todos os resultados desejados.

É muito triste ver que alguns nutrem forte auto-ódio. É pouco saudável e muito prejudicial para si mesmo. Ao fazer a distinção entre "eu" e "ego", deve-se aprender a ser gentil com o eu e odiar apenas o ego autorreferencial.

Budismo aplicado na sociedade. É com base no que acaba de ser dito que a mensagem de Buda contribuiu e pode contribuir imensamente para a preservação ecológica e a igualdade social.

Buda proibiu que seus seguidores, incluindo os monges, poluíssem os rios e danificassem a vegetação (Max Muller, 1974). Em consonância, o Dalai Lama vem se posicionando energicamente há muitos anos contra a agressão a animais e o uso de sua pele e de seus pelos. Os tibetanos aderiram a essa postura e boicotaram massivamente o uso de couro, pele e presas de elefante, queimando esses itens, incluindo aqueles herdados há muitas gerações. Esse foi um ato de coragem, especialmente por ter sido proibido pelos governantes chineses, que temiam a enorme influência do Dalai Lama no Tibete.[1]

Além disso, uma conversão maciça ao vegetarianismo aconteceu nas comunidades tibetanas na Índia há cerca de vinte anos, por recomendação do Dalai Lama. Por volta de 1997, um aviário com 87 mil frangos em um assentamento tibetano no sul da Índia foi fechado quando o líder espiritual disse que certamente viveria por, no mínimo, 87 anos, caso o assentamento libertasse todas as galinhas.

O mundo, apesar de viver o auge da educação moderna, está dilacerado por crises profundas, como a corrupção, o terrorismo, o abismo entre ricos e pobres e a discriminação de gênero. O Dalai Lama reconhece o fato de que o sistema educacional moderno, que favorece o desenvolvimento do cérebro, e não do coração, é responsável por essas crises. Ele se esforça continuamente para que a "ética universal" seja incorporada ao sistema educacional moderno e está confiante de que tal ética é a mais importante de todas, não apenas para uma etnia, um país ou uma religião, mas para toda a humanidade. O coração da ética universal reside no valor da cordialidade fundamentada na apreciação do conceito da natureza interdependente — entre os seres humanos, entre as nações e entre os seres humanos e a natureza. Para o Dalai Lama, essa educação é a resposta final para as atuais crises globais.

---

1   Ver, por exemplo, a notícia: "Tibetans in Yunnan Give Up Wearing Animal Skins, Burn Valuable Furs" [Tibetanos em Yunnan desistem de usar peles de animais e queimam peças valiosas], *Radio Free Asia*, 4 mar. 2015.

Referências

DALAI LAMA. *Ethics for the New Millennium*. Nova York: Riverhead Books, 2001 [Ed. bras.: *Uma ética para o novo milênio*. São Paulo: Sextante, 2000].

DALAI LAMA. *Towards a True Kinship of Faiths*. Londres: Penguin Random House, 2011.

DALAI LAMA. *Beyond Religion*. Nova Déli: Harper Collins Publishers, 2012 [Ed. bras.: *Além da religião: uma ética por um mundo sem fronteiras*. Teresópolis: Lúcida Letra, 2018].

MAX MULLER, Friedrich (org.). *Vinaya, Mahavagga (Vinaya Texts, Sacred Books of the East)*. Nova Déli: Motilal Banarsidas, 1974.

RICARD, Matthieu. *Happiness: A Guide to Developing Life's Most Important Skill*. Nova York: Little, Brown and Company, 2007 [Ed. bras.: *Felicidade: a prática do bem-estar*. São Paulo: Palas Athena, 2007].

THANISSARA. *Time to Stand Up: An Engaged Buddhist Manifesto for Our Earth — The Buddha's Life and Message through Feminine Eye*. Berkeley: North Atlantic Books, 2015.

WIKIPEDIA. "Engaged Buddhism". Disponível em: https://en.wikipedia.org/wiki/Engaged_Buddhism.

Comunalidade

Arturo Guerrero Osorio

Palavras-chave: comunalidade, Oaxaca, pós-desenvolvimento, povos originários

---

Comunalidad ou comunalidade é uma palavra que dá nome ao modo de ser e viver dos povos da Sierra Norte de Oaxaca e em outras regiões desse estado localizado no sudeste do México. O termo foi cunhado no final da década de 1970 por dois pensadores oaxaquenhos: Floriberto Díaz Gómez e Jaime Martínez Luna. Expressa uma resistência obstinada a todas as formas de desenvolvimento que chegaram à região, que teve de aceitar diversos arranjos, bem como um tipo de vida contemporâneo que incorpora o que vem de longe sem permitir a destruição do que é seu (*lo propio*). A comunalidade apela para a melhor tradição de muitos povos que persistiram: a de mudar as tradições de maneira tradicional, ou seja, do seu próprio jeito, de modo a continuar sendo quem são apesar das pressões para se dissolverem, se marginalizarem ou se converterem em outra coisa, isto é, se desenvolverem.

A comunalidade é o predicado verbal do Nós. Nomeia sua ação, não sua ontologia. Verbos encarnados, tais como comer, falar, aprender etc., são coletivamente realizados em um lugar específico. Só existem em seu exercício. O Nós se realiza na "espiral da experiência". Nela, podemos distinguir três momentos. O primeiro deles é *Reconhecimento/Intercâmbio/Avaliação*. O exercício e a compreensão do Nós não são atividades

ARTURO GUERRERO OSORIO nasceu na Cidade do México em 1971. Há duas décadas, colabora com intelectuais e ativistas de Oaxaca na reflexão sobre a comunalidade. Acompanhou a fundação de rádios comunitárias no sudeste do México e na Colômbia. É colaborador da Universidade da Terra, em Oaxaca, e da Fundación Comunalidad, e doutor em desenvolvimento rural pela Universidade Autônoma Metropolitana-Xochimilco, no México.

epistemológicas, mas vividas. Elas implicam *reconhecimento do chão* onde se pisa, *identificação com as pessoas que pisam esse chão*. *Reconhecemos o que fazemos e o que alcançamos*. Ou seja, reconhecemos nosso potencial e nosso limite.

Reconhecemos que nossa existência só é possível por meio da construção de um Nós, distinguindo-nos assim dos Outros. Nós nos abrimos a todos os seres e forças. O Nós se manifesta nas ações de mulheres, homens e crianças, e desse mesmo movimento participa ainda tudo o que é visível e invisível debaixo e em cima da terra, seguindo o princípio da *complementaridade* entre todos os diferentes. O comunal não é um conjunto de coisas, mas uma fluidez *integral*.

Depois do reconhecimento vem uma troca de experiências, ferramentas e saberes dentro do Nós e/ou com Outros(as). É uma *hospitalidade mútua*. Abrigamos a Verdade do Outro enquanto o Outro hospeda a nossa. Nós nos encontramos em *compartilhamento* — em zapoteca, *guelaguetza*, um princípio estético comunitário: estar com o outro nos momentos-chave da vida, compartilhar a experiência. Equivalentes homeomórficos de comunalidade poderiam ser o *sumak kawsay* kíchwa e o *lekil kuxlejal* tzeltal. Todos são cultivados por uma ética de *reciprocidade*. A troca envolve tanto a crítica racional quanto a confiança e a fé. Esse aprendizado culmina em uma avaliação do reconhecimento e da troca que ocorreram. Cria em nós um novo reconhecimento para outra troca e nova avaliação.

Segundo momento: *Nós/Oralidade/Sedimentos*. O *Nós* é recriado no espaço mental da *oralidade* e da *imagem*, misturado às mentalidades textuais e cibernéticas. Na oralidade, o Nós é produzido em um terreno concreto (*un suelo*) e sob um céu concreto, que é um lugar onde os corpos de todos os presentes e desaparecidos estão, cada um com a aparência única que têm precisamente no momento do reconhecimento e da troca. A *guelaguetza* ocorre em um *sedimento* de vida e de morte. Tudo o que ocorreu desde que a Mãe Terra nasceu está depositado lá: sobre esse acúmulo de vestígios é que se fala e se ouve.

O terceiro momento da espiral da existência é o *Cotidiano/Lembrança/Esperança*. A experiência vive na sua duração; não é medida por um tempo linear. Para o Nós, é um presente estendido. No cotidiano nos lembramos, tendo o sedimento como nosso ponto de apoio e gatilho. É lá que abrigamos nossas esperanças para o que está por vir. A experiência do Nós ocorre no horizonte da *espiral interior*, na qual distinguimos duas dimensões: *Acordo* e *Raiz*. O acordo é a racionalização e a verbalização da raiz. Estabelece a ordenação do Nós em suas relações internas e com o exterior. A experiência se sedimenta no acordo, e o acordo determina a experiência. As normas estabelecem as formas de compartilhamento dos Nós e estabelecem limites ao individualismo e à inveja. Do acordo emergem as instituições comunais: *assembleia, cargos* e *tequio*, ou trabalho coletivo para o bem comum, sem remuneração.

A assembleia é a forma trazida pelo Nós para chegar a um consenso e fazer acordos. Ali opera a *comunalocracia*, não a democracia, entre as diferentes pessoas que compartilham o Nós, e não indivíduos iguais e livres competindo uns com os outros. Na assembleia, as autoridades são *nomeadas* — e não eleitas —, resolvem-se as *desavenças* e decide-se coletivamente qual caminho comum será seguido. As autoridades não governam: elas prestam um *serviço* conforme ordenado pela assembleia — é o *mandar obedecendo* do Ejército Zapatista de Liberación Nacional (EZLN). Os cargos associados a posições de autoridade, como serviços, são executados de maneira obrigatória, sem pagamento e de boa vontade — embora normalmente as pessoas os evitem; são onerosos. Uma atividade que a autoridade de cada Nós organiza é o *tequio*, a doação obrigatória de trabalho comum.

Por definição, a Raiz é invisível, incognoscível. É origem e sustento. Jaguar e serpente. É o mito comunitário, seu horizonte de inteligibilidade. Intuímos a forma da Raiz — mas não seu conteúdo, que varia para cada comunidade — com quatro direções ou pilares: o chão, as pessoas, seus afazeres e suas realizações. Em outras palavras: Terra, Autoridade, Trabalho e Celebração comunitários.

Ao mesmo tempo, a comunalidade só pode ser entendida em sua relação com o exterior não comunal, isto é, com a sociedade econômica. Essa é a *espiral exterior*: começa com uma *imposição* externa, que desencadeia ou não uma *resistência* interna e evolui para uma *adaptação*. Esse resultado é *lo propio* — o que é próprio — e o Nós.

Referências

HERNÁNDEZ, Sofia Robles & JIMÉNEZ, Rafael Cardoso (orgs.). *Floriberto Díaz. Escrito: comunalidad, energía viva del pensamiento mixe*. México: Unam, 2007.

MARTÍNEZ LUNA, Jaime. *Textos sobre el camino andado*, tomo I. México: CMPIO/CAMPO/CEEESCI/CSEIIO, 2013.

OSORIO, Arturo Guerrero. "La comunalidad como herramienta: Una metáfora espiral", *Cuadernos del Sur*, n. 34, p. 39-55, 2013.

OSORIO, Arturo Guerrero. "La comunalidad como herramienta: Una metáfora espiral II", *Bajo el Volcán*, v. 15, n. 23, p. 113-29, 2016.

Convivialidade

David Barkin

Palavras-chave: convivialidade, ferramentas, reconstrução convivial

---

Em sua forma moderna, "convivialidade" se tornou uma palavra de uso comum depois da publicação de *Tools for Conviviality* [Ferramentas de convivialidade], de Ivan Illich, em 1973. Embora não seja um conceito novo, o autor optou por dotá-lo de uma conotação diferente, "um termo técnico para designar uma sociedade moderna de ferramentas responsavelmente limitadas" (p. xxiv), e diferenciou explicitamente o significado de seu uso comum como "sociabilidade", aplicando o termo a "ferramentas" em vez de às relações entre as pessoas. Nesse contexto, também introduziu outra característica fundamental dessa sociedade: a austeridade, entendida como "uma virtude que não exclui todos os prazeres, mas apenas aqueles que distraem ou destroem a relação pessoal" (p. xxv). O que Illich propôs foi um processo constante de reconstrução de convívio, oferecendo orientações concretas, hoje ainda mais relevantes do que na época em que o livro foi lançado.

A convivialidade é uma plataforma para a construção de uma nova sociedade que transcenda as profundas limitações do nosso mundo atual para avançar em direção a um socialismo que exigiria "uma inversão de nossas instituições atuais e a substituição de ferramentas industriais por ferramentas conviviais" (p. 12). Esse novo quadro "continuará a ser um sonho

---

DAVID BARKIN é professor titular da Universidade Autônoma Metropolitana-Xochimilco, no México. Membro-fundador do Ecodevelopment Center, recebeu o Prêmio Nacional de Economia Política e é membro emérito do Conselho Nacional de Pesquisa. É autor de *De la protesta a la propuesta: 50 años imaginando y construyendo el futuro* [Do protesto à proposta: cinquenta anos imaginando e construindo o futuro] (2018), entre outros livros.

piedoso, a menos que os ideais da justiça socialista prevaleçam" (p. 12). Illich ressalta uma posição comum a muitos dos movimentos sociais de hoje:

> A crise atual das nossas principais instituições [...] restringe a liberdade humana básica com o objetivo de proporcionar às pessoas mais produtos institucionais [...]. Uma sociedade convivial seria o resultado de arranjos sociais que garantissem a cada membro o acesso mais amplo e livre às ferramentas da comunidade e que limitassem essa liberdade somente em favor de igual liberdade para outros membros. (Illich, 1973, p. 12)

Isso é fundamental: embora um mundo convivial não leve a uma sociedade igualitária, seriam necessários dispositivos econômicos tradicionais e novos para "manter a transferência líquida de poder dentro de certos limites" (p. 17).

Neste mundo, deve-se buscar um equilíbrio entre as pessoas, suas ferramentas e a coletividade. A chave dessa discussão é um entendimento diferente de ferramentas, instrumentos e instituições. Em sua apresentação, Illich traça cuidadosamente um processo de reformulação que beneficie as pessoas e a sociedade, satisfazendo as necessidades, e não o oposto, como ocorre no presente. Ele insiste na centralidade ética da liberdade baseada na interdependência, e não no valor atomista da sociedade atual, tão intimamente relacionado à dinâmica competitiva imposta pela sociedade de classes.

A convivialidade, no entanto, deve levar em conta nossas estruturas sociais e nossos limites planetários. Ela está criando raízes nas comunidades emergentes, que não são grupos que simplesmente decidem se separar do Estado-nação. O processo envolve muito mais: é um esforço para forjar uma medida de independência, de autonomia para se governar, para criar novas instituições que permitam uma participação democrática genuína e um compartilhamento das tarefas de governança. Isso se torna mais fácil se essas comunidades assumem o controle sobre um território, uma área com a qual se identificam e, idealmente, sobre a qual podem estabelecer uma reivindicação histórica. A consolidação da administração coletiva do território implica a reivindicação e/ou o reconhecimento dos bens comuns como uma instituição, uma ferramenta, se assim se desejar, que transforma os indivíduos em uma coletividade deliberativa, em grupos que assumem o controle de sua vida e das fontes que permitem sua subsistência.

Os bens comuns são uma importante fonte de apoio para essa transformação — uma área física onde a comunidade possa se manter, um espaço histórico com o qual possa se identificar, e um espaço institucional que permita estabelecer as novas relações e facilite a capacidade das pessoas de se apoiarem mutuamente, ampliando as possibilidades de convivência. Em sua defesa dos bens comuns, as comunidades enfrentam os desafios de reverter tendências históricas como a desintegração social e a devastação ambiental, além de precisarem frear o avanço dos novos modelos de expropriação ou apropriação, que funcionam por meio do mercado ou do roubo descarado — como a apropriação de terras e água, por exemplo —, facilitados pelo uso perverso de instituições dominantes. Esses conflitos são uma parte crescente da dinâmica anticapitalista definida e promovida pela "práxis comunitária" (*commoning*). Esses mesmos processos defensivos estão intensificando seu compromisso com um propósito comum, criando uma habilidade renovada para forjar alianças com outras comunidades a fim de expandir as áreas de influência e conseguir maior capacidade de propor novas formas de governança. É claro que essas comunidades e suas novas instituições também estão implementando novas formas de vida, mais compatíveis com as exigências das fronteiras planetárias e com as possibilidades dos ecossistemas biorregionais.

É muito mais provável que a convivialidade emerja nos dias de hoje do que quando Illich formulou sua teoria pela primeira vez. Em todo o mundo, um número crescente de grupos está tomando as rédeas de seu próprio futuro, não mais enganados pelas promessas de prosperidade e crescimento perpétuo. Inúmeras iniciativas estão surgindo em busca de alternativas; e se algumas são produto ilusório de abstrações idealistas, muitas outras estão firmemente ancoradas em tentativas de aprender com seu legado histórico, ajustando essas lições às circunstâncias concretas que enfrentam hoje. As comunidades estão ativamente engajadas em diálogos produtivos umas com as outras, local e globalmente, fortalecendo alianças e redes para superar as limitações de ecossistemas pequenos e individuais. Dessa forma, estão se "reapropriando" da comunidade, integrando uma história de trabalhos e conhecimentos coletivos, assegurando o bem-estar de sua sociedade e substituindo a preocupação com o lucro por programas que fortaleçam suas instituições e conservem seus ecossistemas.

As numerosas iniciativas para construir e reconstruir a comunidade, que vão além da resistência contra as forças do mercado global, são exemplos de povos que procuram e forjam novas alternativas. No lugar da escassez, definem novos objetivos de convivência: colocar a produção e as instituições a serviço da coletividade e, ao mesmo tempo, garantir a saúde do meio ambiente.

Referências

ESTEVA, Gustavo. "Commoning in the New Society", *Community Development Journal*, v. 49, sup. 1, p. 144-59, 2014.

ILLICH, Ivan. *Tools for Conviviality*. Londres: Calder and Bacon, 1973. Disponível em: https://web.archive.org/web/20180309113724/http://www.preservenet.com/theory/Illich/IllichTools.html.

MCDERMOTT, Mary. "Introduction", *Community Development Journal*, v. 49, sup. 1, p. 1-11, 2014.

SHAW, Mae. "Learning from the Wealth of the Commons: A Review Essay", *Community Development Journal*, v. 49, sup. 1, p. 12-20, 2014.

Convivialismo

Alain Caillé

Palavras-chave: convivialidade, filosofia política, manifesto convivialista, cosmopolitismo

---

O termo "convivialismo" surgiu como a única opção razoável durante uma conferência realizada em 2011, em Tóquio, cujo título fazia referência a Ivan Illich: "É possível uma sociedade convivial?". Entre os participantes estavam Serge Latouche, economista do decrescimento, Patrick Viveret, um dos principais teóricos dos indicadores de riqueza alternativos, e Alain Caillé, editor da *Revue du MAUSS*, revista mensal do Mouvement anti-utilitariste dans les sciences sociales [Movimento antiutilitarista em ciências sociais]. Uma das conclusões do evento foi a necessidade de se concentrar mais nos pontos de convergência do que nas divergências. Fez-se necessário um termo para se referir a esses pontos em comum. Era o "convivialismo" — em outras palavras, para ser breve, a filosofia de se viver junto, da convivência. Foi uma maneira de homenagear Ivan Illich.

Dois anos depois, o nome e a ideia ganhavam terreno, de tal forma que Edgar Morin logo escreveu: "O convivialismo é um conceito-chave sem o qual não pode haver política civilizatória". Depois de um bom ano de debates, foi publicado em 2013 um livreto, o *Manifesto convivialista*, assinado por 64 conhecidos intelectuais alternativos francófonos. Os autores se situam em um espectro que vai da ala mais à esquerda até a centro-esquerda. O apoio da direita também foi possível, pois o manifesto se inspirou na visão de que, diante da variedade de ameaças que enfrentamos em escala global, somente uma mudança maciça

ALAIN CAILLÉ é professor emérito de sociologia na Universidade Paris Nanterre. Dirige uma revista interdisciplinar de ciências sociais e filosofia política, *La Revue du MAUSS*, disponível em: www.revuedumauss.com.fr.

na opinião pública internacional poderia nos salvar da torrente de arrogância. Mas, para tornar isso possível, primeiro temos que concordar, de um ponto de vista "pluriversal", a respeito de vários valores centrais aos quais uma grande parte da humanidade provavelmente vai aderir, independentemente de tradição religiosa ou política. Pode parecer uma aposta audaciosa, mas cabe questionar se existem outras que valem o risco.

O que tornou possível essa convergência entre autores tão diversos? Esse acordo, explícito ou implícito, baseia-se em pelo menos seis pontos:

(1) primeiro e, sem dúvida, acima de tudo, um senso muito forte de urgência. Há muito pouco tempo para evitar o desastre;

(2) a convicção de que uma parte das ameaças atuais deriva da hegemonia global do capitalismo rentista e especulativo, que se tornou o principal inimigo da humanidade e do planeta, por meio do estímulo a uma cristalização paroxística do excesso (*hubris*) e da corrupção;

(3) o fato de que a onipotência do capitalismo é baseada na impotência daqueles que estão sofrendo seus efeitos e que aspiram a outro modo de vida, confirmando o que têm em comum e nomeando-o;

(4) a certeza de que a adesão aos valores democráticos — e, não menos importante, a sua universalização — não pode mais se guiar por um crescimento indefinido e significativo do produto interno bruto (PIB). As nações desenvolvidas não verão um retorno a semelhante crescimento, por razões estruturais; é, portanto, inútil vê-lo como a solução para todos os nossos males. Além disso, o planeta não seria capaz de sobreviver à proliferação do modo de vida ocidental ou estadunidense (o *American way of life*);

(5) a certeza de que, em vez de soluções técnicas, econômicas e ambientais, o que é essencial para o processo de assumir seriamente a tarefa de construção de um

mundo pós-crescimento é uma filosofia política ampla o suficiente para compreender o mundo de hoje em sua totalidade. As ideologias que formam nosso legado — liberalismo, socialismo, comunismo e anarquismo — já não nos permitem considerar um presente ou futuro factível, por duas razões principais: porque permanecem muito centradas no âmbito nacional e porque as quatro compartilham a crença de que o problema fundamental da humanidade é a escassez material e que os seres humanos estão condicionados pelas necessidades. Como tal, falham em abordar a questão do desejo e, assim, tornam inconcebível a própria noção de um mundo pós-crescimento;

(6) por fim, a certeza de que a única esperança de frustrar, de maneira civilizada, todas as ameaças que enfrentamos é desenvolver e radicalizar o ideal democrático. Nossas esperanças, portanto, precisam ser voltadas não apenas para o mercado e/ou o Estado mas também para a própria sociedade, ou seja, autogerida, associacionista, civil, ou o que os convivialistas chamam de "sociedade cívica".

O consenso entre os 64 autores do manifesto, aos quais logo se somaram cerca de cinquenta intelectuais de renome mundial, foi construído sobre a identificação de quatro princípios:

Um princípio de humanidade comum: respeito pelas diferenças, rejeitando todas as formas de exclusão e estigmatização.

Um princípio de sociabilidade comum: a riqueza dos laços sociais, o que estabelece a absoluta necessidade de garantir a qualidade das relações sociais.

Um princípio de individuação legítima: autorrealização, o que especifica que as relações sociais devem ser organizadas de maneira a permitir que todos sejam reconhecidos em sua singularidade.

Um princípio de oposição pacífica e construtiva, estabelecendo como principal meta política possibilitar que os humanos cooperem "se opondo uns aos outros sem massacrar uns aos outros (e possam se dedicar inteiramente a uma causa sem sacrificar sua vida por ela)".

Deve-se notar que esses são princípios que foram e continuam a ser opostos a todos os poderes e ditaduras totalitárias, incluindo as ditaduras financeiras. O primeiro princípio expressa a aspiração central do comunismo; o segundo, a do socialismo; o terceiro, a do anarquismo; e o quarto, a do liberalismo republicano. Provavelmente não é audacioso demais supor que esses quatro valores essenciais são compartilhados por todas as religiões. Um Estado, um governo ou uma nova instituição política não pode se considerar legítima a menos que siga esses quatro princípios. O convivialismo poderia ser considerado a arte de combiná-los.

Referências

CAILLÉ, Alain & THE CONVIVIALISTS. *Éléments d'une politique convivialiste*. Lormont: Le Bord de l'Eau, 2016.

CAILLÉ, Alain; VANDENBERGHE, Frédéric & VÉRAN, Jean-François. *Convivialist Manifesto: A Declaration of Interdependence*. Lormont: Le Bord de l'eau, 2013 [Ed bras.: *Manifesto convivialista: declaração de interdependência*. Edição brasileira comentada. São Paulo: Annablume, 2013].

Decrescimento

Federico Demaria e Serge Latouche

Palavras-chave: economia ecológica, ecologia política, pós-crescimento, Europa, crescimento verde

---

De modo geral, o projeto de decrescimento desafia a hegemonia do crescimento econômico e exige uma redução redistributiva, liderada democraticamente, da produção e do consumo nos países industrializados, como meio de alcançar a sustentabilidade ambiental, a justiça social e o bem-estar (Demaria *et al.*, 2013). O decrescimento é geralmente associado à ideia de que aquilo que é menor pode ser bonito. No entanto, a ênfase não deve ser apenas no "menos" mas também no "diferente". Em uma sociedade de decrescimento, tudo será diferente: atividades, formas e usos de energia, relações, papéis de gênero, alocações de tempo entre trabalho remunerado e não remunerado, relações com o mundo não humano.

O objetivo do decrescimento é escapar de uma sociedade absorvida pelo fetichismo do crescimento. Tal ruptura está, portanto, relacionada a palavras e coisas, práticas simbólicas e materiais. Implica a descolonização do imaginário e a implementação de outros mundos possíveis. A política de decrescimento não busca "outro crescimento" nem outro tipo de desenvolvimento — sustentável, social, justo —, mas a construção de outra sociedade, uma sociedade de abundância

FEDERICO DEMARIA é cientista socioambiental interdisciplinar, pesquisador em ecologia política e economia ecológica no Instituto de Ciência e Tecnologia Ambiental da Universidade Autônoma de Barcelona (ICTA-UAB), professor visitante no Instituto Internacional de Estudos Sociais, em Haia, Holanda, e membro do coletivo Research & Degrowth e da EnvJustice, projeto de pesquisa que visa estudar e contribuir com o movimento de justiça ambiental global. É também agricultor de oliva orgânica.

SERGE LATOUCHE é professor emérito da Universidade Paris-Sud. É especialista em relações econômicas e culturais Norte-Sul e em epistemologia das ciências sociais.

frugal (Serge Latouche), pós-crescimento (Niko Paech) ou de prosperidade sem crescimento (Tim Jackson). Em outras palavras, não é inicialmente um projeto econômico nem mesmo um projeto para outra economia, mas um projeto social que implica escapar da economia como uma realidade material e como um discurso imperialista. "Compartilhamento", "simplicidade", "convivência", "cuidado" e "bens comuns" são manifestações primordiais de como essa sociedade pode ser vista (D'Alisa, Demaria & Kallis, 2014 [2016]).

Embora o decrescimento incorpore a bioeconomia e a macroeconomia ecológica, ele é, na verdade, um conceito não econômico. Por um lado, o decrescimento certamente implica uma redução do metabolismo social — a energia e o rendimento material da economia —, algo imprescindível para lidar com as restrições biofísicas atuais, impostas pelos limites dos recursos naturais e pela capacidade assimilativa do ecossistema. Por outro lado, o decrescimento é uma tentativa de desafiar a onipresença de relações baseadas no mercado e substituir os pilares do imaginário social, hoje fundamentados no crescimento, substituindo-os pela ideia de abundância frugal. É também um apelo por uma democracia mais profunda, aplicada a temas fora do domínio democrático vigente, incluindo os problemas gerados pela tecnologia. Finalmente, o decrescimento implica uma redistribuição equitativa da riqueza tanto no interior do Norte e do Sul globais quanto entre eles, bem como entre as gerações presente e futura.

Ao longo das duas últimas décadas, a ideologia unilateral do crescimento deu origem a um slogan aparentemente consensual de "desenvolvimento sustentável" — um simpático oxímoro. Seu objetivo era salvar a "religião" do crescimento econômico e negar o colapso ecológico. Nesse contexto, era urgente opor-se ao mercado capitalista globalizado com "outro projeto civilizatório" ou, mais especificamente, dar visibilidade a um plano ainda subterrâneo, mas em formação há muito tempo. A ruptura com o desenvolvimentismo, uma forma de produtivismo para os chamados países em desenvolvimento, foi fundamental para esse projeto alternativo.

O termo "decrescimento" foi inicialmente proposto pelo ecologista político André Gorz em 1972, e foi usado em 1979 no título da tradução francesa dos ensaios de Nicholas Georgescu-Roegen. Ativistas ambientais franceses recuperaram o decrescimento e o lançaram, em 2001, como slogan provocativo para repolitizar o ambientalismo, suprindo uma necessidade sentida por estudiosos da ecologia política e por críticos do desenvolvimento. Portanto, a frase não é um conceito simétrico ao crescimento econômico, mas um slogan político desafiador, que tem por objetivo lembrar as pessoas do significado da palavra "limites". Mais especificamente, o decrescimento não é equivalente à recessão econômica nem ao crescimento negativo. O termo não deve ser interpretado literalmente: decrescer para não crescer seria tão absurdo como crescer para crescer.

Uma transição de decrescimento não é uma trajetória de declínio permanente, mas uma transição para sociedades conviviais que vivem de maneira simples, em comum e com menos. Existem várias ideias sobre as práticas e as instituições que podem facilitar essa transição e sobre os processos que as unem e permitem que floresçam. O que torna o decrescimento atrativo é seu poder de extrair e articular princípios de justiça ambiental e democracia, e de formular estratégias que incluem o ativismo de oposição, alternativas de base e políticas institucionais. O projeto de decrescimento reúne um grupo heterogêneo de atores que se concentram em questões que vão desde a agroecologia até a justiça climática. O decrescimento complementa e reforça esses tópicos, funcionando como um fio condutor, como plataforma para uma rede de redes que vá além da política de problemas individuais.

De fato, o decrescimento não é apenas uma alternativa — é uma matriz de alternativas que reabre a aventura humana a uma pluralidade de destinos e espaços de criatividade, jogando fora a capa do totalitarismo econômico. Trata-se de sair do paradigma do *homo œconomicus,* ou do "homem unidimensional" de Marcuse, a principal fonte de homogeneização planetária e destruição de culturas. Consequentemente, uma sociedade de decrescimento não será estabelecida da mesma maneira na Europa, na África subsaariana ou na América Latina, no Texas ou em Chiapas, no Senegal ou em Portugal. Em vez disso, é crucial redescobrir a diversidade e o pluralismo. Assim, não é possível formular soluções integrais para o decrescimento, mas apenas esboçar os fundamentos de uma sociedade sustentável não produtivista e compartilhar exemplos concretos de programas de transição. O desenho do decrescimento pode assumir a forma de um "círculo virtuoso" de sobriedade representado pelos oito Rs: reavaliar, reconceitualizar, reestruturar, realocar, redistribuir, reduzir, reutilizar e reciclar (Latouche, 2009). Esses oito objetivos interdependentes constituem uma ruptura revolucionária que pode desencadear a mudança para uma sociedade autônoma de sobriedade sustentável e convivial.

A política dessa dinâmica histórica — atores, alianças, instituições e processos sociais que criam transições de decrescimento — continua sendo objeto de um debate vivo na Europa e fora dela. Por exemplo, em setembro de 2018, mais de duzentos cientistas destinaram às principais instituições europeias uma carta aberta, intitulada "Europe, It's Time to End the Growth Dependency" [Europa, é hora de acabar com a dependência do crescimento], que foi depois assinada por quase cem mil cidadãos. A rede de decrescimento inclui mais de cem organizações com três mil membros ativos, a maioria localizada na Europa, mas também na América do Norte e do Sul, Filipinas, Índia, Tunísia e Turquia.

Referências

CRITICAL MANAGING. "International Mailing List on Degrowth", 28 ago. 2015. Disponível em: www.criticalmanagement.org/node/3220.

D'ALISA, Giacomo; DEMARIA, Federico & KALLIS, Giorgos. *Degrowth: A Vocabulary for a New Era*. Londres: Routledge, 2015 [Ed. bras.: *Decrescimento: vocabulário para um novo mundo*. Trad. Roberto Cataldo Costa. Porto Alegre: Tomo Editorial, 2016].

DEGROWTH Blog. "Media Library". Disponível em: https://www.degrowth. info/en/library/.

DEMARIA, Federico; SCHNEIDER, François; SEKULOVA, Filka & MARTÍNEZ--ALIER, Joan. "What Is Degrowth? From an Activist Slogan to a Social Movement", *Environmental Values*, v. 22, n. 2, p. 191-215, 2013.

LATOUCHE, Serge. *Farewell to Growth*. Trad. Davis Macey. Cambridge: Polity, 2009 [Ed. bras.: *Pequeno tratado do decrescimento sereno*. Trad. Claudia Berliner. São Paulo: Martins Fontes, 2009].

UNIVERSITAT AUTÒNOMA DE BARCELONA. Instituto de Ciencia y Tecnología Ambientales. "Máster en Political Ecology, Degrowth and Environmental Justice". Disponível em: https://master.degrowth.org.

Democracia direta

Christos Zografos

Palavras-chave: democracia direta, autogoverno, autonomia, transformação socioecológica

---

A democracia direta é uma forma de autogoverno popular em que os cidadãos participam nas funções governamentais continuamente e sem mediação. É um processo radical de democracia que favorece a descentralização e a dispersão mais ampla de poder, eliminando a distinção entre governantes e governados. Tem como premissa o princípio da igualdade política, entendido como a exigência de que todas as vozes na sociedade sejam igualmente ouvidas. Sua instituição-chave é a assembleia deliberativa. Essas assembleias envolvem reuniões em que os cidadãos tomam decisões escutando e discutindo diferentes pontos de vista sobre um assunto, refletindo sobre cada um deles e tentando chegar a uma decisão comum sem coação. A democracia direta se distingue da democracia representativa, na qual há a eleição de representantes que decidem sobre políticas públicas. No entanto, elementos da democracia direta, como o referendo, também estão presentes nas democracias representativas existentes.

A prática da democracia direta é muito antiga; na verdade, ancestral. A Atenas clássica do século v a.C. é o exemplo mais citado de democracia direta, em que cidadãos adultos do sexo masculino participavam diretamente da tomada de decisões públicas. O caráter excludente da democracia ateniense, que barrou escravizados, mulheres e estrangeiros, sugere que

CHRISTOS ZOGRAFOS é pesquisador sênior do programa Ramón y Cajal na Universidade Pompeu Fabra, em Barcelona, Espanha. Sua pesquisa em ecologia política e economia ecológica se concentra em conflitos políticos e transformações ambientais. É membro do coletivo Research & Degrowth, em Barcelona, e professor visitante na Universidade Masaryk, na República Tcheca.

aquela era um tipo muito limitado de democracia, embora relevante em termos de suas instituições e formas de participação. Se pensarmos na democracia como "governo por meio do debate", também podemos rastrear suas raízes até uma longa tradição não ocidental, contemporânea a Atenas, como as experiências no norte da Índia, na cidade de Vesali, e entre os povos sabarcae-sambastai, registradas por antigas fontes indianas e gregas. Uma importante influência moderna é Jean-Jacques Rousseau e suas ideias sobre representação e governo. Para ele, entregar o direito de autogoverno a outra pessoa era uma forma de escravidão; portanto, Rousseau rejeitava a legislação coercitiva sobre questões que os cidadãos não tinham previamente deliberado e acordado. Um conceito-chave relacionado é a autonomia. Segundo Cornelius Castoriadis, a autonomia envolve a capacidade da sociedade de questionar e mudar, coletiva e continuamente, suas normas e instituições, baseando-se na crença de que a própria sociedade é a única fonte legítima para fazê-lo. Ele criticou dogmas que, por meio de regras externas, limitam a autonomia ou justificam e determinam decisões coletivas, atribuindo-as a alguma autoridade fora da sociedade (por exemplo, Deus, a necessidade histórica etc.) — uma condição que ele denominou de heteronomia. Em suma, a democracia direta permite que os cidadãos façam suas próprias escolhas sobre seu destino e os educa para a tomada de decisões participativas, em vez de confiarem em políticos egoístas; desse modo, produz decisões altamente legítimas (Heywood, 2002).

Com relação ao pós-desenvolvimento (Rahnema & Bawtree, 1997), o potencial transformador da democracia direta pode ser considerado de duas maneiras: por um lado, ajuda a desafiar a hegemonia das formas de pensamento único e a colonização das mentes que se dá por um imaginário heterônomo; por outro lado, ajuda a construir na prática alternativas para o desenvolvimento. Esse potencial pode ser evidenciado na maneira pela qual os movimentos sociais contemporâneos e também as políticas não estatais ao redor do mundo colocam a democracia direta em jogo.

Na Espanha, os processos de tomada de decisão baseados em assembleia, popularizados pelos Indignados, permitiram que os movimentos sociais de "direito à habitação" perturbassem a dinâmica de acumulação de capital urbano do capitalismo espanhol (García-Lamarca, 2017) e dos governos municipais, na busca por modelos de cidade ambientalmente sustentáveis, por meio de consultas cidadãs vinculativas. Na Índia, iniciativas de democracia ecológica radical, como o Parlamento do Rio Arvari, que coordena 72 aldeias ribeirinhas no Rajastão, sinalizam tentativas de realizar transições para uma visão biorregional de unidades ecológicas, governadas democraticamente por comunidades locais e cujo cerne é garantir a diversidade cultural, o bem-estar humano e a resiliência ecológica. O modelo de governança do cantão autônomo curdo de Rojava, que enfatiza a igualdade de gênero nos cargos políticos e na participação social, incorpora a democracia direta em sua tomada de decisão. Seu objetivo é transformar a sociedade com base nos princípios da ecologia social de Murray Bookchin, tornando-se uma organização exemplar para os futuros sistemas confederalistas democráticos de governança regional. Além desses exemplos, muitas comunidades indígenas, camponesas e afrodescendentes em todo o continente americano praticam a tomada de decisão baseada no autogoverno e na assembleia, em seus esforços para materializar os princípios de autonomia, comunalidade e respeito às diversas formas de vida, derivados de suas cosmovisões.

Em contraposição, um lado "sombrio" da democracia direta reside precisamente em sua capacidade de impedir a transformação. O cantão suíço de Appenzell Innerrhoden, celebrado como um exemplo de democracia direta, concedeu direitos de voto às mulheres apenas em 1991, quando forçado pelo Tribunal Federal da Suíça. Além disso, tem sido o cantão que registra a maior quantidade de votos a favor da proibição de minaretes. Outra crítica contra a democracia direta é que os adeptos a romantizam, deixando de ver que os Estados podem ser veículos melhores para alcançar transformações radicais devido à sua capacidade de coordenar e mobilizar recursos em áreas mais extensas, algo crucial em um mundo globalizado. Os críticos também questionam a disposição dos cidadãos para se envolver constantemente na governança da vida cotidiana e criticam a democracia direta como uma nostalgia romântica de uma "esquerda liberal", apontando exemplos históricos, como a Comuna de Paris de 1871, para argumentar sobre sua incapacidade de se sustentar e como prova de suas limitações.

Outros críticos chamam a atenção para as limitações relacionadas aos traços centrais do processo deliberativo que caracteriza a democracia direta, sublinhando que esses traços limitam sua capacidade de buscar transformações socioecológicas radicais. Por exemplo, os críticos afirmam que a ênfase nas decisões tomadas com base no consentimento minimiza a importância do conflito, da dissidência e da diferença para efetuar tais transformações; que o papel da razão e da argumentação racional usadas para chegar a decisões consensuais subestima o papel fundamental que as emoções, a imaginação, a narrativa, a socialização e a atividade corporal desempenham na produção de transformações; e que evidências passadas sugerem que uma liderança forte pode ser mais importante do que a horizontalidade (um princípio central da democracia direta) para alcançar transformações.

Apesar dessas críticas, parece certo que o ideal e a prática da democracia direta inspiraram historicamente e ainda motivam indivíduos e comunidades a tentar, de maneira ousada, criar mundos diferentes e melhores para aqueles que os habitam. Nesse sentido, a democracia direta é promissora para ajudar a descolonizar mentes e desafiar formas hegemônicas de pensar, agir e ser. Na melhor das hipóteses, ela equivale a um modo diferente de existência.

Referências

CICADA — CENTRE FOR INDIGENOUS CONSERVATION AND DEVELOPMENT ALTERNATIVES. Disponível em: www.cicada.world.

GARCÍA-LAMARCA, Milena. "From Occupying Plazas to Recuperating Housing: Insurgent Practices in Spain", *International Journal of Urban and Regional Research*, v. 41, n. 1, p. 37-53, 2017.

HEYWOOD, Andrew. *Politics*. Nova York: Palgrave Macmillan, 2002.

LAU, Anna; SIRINATHSINGH, Melanie & BARAN, Erdelan. "A Kurdish Response to Climate Change", *Open Democracy*, 18 nov. 2016.

O'CONNOR, Kieran. "'Don't They Represent Us?': A Discussion between Jacques Rancière and Ernesto Laclau", *Verso blog*, 26 maio 2015.

RAHNEMA, Majid & BAWTREE, Victoria (orgs.). *The Post-Development Reader*. Londres: Zed Books, 1997.

Democracia ecológica radical

Ashish Kothari

Palavras-chave: descentralização, localização, comunidade, eco-swaraj

---

Em meio às desigualdades socioeconômicas e ao colapso ecológico que vemos em todo o mundo, há um número crescente de iniciativas justas e sustentáveis praticando ou conceituando maneiras de alcançar o bem-estar humano. Algumas delas são afirmações de estilos e meios de vida ancestrais que vivem em relativa harmonia com a terra há milênios ou séculos. Outras são novas iniciativas que surgem de movimentos de resistência ou de encontros com o caráter destrutivo dos sistemas econômicos e políticos hoje dominantes. Embora incrivelmente diversas em suas configurações e processos, muitas dessas iniciativas e abordagens exibem alguns recursos comuns que permitem o surgimento de estruturas ou paradigmas amplos.

Um desses modelos surgiu da experiência popular na Índia, mas está começando a ter mais ressonância global: é a democracia ecológica radical (DER), também chamada localmente

---

ASHISH KOTHARI é um dos fundadores do grupo ambiental indiano Kalpavriksh. Lecionou no Instituto Indiano de Administração Pública; coordenou a Estratégia Nacional de Biodiversidade e o Plano de Ação da Índia; serviu nos conselhos do Greenpeace da Índia e do Greenpeace Internacional; ajudou a iniciar o ICCA Consortium; e presidiu uma rede da União Internacional pela Conservação da Natureza (UICN) em áreas e comunidades protegidas. É (co)autor ou (co-)organizador de mais de trinta livros, incluindo *Birds in Our Lives* [Pássaros nas nossas vidas] (2007); *Churning the Earth: The Making of Global India* [Agitando a Terra: a criação da Índia global] (2012); e *Alternative Futures: India Unshackled* [Futuros alternativos: Índia sem restrições] (2017). Ajuda a coordenar os processos Vikalp Sangam e Global Confluence of Alternatives. É membro do Grupo de Trabalho Permanente sobre Alternativas ao Desenvolvimento, criado pela Fundação Rosa Luxemburgo.

de *eco-swaraj*.[1] Essa é uma abordagem que respeita os limites da Terra e os direitos de outras espécies, ao mesmo tempo que persegue os valores fundamentais da justiça social e da equidade. Seu forte impulso democrático e igualitário tem por objetivo a capacitação de todas as pessoas para que possam fazer parte das tomadas de decisão, e sua visão holística do bem-estar humano abrange dimensões físicas, materiais, socioculturais, intelectuais e espirituais (Kothari, 2014; Shrivastava & Kothari, 2012). No *swaraj*, não são os Estado e as grandes empresas que ocupam o centro da governança e da economia, e sim os coletivos e as comunidades. Fundamenta-se em iniciativas do cotidiano real de todo o subcontinente indiano, abrangendo agricultura sustentável, pesca e pastoralismo, soberania alimentar e hídrica, produção descentralizada de energia, governança local direta, saúde comunitária, aprendizagem e educação alternativas, mídia e comunicações controladas pela comunidade, localização de economias, justiça de gênero e de casta, direitos às sexualidades diferentes e múltiplas, entre muitas outras.[2]

A democracia ecológica radical abrange as seguintes cinco esferas interligadas:

Sabedoria ecológica e resiliência: capacidade de conservação e regeneração do restante da natureza — ecossistemas, espécies, funções e ciclos e sua complexidade —, que tem o direito intrínseco de prosperar, com base na crença de que os próprios seres humanos também fazem parte da natureza.

Bem-estar social e justiça: a vida deve ser gratificante, física, social, cultural e espiritualmente, com equidade nos direitos socioeconômicos e políticos, nos benefícios, nos direitos e nas responsabilidades de gênero, classe, casta, idade, etnias, "capacidades", sexualidades e quaisquer outras divisões atuais; com equilíbrio entre interesses coletivos e liberdades individuais, de modo a garantir a paz e a harmonia.

---

1   Para o significado de *swaraj*, consulte neste livro o verbete *"Prakritik swaraj"*, p. 473.

2   Para as centenas de exemplos, ver Vikalp Sangam — Alternatives India, disponível em: www.alternativesindia.org.

Democracia política direta ou radical: o poder de tomada de decisão começa na menor unidade de assentamento humano (rural ou urbano), em que cada pessoa tem direito, capacidade e oportunidade de participar; parte-se dessas unidades mais básicas até os níveis mais altos de governança que, por sua vez, devem prestar contas aos níveis inferiores. A tomada de decisão política deve respeitar os vínculos e os limites ecológicos e culturais (e, portanto, desafiar as fronteiras políticas atuais, incluindo as dos Estados-nações). O papel do Estado eventualmente se torna mínimo, para funções como a conexão com outros territórios e quaisquer medidas de bem-estar que sejam necessárias.

Democracia econômica: as comunidades locais, incluindo produtores e consumidores, geralmente prossumidores, têm controle sobre os meios de produção, distribuição, troca e mercado; a localização é um princípio essencial, que satisfaz todas as necessidades básicas por meio da economia regional; o comércio e as trocas de maior alcance, conforme necessários, salvaguardam essa autoconfiança local. Natureza, recursos naturais e outros elementos importantes que alimentam a economia são geridos como bens comuns; a propriedade privada se minimiza ou desaparece; as relações não monetizadas de cuidado e compartilhamento recuperam sua importância central; e os indicadores são predominantemente qualitativos, com foco nas necessidades básicas e no bem-estar.

Pluralidade cultural e de conhecimento: nessa esfera, a diversidade é um princípio fundamental; o conhecimento, incluindo sua geração, uso e transmissão, é de domínio público ou comum; a inovação é gerada democraticamente e não há torres de marfim de "especialistas"; a aprendizagem ocorre como parte da vida, e não apenas em instituições especializadas; e caminhos individuais ou coletivos de bem-estar ético e espiritual e de felicidade estão disponíveis para todos.

Visto como um conjunto de pétalas de uma flor, o núcleo ou broto onde todos se cruzam forma um conjunto de valores ou princípios, que também representa uma parte crucial das iniciativas alternativas. Esses valores também podem ser entendidos como o fundamento ético ou espiritual das sociedades, as visões de mundo de seus membros, a saber:

- integridade ecológica e direitos da natureza;
- equidade, justiça e inclusão;
- direito e responsabilidade de participação significativa;
- diversidade e pluralismo;
- recursos coletivos e solidariedade com as liberdades individuais;
- resiliência e adaptabilidade;
- subsidiariedade, autoconfiança e ecorregionalismo;
- simplicidade e suficiência (ou a noção de que "isso é suficiente");
- dignidade e criatividade de emprego e trabalho;
- não violência, harmonia e paz.

Os componentes e os valores amplos do *eco-swaraj* têm sido discutidos em toda a Índia por meio de um processo contínuo chamado Vikalp Sangam, ou Confluências Alternativas.[3] Esse processo reúne um conjunto diversificado de membros das comunidades, da sociedade civil e de várias profissões, que participam de iniciativas alternativas em todos os setores. Uma série de confluências regionais e temáticas que começaram em 2015 permite que os participantes compartilhem experiências, aprendam uns com os outros, construam alianças e colaboração e visualizem conjuntamente um futuro melhor. A documentação de iniciativas alternativas na forma de histórias, vídeos, estudos de caso, entre outras, fornece um meio adicional de disseminar o aprendizado e espalhar inspiração para novas transformações, por um site específico, uma exposição móvel e outros veículos.

---

3 As informações sobre o processo e seus resultados podem ser acessadas em Kalpavriksh — Environmental Action Group, disponível em: https://kalpavriksh.org/our-work/alternatives/vikalp-sangam/.

Além da Índia, essa abordagem também está se vinculando a alternativas radicais em outras partes do mundo. Em 2012, várias organizações e movimentos da sociedade civil assinaram o Peoples' Sustainability Treaty on Radical Ecological Democracy [Tratado de sustentabilidade dos povos sobre democracia ecológica radical];[4] subsequentemente, uma lista de discussão manteve vivo o diálogo e surgiram oportunidades de aprendizado mútuo com abordagens como decrescimento, ecofeminismo, sociedades cooperativas e economia social/solidária na Europa, Bem Viver e outros equivalentes na América Latina, entre outras questões.

Eco-swaraj ou DER é uma visão de mundo em evolução, não um programa gravado em pedra. Em seu próprio processo democrático popular, constrói uma alternativa às ideologias e propostas impostas de cima para baixo, ao mesmo tempo que leva em consideração os elementos relevantes dessas ideologias. Essa é a base do seu potencial transformador.

Referências

KOTHARI, Ashish. "Radical Ecological Democracy: A Path Forward for India and Beyond", *Development*, v. 57, n. 1, p. 36-45, 2014.

SHRIVASTAVA, Aseem & KOTHARI, Ashish. *Churning the Earth: The Making of Global India*. Nova Déli: Viking/Penguin India, 2012.

4   Radical Ecological Democracy, disponível em: https://www.radicalecologicaldemocracy.org.

Design ecopositivo

Janis Birkeland

Palavras-chave: cidades sustentáveis, justiça social, design para a natureza, sistemas abertos, design ecopositivo

---

Construções verdes com impacto zero de carbono ou energia são possíveis, mas elas não consideram o uso de energia incorporada ou a destruição ecológica causada pela construção. Ou seja, não devolvem mais à natureza do que recebem e, por isso, não são sustentáveis. Entender que "edifícios são como paisagens", em vez de conjuntos de elementos componentes, abre oportunidades para usar sua estrutura e superfície a fim de criar novos espaços ecológicos. O "design para serviços ecológicos" eleva o potencial dos múltiplos "serviços gratuitos" que a natureza oferece. Podem ser jardins de lazer, módulos de adaptação solar passiva e "andaimes verdes", estruturas com diversos marcos espaciais ao redor, entre ou até mesmo no interior de edifícios. Os próprios prédios podem contribuir para a sustentabilidade, mas apenas se oferecerem mais benefícios do que um espaço sem nenhum edifício, e se as cidades estiverem adaptadas para transformar os déficits ecológicos e sociais em ganhos. O design ecopositivo aplica o pensamento de sistema aberto ao design do ambiente construído, bem como ao controle e à avaliação do desenvolvimento no planejamento urbano.

Tipicamente, a construção física concentra riqueza, privatiza recursos, extingue a diversidade biológica e cultural e reforça as condições perdulárias e injustas de vida. Em suma, limita as opções futuras. Abordagens convencionais de design sustentável pouco fazem para reverter essa situação. As cidades

JANIS BIRKELAND é professora honorária de construção e planejamento na Universidade de Melbourne e autora de vários livros e artigos. Foi advogada, arquiteta e urbanista nos Estados Unidos antes de iniciar uma carreira acadêmica na Austrália.

podem elevar a qualidade de vida de seus habitantes e regenerar o meio ambiente, mas isso não é suficiente. Defensores do design ecopositivo insistem que a "pegada ecológica positiva da natureza" deve exceder a pegada negativa da humanidade. Para aumentar as opções futuras e compensar impactos ecológicos cumulativos inevitáveis, as cidades como um todo devem gerar ganhos ecológicos e sociais líquidos. E isso é tecnicamente possível. Por exemplo, como demonstram Renger, Birkeland e Midmore (2015), os edifícios podem sequestrar mais carbono do que emitem ao longo de seus ciclos de vida e, conforme sugerido por Pearson, Newton e Roberts (2014), as estratégias de design como os andaimes verdes podem fornecer três dúzias de serviços ecossistêmicos.

Com base em uma crítica das abordagens convencionais de design sustentável, uma estrutura ecopositiva alternativa permite uma forma de construção que dá mais à natureza e à sociedade do que lhes toma. Em primeiro lugar, as cidades devem não apenas integrar a natureza viva aos edifícios mas também aumentar a "base ecológica" total. Enquanto os paradigmas de design sustentável resumidos por Hes e Du Plessis (2014) propõem um design "com" ou "como" a natureza, o design ecopositivo é "para" a natureza. Em segundo lugar, um pré-requisito para uma democracia sustentável é um ambiente humano equitativo e ecologicamente produtivo, que atenda às necessidades básicas e muito mais. As cidades devem fomentar o acesso universal e direto aos meios de subsistência, ao engajamento social e ao bem-estar individual, ou, em outras palavras, ao "patrimônio público".

A falha das atuais abordagens de design sustentável em contribuir de maneira positiva pode ser atribuída ao paradigma de sistema fechado predominante. Ele remonta à metáfora da "espaçonave Terra", da década de 1960, e ao argumento dos "limites do crescimento", da década de 1970, que supostamente contrariam o modelo linear do progresso industrial. Uma *World Conservation Strategy* [Estratégia mundial de conservação], de 1980, exigia "viver dentro da capacidade de suporte dos ecossistemas" — outro argumento de "limites à natureza". Essas mensagens negativas falharam, provavelmente porque "limites" sugeriam padrões de vida mais baixos. O influente relatório Brundtland, de 1987, perpetuou o modelo de sistema fechado. Também omitiu considerações sobre o ambiente construído e relegou o planejamento de sustentabilidade às instituições de tomada de decisão. A sustentabilidade biofísica é um problema de design, não simplesmente de gerenciamento. Ela requer mudanças não apenas nas estruturas físicas como também nas instituições e estruturas de tomada de decisão que as moldam.

O design pode criar relações positivas e sinérgicas que multiplicam benefícios públicos e ganhos ecológicos. Em contraste, a tomada de decisão política depende de estruturas de sistema fechado para comparar alternativas ou alocar custos entre prioridades. Os modelos de decisão tecnocráticos reducionistas e informatizados são, no entanto, considerados um "pensamento de ordem superior", enquanto o design é marginalizado como um subconjunto fraco e subordinado. No entanto, o design ecopositivo introduz um modelo de sistema aberto para orientar mudanças fundamentais de paradigma tanto nos domínios conceituais quanto nos materiais. Em primeiro lugar, isso significa substituir a tomada de decisão reducionista por estruturas baseadas no design e que podem aumentar as relações simbióticas entre humanos e natureza. Em segundo lugar, significa transformar estruturas físicas ecologicamente fechadas de modo a aumentar o espaço ecológico vital e maximizar os benefícios públicos.

Como observado, o design sustentável é hoje caracterizado pelo pensamento de sistema fechado. Isso se originou com os edifícios "autônomos em recursos" da década de 1970 e com a fabricação de "circuito fechado" nos anos 1990. Em um sistema fechado, as soluções de design são essencialmente "recicladas". Como os edifícios modernos são compostos de muitos produtos manufaturados, a reciclagem e/ou a reciclagem criativa (*upcycling*) podem reduzir muitos impactos. No entanto, não são capazes de criar ambientes ecopositivos. Mesmo um edifício de impacto zero não necessariamente contribuiria positivamente para a sustentabilidade ecológica. Como o objetivo da reciclagem é o desempenho zero, os padrões usuais requerem apenas uma redução nos impactos negativos. Além disso, as avaliações de impacto se baseiam em "limites do sistema" imaginários, para além dos quais os impactos cumulativos e incorporados se tornam muito amorfos e complexos para serem medidos. Assim, permanecem não computados. Isso limita a responsabilidade das equipes de design sobre os impactos mensuráveis dentro de limites artificiais, como limites de propriedade, excluindo questões éticas mais amplas.

Hoje, as "ferramentas de classificação de construções verdes" comerciais dominam a profissão de planejamento. Esses esquemas de certificação voluntária do setor privado foram introduzidos pelos conselhos de construção verde, formados em muitos países a partir dos anos 1990 para evitar as demandas de regulamentação sustentável dos edifícios. É um exemplo de pensamento reducionista e limitado. Elas visam apenas reduzir os impactos existentes ou previstos em relação à norma. Portanto, uma redução nos impactos negativos é frequentemente chamada de "positiva"; no entanto, em uma perspectiva mais ampla, um consumo de energia 40% menor pode representar um aumento geral de 60%. A aplicação de ferramentas de classificação convencionais também deixa de fora questões fundamentais de sustentabilidade, como a justiça social. Ela negligencia potenciais benefícios públicos, encoraja compensações entre valores incomensuráveis, contabiliza a economia financeira obtida por meio da produtividade do trabalhador como ganhos "ecológicos", e assim por diante. No entanto, os métodos de projeto ecopositivos são acessíveis em regiões desfavorecidas. O ponto de referência social requer equidade e justiça ambiental em toda a região, o que pode ser avaliado por meio de análises de fluxos, conforme descrito por Byrne, Sipe e Dodson (2014). Esses novos padrões prescrevem uma arquitetura inteiramente nova.

Referências

BIRKELAND, Janis. *Positive Development: From Vicious Circles to Virtuous Cycles through Built Environment Design*. Londres: Earthscan, 2008.

BYRNE, Jason; SIPE, Neil & DODSON, Jago (orgs.). *Australian Environmental Planning: Challenges and Future Prospects*. Londres: Routledge, 2014.

HES, Dominique & DU PLESSIS, Chrisna. *Designing for Hope: Pathways to Regenerative Sustainability*. Londres: Taylor and Francis, 2014.

INTERNATIONAL UNION FOR CONSERVATION OF NATURE AND NATURAL RESOURCES. *World Conservation Strategy: Living Resource Conservation for Sustainable Development*. Gland: IUCN/UNEP/WWF, 1980. Disponível em: https://portals.iucn.org/library/sites/library/files/documents/WCS-004.pdf.

PEARSON, Leonie; NEWTON, Peter W. & ROBERTS, Peters (orgs.). *Resilient Sustainable Cities: A Future*. Londres: Routledge, 2014.

RENGER, Birte Christina; BIRKELAND, Janis L. & MIDMORE, David J. "Net-Positive Building Carbon Sequestration", *Building Research and Information*, v. 43, n. 1, p. 11-24, 2015.

WCED — WORLD COMMISSION ON ENVIRONMENT AND DEVELOPMENT. *Our Common Future (Brundtland Report)*. Oxford: Oxford University Press, 1987. Disponível em: www.un-documents.net/our-common-future.pdf.

Direitos da Natureza

Cormac Cullinan

Palavras-chave: ecocentrismo, Direitos da Natureza, jurisprudência da Terra, lei selvagem

---

A maioria das civilizações contemporâneas é organizada para maximizar o produto interno bruto (PIB) de maneiras que degradam o meio ambiente e contribuem negativamente para as mudanças climáticas. É provável que entrem em colapso durante o século XXI, a menos que possam ser reorientadas para promover o bem-estar humano e melhorar a integridade e a vitalidade das comunidades ecológicas nas quais estão inseridas. Os defensores dos Direitos da Natureza, também conhecidos como Direitos da Mãe Terra, argumentam que, para alcançar essa transição, os sistemas legais devem reconhecer todos os aspectos da Natureza como sujeitos legais, cujos direitos inerentes devem ser defendidos. O reconhecimento legal dos Direitos da Natureza contextualiza os direitos humanos como uma articulação específica dos Direitos da Natureza para a espécie humana, uma vez que as pessoas fazem parte da Natureza, e cria o dever de respeitar os Direitos da Natureza — o que deve ser seguido tanto por seres humanos quanto por pessoas jurídicas.

O reconhecimento legal dos Direitos da Natureza é um dos aspectos de um discurso mais amplo sobre a jurisprudência da Terra e outras abordagens ecológicas para governar as sociedades humanas. A jurisprudência da Terra é uma filosofia

CORMAC CULLINAN é um advogado ambientalista sul-africano cujo livro inovador *Wild Law: A Manifesto for Earth Justice* [Lei selvagem: um manifesto pela justiça da Terra] (2002) ajudou a inspirar um movimento global pelos Direitos da Natureza. É fundador e membro do comitê executivo da Global Alliance for Rights of Nature, diretor do Wild Law Institute e juiz do Tribunal Internacional dos Direitos da Natureza. Foi um dos iniciadores da Declaração Universal dos Direitos da Mãe Terra (2010) e da Convenção dos Povos (2014).

jurídica e de governança cujo propósito é orientar as pessoas a coexistirem harmoniosamente na comunidade da Terra, em vez de legitimar e facilitar sua exploração e degradação.

Os Direitos da Natureza, como os direitos humanos, são concebidos como inerentes e inalienáveis, surgidos da mera existência do detentor dos direitos. Isso significa que todo ser ou aspecto da Natureza, incluindo as pessoas, deve, no mínimo, ter o direito de existir, de ocupar um lugar físico e de interagir com outros seres de uma maneira que lhe permita cumprir seu papel único em processos ecológicos e evolutivos.

As articulações contemporâneas mais significativas dos Direitos da Natureza são a Constituição do Equador, adotada em setembro de 2008, e a Universal Declaration of the Rights of Mother Earth [Declaração universal dos direitos da Mãe Terra] (UDRME), proclamada pela Conferência Mundial dos Povos sobre Mudanças Climáticas e pelos Direitos da Mãe Terra em Cochabamba, Bolívia, em 22 de abril de 2010. A Constituição do Equador estabelece o seguinte: "A Natureza ou Pacha Mama, onde a vida se reproduz e existe, tem o direito de existir, persistir, manter e regenerar seus ciclos vitais, sua estrutura, suas funções e seus processos evolutivos" (art. 72). O texto constitucional deixa claro que o reconhecimento dos Direitos da Natureza tem por objetivo criar uma estrutura na qual os cidadãos possam usufruir de seus direitos e exercer suas responsabilidades, a fim de alcançar o bem-estar por meio da convivência harmoniosa com a Natureza. Além disso, a proposta dessa estrutura é exigir que tanto o Estado quanto os indivíduos respeitem e preservem os Direitos da Natureza, ordenando que o Estado garanta um modelo de desenvolvimento coerente com esses direitos. A legislação da Nova Zelândia reconhece o Rio Whanganui e a área do Parque Nacional Te Urewera como entidades legais, detentoras de direitos. Os tribunais da Índia reconheceram como detentores de direitos os rios Ganges e Yamuna, bem como as geleiras Gangotri e Yamunotri, de onde esses rios surgem, e os cursos de água e florestas a eles relacionados. O Tribunal Constitucional da Colômbia reconheceu a bacia do Rio Atrato como uma entidade legal com direito a "proteção, conservação, manutenção e restauração".

A modernidade, o capitalismo e o consumismo surgem da visão profundamente antropocêntrica de que os seres humanos estão separados da Natureza e podem transcender suas leis. Esse excepcionalismo humano encara a Terra como um conjunto de recursos que existem para satisfazer os desejos humanos. Como os recursos são escassos, é de suma importância eliminar a concorrência dos demais, a fim de garantir uma parcela maior de participação. Essa visão de mundo é a base para a maioria dos sistemas jurídicos atuais. A lei define a Natureza (seres não humanos) como "propriedade", concedendo ao proprietário amplos poderes de decisão em relação a esses "ativos" e o poder de monopolizar seus benefícios. Desse modo, estabelece a base de sistemas econômicos e políticos que concentram riqueza e poder, legitimando decisões que priorizam os interesses econômicos de curto prazo de uma minoria de seres humanos sobre os interesses coletivos da comunidade da Terra e da própria vida.

O reconhecimento de que a Natureza tem direitos, por sua vez, fundamenta-se em uma visão de mundo ecocêntrica, na qual os seres humanos são vistos como uma forma de vida ou aspecto específico da Terra que desempenha um papel único, mas não preeminente. Por exemplo, o preâmbulo e o primeiro artigo da UDRME se referem à Terra como uma comunidade viva e autorregulada de seres inter-relacionados que sustenta todos os seres e, consequentemente, prioriza a manutenção da integridade e da saúde de toda a comunidade. Os defensores dos Direitos da Natureza apontam para as descobertas científicas de áreas da física quântica, biologia e ecologia, a fim de fornecer evidências de que todos os aspectos do cosmos estão interconectados e refutar as crenças amplamente difundidas de que os seres humanos estão separados e são superiores à Natureza. Essa abordagem também tem base nas antigas tradições da sabedoria e nas cosmologias dos povos indígenas, que veem a Terra como uma comunidade sagrada da vida e exigem que os humanos mantenham um relacionamento respeitoso com outros seres.

A jurisprudência da Terra e os Direitos da Natureza representam um desafio fundamental para todos os aspectos do discurso convencional do "desenvolvimento", o capitalismo e o patriarcado. Trata-se de uma compreensão diferente do papel da humanidade, do propósito fundamental das sociedades humanas e de como promover o bem-estar humano. Por exemplo, em uma perspectiva ecocêntrica, "desenvolvimento" é entendido como o processo pelo qual um indivíduo desenvolve maior profundidade, complexidade, empatia e sabedoria por meio de inter-relacionamento ou "inter-ser" com a comunidade da vida. Essa é a antítese do significado contemporâneo de "desenvolvimento", que remete à exploração e à degradação de sistemas naturais complexos para aumentar o PIB.

Desde 2008, os Direitos da Natureza e a jurisprudência da Terra são aspectos cada vez mais proeminentes no discurso de movimentos sociais, ativistas da justiça ambiental e social e povos indígenas em todo o mundo. Esses conceitos se converteram em um tema central das discussões na Organização das Nações Unidas (ONU) sobre "Viver em harmonia com a natureza" e foram incorporados aos manifestos de vários partidos políticos verdes e ecossocialistas. Os Direitos da Natureza e a jurisprudência da Terra abordam as raízes mais profundas dos problemas ambientais e sociais contemporâneos, fornecem um manifesto que transcende raça, classe, nacionalidade e cultura, e são baseados no entendimento de como o Universo funciona — uma compreensão mais precisa que a visão de mundo antropocêntrica, mecanicista e reducionista. Os Direitos da Natureza propõem os alicerces para um movimento global fundamentado em direitos e que pode alterar as normas do que é aceitável para o comportamento humano, de maneira análoga aos direitos humanos. Esses pontos fortes significam que, embora o movimento pelos Direitos da Natureza ainda esteja engatinhando, é provável que sua influência continue se acelerando e que tenha o potencial de ter um profundo impacto global.

Referência

CULLINAN, Cormac. *Wild Law: A Manifesto for Earth Justice*. 2. ed. Cambridge: Green Books, 2011.

Direitos humanos

Miloon Kothari

Palavras-chave: direitos humanos, dignidade, solidariedade, justiça, participação

---

> *O reconhecimento da dignidade inerente a todos os membros da família humana e de seus direitos iguais e inalienáveis é o fundamento da liberdade, da justiça e da paz no mundo.*
> — Preâmbulo da Declaração Universal dos Direitos Humanos (DUDH)

> *Todos os seres humanos nascem livres e iguais em dignidade e direitos.*
> — Artigo 1º, DUDH

Os direitos humanos foram concebidos, implementados, violados e discutidos durante séculos. Atualmente, em um mundo pós-desenvolvimento, os princípios universais e os instrumentos de direitos humanos oferecem uma poderosa base moral, ética e legal para guiar a justiça em um planeta cada vez mais desigual e devastado.

Em 539 a.C., os exércitos de Ciro, o Grande, o primeiro rei da antiga Pérsia, conquistaram a cidade da Babilônia. Contudo, foram suas ações seguintes (explicadas no Cilindro de Ciro, descoberto em 1879) que marcaram um grande avanço para a

MILOON KOTHARI é ativista e acadêmico em prol dos direitos humanos. É presidente da Revisão Periódica Universal e foi o relator especial para o direito à moradia adequada do Conselho de Direitos Humanos da Organização das Nações Unidas (ONU). Durante seu mandato, liderou o processo que resultou nos Princípios Básicos e Orientações para Remoções e Despejos Causados por Projetos de Desenvolvimento, o atual padrão operacional global de direitos humanos na prática de remoções e despejos forçados.

humanidade. Ele emitiu um decreto que libertou escravos, declarou que todas as pessoas tinham o direito de escolher sua religião e estabeleceu a igualdade racial. Os princípios dos direitos humanos também emergiram dos grandes textos de várias das principais religiões do mundo. Os documentos que surgiram das revoluções estadunidense e francesa propunham uma disposição favorável a esses direitos. Ao longo dos séculos, grandes mentes articularam o conteúdo dos direitos humanos como uma pedra angular para que a humanidade abraçasse a democracia e a liberdade — Jean-Jacques Rousseau, Mahatma Gandhi, Martin Luther King, Eleanor Roosevelt, Nelson Mandela e Dalai Lama. As lições de séculos de pensamento e ação, às quais somava-se um profundo sentimento de humanidade como resposta aos horrores das guerras mundiais, foram manifestadas na adoção da Declaração Universal dos Direitos Humanos (DUDH) pela Assembleia Geral da ONU em 1948.

Após a adoção da DUDH e o período de descolonização, surgiram constituições nacionais baseadas, por exemplo, na luta pela liberdade na Índia e no movimento contra o apartheid na África do Sul. Essas constituições tiveram como alicerce, notadamente, a noção de direitos humanos fundamentais. A DUDH também favoreceu a criação de instrumentos na ONU, sobretudo no âmbito dos direitos culturais, civis, econômicos, sociais e políticos e dos direitos específicos de mulheres, crianças, povos indígenas, migrantes e pessoas com deficiência.

Toda a estrutura dos direitos humanos é construída de acordo com a preservação e defesa da dignidade das pessoas. Também se baseia significativamente na satisfação das necessidades dos mais vulneráveis como uma prioridade. Tal ponto de partida para a realização dos direitos humanos é particularmente urgente em um momento em que as comunidades historicamente mais vulneráveis do mundo são cada vez mais afetadas pelas políticas econômicas neoliberais e pelos impactos adversos de fenômenos como as mudanças climáticas.

Os instrumentos de direitos humanos protegem os direitos econômicos, sociais e culturais, incluindo não apenas o direito à alimentação, ao sustento, à saúde, à moradia e à seguridade social e os direitos civis e políticos, mas também o direito à vida, à liberdade de religião e crença, à reunião e à associação pacíficas e à participação em assuntos políticos e públicos.

A defesa dos direitos humanos é uma alternativa radical que desafia diretamente a injustiça, a exploração e a discriminação de milhões de pessoas em todo o mundo das seguintes formas:

- representa um desafio direto e poderoso às forças hegemônicas globais que buscam reduzir os direitos das pessoas a simples mercadorias e procuram financeirizar o que deveriam ser direitos básicos — água, terra, moradia e assim por diante;
- baseia-se em princípios fundamentais, como a não discriminação, a igualdade de gênero, a participação pública e o direito à reparação de violações de direitos humanos. Esses princípios complementam e reforçam os princípios ambientais. O direito de consentimento prévio informado,[1] por exemplo, pode ser derivado da lei internacional de direitos humanos;
- os direitos humanos são "universais"; aplicam-se a todos em todo o mundo, independentemente de raça, religião e status econômico. Os direitos contidos na DUDH são aceitos por todos os 193 Estados-membros da ONU. Eles são apoiados por um sistema internacional robusto e em constante evolução, incluindo o Conselho de Direitos Humanos da ONU, sua Revisão Periódica

---

1 O direito humano ao consentimento livre, prévio e informado foi estabelecido pela Convenção nº 169 da Organização Internacional do Trabalho (OIT). Ele assegura aos povos indígenas e tribais o direito à consulta prévia a respeito de possíveis explorações de recursos em seus territórios, ou de quaisquer atividades que possam afetá-los de alguma maneira. Também estabelece como obrigatório o consentimento desses povos caso haja intenção do Estado em removê-los temporária ou permanentemente de seus territórios. É, portanto, um instrumento legal para a participação política desses grupos. Esse direito foi promulgado pelo Estado brasileiro em 2004 e, atualmente, está em vigência com outras orientações e diretrizes ratificadas por meio do Decreto nº 10.008, de 5 de novembro de 2019. [N.E.]

Universal, relatores especiais e órgãos que monitoram continuamente o comportamento de atores estatais e não estatais para garantir a responsabilização pelos direitos humanos. Tais mecanismos abrangentes são tanto radicais quanto práticos. Esse talvez seja o principal motivo pelo qual a abordagem dos direitos humanos encontrou ressonância entre os movimentos e campanhas sociais em todo o mundo, respaldada pelo antigo sistema de relatores especiais sobre direitos dos povos indígenas, pobreza extrema, moradia, saúde e alimentação. Entre os relatores especiais recentemente nomeados, merecem menção os atribuídos para água e saneamento, solidariedade e direitos humanos, e meio ambiente;

- com a finalidade de abordar as atuais realidades globais, novos instrumentos são formulados por meio de um processo transparente e inclusivo. Entre eles estão a Declaração dos Direitos dos Camponeses e outras pessoas que trabalham em áreas rurais, e também um instrumento juridicamente vinculativo para regular as atividades de corporações transnacionais e outras empresas comerciais. Em grande parte, essas medidas são resultado de notáveis iniciativas globais intersetoriais e interdisciplinares lideradas por coalizões internacionais da sociedade civil e movimentos sociais que trabalham com governos progressistas;
- nos níveis nacional e subnacional, o sistema de proteção envolve tribunais nacionais, comissões, ombudsmen, organizações da sociedade civil, campanhas e movimentos. A evolução dos direitos humanos em nível nacional, nas Constituições e leis — como o direito à terra, o direito a um ambiente saudável e os direitos da natureza —, também é um desenvolvimento importante.

Noções de solidariedade, fraternidade, cooperação e confiança, que vão além da abordagem predominantemente individualista pela qual os paradigmas ocidentais foram criticados, também são cada vez mais reconhecidas como pedras angulares de uma visão de mundo radical e alternativa, fundamentada nos direitos humanos.

Esses valores são mais bem articulados no paradigma de direitos humanos que valoriza a verdade, uma expressão poderosa de valores e imperativos éticos, morais e legais, e que defende a dignidade do indivíduo e a identidade coletiva da comunidade. Nos contextos internacional, nacionais e regionais, os princípios e os instrumentos de direitos humanos devem ser rigorosamente aplicados pelos ativistas do pós-desenvolvimento em sua resistência às forças hegemônicas.

Referências

DEFENDING PEASANTS RIGHT. Disponível em: www.defendingpeasantrights.org/.

INTERNATIONAL SERVICE FOR HUMAN RIGHTS. Disponível em: www.ishr.ch/.

LA VÍA CAMPESINA. "The International Peasants' Voice". Disponível em: https://viacampesina.org/en/international-peasants-voice/.

ONU — ORGANIZAÇÃO DAS NAÇÕES UNIDAS. *Declaração das Nações Unidas sobre os Direitos Humanos de Camponeses e Outras Pessoas que Trabalham em Áreas Rurais*. Trad. Comissão Pastoral da Terra. Nova York: ONU, 2018.

TREATY ALLIANCE. Disponível em: www.treatymovement.com/.

UNITED NATIONS HUMAN RIGHTS OFFICE OF THE HIGH COMISSIONER. Disponível em: https://www.ohchr.org/EN/pages/home.aspx.

Ecoanarquismo

Ted Trainer

Palavras-chave: limites ao crescimento, simplicidade, sustentabilidade comunitária, ecoanarquismo

---

A definição convencional de "desenvolvimento" como sinônimo de luta incessante pelo crescimento e pela riqueza inevitavelmente cria e acelera a destruição ecológica, a desigualdade, a pobreza, o colapso social e o conflito armado pelos recursos e os mercados. Como argumentei em *Abandon Affluence!* [Abandone a riqueza] (1985), a chave para eliminar essa situação potencialmente fatal é reconhecer quão equivocada e viciosa é a concepção dominante de desenvolvimento; por isso, sugeri substituí-la pela visão do projeto The Simpler Way [O caminho mais simples], como a chamamos na Austrália. Essa perspectiva sobre a situação global se concentra no fato amplamente não reconhecido de que, em uma sociedade justa e sustentável, o consumo per capita de recursos teria de ser reduzido para cerca de 10% dos atuais níveis observados no mundo rico.[1] A análise é agora esmagadora e tem implicações enormes e inevitáveis para os fins e os meios do desenvolvimento. Nos países ricos e nos pobres, o objetivo principal deve ser potencializar os assentamentos de pequena escala, altamente autossuficientes e autogovernados, informados e conduzidos por uma cultura de simplicidade, frugalidade e fontes não materiais de satisfação com a vida. Somente comunidades

---

1 Esse caso básico de "limites ao crescimento" é descrito no documento "The Limits to Growth: Analysis of our Global Situation" [Os limites do crescimento: análise de nossa situação global], disponível em: www.thesimplerway.info/LIMITS.htm.

TED TRAINER é professor aposentado da Escola de Serviço Social da Universidade de New South Wales, em Sydney, Austrália. Escreveu diversos livros e artigos sobre problemas globais, sustentabilidade, críticas radicais da economia, formas sociais alternativas e transição.

desse tipo podem reduzir o consumo de recursos per capita ao mesmo tempo que possibilitam uma vida de boa qualidade para todos os povos do mundo.

O que facilmente se esquece é o fato de que esses arranjos devem ser ecoanarquistas. Apenas comunidades completamente autônomas e participativas podem administrar bem as economias locais de pequena escala. Alguns sistemas centralizados e estatais ainda seriam necessários, mas a economia nacional deverá ser reduzida a uma fração da produção, do comércio e do produto interno bruto (PIB) atuais. A economia seria de crescimento zero e voltada para o abastecimento de cidades e regiões com pequenas quantidades de insumos básicos, como cimento, tubulação de irrigação e maquinaria leve. As comunidades estariam no controle de seus próprios negócios por meio de iniciativas cidadãs, com dependência mínima de funcionários ou burocracias. Haveria comitês voluntários de cidadãos, empreendedores, debates informais, bens comuns, ações espontâneas e assembleias municipais. Não haveria recursos excedentes para que os estados centralizados administrassem os sistemas locais. Mais importante ainda, as burocracias não possuem nem conhecimento local nem a capacidade de apoiar a energia e a coesão de base necessárias para a mudança em todas as áreas. A menos que os mecanismos políticos sejam completamente participativos, o empoderamento, a solidariedade e as decisões e ações corretas não serão suficientes.

Acima de tudo, o desenvolvimento genuíno não pode ser impulsionado pela busca de riqueza; fontes não materiais de satisfação com a vida devem substituir a competitividade individualista e a ganância. É essencial que essa concepção atinja um reconhecimento internacional, de modo a ajudar as sociedades camponesas e tribais a evitar a identificação da riqueza com o progresso. E isso, por sua vez, possibilita a preservação e a celebração das culturas tradicionais como mais um baluarte contra o assalto do consumismo ocidental. Apesar dos avanços de movimentos do mundo rico, como a simplicidade voluntária, as ecovilas, o *downshifting* [diminuir o ritmo] e as Cidades em Transição, a revolução ecoanarquista provavelmente será liderada por povos camponeses e tribais. É fundamental não considerar essa alternativa como inferior ou como um consolo em comparação ao caminho supostamente superior do capitalismo de consumo. Um grande número de pessoas ao redor do mundo já está mais ou menos nessa trajetória, por exemplo, os movimentos Vía Campesina, chikukwa e zapatista.

Além de afirmar de forma enfática uma visão particular em relação aos objetivos sociais, The Simpler Way tem implicações diretas para os meios. Uma vez que se examina a teoria-padrão de transição "ecossocialista", fica evidente que a estratégia deve ser ecoanarquista. Os ecossocialistas procuram tomar o poder do Estado para implementar arranjos pós-capitalistas no campo político. Eles não tentam habilitar o tipo de alternativas discutido acima; estão fortemente inclinados a trabalhar para "liberar o sistema industrial das contradições do capitalismo, a fim de elevar o padrão de vida de todo mundo". A estratégia ecoanarquista dá prioridade a ações de base e à revolução cultural, por meio das quais as pessoas comuns adotam ideias, sistemas e valores alternativos. Como Piotr Kropotkin e Lev Tolstói perceberam, tomar o poder do Estado é uma perda de tempo, a menos e até que as pessoas percebam a necessidade de comunidades participativas autogovernadas. O surgimento dessa visão e compromisso é, com efeito, a revolução, e torna possível a subsequente mudança de estruturas. Tomar ou eliminar o poder do Estado é consequência disso.

Uma grande preocupação de The Simpler Way[2] é fornecer detalhes práticos que mostrem como essa visão do desenvolvimento ecoanarquista pode ser realizada em países ricos e pobres. Além disso, um relatório de 53 páginas[3] explica de que maneira um subúrbio em uma cidade próspera como Sydney pode ser redesenhado para reduzir 90% de seus custos

---

2 Para uma visão geral do projeto, ver "The Alternative, Sustainable Society" [A sociedade alternativa e sustentável], 6 maio 2018, disponível em: www.thesimplerway.info/thealternativelong.htm.

3 "Remarking Settlements: The Potential Cost Reductions" [Decisões notáveis: as potenciais reduções de custo], disponível em: www.thesimplerway.info/RemakingSettlements.htm.

monetários, ecológicos e de recursos. Os subúrbios das cidades, as cidades rurais e as aldeias do Terceiro Mundo podem facilmente satisfazer a maioria de suas necessidades básicas por meio de recursos locais e acordos cooperativos. Em vez de sentir-se compelido a competir ou comprar na economia global, a preocupação é maximizar a independência por meio da vida coletiva. A estratégia de transição de The Simpler Way se concentra principalmente no trabalho dentro dos movimentos de cidades em transição, de decrescimento, da permacultura e das ecovilas, especialmente entre populações do Terceiro Mundo, onde muitos já põem em prática soluções locais, o autogoverno comunitário e a "prefiguração".

Referências

KROPOTKIN, Peter. *Fields, Factories and Workshops or Industry Combined with Agriculture and Brain Work with Manual Work*. Londres: Thomas Nelson & Sons, 1912.

SARKAR, Saral. *Eco-Socialism or Eco-Capitalism? A Critical Analysis of Humanity's Fundamental Choices*. Londres: Zed Books, 1999.

THE SIMPLICITY INSTITUTE. Disponível em: www.simplicityinstitute.org.

TRAINER, Ted (F. E.). *Abandon Affluence!* Londres: Zed Books, 1985.

Ecofeminismo

Christelle Terreblanche

Palavras-chave: economia capitalista patriarcal, dualismo ideológico, trabalho metaindustrial, subsistência, ecossuficiência

---

As ecofeministas apontam as conexões históricas, materiais e ideológicas entre a subjugação das mulheres e a dominação da natureza. Elas fazem referência a um corpo diversificado de teoria política que inclui as éticas feminista, decolonial e ambiental, incitando a analisar como os conceitos fundamentais são incorporados e corrompidos por noções tradicionais de sexo e gênero. Desde seu surgimento, na década de 1960, a teoria ecofeminista se inspirou na ação direta de base. Ela floresceu rapidamente ao lado dos movimentos antinucleares e pacifistas dos anos 1970 e 1980 e em meio à crescente preocupação pública com a degradação ambiental. As ativistas são encontradas onde quer que a reprodução social e ecológica da vida esteja ameaçada, o que inclui problemas com lixo tóxico, violência racial, exploração das pessoas que se dedicam ao trabalho de cuidado, perda de biodiversidade, desmatamento, mercantilização de sementes ou desapropriação de terras ancestrais em nome do "desenvolvimento".

A emancipação humana das atitudes historicamente patriarcais não pode ser alcançada sem a libertação de todos os seres qualificados como "outros", afirmam as ecofeministas. Elas consideram que as mulheres do Norte global e os camponeses e os povos indígenas do Sul podem se fundir em uma voz política única e autêntica, já que se tratam de grupos sociais

CHRISTELLE TERREBLANCHE é doutora em estudos de desenvolvimento pelo Centro para Sociedade Civil da Universidade de KwaZulu-Natal, na África do Sul. Seus temas de pesquisa incluem ecofeminismo, ecologia política e justiça ecológica. Foi porta-voz da Comissão de Verdade e Reconciliação da África do Sul.

hábeis em cuidar da vida humana e não humana. Como política, o ecofeminismo, portanto, é *sui generis*, e não apenas um desdobramento do feminismo, do marxismo ou da ecologia. Não obstante a fertilização recíproca de ideias, o ecofeminismo rearticula as preocupações feministas sobre a igualdade social, relacionando-as à justiça e à integridade ambiental.

O ecofeminismo é às vezes visto como um renascimento da sabedoria antiga sobre a interconexão de cada forma de vida. Um exemplo seriam as mulheres chipko, da Índia, que há séculos protegiam as florestas do desmatamento, circundando as árvores com o próprio corpo para evitar que fossem derrubadas. No entanto, o termo "ecofeminismo" é atribuído à reivindicação da feminista francesa Françoise d'Eaubonne, em 1974, por uma revolução para salvar a ecosfera, uma reconstrução total das relações entre humanos e natureza e homens e mulheres. A análise histórica da teórica pioneira Carolyn Merchant sobre a revolução científica europeia, intitulada *The Death of Nature: Women, Ecology and the Scientific Revolution* [A morte da natureza: mulheres, ecologia e a revolução científica], expôs a determinação dos precursores da modernidade de dominar a soberania reprodutiva das mulheres por meio da caça institucionalizada às bruxas. O conhecimento especializado de herboristas e parteiras foi substituído por uma "profissão da medicina", que postulava a natureza e o corpo como "máquinas". Isso aboliu o princípio da precaução inerente aos trabalhos de prestação de cuidados realizados por mulheres, ao mesmo tempo que reforçou uma antiga ontologia dualista da superioridade racional dos homens e do controle sobre os "outros", como as mulheres "indisciplinadas" e a natureza "caótica".

Com frequência, a moderna ideologia liberal hegemônica tem feito uma leitura enviesada da crítica ecofeminista, como se reforçasse a ideia patriarcal de que as mulheres ou os indígenas estão "essencialmente mais próximos da natureza" e são, portanto, inferiores. De fato, as ecofeministas desconstroem antigos binarismos hegemônicos derivados do dualismo "homem *versus* natureza", revelando como eles são usados por pessoas que desfrutam dos privilégios de sexo/gênero, etnia e classe para manter sua dominação social sobre os "outros". Desse modo, o ponto de vista ecofeminista pode ajudar a aprofundar a autoconsciência reflexiva das pessoas sobre como são consideradas pelas relações de poder existentes.

Internacionalmente, as mulheres respondem por 65% de todo o trabalho e por 10% dos salários, enquanto no Hemisfério Sul as mulheres produzem de 60% a 80% de todos os alimentos consumidos. De acordo com pesquisas na África colonial e na América do Sul, Maria Mies e seus colegas da Escola de Bielefeld, na Alemanha, propuseram uma "perspectiva de subsistência", validando o conhecimento ecológico de mulheres e camponeses como produtores e provedores de vida. Desde a década de 1980, esse argumento econômico mobiliza o ecofeminismo como uma política de pós-desenvolvimento, antecipando alternativas contemporâneas, como a cosmovisão indígena latino-americana do Bem Viver e a recente atenção europeia ao decrescimento e às economias solidárias. Outro exemplo de "mau desenvolvimento" seria o relato de Vandana Shiva sobre como a soberania alimentar comunitária alcançada pelas camponesas indianas foi perdida depois da introdução das tecnologias da Revolução Verde do século XX.

À medida que as soluções financeiras e tecnológicas aprofundam a crise ecológica, as ecofeministas desmascaram o complexo caráter de classe, étnico e de sexo/gênero que caracteriza a apropriação capitalista. Sendo uma política materialista fundamentada no trabalho, ela é, por definição, não essencialista; logo, pode estabelecer a relação entre o consumo excessivo no Norte global, rico e industrializado, e suas consequências no Sul, pois são as periferias do produtivismo patriarcal capitalista que carregam suas consequências poluidoras — como a dívida ecológica sobre as comunidades indígenas ou uma dívida sobre as mulheres vivas e as gerações futuras. As ecofeministas materialistas, como Ariel Salleh, Mary Mellor, Eva Charkiewicz, Ana Isla e outras, vinculam a subsistência à ecossuficiência. Suas críticas estruturais à economia reducionista apontam como ela não se interessa pelo trabalho reprodutivo nos lares e nos campos — nem pelos ciclos naturais dos quais o capitalismo depende.

As ecofeministas argumentam que esse trabalho reprodutivo precede a valorização capitalista e marxista da produção e do valor de troca como motor da acumulação. Salleh considera esses trabalhadores reprodutivos não citados — mulheres, camponeses e indígenas — como uma "classe metaindustrial" mundial majoritária, cujas habilidades expressam uma epistemologia e uma ética "materialista personificada". Seus modos regenerativos de abastecimento na natureza são uma resposta política e material para a crise ambiental. Esses trabalhadores existem em todo o mundo, em uma vasta, ainda que aparentemente invisível, colcha de retalhos de trabalho não alienado, sustentando a vida em uma teia complexa de relações entre a humanidade e a natureza. O trabalho metaindustrial atribui um "valor metabólico" positivo aos ciclos ecológicos. Sem dúvida, o ecofeminismo expande o foco da tradicional análise de classe marxista. E, de fato, sua teorização dos fundamentos "naturalizados" da apropriação capitalista por meio do trabalho reprodutivo tem tido aderência entre a esquerda acadêmica. Há sempre um risco, no entanto, de que as teorizações das mulheres sejam reincorporadas às metanarrativas patriarcais existentes.

Uma política ecofeminista busca promover a emancipação humana por meio de economias solidárias e regenerativas baseadas no compartilhamento. Coloca a complexidade à frente da homogeneidade, a cooperação à frente da competição, os bens comuns à frente da propriedade e o valor de uso à frente do valor de troca. Essa política emancipatória está ganhando reconhecimento por sua capacidade de elucidar as convergências entre a preocupação com a ecologia, o feminismo, o marxismo e a ética indígena centrada na vida, como o *swaraj* na Índia e a ética africana do *ubuntu*. Sua análise fornece uma base sociológica sistêmica para todas as alternativas pós-desenvolvimento, que buscam igualdade e modos de vida sustentáveis. As ecofeministas defendem uma visão de mundo baseada no cuidado com a diversidade de todas as formas de vida.

Referências

MERCHANT, Carolyn. *The Death of Nature: Women, Ecology and the Scientific Revolution.* Nova York: Harper & Row, 1980.

MIES, Maria & SHIVA, Vandana. *Ecofeminism.* Londres: Zed Books, 1993.

SALLEH, Ariel (org.). *Eco-Sufficiency and Global Justice: Women Write Political Ecology.* Londres: Pluto Press, 2009.

Ecologia da cultura

Ekaterina Tchertkovskaia

Palavras-chave: ecologia, cultura, movimentos sociais, Rússia, justiça ambiental

---

A "ecologia da cultura" pode ser definida como um quadro conceitual e um espaço de luta que reúne a sustentabilidade ecológica e cultural dos lugares e espaços em que as pessoas vivem. O conceito foi introduzido em 1979 por Dmitri Sergueievitch Likhatchiov — um intelectual soviético que sobreviveu ao campo de prisioneiros de Solovki e ao cerco de Leningrado. Conhecido como a "consciência da nação", Likhatchiov foi notavelmente sincero e expressou sua oposição a questões como a reversão dos rios da Sibéria — um projeto massivo planejado pelo governo desde a década de 1930, mas finalmente abandonado em 1986.

Likhatchiov via a sustentabilidade ecológica como crucial para a vida na Terra e criticava a compreensão do progresso como expansão industrial. Igualmente importante para ele era a continuidade da cultura e do patrimônio cultural, que faziam parte de seu entendimento mais amplo da ecologia. A ênfase simultânea no meio ambiente e na cultura não é surpreendente. A visão produtivista do progresso na União Soviética e as ideologias que a cercavam resultaram não apenas em intervenções dramáticas no ambiente natural mas também naquilo que Likhatchiov chamou de ambiente cultural, como a arquitetura dos espaços urbanos, que foi reorganizada de acordo com as visões soviéticas para se diferenciar dos tempos pré-revolucionários. Embora a era soviética tenha, sem dúvida, promovido notáveis estilos arquitetônicos, planejamento, transporte público e monumentos para

---

EKATERINA TCHERTKOVSKAIA é pesquisadora nas áreas de decrescimento e teoria crítica em estudos organizacionais, além de membro do coletivo editorial do periódicos *ephemera*. Trabalha na Universidade Lund, na Suécia.

paisagens urbanas, muitos marcos e símbolos do passado foram destruídos de maneira impiedosa. Ironicamente, hoje em dia, o próprio legado cultural soviético está frequentemente ameaçado, uma vez que o desejo de lucro rápido é uma característica-chave do capitalismo pós-soviético.

A ecologia da cultura, segundo Likhatchiov, é tão importante para a vida moral das pessoas quanto para o meio ambiente (no sentido biológico, para a sustentabilidade da vida física). E ambas são inseparáveis: "Não há lacuna entre as duas, pois não existe uma fronteira clara entre natureza e cultura" (Likhatchiov, 2014 [1984], p. 90). A ecologia da cultura não implica uma compreensão de alto nível ou exclusiva da cultura, mas toda uma gama de práticas culturais por meio das quais as pessoas dão sentido à própria vida. Ela pode se manifestar em célebres construções arquitetônicas, como as da vanguarda russa, que lembram uma das ambições e potencialidades expressas no período inicial da era soviética, ou na arte popular, que decora as casas de aldeões. Pode ser também uma paisagem harmoniosamente organizada, que abre uma vista sobre o rio ou cria uma sensação de espaço. A ecologia da cultura, no entanto, não se limita a fenômenos materiais ou físicos, e pode também incluir, por exemplo, música (Sonevitski & Ivakhiv, 2015), dança e literatura (Likhatchiov, 2000 [1992]).

Embora a ecologia da cultura não seja explicitamente utilizada pelos movimentos sociais de hoje, ela oferece uma articulação útil para as lutas urbanas na Rússia pós-soviética, que muitas vezes resistem à destruição do patrimônio material e imaterial e ao desenvolvimento de terrenos desocupados. Em todo o país, a destruição arquitetônica ocorre com uma frequência espantosa e é ativamente combatida por movimentos sociais como Archnadzor, em Moscou, Zhivoi Gorod, em São Petersburgo, além de iniciativas semelhantes em Ufa, Tver, Vologda e outras cidades. Eles congregam moradores, etnógrafos, ecologistas e outras pessoas.

Se um edifício está em risco, torna-se parte da campanha de resistência dar destaque a quem o construiu, ao que é especial sobre ele e quais figuras estão associadas com o lugar, mostrando a centralidade da ecologia da cultura para as lutas urbanas.

Uma dessas ações foi realizada para a proteção de um edifício que estava ligado à família de Tolstói. A figura do escritor é acompanhada por uma citação de *Guerra e paz* que se tornou central para a campanha ativista: "É muito mais nobre reconhecermos os nossos erros do que praticarmos um ato irreparável". As lutas que possuem um elemento proeminente da ecologia da cultura estão, em geral, em sintonia com a sustentabilidade ecológica, já que ambos os ambientes, cultural e biofísico, encontram-se sob a ameaça do desenvolvimento centrado na acumulação de capital. É o caso da campanha contra a construção de um bairro judiciário e residencial na margem do Rio Nievá, ao lado da Fortaleza de São Pedro e São Paulo, em São Petersburgo, e pela criação de um parque com o nome de Likhatchiov. Nesse caso, os ativistas defendem um espaço verde no centro da cidade, que também se encaixaria na paisagem atual.

Os movimentos que podem ser articulados conjuntamente à ecologia da cultura enfatizam a importância da justiça participativa, que aproxima a ecologia da cultura das estruturas e lutas por justiça ambiental. Alguns desses movimentos estão construindo alianças e trocando informações e experiências, fomentando novas práticas e processos de auto-organização. Na cidade de Jukovski, a mobilização de moradores para proteção das florestas contribuiu para a eleição de um conselho popular para coordenar o controle dos residentes sobre os poderes oficiais da cidade. Em resposta às ameaças contínuas ao patrimônio arquitetônico de Moscou, surgiram inúmeras iniciativas que visam compartilhar histórias e saberes sobre a cidade, envolvendo passeios e palestras dirigidas por etnógrafos e entusiastas. Essas iniciativas geralmente não têm caráter comercial, mas são de natureza convivial e coletiva, contribuindo para a ecologia da cultura e aumentando a conscientização sobre ameaças constantes à cidade.

A ecologia da cultura tem o potencial de unir lutas diferentes e de alguma forma dispersas, enquadrando-as como um problema comum. Devido à sua conexão com a sustentabilidade ecológica, a ecologia da cultura também pode ajudar a preparar o caminho para maior conscientização pública sobre questões ecológicas. Para que esse potencial transformador seja realizado, no entanto, a ecologia da cultura precisa ser tratada como um conceito vivo, aberto, a ser enriquecido com novos significados e novas pessoas que possam contribuir para seu desenvolvimento.

Referências

LIKHATCHIOV, Dmitri Sergueievitch. "Ekologia kul'turi". *In*: LIKHATCHIOV, Dmitri Sergueievitch. *Russkaia kul'tura*. Moscou: Iskusstvo, 2000 [1992].

LIKHATCHIOV, Dmitri Sergueievitch. "Ekologyia kul'turi". *In*: LIKHATCHIOV, Dmitri Sergueievitch. *Zametki o russkom*. Moscou: Azbuka-Attikus/ Kolibri, 2014 [1984].

SONEVITSKI, Maria & IVAKHIV, Adrian. "Late Soviet Discourses of Nature and the Natural: Musical *Avtentyka*, Native Faith, and 'Cultural Ecology' after Chernobyl". *In*: ALLEN, Aaron S. & DAWE, Kevin (orgs.). *Current Directions in Ecomusicology: Music, Nature, Environment*. Londres: Routledge, 2015.

Ecologia jainista

Satish Kumar

Palavras-chave: não violência, contenção, simplicidade, ecologia reverencial

---

O princípio mais elevado e mais profundo do jainismo é *ahimsa*, o princípio da não violência total, que abrange o pensamento, a fala e a ação. Trata-se de aplicar a conduta da não violência em relação a si mesmo, aos outros e à natureza. É claro que os jainistas percebem que a não violência completa não é possível, mas precisamos estar atentos às nossas atividades mentais, verbais e físicas, a fim de minimizar qualquer dano ou prejuízo que possamos infligir a nós mesmos ou a outros seres vivos. Essa consciência constante é a chave para maximizar a compaixão e minimizar os danos. Muitas religiões reconhecem a importância da não violência e em geral enfatizam essa prática em relação aos próprios seres humanos, ao passo que os jainistas a direcionam para todos os seres vivos — inclusive os humanos.

Os jainistas reconhecem que terra, ar, fogo, água, plantas, florestas e animais — em outras palavras, todo o mundo natural — estão vivos. A natureza é inteligente e cheia de alma. Assim, cada forma de vida é sagrada e deve ser tratada com reverência. A ecologia jainista é, portanto, uma ecologia reverencial. Muitas pessoas acreditam que, de alguma forma, a vida humana é superior à vida não humana e que, por isso, podemos sacrificar a vida não humana para nossa serventia. É por isso que a produção e o consumo de carne são tão comuns, e a destruição das florestas tropicais e a sobrepesca dos oceanos são praticadas tão amplamente. Mas os jainistas dedicam igual reverência tanto à vida humana como à vida não humana. Dessa forma, a produção e o consumo de carne

SATISH KUMAR é o editor-chefe da revista *Resurgence & Ecologist*, disponível em: www.resurgence.org. É fundador do Schumacher College, na Inglaterra.

e peixe são um sacrilégio para os jainistas, e eles se veem obrigados a limitar também o consumo de plantas. Por exemplo, minha mãe não comia batatas, cenouras ou qualquer outra raiz, porque acreditava que perturbar o solo e desenraizar as plantas era uma forma sutil de violência. Devíamos somente colher o que as plantas nos dão como fruta amadurecida. Ela limitava o número de vegetais e frutas que consumia. Dizia que a prática da não violência exige a prática da contenção.

E por meio da prática de contenção, chegamos à paz conosco, com as pessoas e com a natureza. As condições cruéis em que os animais são mantidos nas fazendas industriais, o envenenamento do solo com substâncias químicas, a destruição das florestas tropicais e a pesca excessiva nos oceanos são atos de guerra contra a natureza. O princípio de *ahimsa* exige paz com o planeta Terra.

A vida é interdependente e interconectada. Como em uma família, pais e filhos, maridos e esposas, irmãos e irmãs cuidam uns dos outros, da mesma forma que devemos tratar as pessoas de todas as nações, todas as religiões, raças e cores como nossos irmãos e irmãs e praticar a compaixão com todos eles. Antes de sermos estadunidenses ou russos, britânicos ou franceses, indianos ou paquistaneses, hindus ou muçulmanos, cristãos ou judeus, budistas ou jainistas, negros ou brancos, somos todos humanos. Somos membros de uma família humana. Esse sentido da unidade de toda vida vai além da vida humana. Os pássaros que voam no céu, os animais que vagam pelas florestas e as minhocas que trabalham sob o solo são todos nossos parentes e, portanto, não podemos prejudicá-los. Nosso dever sagrado é praticar a compaixão e melhorar a vida como um todo.

Outro princípio jainista de igual importância é *aparigraha*. É uma palavra muito bonita, mas não é fácil de traduzir. Significa liberdade da escravidão causada pelos bens materiais. É um princípio ecológico de redução do consumo e acúmulo mínimo de coisas. Se posso me virar com três ou quatro camisas, por que precisaria ter dez ou vinte? Por que acumular um armário cheio de sapatos? Isso vale para todas as posses.

É necessário que os jainistas usem objetos materiais para atender às suas necessidades, e não à ganância, e se libertem do fardo, da preocupação e da ansiedade de possuir coisas.

O princípio da *aparigraha* é justamente o oposto da ideia moderna de economia, em que a maximização da produção e do consumo é o fator ideal. Mesmo na época das celebrações religiosas, as compras e o consumo têm prioridade. As pessoas ficam tão obcecadas em comprar e vender que acabam sem tempo ou com muito pouco tempo para si e para seu alimento espiritual.

Em uma sociedade consumista, a maioria das pessoas não tem tempo para poesia, arte ou música. Não há tempo para a família ou amigos. Não há tempo para dar um passeio na solidão e apreciar a natureza, não há tempo para comemorar. Esse tipo de vida é a antítese da *aparigraha*. Se restaurássemos e rejuvenescêssemos os princípios de *ahimsa* e *aparigraha*, não teríamos crise ecológica, injustiça social e exploração dos fracos.

Ahimsa e *aparigraha* dão prioridade à qualidade de vida sobre a quantidade de bens materiais. Com bons cuidados com a Terra, todos os seres humanos podem ter boa vida, boa comida, boa moradia, boa educação e bons remédios. Para os jainistas, a questão não é quanto você tem, mas se sua vida é boa, feliz e realizada. Menos é mais — sempre que esse menos for de qualidade nutritiva e estimulante.

Com frequência, as religiões ficam presas às tradições, tornando-se literais e dogmáticas. Perdem sua inspiração inicial, o que também aconteceu com o jainismo. Possivelmente, a maioria dos jainistas de hoje não pratica *ahimsa* e *aparigraha*. No entanto, existem vários jainistas radicais que estão voltando às suas raízes e descobrindo que as práticas baseadas nesses princípios não são boas apenas para eles mesmos mas também para a sociedade e o planeta.

Por exemplo, um monge chamado Hitaruchi e seus seguidores em Gujarat, no oeste da Índia, estão praticando princípios ecológicos de não violência e restrição na vida cotidiana. Evitam totalmente o uso de plástico e minimizam o consumo de produtos industriais em favor de produtos locais artesanais.

Há um movimento iniciado pela seita Terapanthi do jainismo, no final da década de 1940, chamado Um Movimento de Pequenos Votos (*anuvrat*). Seus seguidores promovem ativamente um estilo de vida simples, livre de ganância e corrupção, e vivem de forma leve para minimizar qualquer dano ao mundo natural. Esse movimento ganhou um número substancial de adeptos na Índia. Há também muitos indivíduos jainistas redescobrindo suas raízes e descartando a ideia de desenvolvimento por considerá-la poluente e um desperdício. Porém, para que a ecologia jainista faça parte dos movimentos que enfrentam as crises ecológicas e sociais atuais, é necessário ampliar essa redescoberta e essas práticas.

Referências

ANUVRAT MOVEMENT. "About ANUVIBHA", s.d. Disponível em: http://www. anuvibha.org/about/.

KUMAR, Satish. *You Are, Therefore I Am: A Declaration of Dependence.* Cambridge: Green Books, 2002.

TERAPANTH.COM. "The Anuvrat: A Constructive Endeavour Towards a Nonviolent Multicultural Society", s.d. Disponível em: https://web. archive.org/web/20180113033627/terapanth.com/Anuvart.htm.

Ecologia profunda

John Seed

Palavras-chave: ecologia profunda, antropocentrismo, ética ecológica

---

A ecologia profunda é um desafio fundamental ao antropocentrismo ou chauvinismo humano. A ideia de que os humanos são a coroa da criação, a fonte de todo valor, a medida de todas as coisas está profundamente arraigada na consciência e na cultura global dominantes. Quando nós, como seres humanos, investigamos e conseguimos enxergar além da nossa capa de autovalorização antroponcêntrica, uma profunda mudança de consciência começa a tomar forma. A alienação diminui. O humano já não é um estranho, que existe à parte. É então que reconhecemos que nossa condição é apenas a etapa mais recente da nossa existência e, quando deixamos de nos identificar exclusivamente com esse capítulo da evolução, começamos a entrar em contato com nós mesmos como mamíferos, como vertebrados, como uma espécie que surgiu recentemente na floresta tropical. À medida que a nuvem da amnésia se dispersa, produz-se uma transformação em nossa relação com outras espécies e em nosso compromisso com elas. O que se descreve aqui não deve ser considerado meramente intelectual. O intelecto é apenas um ponto de partida para esse processo, e o mais fácil de comunicar.

No entanto, para algumas pessoas, essa mudança de perspectiva deriva de ações pelo bem da Mãe Terra. "Estou protegendo a floresta tropical" se transforma gradualmente em "Sou parte da floresta tropical e me protejo. Sou essa parte

---

JOHN SEED é fundador do Rainforest Information Centre, com sede em Lismore, Austrália. Participa de ações e campanhas diretas de proteção às florestas tropicais em todo o mundo desde 1979. Em 1995, foi condecorado com a Medalha de Ordem da Austrália por serviços prestados à conservação.

da floresta tropical que recentemente acessou o pensamento".
Que alívio, então! Os milhares de anos de separação imaginária terminaram, e podemos começar a nos lembrar de nossa verdadeira natureza. Ou seja, a mudança é espiritual — "pensar como uma montanha", para tomar emprestadas as palavras de Aldo Leopold. Às vezes, essa mudança de consciência é chamada de "ecologia profunda".

À medida que nossa memória se aperfeiçoa, e que as implicações da evolução e da ecologia se internalizam e substituem as antiquadas estruturas antropocêntricas da nossa mente, tem início uma identificação com cada forma de vida. Não demora muito para chegarmos à compreensão de que a distinção entre "vida" e "sem vida" é um construto humano. Cada átomo neste corpo existiu antes que a vida orgânica emergisse há quatro bilhões de anos. Você se lembra de nossa infância como minerais, como lava, como rochas? As rochas guardam a possibilidade de se metamorfosear em coisas como essa. Somos rochas dançando. Por que as olhamos com um ar tão arrogante? Elas são uma parte imortal de nós.

Se embarcarmos nessa viagem interior, podemos descobrir, ao retornarmos à realidade consensual atual, que nossas ações em nome do meio ambiente foram purificadas e fortalecidas pela experiência. Encontramos aqui um nível de nosso ser que a mariposa, a ferrugem, o holocausto nuclear ou a destruição da reserva genética da floresta tropical não corrompem. O compromisso de salvar o mundo não é diminuído pela nova perspectiva, embora o medo e a ansiedade que faziam parte de nossa motivação comecem a se dissipar e sejam substituídos por certo desinteresse. Agimos porque a vida é a única alternativa, mas as ações de uma consciência desinteressada e menos apegada podem ser mais eficazes.

De todas as espécies que existiram, estima-se que menos de uma em cada mil existe hoje. As demais estão extintas. Conforme o ambiente muda, qualquer espécie incapaz de se adaptar, de mudar, de evoluir, se extingue. Toda evolução ocorre dessa maneira. Foi assim que um peixe faminto de oxigênio, nosso ancestral, começou a colonizar a terra. A ameaça de extinção é a mão do oleiro que molda todas as formas de vida. A espécie humana é uma das milhares ameaçadas pelo desastre climático e outras mudanças ambientais. E, embora seja verdade que a "natureza humana" revelada por doze mil anos de história escrita não oferece muita esperança de que possamos mudar nossos costumes beligerantes, gananciosos e ignorantes, a história fóssil, vastamente mais longa, nos assegura que *podemos* mudar. *Somos* o peixe e a miríade de outras façanhas de flexibilidade diante da morte que um estudo da evolução nos revela. Certa confiança, apesar de nossa recente "humanidade", é justificada. Desse ponto de vista, a ameaça de extinção aparece como um convite para mudar, evoluir. Depois de um breve descanso da mão do oleiro, aqui estamos de novo no volante. A mudança que nos é exigida é uma mudança de consciência.

A ecologia profunda é a busca por uma consciência viável. A consciência sem dúvida emergiu e evoluiu de acordo com as mesmas leis de todo o resto. Moldada por pressões ambientais, a mente de nossos ancestrais deve ter sido forçada repetidas vezes a transcender a si mesma. Para sobreviver às nossas atuais pressões ambientais, devemos nos lembrar conscientemente de nossa herança evolutiva e ecológica. Temos de aprender a pensar como uma montanha. Se quisermos estar abertos para desenvolver uma nova consciência, devemos enfrentar totalmente nossa iminente extinção — a pressão ambiental máxima — e submergir no terrível prognóstico. Isso significa reconhecer a parte de nós que se esquiva dessa verdade e recorre à intoxicação ou à sobrecarga para se esconder da desesperança humana, cuja corrida de quatro bilhões de anos está no fim, cuja vida orgânica está por um fio. Uma perspectiva biocêntrica, a compreensão de que as rochas "dançarão" e de que as raízes são mais profundas do que quatro bilhões de anos, pode nos dar coragem para enfrentar o desespero e alcançar uma consciência mais viável, sustentável e em harmonia com a vida.

O termo "ecologia profunda" foi cunhado pelo filósofo cético e ativista norueguês Arne Næss (1912-2009). O movimento foi levado adiante pelo sociólogo estadunidense Bill Devall

(1938-2009) e pelo filósofo George Sessions (1938-2016), sendo então recuperado pelo fundador da marca de roupas e acessórios Esprit e defensor da vida silvestre Doug Tompkins (1943-2015), cuja Deep Ecology Foundation [Fundação ecologia profunda] publicou, em 2005, uma coleção de onze volumes do trabalho de Næss. A partir dos anos 1980, a ecologia profunda se tornou uma importante vertente de debates no campo acadêmico da ética ambiental.

Referências

DEVALL, Bill & SESSIONS, George. *Deep Ecology: Living as if Nature Mattered*. Layton: Gibbs Smith, 2007 [Ed. port.: *Ecologia profunda: dar prioridade à natureza na nossa vida*. Porto: Sempre-em-pé, 2004].

KATZ, Eric; LIGHT, Andrew & ROTHENBERG, David (orgs.). *Beneath the Surface: Critical Essays in the Philosophy of Deep Ecology*. Cambridge: MIT Press, 2000.

LEOPOLD, Aldo. *A Sand Country Almanac*. Nova York: Ballantine, 1970 [Ed. bras.: *Almanaque de um condado arenoso e alguns ensaios sobre outros lugares*. Trad. Rômulo Ribon. Belo Horizonte: Editora UFMG, 2019].

NÆSS, Arne. "The Shallow and the Deep, Long Range Ecology Movement", *Inquiry*, v. 16, n. 1, p. 95-100, 1973.

SEED, John. "Articles, Essays, Interviews, Films, Video Talks, Schedule, Biography", *Rainforest Information Centre*. Disponível em: www. rainforestinfo.org.au/johnseed.htm.

Ecologia social

Brian Tokar

Palavras-chave: democracia direta, ecologia, confederação, hierarquia, comunidade, assembleia, movimentos sociais

---

A ecologia social propõe uma visão política revolucionária e reconstrutiva, que desafia as visões convencionais das relações entre comunidades humanas e o mundo natural e oferece uma concepção alternativa de cidades, povoados e bairros livres, confederados e diretamente democráticos, que procuram harmonizar essas relações. Foi desenvolvida inicialmente pelo teórico social Murray Bookchin, que trabalhou nos Estados Unidos entre os anos 1960 e o início dos anos 2000, e posteriormente foi aprofundada por seus colegas e muitos outros teóricos em todo o mundo. A ecologia social tem influenciado vários movimentos sociais, incluindo as campanhas dos anos 1970 contra a energia nuclear, os movimentos mundiais de alterglobalização e justiça climática e a atual luta por autonomia democrática das comunidades curdas na Turquia e na Síria.

A ecologia social começa com a compreensão de que os problemas ambientais são fundamentalmente de ordem social e política e estão enraizados nos legados históricos de dominação e hierarquia social. Ela tem por base as correntes anarquistas e socialistas libertárias, questiona o capitalismo e o Estado-nação e considera as instituições da democracia local como o melhor antídoto para o poder estatal centralizado. Murray Bookchin foi um dos primeiros pensadores do Ocidente a identificar o imperativo de crescimento do capitalismo como uma ameaça fatal à integridade dos ecossistemas vivos, e argumentou que as preocupações sociais e ecológicas

BRIAN TOKAR é professor de estudos ambientais na Universidade de Vermont, Estados Unidos. É autor de *Toward Climate Justice: Perspectives on the Climate Crisis and Social Change* [Rumo à justiça climática: perspectivas sobre a crise climática e a mudança social] (2014).

são fundamentalmente inseparáveis. Por meio de investigações detalhadas em história e antropologia, Bookchin desafiou a noção ocidental comum de que os seres humanos procuram inerentemente dominar o mundo natural e chegou à conclusão de que a dominação da natureza é um mito enraizado nas relações de dominação entre as pessoas, surgidas do colapso das antigas sociedades tribais da Europa e do Oriente Médio. Os ecologistas sociais também são influenciados por elementos do pensamento estadunidense indígena e por várias escolas de teoria social crítica, incluindo a abordagem historicamente enraizada do feminismo ecológico, com pioneiras como as ecologistas sociais Ynestra King e Chaia Heller.

Com base nessas influências, a ecologia social ressalta vários princípios sociais igualitários que muitas culturas indígenas mantiveram em comum — tanto no passado quanto no presente — e os apresenta como diretrizes para uma ordem social renovada. Tais princípios foram reafirmados por antropólogos críticos e pensadores indígenas e incluem conceitos de interdependência, reciprocidade, unidade na diversidade e ética da complementaridade, ou seja, o equilíbrio de papéis entre vários setores sociais, especialmente por meio da compensação ativa das diferenças entre indivíduos. O conflito inerente entre esses princípios orientadores e os das sociedades hierárquicas cada vez mais estratificadas fomentou os enfrentamentos entre dominação e liberdade ao longo de grande parte da história da humanidade.

A investigação filosófica da ecologia social examina o surgimento da consciência humana em meio aos processos da evolução natural. A perspectiva do naturalismo dialético analisa as forças dinâmicas da história evolutiva e vê a evolução cultural como um desenvolvimento dialético influenciado por fatores naturais e sociais. Os ecologistas sociais questionam as visões predominantes sobre a natureza como um "reino de necessidade", sugerindo que, como a evolução natural melhorou as qualidades da diversidade e da complexidade, e também semeou as origens da criatividade e da liberdade humanas, é indispensável que nossas sociedades expressem e elaborem plenamente tais tendências evolutivas subjacentes.

Essas explorações históricas e filosóficas fornecem um alicerce para a estratégia política da ecologia social, descrita como municipalismo libertário, ou confederal, ou, simplesmente, como "comunalismo", decorrente das ideias fundamentais da Comuna de Paris de 1871. A ecologia social recupera as raízes gregas antigas da palavra "política" como autogestão democrática da *polis* ou município. Bookchin defendeu cidades, vilas e bairros libertados, governados por assembleias populares abertas, confederados livremente para desafiar o paroquialismo, incentivar a independência e construir um contrapoder genuíno. Ele comemorou as duradouras tradições do Town Meetings [Reuniões cidadãs] em Vermont e em toda a região da Nova Inglaterra, nos Estados Unidos, descrevendo como as reuniões das cidades da região assumiram um caráter cada vez mais radical e igualitário nos anos anteriores à revolução estadunidense.

Os ecologistas sociais acreditam que as instituições do capitalismo e do Estado aumentam a estratificação social e exploram as divisões entre as pessoas, ao passo que estruturas alternativas enraizadas na democracia direta podem promover um interesse social geral pela renovação social e ecológica. As pessoas inspiradas por essa visão trouxeram estruturas de democracia direta e assembleias populares a numerosos movimentos sociais nos Estados Unidos, na Europa e em outras regiões, desde campanhas populares de ação direta contra a energia nuclear, no final da década de 1970, até os movimentos mais recentes pela justiça global, a alterglobalização e o Occupy Wall Street. A dimensão prefigurativa desses movimentos — que antecipam e estabelecem os vários elementos de uma sociedade liberta — incentivou os participantes a desafiar o status quo e a promover visões transformadoras de futuro.

Os ecologistas sociais também procuraram renovar a tradição utópica do pensamento ocidental. O cofundador do Institute for Social Ecology [Instituto para a ecologia social], Dan Chodorkoff, defende um "utopismo prático", combinando os conceitos teóricos e a práxis política da ecologia social com avançados princípios de construção verde e redesenho urbano, ao lado de ecotecnologias para produzir alimentos, energia e outras necessidades. Conceitos de design ecológico, como a permacultura, que incentivam uma compreensão mais profunda dos padrões do mundo natural, concordam com a visão da ecologia social de que os seres humanos podem participar da natureza de maneiras criativas e mutuamente benéficas enquanto procuram superar os legados históricos de abuso e destruição.

A perspectiva da ecologia social influenciou profundamente os atores do movimento social internacional, desde os primeiros anos da política verde às recentes campanhas pelo empoderamento local por meio de assembleias populares em várias cidades europeias e canadenses. Os ecologistas sociais influenciaram os esforços para um design urbano mais ecológico e em prol do poder da vizinhança em muitas partes do mundo. Talvez a influência atual mais marcante seja sobre militantes das regiões curdas do Oriente Médio, onde populações etnicamente diversas, há muito marginalizadas pelas potências coloniais e estatais, criaram instituições confederadas de democracia direta em uma das regiões do mundo mais devastadas pela guerra. Apesar do persistente conflito sectário e da violência religiosa, os povos curdos próximos à fronteira turco-síria estão trabalhando em prol da equidade de gênero e da reconstrução ecológica, significativamente inspirados pela ecologia social e por outras posturas sociais críticas, enraizadas em uma ampla variedade de perspectivas culturais.

Referências

BOOKCHIN, Murray. *The Ecology of Freedom: The Emergence and Dissolution of Hierarchy*. Palo Alto: Cheshire Books, 1982.

BOOKCHIN, Murray. *The Next Revolution: Popular Assemblies and the Promise of Direct Democracy*. Nova York: Verso, 2015.

EIGLAD, Eirik (org.). *Social Ecology and Social Change*. Porsgrunn: New Compass Press, 2015.

NEW COMPASS PRESS. Disponível em: www.new-compass.net.

Economia da dádiva

Simone Wörer

Palavras-chave: matriarcado, economia da dádiva, orientação à necessidade, maternagem, patriarcado capitalista

---

Uma economia da dádiva se apoia no princípio de que bens e serviços materiais e imateriais são dados ou recebidos sem uma obrigação imediata ou futura de retribuição. Essa seria a definição comum do termo. Historicamente, a maioria dos autores acadêmicos que pesquisam dádiva e economia da dádiva é composta de homens brancos e patriarcais (Göttner-Abendroth, 2007) que ignoraram as mulheres como provedoras de dons, negaram a maternidade, negaram a natureza como um princípio fundamental no âmbito da "dádiva" e segmentaram a dádiva para criar a ideia de um contrato de vinculação controlável e previsível. Muitos desses autores, como Marcel Mauss, Michel Serres ou Georges Bataille, interpretam a dádiva inclusive como um ato violento e não distinguem entre a lógica da dádiva e a da troca patriarcal. Além disso, a maioria dessas abordagens é antropológica e se concentra em sociedades "primitivas", sem perceber que uma cultura e uma economia da dádiva ainda estão ativas no patriarcado capitalista globalizado de hoje.

Nos últimos anos, presenciamos um renascimento das teorias da dádiva e da economia da dádiva. O livro de Charles Eisenstein, *Sacred Economics: Money, Gift, and Society in the Age of Transition* [Economias sagradas: dinheiro,

---

SIMONE WÖRER é doutora em ciências políticas pela Universidade de Innsbruck, na Áustria. É pesquisadora independente, autora de *Politik und Kultur der Gabe* [Política e cultura da dádiva] (2012) e membro do Planetary Movement for Mother Earth e do Forschungsinstitut für Patriarchatskritik und alternative Zivilisationen [Instituto de pesquisa para a crítica do patriarcado e civilizações alternativas] (Fipaz), na Áustria.

dádiva e sociedade na era da transição] (2011), e o trabalho pioneiro de Genevieve Vaughan são exemplos que tentam mostrar que não haveria vida humana sem a dádiva. Eisenstein começa sua análise da história do dinheiro com as palavras "No princípio era a dádiva", e Vaughan elege como ponto de partida o início de nossa vida como filhos de uma mãe humana, apontando a importância crucial da maternagem e do cuidado orientados à necessidade. De um ponto de vista semiótico, ela desenvolve o conceito de *homo donans*, retratando os humanos como seres que dão e recebem presentes, enfatizando as raízes maternais da economia da dádiva. Precisamos, no entanto, de uma compreensão integral. Uma cosmovisão alternativa radical requer uma análise aprofundada do patriarcado e da crítica de seus sistemas econômicos e tecnológicos. Esse exercício poderia combinar as descobertas da rede Modern Matriarchal Sciences [Ciências modernas matriarcais] e as percepções ecofeministas sobre as relações entre o feminismo e a ecologia. Tal compreensão integrada deve ajudar a redescobrir as raízes maternais da economia da dádiva e de sua cultura de afirmação da vida.

O útero da mãe é o *topos* original, um lugar em que vivenciamos a interconexão e a satisfação direta das necessidades. Pode ser considerado um exemplo da economia da dádiva. Do ponto de vista psicológico, no começo da vida, a mãe é nosso primeiro Outro, mas não estamos separados dela. Pelo contrário, nessa fase da vida, o mundo é experimentado na totalidade. Uma vez nascidos, experimentamos o mesmo mundo, mas, pela primeira vez, sentimos o distanciamento quando nos separamos do *topos* original. O desejo de superar essa distância pode muito bem ser o começo da ternura, da dedicação e da orientação para o Outro.

As sociedades matriarcais, como comunidades centradas na mãe e favoráveis à dádiva e às economias da dádiva, lembram coletivamente essa origem. Além disso, matriarcados — e sociedades indígenas em geral — reconhecem a Mãe Terra como uma entidade que dá e recebe. O estudo das Modern Matriarchal Sciences mostrou que os matriarcados estão profundamente comprometidos com princípios de equilíbrio e interconexão. Eles respeitam a diversidade entre humanos e natureza, gêneros e gerações. Não há propriedade privada nas economias matriarcais da dádiva, e o bem-estar de todos os membros é uma prioridade. A produção é baseada em princípios de subsistência e cooperação e, em vez de acumular e estocar bens, tudo nos matriarcados circula como uma dádiva. Os elementos básicos de uma economia da dádiva são os seguintes:

- equilíbrio por meio da circulação;
- interconexão e diversidade;
- abundância e limitação do ego;
- atenção maternal e orientação às necessidades.

Em seu livro clássico *A dádiva: como o espírito criativo constrói o mundo*, Lewis Hyde (1983 [2010]) apontou que, quando a dádiva para de se mover e se torna "capital", a fome aparece. Hyde não é o único pensador a descrever o movimento da dádiva como uma espécie de fluxo nutritivo circular. Em contrapartida, a lógica patriarcal da troca é baseada no lema *do ut des* — dar com intenção de receber. Pesquisadores da teoria crítica do patriarcado[1] mostram que, sobretudo em sua forma capitalista, o patriarcado explora, se apropria e retira da dádiva seu caráter de lógica original da vida e da prática do vínculo. Desse modo, relações orientadas para a dádiva, seja na natureza, seja na comunidade humana, são brutalmente transformadas por sistemas semelhantes a máquinas, compostos por partes intercambiáveis e inférteis. Eles funcionam como produtos feitos pelo homem: mercadorias, maquinário, armas e dinheiro. Um patriarcado capitalista produz escassez matando material e imaterialmente a vida. O abuso na concessão de dádivas, no interesse da acumulação, do lucro e das estruturas de dominação leva a uma suspeita generalizada sobre as práticas de

---

1 Para mais informações, ver Forschungsinstitut für Patriarchatskritik und alternative Zivilisationen, com textos em alemão, inglês e espanhol. Disponível em: www.fipaz.at.

dádiva orientadas à necessidade e ao Outro. Um patriarcado capitalista tenta controlar completamente o exercício da dádiva por meio do trabalho não remunerado e do consumo forçado. No entanto, uma economia da dádiva seria baseada no fluxo nutritivo orientado pela necessidade da dádiva, em sua expressão material e imaterial, e, como Von Werlhof (2011) o chama, em um princípio da "interconexão de todo o ser".

Referências

EISENSTEIN, Charles. *Sacred Economics: Money, Gift, and Society in the Age of Transition*. Toronto: Evolver Editions, 2011.

GÖTTNER-ABENDROTH, Heide. "Matriarchal Society and the Gift Paradigm: Motherliness as an Ethical Principle". *In*: VAUGHAN, Genevieve (org.). *Women and the Gift Economy: A Radically Different Worldview Is Possible*. Toronto: Inanna, 2007.

HYDE, Lewis. *The Gift: Creativity and the Artist in the Modern World*. Nova York: Random House, 1983 [Ed. bras.: *A dádiva: como o espírito criador transforma o mundo*. Rio de Janeiro: Civilização Brasileira, 2010].

VON WERLHOF, Claudia. *The Failure of Modern Civilization and the Struggle for a "Deep" Alternative: On "Critical Theory of Patriarchy" as a New Paradigm*. Frankfurt am Main: Peter Lang, 2011.

Economia democrática no Curdistão

Azize Aslan e Bengi Akbulut

Palavras-chave: democracia, ecologia, emancipação de gênero, necessidades

---

O segmento do movimento curdo adepto à ideologia desenvolvida por Abdullah Öcalan, que remonta à fundação do Partido dos Trabalhadores do Curdistão (PKK) em 1978, afastou-se de seu objetivo inicial, declarado como a proposta de criar um Estado independente curdo, para defender o confederalismo democrático e a autonomia democrática como modelos organizacionais fundamentais. O projeto de autonomia democrática implica um processo de organização sob múltiplos aspectos, tais como legislação, autodefesa, diplomacia, cultura e ecologia. Inclui a construção de uma "economia democrática" comunitária, baseada em princípios de emancipação de gênero e ecologia. Também reinsere a economia nos processos sociais, garantindo o acesso de todos aos meios de reprodução social — uma reconfiguração definida pelas necessidades.

A principal base intelectual para o projeto curdo é fornecida pelos escritos críticos de Abdullah Öcalan sobre a modernidade capitalista. Öcalan aprofunda a análise marxista ao testar a universalidade do capitalismo industrial/acumulacionista. O projeto também é inspirado pelas ideias de ecologia social e municipalismo libertário de Murray Bookchin. Com base nessas

AZIZE ASLAN é doutora pelo Instituto de Ciências Sociais e Humanidades Alfonso Vélez Pliego da Benemérita Universidade Autônoma de Puebla, no México. Estuda os movimentos zapatista e curdo. Participou ativamente do projeto Economia Democrática e escreveu extensamente sobre o assunto.

BENGI AKBULUT é doutora em economia e professora assistente na Faculdade de Geografia, Meio Ambiente e Planejamento da Universidade Concordia, no Canadá. Seus trabalhos versam sobre economia política do desenvolvimento, ecologia política, bens comuns e economias alternativas.

raízes intelectuais, a democracia, a emancipação de gênero e a ecologia são definidas como os princípios organizadores de todas as relações econômicas. A democracia implica que a tomada de decisões sobre o que produzir e compartilhar, como gerenciar recursos e como distribui-los deve ser participativa e igualitária. Entre os meios de tomada de decisões na sociedade estão comunas e conselhos em diferentes escalas e temas — bairro, vizinhança, cidade; juventude, mulheres, educação, economia, ecologia etc. —, além de locais como cooperativas de energia e conselhos de água. A emancipação de gênero promove a subversão discursiva e material da invisibilidade, da desvalorização do trabalho e do conhecimento das mulheres, bem como a reconstrução das relações econômicas de modo a garantir a participação delas em todos os processos de tomada de decisões. Já o aspecto ecológico propõe o reconhecimento de que toda a natureza é patrimônio comum de humanos e não humanos e de que todas as atividades econômicas devem ser limitadas pela ecologia e pela sociedade.

Uma economia democrática é não acumulacionista, e suas atividades não são orientadas para um imperativo inquestionável de desenvolvimento econômico, mas para o atendimento das necessidades de todos. A ideia é priorizar o valor de uso sobre o valor de troca, de modo a assegurar o acesso coletivo e igualitário à terra, à água e a outros recursos locais, entendendo a posição da natureza não humana como uma herança não mercantilizável e comum a todas as criaturas vivas. Direitos iguais e coletivos sobre os meios de reprodução social prevalecem sobre a eficiência e a orientação ao lucro. As propostas concretas associadas a essa visão incluem a justiça em relação à posse da terra, a reorganização da produção agrícola com base nas necessidades, a socialização das responsabilidades trabalhistas não remuneradas das mulheres por meio de creches e cozinhas comunitárias, e a autogestão local de recursos por meio de cooperativas de energia e conselhos de água.

Um exemplo notável entre as medidas que operacionalizaram esse projeto são as iniciativas municipais de acesso à terra. Entre dez e quarenta famílias sem-terra cultivam coletivamente cada um dos vários lotes abertos para este fim em periferias urbanas, contando com apoio técnico e equipamentos. Os lotes estão ligados a campos de mudas, nos quais são conservadas sementes desenvolvidas de forma autóctone. A produção nessas unidades é principalmente orientada para a subsistência, mas elas também estão conectadas a eixos produtores/consumidores diretos nos centros urbanos para comercializar a produção excedente. Outro exemplo é a rede de cooperativas de mulheres, encabeçada pelo movimento de mulheres curdas. Interligadas com a produção e a distribuição, essas cooperativas estão envolvidas sobretudo com o agroprocessamento e a fabricação de têxteis, e comercializam seus produtos diretamente com os consumidores por meio dos centros de distribuição cooperativos, os *Eko-Jin*. A maioria das cooperativas de agroprocessamento se origina de e está vinculada a coletivos de agricultura urbana. As cooperativas estão ainda ligadas em rede com autoridades municipais, ativistas, acadêmicos e grupos da sociedade civil sob o guarda-chuva mais amplo do movimento de mulheres, o Congresso das Mulheres Livres (KJA), um centro de debate e tomada de decisões.

O projeto de autonomia democrática prevê a organização de uma economia autônoma e autossuficiente como um aspecto indispensável da autonomia política. O objetivo é organizar a produção de bens e serviços de maneira comunitária, a fim de antecipar a funcionalidade do Estado em relação a esse âmbito. Nesse sentido, o projeto encontra semelhanças em outros movimentos autônomos, como o zapatista, e também tem pontos em comum com o amplo movimento da economia solidária em todo o mundo, pois desconstrói o imperativo do desenvolvimento capitalista e prioriza o autogerenciamento, a justiça social e a integridade ecológica.

Há ainda muito a se observar em relação às maneiras de concretização do projeto de economia democrática, mas já é possível identificar uma série de desafios. As desigualdades atuais, como as da propriedade da terra, provavelmente serão desafiadoras para a organização da economia e a garantia da satisfação coletiva e igualitária das necessidades. A tensão entre a satisfação das necessidades de todas as pessoas como princípio organizador e a postura não acumulacionista da autonomia democrática é outro ponto problemático. Ao mesmo tempo que se deve deliberar democraticamente o que constitui uma necessidade, há aquelas necessidades cuja satisfação está além da autoprodução e que, inevitavelmente, levantam duas questões: se são consideradas coletivamente legítimas e quanto excedente deve ser "acumulado" para atendê-las. Mais importante ainda, novas e significativas dificuldades podem surgir da escalada da violência armada e política do Estado turco, contra os curdos, bem como da intensificação da difusão das relações capitalistas na região. No entanto, o que permitiu e continua a sustentar esse projeto são as redes de solidariedade encontradas em meio ao povo do Curdistão. Ainda que o coletivismo, a partilha e a solidariedade sempre tenham sido códigos culturais marcantes, a história coletiva de luta fortaleceu consideravelmente essas redes. Elas, por sua vez, serviram como base para a organização de uma economia democrática autônoma. Nesse sentido, o compromisso e a organização solidária do povo curdo são uma oportunidade inestimável.

Referências

AKBULUT, Bengi. "Commons against the Tide: The Project of Democratic Economy". *In*: ADAMAN, Fikret; AKBULUT, Bengi & ARSEL, Murat (orgs.). *Neoliberal Turkey and Its Discontents: Economic Policy and the Environment under Erdoğan*. Londres: IBTauris, 2017.

ASLAN, Azize. "Demokratik özerklikte ekonomik özyönetim: Bakûr örneği", *Birikim*, n. 325, p. 93-8, maio 2016.

COOPERATION IN MESOPOTAMIA. Disponível em: https://mesopotamia.coop/.

MADRA, Yahya M. "Democratic Economy Conference: An Introductory Note", *South Atlantic Quarterly*, n. 115, p. 211-22, 2016.

ÖCALAN, Abdullah. *Manifesto for a Democratic Civilization*, v. 1: *Civilization: The Age of Masked Gods and Disguised Kings*. Porsgrunn: New Compass Press, 2015.

Economia popular, social e solidária

Natalia Quiroga Díaz

Palavras-chave: economia popular, economias não capitalistas, solidariedade, economia latino-americana

---

Na América Latina, a economia popular surgiu como uma preocupação acadêmica na década de 1980, em resposta ao amplo uso do conceito de informalidade proposto em 1972 pela Organização Internacional do Trabalho (OIT) e por instituições acadêmicas e governamentais. Esse conceito foi criado para explicar a persistência do trabalho não remunerado e suscetível de modernização. No entanto, em termos mais abrangentes, a economia popular já existia há muito tempo, particularmente, embora não exclusivamente, em múltiplas formas persistentes de organização econômica, social e cultural indígenas.

Nas décadas seguintes, as políticas neoliberais aprofundaram as desigualdades sociais e o agravamento das condições de vida da população. Nesse contexto, e com forte influência marxista, surgiu um conceito polissêmico de economia popular. Baseia-se na premissa de que a organização básica da economia popular não é o pequeno empreendimento, mas a unidade doméstica, a partir da qual as pessoas desenvolvem estratégias de trabalho, remunerado ou não, com o objetivo de satisfazer suas necessidades. Desse modo, o conceito põe em evidência o trabalho de reprodução social realizado de várias formas e predominantemente por mulheres.

NATALIA QUIROGA DÍAZ é economista formada pela Universidade Nacional da Colômbia, especialista em planejamento e desenvolvimento regional pela Universidade dos Andes, também na Colômbia, e mestra em economia social e solidária pela Universidade Nacional General Sarmiento, em Buenos Aires, na Argentina. É coordenadora do grupo de trabalho de economia feminista emancipatória do Conselho Latino-Americano de Ciências Sociais (Clacso).

É sabido que a teoria social hegemônica fragmenta a sociedade em esferas: a economia, a sociedade, a cultura e a política. Ela define *a economia* como um sistema de mercado autorregulado que, deixado por conta própria, resolverá de maneira ideal a alocação de recursos, incluindo a força de trabalho. Para pensadores críticos como Karl Polanyi, no entanto, o econômico não é autônomo, a economia está inserida na sociedade; a diversidade de laços sociais, culturais e políticos não lhe é externa, mas a constitui. A economia é, portanto, qualificada como *economia social*, uma vez que é vista da perspectiva de toda a sociedade, de acordo com o princípio ético da reprodução da vida como critério de última instância.

A economia é ainda concebida como um sistema plural de instituições, normas, valores e práticas que organizam e coordenam o processo de produção, distribuição, circulação e consumo, cujo objetivo é gerar a base material para atender a necessidades e desejos legítimos de todos, e viver com dignidade e liberdade responsável, democraticamente e em harmonia com a natureza (Coraggio, 2015). Assume assim um princípio ético inevitável que se contrapõe ao projeto mercantil e sua defesa da acumulação irrestrita à custa de outros (Hinkelammert & Mora, 2009).

A *economia social solidária* na América Latina é tanto uma maneira especial de realizar a economia cotidiana quanto um projeto de ação coletiva que contraria as tendências destrutivas do capitalismo, com a perspectiva — atual ou potencial — de construir um sistema econômico alternativo. A solidariedade se materializa na disposição de cada indivíduo ou comunidade para reconhecer os outros e salvaguardar suas necessidades sem ter de renunciar a seus próprios interesses. Implica cooperação responsável em vez de competição destrutiva, compartilhamento de recursos e responsabilidades, participação na redistribuição de riqueza e promoção coletiva de melhores formas de sociabilidade.

Para a economia social, o mercado é apenas um entre uma multiplicidade de princípios econômicos, que incluem: a divisão social do trabalho produtivo de meios de vida em intercâmbio com a natureza, autarquia ou autossuficiência, reciprocidade, distribuição/apropriação primária, redistribuição de excedentes, trocas não mercantis, formas de consumo e coordenação de todo o processo econômico. Longe de serem universais, esses eixos são únicos para cada sociedade e momento histórico.

A economia social e solidária latino-americana tem uma especificidade importante: a existência de um grande setor da economia popular que, em algumas áreas, pode envolver dois terços da demanda nacional — por exemplo, agricultores que atendem às necessidades locais de alimentos. A vitalidade dessas formas econômicas mostra que a sociedade é sustentada por várias racionalidades e relações que não têm como objetivo único o lucro.

Ao criticar a visão empreendedora e capitalista do mundo, o conceito de economia popular propõe um entendimento contextualizado da economia. Diversos estudos são fundamentais para essa perspectiva, como o de Razetto *et al.* (1983), que ressalta as contribuições dos próprios setores empobrecidos na construção de respostas aos seus problemas de subsistência por meio de uma economia popular e solidária voltada para a superação da pobreza. Coraggio (1989) examina a diversidade de formas assumidas pelo trabalho e a fragmentação imposta pelo capital, com enfoque na necessidade de superar a atomização a fim de buscar uma racionalidade reprodutiva da vida como objetivo central de uma economia capaz de produzir alternativas de transição ao capital. Quijano (1998) sugere o conceito de "polo marginal", que caracteriza a heterogeneidade estrutural, seja de atividades econômicas, seja de formas organizacionais, seja de uso e nível de recursos, de tecnologia e de produtividade. O autor sublinha que as demandas estão centradas nas condições para a autonomia reprodutiva (terra, serviços etc.), e não em condições de trabalho ou salários.

A economia popular, social e solidária mantém uma imbricação necessária com diversos movimentos sociais rurais e urbanos que lutam por terra, por habitats populares e pela economia comunitária, bem como com o movimento feminista (Quiroga, 2009). A prática de construir e sustentar uma economia diferente ocorre em um campo de conflitos não apenas sociais, culturais e políticos mas também em meio a contradições conceituais que se tornam relevantes quando chegam a formas populares de solidariedade.

O termo "economia social" também tem sido usado pelos Estados para nomear políticas assistencialistas concentradas em promover o autoemprego precário entre os pobres e os indigentes. Além disso, as atividades consideradas parte da economia solidária são, muitas vezes, medidas temporárias, acionadas apenas até a superação da crise, tendo sempre em mente o retorno à economia "moderna". Essas atividades, por um lado, não têm potencial transformacional. Por outro lado, existem, na região, experiências de políticas públicas efetivas no acompanhamento de processos de autogestão e organização da produção e reprodução em âmbitos rurais e urbanos, ampliando os espaços de institucionalização da economia para além do mercado e limitando a expansão incontrolável da lógica comercial promovida pelo neoliberalismo. A longa história de luta e organização por uma economia popular e solidária continua a confrontar o entendimento técnico da economia ao priorizar as condições materiais e simbólicas de reprodução daqueles que, no exercício de seu trabalho, produzem as condições de sua existência territorializada com outras e outros.

Referências

CORAGGIO, José Luis. "Política económica, comunicación y economía popular", *Ecuador Debate*, n. 17, p. 57-94, mar. 1989.

CORAGGIO, José Luis. "Para pensar las nuevas economías: conceptos y experiencias en América Latina". *In*: SANTOS, Boaventura de Souza & CUNHA, Teresa (orgs.). *International Coloquium Epistemologies of the South*, v. 3. Coimbra: Centro de Estudos Sociais (CES), 2015.

HINKELAMMERT, Franz J. & MORA, Henry. *Economía, sociedad y vida humana: Preludio a una segunda crítica de la economía política*. Buenos Aires: UNGS/ Altamira, 2009.

QUIJANO, Aníbal. *La economía popular y sus caminos en América Latina*. Lima: Mosca Azul Editores, 1998.

QUIROGA, Natalia. "Economías feminista, social y solidaria. Respuestas heterodoxas a la crisis de reproducción en América Latina", *Iconos: Revista de Ciencias Sociales*, n. 33, p. 77-89, 2009.

RAZETTO, Luis; KLENNER, Arno; RAMIREZ, Apolonia & URMENETA, Roberto. *Las organizaciones económicas populares*. Santiago: Ediciones PET, 1983.

Economia social e solidária

Nadia Johanisova e Markéta Vinkelhoferová

Palavras-chave: economia social e solidária, empresa social, economias não capitalistas, propriedade comunitária, economias comunitárias

---

A economia social e solidária (ESS) é um conceito abrangente, que se refere a uma gama mundial de práticas econômicas que não estão em conformidade com a lógica dominante das empresas privadas — as quais competem em mercados abstratos, a fim de maximizar os lucros para os consumidores interessados, enquanto reduzem a natureza a um recurso passivo. Em vez disso, a ESS geralmente concebe propriedades comunitárias e tomada de decisões democráticas, não hierárquicas e consensuais, bem como a cooperação mútua e a integração em um contexto social e ecológico local. A linha entre consumidor e produtor fica cada vez mais tênue. Os lucros e o interesse próprio tendem a permanecer secundários diante de preocupações maiores, como equidade e solidariedade, direito a um meio de vida digno, e também integridade e limites ecológicos.

Essas práticas podem ser tradicionais ou novas, organizadas formal ou informalmente, e podem ou não envolver transações em dinheiro. Em oposição a um entendimento

NADIA JOHANISOVA é economista ecológica na Faculdade de Estudos Sociais da Universidade Masaryk, na República Tcheca. Interessa-se por críticas da economia convencional e alternativas econômicas. É autora de *Living in the Cracks: A Look at Rural Social Enterprises in Britain and the Czech Republic* [Vivendo nas fendas: um olhar sobre as empresas sociais rurais na Grã-Bretanha e na República Tcheca] (2005).

MARKÉTA VINKELHOFEROVÁ é ativista e praticante da economia social e solidária. Trabalha para a Ecumenical Academy, organização sem fins lucrativos com sede em Praga, República Tcheca, que promove a justiça social e a sustentabilidade ambiental. É cofundadora da Fair & Bio Roastery, que conecta princípios cooperativos com comércio justo e inclusão social.

geral da economia como parte do mercado ou do Estado, elas geralmente operam em outros espaços: redes de solidariedade internacional, ecossistemas e comunidades locais, famílias estendidas, aldeias e municípios. Exemplos dessas economias "outras" e "não capitalistas" incluem trabalho recíproco, horticultura urbana, agricultura de subsistência, alguns projetos de comércio justo, projetos agrícolas apoiados pela comunidade, comercialização coletiva de artesanato por associações locais de artesãos, regimes comunais tradicionais, fábricas ocupadas por trabalhadores, cooperativas de energia renovável, algumas formas de cooperativas habitacionais e associações de autoconstrução, moedas comunitárias/sociais, cooperativas de crédito, associações de crédito rotativo e poupança, bancos sem taxas de juros, redes de assistência à infância, centros comunitários de reutilização de resíduos, cooperativas artísticas, sociedades funerárias tradicionais e muito mais.

Embora a prática da ESS seja generalizada e conhecida por muitos nomes, o conceito é relativamente novo. A Rede Intercontinental para a Promoção da Economia Social e Solidária (Ripess), composta por redes continentais da ESS, realizou sua primeira reunião em 1997, em Lima, no Peru. O conceito e o movimento ganharam força após o Fórum Social Mundial de 2001, em Porto Alegre. A Ripess apoia explicitamente alternativas econômicas ao capitalismo e ao atual modelo de desenvolvimento deficiente. O conceito (muitas vezes abreviado para "economia solidária") obtém grande parte de sua energia dos grupos de base e do apoio acadêmico na América Latina — como os trabalhos de José Luis Coraggio, no Equador, de Louis Razeto, no Chile, e de Euclides Mance, no Brasil —, bem como na França, com Jean-Louis Laville, e em outras regiões francófonas, como Quebec e alguns países da África.

Uma visão holística incluindo a tradicional e a nova ESS desafia o discurso convencional sobre o desenvolvimento, que vê o progresso econômico como um deslocamento do não monetizado ao monetizado, do comunitário ao privatizado, do localizado ao global, do artesanal ao produzido em massa. Nessa perspectiva, por um lado, as "tradicionais" economias sociais e solidárias são vistas como atrasadas, improdutivas, permanecendo, na maior parte, invisíveis. Por outro lado, algumas "novas" práticas de ESS são aclamadas como "inovações sociais", "economia social" ou "empresa social". Tais opiniões são abundantes, especialmente na União Europeia e nos Estados Unidos. De certa forma, essa atenção é bem-vinda e pode gerar um ambiente favorável de políticas e financiamento para a ESS. No entanto, existem desvantagens: esse discurso enfatiza ideias como as de comportamento do mercado, expansão, emprego remunerado, estrutura formal e "inovação", o que pode desarticular as organizações de ESS existentes, fazendo com que fiquem restritas aos conceitos econômicos convencionais; ou pode também empurrar as comunidades tradicionais e radicais da ESS para a sombra. Na pior das hipóteses, a reformulação de uma ESS como "empresa social" pode servir de desculpa para que os negócios sigam como de costume. Presume-se que as empresas sociais ofereçam empregos, atenuem a pobreza e geralmente reduzam os custos sociais do sistema, de modo que possam ser usadas para justificar e reverter os serviços sociais públicos.

Embora algumas iniciativas de ESS sejam conscientemente radicais (Conill *et al.*, 2012), muitas entidades não se veem dessa maneira. Por exemplo, os horticultores de lotes urbanos na República Tcheca se envolvem em economias não capitalistas cultivando e compartilhando seus alimentos, mas raramente notam isso como algo contrário ao sistema econômico. Da mesma forma, as comunidades cooperativas de ferreiros de Soninké, em Caedi, na Mauritânia, produzem ferramentas de metal para um mercado local, usam sucata como insumo e cultivam seus próprios alimentos, mas não são conscientemente radicais (Latouche, 2007). No entanto, podem ser vistos como parte da ESS, já que persistiram como um enclave não capitalista em um sistema econômico que destruiu a maior parte do comércio de ferreiros da África Ocidental há cem anos.

Uma visão ampliada da "economia", entendida como "as maneiras pelas quais as pessoas se organizam coletivamente para ganhar a vida e as formas pelas quais uma sociedade se organiza para (re)produzir sua vida material e bem-estar" (Dash, 2013), permite uma visão histórica e contemporânea de "outras" economias, até então marginalizadas pela corrente principal. Uma "economia moral" mais antiga foi documentada como predominante na Grã-Bretanha do século XVIII por E. P. Thompson, e no Sudeste Asiático do século XX por J. Scott. De acordo com esse éthos econômico mais antigo, todos têm direito à vida (ou aos meios de subsistência); a sustentabilidade de longo prazo tem prioridade sobre o crescimento; e o apoio econômico mútuo (a reciprocidade) é a norma. Karl Polanyi, David Graeber e outros argumentaram que esse éthos econômico prevaleceu na maior parte da história na maioria das sociedades. Os grupos da ESS podem, então, ser vistos não como meras "inovações", mas como um modo de retorno a uma economia com bússola moral, depois de se aventurar no beco sem saída da prática econômica convencional.

Embora as economias morais tradicionais possam servir de âncora e inspiração, nem todas foram democráticas e equitativas. Esse é o primeiro desafio enfrentado pela transição para a ESS. O segundo é a questão da integridade e dos limites ecológicos: a cooperação com a natureza não humana precisa de mais espaço no discurso da ESS. O terceiro desafio é a própria economia dominante, que tende a engolir a ESS por meio de economias de escala, externalização de custos e dependência da produção intensiva em capital e movida a combustível fóssil. No entanto, a ESS, enquanto prática de base duradoura e em expansão, continua sendo um pilar importante na transição para um mundo ecologicamente sábio e socialmente justo.

Referências

CONILL, Joana; CASTELLS, Manuel; CARDENAS, Amalia & SERVON, Lisa. "Beyond the Crisis: The Emergence of Alternative Economic Practices". *In*: CASTELLS, Manuel; CARAÇA, João & CARDOSO, Gustavo. *Aftermath: The Cultures of the Economic Crisis*. Oxford: Oxford University Press, 2012.

DASH, Anup. "Towards an Epistemological Foundation for Social and Solidarity Economy", *Potential and Limits of Social and Solidarity Economy*, UNSIRD/ONU, Genebra, 6-8 maio 2013.

LATOUCHE, Serge. *La otra África: Autogestión y apaño frente al mercado global*. Barcelona: Oozebap, 2007.

SOCIOECO. Disponível em: www.socioeco.org.

Economias comunitárias

J. K. Gibson-Graham

Palavras-chave: diversidade, bens comuns (*commons*), negociação ética, habitat

---

O termo "economia comunitária" denota um espaço de reflexão e ação. As economias comunitárias são compostas por práticas diversificadas, negociadas de maneira ética e que apoiam a subsistência de humanos e não humanos para construir habitats prósperos. Por meio da representação de outros mundos, aqui e agora, elas desafiam e evitam o domínio do capitalismo.

Em 1996, num mundo em que a economia capitalista passara a representar o único tipo de economia possível, a geógrafa econômica feminista J. K. Gibson-Graham propôs que a forma como a "economia" é representada restringe nossas ações para modificá-la. Com o desaparecimento do socialismo de Estado, a única resposta política parecia ser a crítica ao capitalismo e a busca por estratégias de resistência. Mas, e o projeto positivo de construir economias mais justas e sustentáveis?

Gibson-Graham apontou a incrível diversidade de práticas econômicas — tais como trabalhar, fazer negócios e realizar transações de bens e serviços — excluídas das teorias econômicas tradicionais, ou incluídas apenas como práticas subordinadas, incapazes de "impulsionar" o dinamismo econômico. Como bem sabem feministas, antropólogos e teóricos do Sul global, o trabalho não remunerado de mulheres e membros da família, agricultores de subsistência, pequenos comerciantes, cuidadores de terras indígenas e cooperativas de trabalhadores e produtores

---

J. K. GIBSON-GRAHAM é um pseudônimo compartilhado por Julie Graham, falecida em 2010, e Katherine Gibson, professora e pesquisadora do Instituto para Cultura e Sociedade da Universidade de Western Sydney, na Austrália. J. K. Gibson-Graham foi cofundadora do Community Economies Collective, que agora abriga a Community Economies Research Network, de alcance internacional.

"sustenta metade do céu". Gibson-Graham argumentou que toda uma gama de modelos econômicos estava sendo ignorada pelos interessados em mudar o mundo. E se essas diversas atividades econômicas se tornassem uma nova base para a compreensão e a ação coletivas?

A linguagem de uma "economia comunitária" foi proposta para descrever a diversidade de esforços na construção de formas mais eticamente responsáveis de negociar a sobrevivência — isto é, a satisfação de necessidades básicas — e de gerar e distribuir o excedente que permite que a vida floresça. Ao utilizar o conceito potente de "comunidade" para qualificar o termo "economia", de modo a eliminar o termo "capitalista" como primordial, Gibson-Graham procurou destacar o fato de que, apesar das diferenças sociais e culturais, a convivência é o ponto de partida para que as pessoas, "nós", comecemos a negociar e administrar nosso lar terreno, nosso *oikos*.

Em *Take Back the Economy* [Recuperar a economia], Gibson-Graham e seus colegas resumem as preocupações de uma economia comunitária na seguinte sequência de perguntas:

- Do que realmente precisamos para viver vidas saudáveis tanto material quanto psiquicamente? Como podemos sobreviver bem?
- O que fazemos com o que sobra depois de atender às nossas necessidades de sobrevivência? Como distribuímos o excedente?
- Que tipo de relacionamentos temos com pessoas e ambientes que nos permitem sobreviver bem? Como nos relacionamos com os outros à medida que procuramos sobreviver bem?
- Que materiais e energia usamos no processo de sobreviver bem? O que consumimos?
- Como podemos manter, restaurar e reabastecer os dons da natureza e do intelecto dos quais todos os seres humanos dependem? Como cuidamos de nossos bens comuns?

- Como armazenamos e usamos nossos excedentes e economias para que as pessoas e o planeta recebam apoio e se mantenham? Como forjamos futuros?

Tais perguntas guiam muitas inovações existentes, experimentos práticos e movimentos sociais que têm como objetivo tornar "outros mundos" possíveis. Pensemos nos movimentos em favor da renda básica cidadã, nas cidades em transição, na economia solidária, no Bem Viver, no comércio justo, no consumo sustentável, nos *community land trusts*,[1] nos bancos éticos e no financiamento comunitário, nas cooperativas de trabalhadores e no cuidado com a terra, para citar apenas alguns exemplos.

Em todos os lugares, há exemplos de pessoas que colocam em prática formas mais respeitosas de atender às suas necessidades e às necessidades dos outros sem prejudicar o meio ambiente ou ignorar as gerações futuras. Esses movimentos são geralmente baseados em preocupações específicas e locais em relação a pessoas, espécies e paisagens. Mas também estão conectados a coalizões que têm força política nacional e global. Considere o impacto em múltiplos níveis do movimento pelo comércio justo. Nesse caso, novos padrões protegem pessoas e meio ambiente para que não sejam prejudicados por transações de mercadorias continuamente renegociadas sob regulamentações internacionais. Pode-se também considerar a vontade comum das alianças internacionais, que levaram a acordos sobre a regulação de clorofluorcarbono, protegendo nossos bens comuns atmosféricos do buraco na camada de ozônio. A linguagem de uma economia "comunitária" — distinta da economia "capitalista" — oferece uma reformulação transformadora do que está no cerne da razão econômica. Situa no

---

1 Os *community land trusts* surgiram nos Estados Unidos, nos anos 1960, como instrumento para garantir segurança de posse de terras para populações vulneráveis. De modo geral, são modelos em que a propriedade da terra é administrada por uma pessoa jurídica sem fins lucrativos, com a gestão repartida entre a comunidade e separada da propriedade das construções. [N.E.]

primeiro plano a profunda interdependência que os humanos têm entre si e em relação aos seres não humanos, sejam eles espécies de plantas e animais, comunidades de fungos e bactérias, ou sistemas geológicos e climatológicos terrestres.

Mas é possível que a lógica das economias comunitárias supere a hegemonia do pensamento e do comportamento econômico capitalista? Um requisito prévio para essa substituição consiste em elaborar uma maneira diferente de conhecer, representar e falar sobre "realidades" econômicas. Contudo, a experimentação econômica proporciona à comunidade inspiração para o que vem a seguir. Uma crescente rede de pensadores e ativistas está agora teorizando as interações da economia comunitária. O objetivo é modelar sistemas adaptativos complexos, impulsionados não pelo capital, mas por uma negociação ética em sintonia com as necessidades do mundo "mais do que humano". Ao compartilharmos nossas capacidades, agindo e pensando juntos, estamos nos colocando em um caminho "para além do desenvolvimento" como o conhecemos hoje.

Referências

GIBSON-GRAHAM, J. K. *The End of Capitalism (As We Knew It): A Feminist Critique of Political Economy*. Oxford: Blackwell, 1996 [Ed. port.: *O fim do capitalismo como nós o conhecíamos: uma crítica feminista da economia política*. Lisboa: Instituto Piaget, 1998].

GIBSON-GRAHAM, J. K; CAMERON, Jenny & HEALY, Stephen. *Take Back the Economy: An Ethical Guide For Transforming Our Communities*. Mineápolis: University of Minnesota Press, 2013. Disponível em: https://www.communityeconomies.org/take-back-economy.

GIBSON-GRAHAM, J. K; CAMERON, Jenny & HEALY, Stephen. "Commoning as a Post-Capitalist Politics". *In*: AMIN, Ash & HOWELL, Philip (orgs.). *Releasing the Commons: Rethinking the Futures of the Commons*. Londres/Nova York: Routledge, 2016.

Ecossistemas cooperativos

Enric Duran i Giralt

Palavras-chave: movimentos populares de base, bens comuns (*commons*), economia alternativa

---

Como processo de construção de uma sociedade pós--capitalista, entendemos que um ecossistema cooperativo consiste na criação de relações cooperativas em todos os aspectos da vida, como a economia, a política, a ecologia, a cultura e as necessidades humanas. Os ecossistemas cooperativos são antagônicos ao sistema capitalista e aos Estados nacionais; seu objetivo é estabelecer e disseminar relações de solidariedade entre os participantes e, progressivamente, gerar autonomia na maior quantidade possível de esferas da vida social.

São chamados de ecossistemas porque têm como base princípios, códigos, conexões e ações que permitem que cada projeto e que todos os seres humanos envolvidos tenham à sua disposição todo o tipo de facilidades para satisfazer tantas necessidades quanto possível. Nesse esquema, cada parte tem um papel, de modo que o todo só é possível com a participação dessas partes. Dizemos que são cooperativos porque todas as iniciativas e indivíduos envolvidos se baseiam em apoio mútuo, solidariedade e equidade, gerando práticas cooperativas que se opõem às experiências competitivas que predominam nos sistemas capitalistas.

Na verdade, a frase é adotada principalmente a partir da FairCoop, que introduziu a ideia em seu lema de 2016: "Ecossistema cooperativo da Terra para uma economia justa".

Um ecossistema cooperativo pode se tornar um ponto de encontro sinérgico para diferentes modelos de economia

---

ENRIC DURAN I GIRALT é natural de Vilanova i la Geltrú, na Catalunha. É conhecido como "Robin Banks" ou "o Robin Hood dos Bancos". Ativista anticapitalista, é membro fundador da Cooperativa Integral Catalana (FairCoop) e do Bank of the Commons.

alternativa, unindo práticas com as quais qualquer uma das redes esteja de acordo. Esses ecossistemas podem funcionar local ou globalmente de forma inter-relacionada, embora coerente com seus valores, uma vez que a ação local e os processos de decisão têm autonomia.

A seguir estão alguns elementos-chave de um ecossistema cooperativo:

Abertura: um aspecto fundamental é que indivíduos, coletivos ou mesmo redes e outros processos ecossistêmicos possam desfrutar facilmente das ferramentas do ecossistema cooperativo. Essa inclusão permite que as iniciativas sejam fluidas e versáteis, sem decisões autoritárias que fechem espaços ou que gerem desavenças entre os participantes.

Assembleias e democracia direta: a tomada de decisões por consenso é a chave para manter o frescor do processo durante os estágios iniciais de desenvolvimento. No longo prazo, é possível que um processo bem-sucedido necessite da introdução de uma votação, devido à saturação dos espaços participativos, mas é importante que, nos anos iniciais, o consenso seja o caminho para decidir sobre questões comuns. O consenso evita a tentação de conceder o privilégio da tomada de decisão apenas àqueles que são registrados e, assim, iniciar um conflito relacionado a âmbitos diversos ou à representação dos setores.

Construção dinâmica: é importante que a interação entre meios e fins seja fluida e flexível. Não podemos desenvolver uma transição para a mudança sem uma ideia compartilhada a respeito da direção dessa mudança. É necessário ter um plano, mesmo que ele se modifique a cada assembleia. Um plano futuro não pode ser um documento intocável, porque isso tiraria a liberdade e o poder constituinte daqueles que o estão construindo e aprendendo no processo. Desse modo, as práticas presentes e a teoria que nos leva a elas interagem e se transformam ao longo do tempo.

Autogestão sustentável do processo de transição: a construção de uma série de instituições e capacidades produtivas requer investimento em materiais, tempo, experimentação e aprendizagem. No caso das cooperativas econômicas, os custos advindos de erros podem significar uma despesa econômica significativa antes de gerar renda suficiente para recuperar esses custos. Para cobrir essa diferença entre receitas e despesas geradas pelo processo produtivo — e sem depender de atores externos, como o Estado ou a empresa capitalista, que poderiam desvirtuar o projeto —, precisamos ter, desde o início, uma ideia clara e criativa para acessar recursos. Podem ser exemplos de aprendizagem a experiência de desobediência econômica em relação às instituições políticas para reinvestir o dinheiro dos impostos em autonomia comunitária, como o fez a Cooperativa Integral Catalana [Cooperativa integral català], ou a recuperação do valor de uma criptomoeda como a FairCoin, uma moeda digital, apoiada por um movimento global cooperativo de base, com a finalidade de prover o desenvolvimento da FairCoop.

No entanto, para que esses processos de transição funcionem, precisamos de ferramentas estratégicas, como as seguintes *ferramentas autônomas*:

Mercado social: a confusão habitual entre mercado e capitalismo tornou historicamente difícil, dado o antagonismo em relação ao sistema neoliberal, debater de maneira construtiva qual poderia ser o papel de um mercado no desenvolvimento de alternativas. Um mercado com valores relacionados ao processo que está sendo construído tem um papel muito importante para gerar relações de cooperação entre diversas comunidades, tanto em nível local quanto no comércio entre diferentes regiões, considerando a prioridade dos circuitos locais, para que estejam em consonância com a natureza. A criação de processos de distribuição de recursos fora dos mercados exige um grande consenso dentro da comunidade política. Um mercado permite que, sempre que tal consenso não exista, os participantes ainda assim possam satisfazer as diversas necessidades cotidianas de materiais e serviços. Um mercado justo ou social pode ter muitas formas, desde uma rua até uma plataforma on-line.

Moeda: a moeda foi uma das principais invenções da história, permitindo que construíssemos sociedades complexas nas quais a troca de produtos e serviços pode se realizar de maneira rápida e eficiente entre pessoas desconhecidas, sem a necessidade de que os participantes disponham de produtos de mesmo valor e utilidade. Ter uma ou muitas de nossas próprias moedas é um elemento-chave para as práticas cotidianas em um ecossistema cooperativo. Atualmente, além da troca, sistemas descentralizados como a tecnologia blockchain facilitam transações on-line seguras. A moeda é um importante depósito de valor que permite incorporar poupanças e investimentos como parte dos elementos estratégicos na construção de ecossistemas.

Projetos comuns e projetos autônomos: por analogia com os espaços públicos e privados presentes nos Estados modernos, os ecossistemas cooperativos têm basicamente dois tipos de relacionamentos. A maioria dos projetos é autônoma, ou seja, uma pessoa ou um grupo de pessoas toma suas próprias decisões para oferecer seus produtos ou serviços. A partir disso, geram sua própria renda e, assim, fornecem uma contribuição progressiva ao orçamento comum. A Cooperativa Integral Catalana tem aplicado essa metodologia com sucesso desde 2010.

Um projeto comum depende do processo decisório de seus participantes e está respaldado por recursos gerados por projetos autônomos. Sua função possivelmente serve para atender às necessidades dos participantes ou tem um objetivo estratégico.

Ecossocialismo

Michael Löwy

Palavras-chave: capitalismo, ecossocialismo, marxismo, consumo, necessidades autênticas, transformação qualitativa

---

O sistema capitalista não pode existir sem "desenvolvimento", "crescimento" e "expansão" ilimitados. Uma alternativa radical pós-desenvolvimentista deve, portanto, ser pós-capitalista. O ecossocialismo é um desses sistemas alternativos: uma corrente de pensamento e ação ecológica que remonta os fundamentos do marxismo, ao mesmo tempo que descarta seus vícios produtivistas. Os ecossocialistas veem tanto a lógica dos mercados quanto a lógica do autoritarismo burocrático como incompatíveis com a necessidade de salvaguardar o meio ambiente. Pensadores como Rachel Carson ou James O'Connor (Estados Unidos), André Gorz (França), Frieder Otto Wolf (Alemanha) e Manuel Sacristán (Espanha) estão entre os pioneiros do ecossocialismo. Mais recentemente, os trabalhos de Joel Kovel, John Bellamy Foster e Ian Angus contribuíram para desenvolver o argumento ecossocialista.

A racionalidade da acumulação, da expansão e do desenvolvimento capitalistas, especialmente em sua forma neoliberal contemporânea, é conduzida por um cálculo de visão limitada e está em contradição intrínseca com a racionalidade ecológica e a proteção de longo prazo dos ciclos naturais. A competição implacável, as exigências de lucratividade, a cultura do fetichismo das mercadorias e a transformação da

MICHAEL LÖWY nasceu em 1938, no Brasil, e mora em Paris desde 1969. Atualmente, é diretor emérito de pesquisa no Centre National de la Recherche Scientifique [Centro nacional de pesquisa científica] (CNRS). Tem livros e artigos traduzidos em 29 idiomas. Löwy é coautor do *The International Ecosocialist Manifesto* [Manifesto ecossocialista internacional] (2001), que escreveu com o já falecido Joel Kovel, editor da revista estadunidense *Capitalism Nature Socialism*.

economia em uma esfera autônoma não controlada pela sociedade ou pelos poderes políticos — todos esses são fatores que destroem o equilíbrio da natureza.

Uma política econômica alternativa e radical deveria se fundamentar nos critérios não monetários de necessidades sociais e no equilíbrio ecológico. A substituição da microrracionalidade da obtenção de lucros por uma macrorracionalidade social e ecológica exige uma mudança de paradigma civilizatório, que não esteja centrado apenas na produção, mas também no consumo, na cultura, nos valores e no estilo de vida.

Em uma sociedade ecossocialista, setores inteiros do sistema produtivo seriam reestruturados e novos setores seriam desenvolvidos, para que o pleno emprego fosse assegurado. No entanto, isso é impossível sem controle público dos meios de produção mediante um planejamento democrático. Decisões sobre investimento e mudança tecnológica devem ser retiradas do âmbito de bancos e empresas capitalistas para servir ao bem comum. Uma economia em transição para o ecossocialismo deveria, como diria Karl Polanyi, ser "reintegrada" ao ambiente social e natural. Um planejamento democrático significa que investimentos produtivos são escolhidos pela população, e não por "leis de mercado" ou por um politburo onisciente. Longe de ser "despótico", tal planejamento é o exercício da liberdade de uma sociedade, sua libertação da alienação e das "leis econômicas" reificadas.

O planejamento e a redução do tempo de trabalho são os dois passos mais decisivos da humanidade em direção ao que Marx chamou de "o reino da liberdade". Um aumento significativo do tempo livre é, de fato, uma condição para a participação dos trabalhadores na discussão e na gestão democrática da economia e da sociedade. A transição de um progresso capitalista destrutivo para o socialismo é um processo histórico, uma transformação revolucionária permanente da sociedade, da cultura e da subjetividade. Essa transição levaria não apenas a um novo modo de produção e a uma sociedade igualitária mas também a um "modo de vida" alternativo, a uma nova civilização ecossocialista, para além do reino do dinheiro. Tal transformação revolucionária das estruturas sociais e políticas não pode começar sem o apoio ativo a um programa ecossocialista por parte da maioria da população. O desenvolvimento da consciência socialista e da consciência ecológica é um processo no qual o fator decisivo é a experiência coletiva de luta das pessoas por meio de confrontos locais e parciais.

Alguns ecologistas acreditam que a única alternativa ao produtivismo é "parar completamente o crescimento" ou substituí-lo por crescimento negativo — o que os franceses chamam de *décroissance* [decrescimento]. Trata-se de uma redução drástica do consumo, cortando pela metade o gasto de energia à medida que os indivíduos renunciam ao aquecimento central, às máquinas de lavar e assim por diante. Os ecossocialistas enfatizam, ao contrário, uma "transformação qualitativa" da produção e do consumo, colocando um ponto-final ao desperdício monstruoso de recursos promovido pelo capitalismo, que está baseado na produção em grande escala de produtos inúteis e/ou prejudiciais, como a indústria de armamentos. Muitos dos "bens" produzidos pelo capitalismo têm obsolescência programada, são fabricados para serem descartados e rapidamente substituídos, com a única finalidade de gerar lucro. Para a perspectiva ecossocialista, o problema não é exatamente o "consumo excessivo", mas o "tipo" de consumo. Uma economia embasada na alienação mercantil e na aquisição compulsiva de pseudonovidades impostas pela "moda" é simplesmente incompatível com uma racionalidade ecológica.

Uma nova sociedade orientaria a produção para a satisfação de necessidades autênticas, a começar por aquelas que podem ser descritas como "bíblicas" — água, comida, vestuário, moradia — e por serviços públicos básicos, como saúde, educação e transporte. As necessidades autênticas são nitidamente diferentes das artificiais ou fictícias induzidas por uma indústria publicitária manipuladora. A publicidade é uma dimensão indispensável da economia de mercado capitalista, mas não tem lugar em uma sociedade em transição para o socialismo, na qual as informações sobre bens e serviços seriam fornecidas às pessoas por associações de consumidores. O teste para distinguir as necessidades autênticas das artificiais é ver se elas persistem após a supressão da publicidade.

Os ecossocialistas trabalham para construir uma ampla aliança internacional entre os movimentos de trabalhadores, ecológicos, indígenas, camponeses, feministas e outros movimentos populares no Norte e no Sul globais. Essas lutas podem levar a uma alternativa socialista e ecológica, mas não como resultado inevitável de contradições do capitalismo ou das "leis de ferro da história". Não se pode prever o futuro, exceto em termos condicionais. O que está claro, porém, é que, na ausência de uma transformação ecossocialista, ou seja, de uma mudança radical no paradigma civilizatório, a lógica do capitalismo só pode levar o planeta a dramáticos desastres ecológicos, ameaçando a saúde e a vida de bilhões de seres humanos — e talvez até mesmo a sobrevivência da nossa espécie.

Referências

ANGUS, Ian. *Facing the Anthropocene: Fossil Capitalism and the Crisis of the Earth System*. Nova York: Monthly Review Press, 2016.

BELLAMY FOSTER, John. *The Ecological Revolution: Making Peace with the Planet*. Nova York: Monthly Review Press, 2009.

KOVEL, Joel. *The Enemy of Nature: The End of Capitalism or the End of the World*. Londres: Zed Books, 2007.

LÖWY, Michael. *Ecosocialism: A Radical Alternative to Capitalist Catastrophe*. Nova York: Haymarket Books, 2015.

Ecoteologia cristã

Seán McDonagh

Palavras-chave: industrialização, desenvolvimento neocolonial, cuidado da Terra, teologia da criação, custos tecnológicos

---

O ensino social católico moderno tem suas raízes na revolução industrial da Europa. Sacerdotes como Adolph Kolping, em Colônia, Alemanha, observaram que a industrialização aumentava a miséria dos pobres. Também na Alemanha, o bispo Kettler, de Mainz, estava ciente dos impactos sociais negativos do capitalismo liberal. O papa Leão XIII desenvolveu reflexões sobre esses tópicos na *Rerum Novarum* (1891), a encíclica que criticou a exploração de operários fabris, exigindo um salário digno e o direito de formar sindicatos. Em 1967, o papa Paulo VI foi além do desenvolvimento econômico em sua revolucionária *Populorum Progressio*. Essa encíclica, também chamada *Sobre o desenvolvimento dos povos*, foi uma referência para a avaliação do desenvolvimento humano autêntico. Muitos países, especialmente no continente africano, haviam conquistado a liberdade política de seus senhores coloniais, mas, ao mesmo tempo, experimentavam o neocolonialismo dos laços econômicos de dependência com a Europa ou a América do Norte.

Quase todas as encíclicas sociais escritas no século XX e no início do século XXI são insuficientes no que diz respeito a preocupações ecológicas. O Concílio Vaticano II coincidiu

---

SEÁN MCDONAGH é padre, membro da Columban Missionaries, escritor e conferencista sobre ecologia e teologia. Atualmente mora na Irlanda, mas trabalhou por mais de vinte anos com o povo t'boli na ilha de Mindanau, Filipinas. Escreveu *To Care for the Earth: A Call to a New Theology* [Para cuidar da Terra: um chamado para uma nova teologia] (1986), um dos primeiros livros em inglês sobre teologia da criação, seguido por *On Care for Our Common Home: Laudato Si'* [Sobre o cuidado da casa comum: *Laudato Si'*] (2016).

com a publicação de *Primavera silenciosa*, de Rachel Carson (1962 [2010]), e embora tenha transformado o catolicismo de muitas maneiras, houve pouca discussão sobre a ecologia. No entanto, a parte final do debate do conselho, publicada sob o título *Constituição pastoral sobre a Igreja no mundo atual* (Papa Paulo VI, 1965), referiu-se à visão do grande místico e cientista jesuíta Pierre Teilhard de Chardin. Condenado pelo Vaticano em 1957, ele se diplomou como paleontólogo e geólogo e participou da descoberta do Homem de Pequim. Essas experiências culminaram em livros influentes, como *O fenômeno humano* e *O meio divino* (De Chardin, 2004, 2010).

O padre Thomas Berry desenvolveu o trabalho de Teilhard de Chardin em uma teologia viável da criação, especialmente em dois livros, *The Dream of the Earth* [O sonho da Terra] e *The Universe Story* [A história do universo]. Ele se propôs a definir o lugar apropriado para a humanidade na história evolucionária do universo emergente, da Terra e de toda vida no planeta. Berry argumenta que essa história, baseada em uma variedade de ciências e reflexões religiosas, deve agora se tornar um ponto de referência para a era ecológica. Para ele, a tarefa da humanidade é projetar uma nova maneira de conviver com o resto do mundo natural.

Comecei a me interessar por questões ecológicas em 1978, enquanto vivia entre o povo t'boli, nas terras altas de Cotabato do Sul, na ilha de Mindanau, Filipinas. Lá testemunhei os terríveis impactos do desmatamento. Em 1980, estudei com Thomas Berry no Riverdale Center for Religious Research [Centro Riverdale de pesquisa religiosa], em Nova York. A clareza de suas ideias sobre o "transe tecnológico" que caracteriza a cultura global me permitiu entender a causa dos desastres que eu havia visto nas Filipinas. Meu primeiro livro, *To Care for the Earth: A Call to a New Theology* [Cuidar da Terra: um chamado para uma nova teologia], foi publicado em 1986. Depois disso, ajudei a redigir a primeira carta pastoral dos bispos filipinos: *What Is Happening to Our Beautiful Land?* [O que está acontecendo com nossa linda terra?] (CBCP, 1988).

Na década de 1970, o brasileiro Leonardo Boff e o peruano Gustavo Gutiérrez lançaram as bases para a teologia da libertação. Durante os primeiros anos, os teólogos da libertação costumavam rechaçar a "teologia da criação", entendendo-a como algo típico da classe média, preocupada mais com o planeta do que com os pobres. Mas o livro de Boff, *Ecologia: grito da Terra, grito dos pobres* (1995), liga a teologia da libertação a questões ecológicas, tais como as mudanças climáticas, a extinção de espécies e o envenenamento dos oceanos e da água doce. Com foco na região amazônica, Boff traça conexões entre o destino da floresta tropical, dos povos indígenas e dos pobres, e sua obra teve um impacto extraordinário. O sacerdote australiano e teólogo sistemático Denis Edwards é outra figura que ajudou a introduzir a ecologia no solo da fé católica. Em *Ecology at the Heart of Faith* [Ecologia no coração da fé] e outros livros, Edwards ajuda o leitor comum, o pregador, o diretor espiritual, o estudante e o teólogo a derrubar os muros que muitas vezes separam o misticismo, a teologia, a profecia, a poesia e a ciência.

Em 18 de junho de 2015, o papa Francisco publicou sua encíclica *Laudato Si': Sobre o cuidado da casa comum*. Em consonância com São Francisco, seu mentor, ele faz um apelo: "O urgente desafio de proteger a nossa casa comum inclui a preocupação de unir toda a família humana na busca de um desenvolvimento sustentável e integral, pois sabemos que as coisas podem mudar" (§13). No §59, Francisco contesta os negacionistas com as seguintes palavras: "Este comportamento evasivo serve-nos para mantermos os nossos estilos de vida, de produção e consumo". De fato, a "gravidade da crise ecológica obriga-nos, a todos, a [...] paciência, ascese e generosidade, lembrando-nos sempre que 'a realidade é superior à ideia'" (§201). Ele continua: "Não há duas crises separadas [...]; mas uma única e complexa crise socioambiental" (§139). Além disso, no §48: "a deterioração do meio ambiente e a da sociedade afetam de modo especial os mais frágeis do planeta".

As tecnologias humanas causam grandes danos ao tecido da vida na Terra. Em *Laudato Si'* (§128), o papa Francisco afirma que o trabalho é uma parte necessária do significado da vida na Terra, um caminho para o crescimento, o desenvolvimento humano e a realização pessoal. Infelizmente, a história recente deixou claro que a mudança tecnológica, a automação, a robótica e o aprendizado de máquinas significam o fim do trabalho autorrealizador como o conhecemos. O desenvolvimento de inteligência artificial e Big Data levará a um grave desemprego no setor de serviços da economia. A igreja católica e outras religiões precisam começar a fazer campanha agora, com urgência, por um plano de renda básica que proteja o bem-estar dos cidadãos sob esse regime de "desenvolvimento" tecnológico.

Referências

BERRY, Thomas. *The Dream of the Earth*. San Francisco: Sierra Club Books, 1988.

BOFF, Leonardo. *Ecologia: grito da Terra, grito dos pobres*. São Paulo: Ática, 1995.

CARSON, Rachel. *Silent Spring*. Boston/Nova York: Mariner Books, 1962 [Ed. bras.: *Primavera silenciosa*. Trad. Claudia Sant'Anna Martins. São Paulo: Gaia, 2010].

CBCP — CATHOLIC BISHOPS CONFERENCE OF THE PHILIPPINES. *What Is Happening to Our Beautiful Land?* Tagaytay: CBCP, 1988. Disponível em: www.catholicsocialteaching.org.uk/wp-content/uploads/2010/11/What-is-Happening-to-our-Beautiful-Land.pdf.

DE CHARDIN, Pierre Teilhard. *Divine Milieu*. Nova York: Harper Torchbooks, 1957 [Ed. bras.: *O fenômeno humano*. Trad. José Luiz Archanjo. São Paulo: Cultrix, 2004].

DE CHARDIN, Pierre Teilhard. *The Phenomenon of Man*. Londres: Fontana Books, 1965 [Ed. bras.: *O meio divino*. Trad. Celso Marcio Teixeira. Petrópolis: Vozes, 2010].

EDWARDS, Denis. *Ecology at the Heart of Faith*. Nova York: Orbis Books, 2006.

MCDONAGH, Seán. *To Care for the Earth: A Call to a New Theology*. Londres: Chapman, 1986.

PAPA FRANCISCO I. *Carta encíclica Laudato Si': sobre o cuidado da casa co-mum*. Cidade do Vaticano: Santa Sé, 2015. Disponível em: http://www.vatican.va/content/francesco/pt/encyclicals/documents/papa-francesco_20150524_enciclica-laudato-si.html.

PAPA LEÃO XIII. *Rerum Novarum*. Cidade do Vaticano: Santa Sé, 1891. Disponível em: http://w2.vatican.va/content/leo-xiii/pt/encyclicals/documents/hf_l-xiii_enc_15051891_rerum-novarum.html.

PAPA PAULO VI. *Constituição pastoral sobre a Igreja no mundo atual*. Cidade do Vaticano: Santa Sé, 1965. Disponível em: http://www.vatican.va/archive/hist_councils/ii_vatican_council/documents/vat-ii_const_19651207_gaudium-et-spes_po.html.

PAPA PAULO VI. *Populorum Progressio*. Cidade do Vaticano: Santa Sé, 1967. Disponível em: http://www.vatican.va/content/paul-vi/pt/encyclicals/documents/hf_p-vi_enc_26031967_populorum.html.

SWIMME, Brian & BERRY, Thomas. *The Universe Story: From the Primordial Flaring Forth to the Ecozoic Era — A Celebration of the Unfolding of the Cosmos*. San Francisco: Harper Collins, 1992.

Ecovilas

Martha Chaves

Palavras-chave: ecovila, paradigmas cosmocêntricos, comunidade intencional, espiritualidade

---

As ecovilas são um movimento crescente de alternativas práticas que desafiam as visões de mundo destrutivas e centradas no homem adotadas pela maioria das sociedades modernas. Definir uma "ecovila" é uma tarefa difícil, pois o conceito está em constante evolução, tanto em sua concepção quanto em suas práticas. A definição mais atual, usada pela Global Ecovillage Network [Rede global de ecovilas], é: "uma comunidade intencional ou tradicional que utiliza processos participativos locais para integrar de maneira holística as dimensões ecológica, econômica, social e cultural da sustentabilidade, a fim de regenerar ambientes sociais e naturais".

O termo "ecovila" foi definido pela primeira vez por Robert Gilman (1991, p. 10) como um "assentamento em escala humana, no qual as atividades humanas são inofensivamente integradas ao mundo natural de modo a apoiar o desenvolvimento humano saudável, e que possa ser continuado com sucesso e indefinidamente no futuro". Esse conceito está intimamente ligado às experiências comunitárias sobre vida alternativa, desenvolvidas a partir de várias vertentes, como os movimentos de volta ao campo dos anos 1960 e 1970, predominantemente no Norte global. As raízes desses movimentos podem ser encontradas em um profundo descontentamento

MARTHA CHAVES é uma pesquisadora independente que trabalha nas fronteiras das ciências naturais e sociais por meio do grupo de pesquisa colombiano Mingas en Transición e da ONG Mentes en Transición, que promovem transições culturais e práticas para uma vida sustentável. É integrante ativa do Conselho de Assentamentos Sustentáveis das Américas (Casa), na Colômbia, e tem conexões próximas com a Universidade de Wageningen, na Holanda, e a Universidade de Quindío, na Colômbia.

com as narrativas dominantes de desenvolvimento impulsionado pela indústria no pós-guerra, e com o movimento em busca de reconexão com a natureza e de alternativas para valores materialistas e assentamentos em escala humana.

A definição de Gilman tem sido criticada como muito ambiciosa, pois descreve um estado final que poucos assentamentos alcançaram. Dawson, em vez disso, define cinco características definidoras das ecovilas:

> Iniciativas de cidadãos particulares; em que o impulso comunitário é de importância central; que buscam recuperar alguma medida de controle sobre os recursos da comunidade; que têm uma forte base de valores compartilhados, muitas vezes referida como "espiritualidade"; e que atuam como centros de pesquisa, demonstração e, na maioria dos casos, treinamento. (Dawson, 2013, p. 219)

Dawson admite, no entanto, que essa definição é mais representativa do Norte global, ao passo que a característica mais comum no Sul global é o uso do conceito de ecovila para estabelecer alianças entre atores muito diferentes, como entre comunidades tradicionais/indígenas e ONGS, governos locais e/ou moradores urbanos que buscam construir redes para aliviar a pobreza, lidar com as mudanças climáticas, lutar pela justiça socioambiental e encontrar respeito pela diversidade cultural, territorial e espiritual.

Na prática, existem muitos modelos de ecovilas: centros educacionais como Findhorn, na Escócia (quinhentas pessoas); a comunidade intencional The Farm, no Tennessee, nos Estados Unidos (duzentos residentes); e o centro de design em permacultura Crystal Waters, na Austrália (mais de duzentas pessoas). Existem também redes organizadas como Sarvodaya, com dois mil vilarejos ativos e sustentáveis no Sri Lanka; cem aldeias tradicionais no Senegal, equipadas pelo governo com técnicas aprendidas em ecovilas; e a cidade ecológica de Auroville, no sul da Índia, inspirada por Sri Aurobindo, com cerca de 2,4 mil habitantes. Existem também numerosas ecovilas de pequena escala, como a família Anthakarana (nove residentes) ou a Aldeafeliz (trinta residentes), nos Andes colombianos. Diante dessa diversidade, podemos ver como a definição clássica de ecovilas de Gilman evoluiu para se tornar mais inclusiva, englobando comunidades intencionais e tradicionais.

Embora o movimento de ecovilas seja às vezes criticado por suas tendências elitistas e isolacionistas, ocorreram, nas últimas décadas, mudanças significativas que transformaram sua identidade, seu papel e seu potencial. Cada vez mais atrelado, por meio de alianças e colaborações, a elementos mais progressistas da sociedade, o movimento de ecovilas está se ampliando para incluir outros tipos de redes e iniciativas comunitárias, ao mesmo tempo que promove o diálogo intercultural e a ação coletiva. Um exemplo é a rede do Conselho de Assentamentos Sustentáveis das Américas (Casa), que se expandiu para além do âmbito da ecovila para incluir comunidades indígenas e afrodescendentes, bem como o movimento Hare Krishna e de profissionais urbanos. Em países como Colômbia e México, os membros da rede Casa misturam conhecimentos, costumes e rituais tradicionais ao cotidiano urbano para encontrar novas e mais fortes conexões com a natureza e melhorar suas práticas de vida ecológica (Chaves, 2016).

As ecovilas são um novo tipo de movimento social, caracterizado pela diversidade de atores, por formas descentralizadas de liderança e por um genuíno esforço para viver em sincronia com a Terra. Seu ativismo é baseado no poder das redes sociais e das tecnologias de comunicação, nas quais exemplos práticos de estilos de vida com baixas emissões de carbono são hibridizados com a tecnologia moderna e os valores espirituais. As ecovilas, portanto, representam uma estratégia de transição para instigar diversos atores progressistas a visualizar paradigmas cosmocêntricos, com o objetivo de demonstrar ao público em geral a viabilidade e, de fato, a alegria que pode derivar de um estilo de vida de baixo impacto, mais próximo à natureza. Dessa forma, as ecovilas estão intimamente ligadas ao movimento de decrescimento por meio da redução da produção e do consumo, bem como aos movimentos de cidades em transição, que apresentam um modelo mais amplo de participação comunitária.

Além dos inúmeros desafios de praticar a sustentabilidade em um ambiente comunitário, uma das grandes limitações para o movimento de ecovilas é gerar maior apelo e mudanças na esfera institucional. Dado que seus valores não são orientados para o mercado nem para os setores tradicionais, sua voz é limitada diante da maioria dos governos, o que levanta a dúvida sobre até que ponto o movimento oferece uma alternativa viável ao individualismo e ao materialismo que caracterizam os mundos modernos. Além disso, pelo menos no Norte global, replicar o modelo de ecovilas tem se mostrado difícil devido aos preços da terra e às licenças. O movimento reconhece a necessidade de maior engajamento social, e seu potencial transformador tem se direcionado a centros de aprendizagem para a transição, cujas ideias, habilidades e alianças pós-desenvolvimentistas estão se infiltrando cada vez mais na sociedade.

Referências

CHAVES, Martha Cecilia. *Answering the "Call of the Mountain": Co-creating Sustainability through Networks of Change in Colombia*. Tese (Doutorado em Sociologia do Desenvolvimento e da Mudança), Universidade de Wageningen, Wageningen, 2016.

DAWSON, Jonathan. "From Islands to Networks: The History and Future of the Ecovillage Movement". *In*: LOCKYER, Joshua & VETETO, James R. (orgs.). *Environmental Anthropology Engaging Ecotopia: Bioregionalism, Permaculture, and Ecovillages*. Nova York: Berghahn Books, 2013.

GILMAN, Robert. "The Ecovillage Challenge: The Challenge of Developing a Community Living in Balanced Harmony — with Itself as Well as Nature — Is Tough, but Attainable", *In Context*, n. 29, p. 10-4, 1991.

Espiritualidade da Terra

Charles Eisenstein

Palavras-chave: ciência, espiritualidade, desenvolvimento

A espiritualidade da Terra se refere a um sistema de crenças que abrange a senciência, a sacralidade e a ação consciente da natureza e de seus seres não humanos. Ela recebe diversos nomes, que correspondem a orientações um pouco diferentes entre si, como neopaganismo, wicca, animismo ou panteísmo. Está intimamente alinhada às concepções antigas e indígenas da Natureza e, muitas vezes, conscientemente as toma emprestadas. Como escreve a antropóloga Frédérique Apffel-Marglin (2012, p. 39):

> Como o registro etnográfico das sociedades indígenas e tradicionais atesta abundantemente [...] sentimentos de gratidão, reciprocidade, responsabilidade e afins são dirigidos ao mundo não humano através dos espíritos da Terra, dos animais, das sementes, das montanhas, das chuvas, das águas e assim por diante.

A espiritualidade da Terra contrasta com a visão científica materialista de uma natureza governada por forças impessoais e povoada por animais e plantas que carecem de condição existencial plena. Portanto, deslegitima as tecnologias que subjugam e muitas vezes destroem a natureza. Se ela possui algum tipo de inteligência, não podemos mais submetê-la impunemente ao desenho humano. Se os animais, as plantas, o solo, a água, as montanhas, os rios e assim por diante são sujeitos sencientes, não podemos mais tratá-los, em sã consciência,

---

CHARLES EISENSTEIN é escritor e palestrante. Seus livros mais recentes são *Sacred Economics: Money, Gift, and Society in the Age of Transition* [Economias sagradas: dinheiro, dádiva e sociedade na era da transição] (2011) e *The More Beautiful World Our Hearts Know is Possible* [O mundo mais bonito que em nosso coração sabemos ser possível] (2013).

como instrumentos da utilidade humana. Devemos levar em conta o bem-estar, a integridade e até mesmo a dignidade de todos os seres, e não os tratar como meros "recursos".

A incompatibilidade da espiritualidade da Terra com a crença científica normativa dá margem para acusações de projeção antropomórfica. Assim como uma criança imagina que seu ursinho de pelúcia está com fome, o ambientalista hippie romântico imagina que o solo está com raiva, ou que o rio se sente insultado, ou que a montanha quer manter seu minério de ouro. No entanto, essa associação da espiritualidade da Terra com uma fantasia pueril ou com o apelo da New Age é também uma narrativa colonialista que trata as culturas indígenas sob a mesma ótica desdenhosa. Ela sugere que os povos ancestrais — que são quase unânimes em sua personificação da natureza — são como crianças, supersticiosos e epistemicamente primitivos, e, portanto, precisam ser educados de acordo com os sistemas modernos de conhecimento. Essa é uma crença fundamental para a legitimação do desenvolvimento.

Uma outra crítica acusa a espiritualidade da Terra de apropriação cultural. Entende as percepções indígenas da sensibilidade e da personalidade da natureza como meras "crenças" culturais, e não como revelações de algo real. Embora seja de fato comum que adeptos procedentes da cultura dominante tomem emprestado o traje intelectual das crenças indígenas, na tentativa de compensar suas próprias e vacilantes estruturas de significado, as visões de mundo indígenas podem conter conhecimentos essenciais ao bem-estar material e psíquico. A propagação dessas visões de mundo e de suas práticas associadas é o oposto do conceito tradicional de desenvolvimento, que afirma: "Sabemos como viver melhor do que vocês; sabemos como 'conhecer' melhor do que vocês". Hoje, os que procuram a espiritualidade da Terra sentem que outras culturas preservaram o conhecimento que buscam.

Uma terceira crítica é que os ambientalistas adeptos dessas crenças se tornam vulneráveis a acusações de serem desorientados e até mesmo à exclusão dos círculos políticos, nos quais expressões como "a consciência da floresta" são estranhas.

Embora a espiritualidade da Terra geralmente esteja de acordo com os objetivos do movimento ambientalista, e por mais que muitos ambientalistas simpatizem, individualmente, com ela, a narrativa pública em torno da proteção ambiental, sobretudo em relação às mudanças climáticas, invoca majoritariamente argumentos utilitaristas — devemos parar de destruir a natureza porque, de outra forma, coisas ruins nos acontecerão. Esses argumentos utilitaristas são facilmente enquadrados na linguagem da política pública. Infelizmente, são o primeiro passo em uma ladeira escorregadia. O próximo passo é a quantificação e a monetização dos serviços ecossistêmicos, colocando cifras na utilidade da natureza para que ela possa ser alocada de maneira ideal nos mecanismos de mercado. Está tudo bem drenar uma zona úmida aqui, se outra for restaurada ali; derrubar uma floresta aqui e replantar outra lá; até mesmo, em uma situação extrema, trocar toda a natureza por um substituto tecnológico, se for possível.

Como grande parte do desenvolvimento significou a conversão da natureza em mercadorias, a espiritualidade da Terra é, de fato, um sistema de crenças antidesenvolvimento ou pós-desenvolvimento. Ao insistir que a natureza tem um valor inerente além de sua utilidade, a espiritualidade da Terra impede a exploração capitalista normal da biosfera. Assim como é imoral matar seres humanos para extrair e vender seus órgãos, também é imoral querer destruir seres não humanos por seu valor de uso. Um corolário político fundamental da espiritualidade da Terra são os "direitos da natureza", que entraram recentemente nos códigos legais de vários países, incluindo Bolívia, Equador e Nova Zelândia (ONU, s.d.). Todos esses países têm uma forte presença indígena, mas isso não seria o suficiente para legalizar os direitos da natureza, não fosse pelo ressurgimento da espiritualidade da Terra na cultura dominante.

Em lugares "menos desenvolvidos", a espiritualidade da Terra é uma continuação ininterrupta de uma antiga visão de mundo centrada na Terra, ao passo que, no Ocidente, a linha de continuidade com um passado pagão ou panteísta é muito mais tênue depois de séculos de repressão por parte da igreja, do capitalismo e da revolução científica. Hoje, à medida que essas instituições se esgarçam, a espiritualidade da Terra ressurge como teoria e prática. É, por exemplo, um princípio fundamental para o movimento ocidental de ecovilas, como Findhorn, com sua comunicação ritual com os espíritos da natureza, e Tamera, com seu círculo de pedras, mas também Earth Haven, The Farm, a Comunidade Sirius e muitos mais. Fale com um permacultor especializado e você geralmente descobrirá que ele, e especialmente ela, privadamente adere a alguma forma de espiritualidade da Terra.

Por fim, a aparente oposição entre ciência e espiritualidade da Terra está desmoronando à luz das recentes descobertas. A inteligência das plantas, a inteligência micelial, a capacidade da água de transportar informações e a complexidade da comunicação animal dão credibilidade científica à ideia de que os não humanos têm agência subjetiva e experiência interior. E, claro, a teoria de Gaia sugere que o planeta inteiro está vivo e, embora poucos ecologistas o digam publicamente, consciente.

Mas será que esses desenvolvimentos apontam para um mundo futuro, que mais uma vez abraçaria a espiritualidade da Terra como base para a tecnologia e a relação entre os seres humanos e outros seres? Será a vez do Ocidente seguir um curso de "desenvolvimento", talvez um caminho civilizatório diferente, inspirado pelos remanescentes da visão de mundo que ele esteve prestes a extinguir?

Referências

APFFEL-MARGLIN, Frédérique. *Subversive Spiritualities: How Rituals Enact the World*. Nova York: Oxford University Press, 2012.

ONU — ORGANIZAÇÃO DAS NAÇÕES UNIDAS. "Rights of Nature Law and Policy", *Harmony with Nature*, s.d. Disponível em: http://www.harmonywithnatureun.org/rightsofnature.

Ética islâmica

Nawal Ammar

Palavras-chave: Alcorão, interdependência da criação, misericórdia, califas, moderação, *hay'a*

Os estudiosos concordam que a fonte do islã é o Alcorão ou Livro Sagrado — que, em outros termos, é a Palavra de Deus transmitida por meio do anjo Gabriel ao profeta Maomé. Ele inclui a Sunnah, ou as tradições do profeta; o Hadith, ou ditados orais atribuídos ao profeta; e os caminhos da ação diária, Shari'ah, que abarcam a jurisprudência, *fiqh*, e as escolas de Direito, *madhhab*. O Alcorão é o ensinamento mais fidedigno sobre como Deus criou a ordem da natureza. No entanto, embora a natureza deva ser respeitada como criação de Deus, está fora do reino da divindade como tal. É contra o princípio primordial do islã, o *Tawhid*, e a Unicidade de Deus atribuir santidade à natureza — animais, seres humanos e outras formas de vida.

Toda a criação de Deus é interdependente, mas depende de Deus. Os seres humanos foram escolhidos por Deus para serem protetores da Terra — não porque sejam superiores, mas sim como um desafio. Eles são califas ou administradores da Terra, mas não seus donos. Faruqi enfatiza essa proteção como um destino humano; um dever sagrado ou *ammanah* projetado para desenvolver as capacidades morais das pessoas. O desafio devocional final para os muçulmanos é passar de uma geração para a próxima as recompensas da Terra, intactas, se não melhoradas. Os humanos fazem parte da comunidade ecológica — e toda a criação deriva do mesmo elemento, a água.

NAWAL AMMAR é professora de direito e justiça e diretora da Faculdade de Ciências Humanas e Sociais da Universidade Rowan, em Nova Jersey, Estados Unidos. Publicou extensivamente sobre os temas de justiça e direitos humanos. Seu trabalho mais recente está centrado nos muçulmanos perante tribunais e em prisões.

"Não existem seres alguns que andem sobre a terra, nem aves que voem, que não constituam nações semelhantes à vossa" (Alcorão 6:38). A justiça ecológica no Alcorão significa o uso equilibrado dos recursos da Terra, a negação ativa do mal e a prática de boas ações.

Haq (2001, p. 9) argumenta que o islã "promulga o que se pode chamar de cosmologia da justiça" para lidar com o dilema humano de proteger a Terra ao mesmo tempo que dela se utiliza. O Alcorão aborda questões relativas à dignidade das pessoas com deficiência (80:1-9); aos direitos dos órfãos (93, seção inteira; 89:17-18); à honestidade na troca e na permuta (83:1-13); à condenação da ganância e da acumulação de riqueza (100:6-11); ao apelo para alimentar os pobres (89:17-23); à troca recíproca justa (11:85); à abstenção da usura (2:161); à justiça distributiva por meio da tributação (2:267); à liderança justa (88:21-22, 18:29, 4:58, 5:8, 16:90, 42:15, 38, 49:9, 13); e ao respeito pelas diferenças sociais como a vontade de Deus (10:99, 99:18). É por meio dessa cosmologia da justiça que os humanos podem cumprir seu destino como guardiões da Terra.

O islã não enfatiza o espiritual em detrimento do material, ou vice-versa, e sim os harmoniza. Não é uma religião extática que exige o desapego dos bens mundanos, mas estimula o envolvimento nos prazeres humanos. Segundo o Alcorão, "Os bens e os filhos são o encanto da vida terrena" (18:46). Em sua perspectiva social, o islã é comunitário, e não individualista; e como perspectiva natalista, não favorece a abstinência. Partes do Alcorão inclusive abordam o planejamento familiar. Na dimensão moral da obediência e do cumprimento da aliança com Deus, os muçulmanos devem aderir ao princípio do equilíbrio (42:17, 55:7-9, 57:25). Esse é o julgamento teológico para alcançar os Jardins do Céu — a moderação em tudo (2:143, 17:110, 25:67).

O judaísmo é descrito como uma religião embasada em um paradigma de justiça; o cristianismo, no amor; e o budismo, na não violência. Estudiosos como Al Idrissi sugerem que o paradigma ético do islã tem por alicerce a misericórdia como um atributo de Deus. Todavia, a dependência econômica do mundo em relação ao petróleo desmoralizou as sociedades do Oriente Médio — uma enorme lacuna de riqueza existe entre as elites e as classes mais baixas; tanto a extração de petróleo quanto a guerra estão devastando a água, os solos e os corpos; as mulheres são degradadas e privadas de direitos; as respostas terroristas ameaçam a vida cotidiana. Embora o Alcorão fale de respeito pela diversidade, inclusive pelos não muçulmanos, e da proteção do meio ambiente como um dever devocional, muitos não conseguem acatar essas normas atualmente.

Por razões históricas, a identidade islâmica tornou-se frágil. Há mais de 1,5 bilhão de muçulmanos no mundo contemporâneo, da Austrália à Groenlândia, falando mais de oitenta idiomas. Muitas dessas comunidades se encontram do lado desfavorecido da globalização pós-colonial, do desenvolvimento moderno, do racismo e da demonização. Não há uma compreensão monolítica unívoca do islã, e convém considerar que, quando existe marginalização social e educacional, a prática muçulmana é, muitas vezes, simplesmente ritualística, em vez de reflexiva. Alguns muçulmanos chegam a argumentar que, se os humanos deixam de cumprir seu destino eterno, isso reflete a vontade predestinada de Deus.

Outros versos e tradições proféticas do Alcorão impõem a seus seguidores que sejam atores intencionais de boas ações para com a comunidade humana e outras criaturas. Assim, a usura, ou *riba*, é desencorajada, enquanto o sistema fiscal ideal, ou *ẓakat*, é socialmente redistributivo, baseado na possibilidade de pagar. Entre as noções islâmicas mais progressistas, a palavra árabe *hay'a* denota uma abordagem de respeito ambiental ou reserva digna na utilização da natureza e em outros comportamentos humanos. O termo tem potencial ecoespiritual para ativistas envolvidos no diálogo inter-religioso e nos movimentos sociais. No Alcorão e nos Hadiths, *hay'a* implica respeito pelas mulheres — tradicionalmente tornadas invisíveis sob muitas interpretações locais do islã. Esse aspecto da justiça de gênero, por sua vez, está vinculado à justiça ecológica, onde quer que a questão populacional seja uma preocupação.

Referências

AL FARUQI, Ismail R. & AL FARUQI, Lois Lamya. *The Cultural Atlas of Islam.* Nova York: Macmillan, 1986.

AL IDRISSI, A. "The Universality of Mercy in Islam", *Portada*, n. 273, p. 1-15, 2004.

ALI, Abdullah Yusuf. *Holy Qur'an Translation.* Brentwood: Amana Corporation, 1989.

AMMAR, Nawal H. "An Islamic Response to the Manifest Ecological Crisis: Issues of Justice". *In:* COWARD, Harold & MAGUIRE, Daniel C. (orgs.). *Visions of a New Earth: Religious Perspectives on Population, Consumption, and Ecology.* Albany: State University of New York Press, 2000.

HAQ, S. Nomanul. "Islam and Ecology: Toward Retrieval and Reconstruction", *DAEDALUS: Journal of the American Academy of Arts and Sciences,* v. 130, n. 4. p. 141-77, 2001.

KHALED, Fazlun & O'BRIEN, Joanne. *Islam and Ecology.* Nova York: Cassell, 1993.

Felicidade interna bruta no Butão

Julien-François Gerber

Palavras-chave: desenvolvimento alternativo, indicador alternativo, Butão

---

A felicidade interna bruta (FIB) é uma noção controversa no Butão. Abrange diferentes interpretações e implementações, que são mais ou menos radicais. Para algumas pessoas, a FIB é um "crescimento verde" definido de modo vago e/ou uma marca que se adequa segundo a ocasião — uma posição que eu chamo de "FIB comercial". Para outras, a FIB é um novo indicador holístico que deve substituir o produto interno bruto (PIB) na orientação das políticas de desenvolvimento — uma posição que eu chamo de "FIB limitada" (Ura *et al.*, 2012). E, para outras mais, a FIB não é apenas um novo indicador como também uma filosofia de florescimento social que integra as necessidades exteriores e interiores, e que busca a suficiência em relação ao crescimento econômico, uma vez que se satisfaçam as necessidades básicas de todos — uma posição que eu chamo de "FIB profunda" (Governo Real do Butão, 2013). Atualmente, parece que a "FIB comercial" tende a dominar a arena de tomada de decisões. Mas, de modo geral, as políticas do Butão são o resultado dessas diferentes forças em jogo (Hayden, 2015).

Entre as políticas do Butão orientadas pela FIB, podem-se citar educação gratuita e assistência médica para todos; restrições severas aos investimentos estrangeiros; rejeição à integração na Organização Mundial do Comércio (OMC); veto à publicidade de rua; pesados impostos sobre importações de automóveis; limites ao turismo de massa e proibição do alpinismo; rigorosas normas

---

JULIEN-FRANÇOIS GERBER é professor de meio ambiente e desenvolvimento no Instituto Internacional de Estudos Sociais em Haia, Holanda. Anteriormente, lecionou no Sherubtse College, em Kanglung, Butão, por um ano. Suas pesquisas são centradas em antropologia econômica, ecologia política e economia heterodoxa.

culturais para a arquitetura e o vestuário oficial; metade do país sob áreas protegidas; cobertura florestal de 60% segundo a Constituição; distribuição de terras para agricultores sem terra; e predisposição para chegar a 100% de agricultura orgânica. Embora os setores pró-modernização da sociedade butanesa pressionem contra a implantação dessas políticas, parece haver, até agora, um amplo apoio público a elas.

A expressão "FIB" foi cunhada pelo quarto rei na década de 1970. Quando um jornalista perguntou a ele qual era o PIB do Butão, ele respondeu: "Não estamos preocupados com o produto interno bruto; nós nos importamos com a felicidade interna bruta". Essa resposta pode ter sido uma reminiscência de um código legal do Butão de 1729, que declara: "Se o governo não pode criar felicidade para seu povo, não há propósito para o governo existir" (Ura *et al.*, 2012).

O conceito moderno de FIB, no entanto, foi formulado mais tarde, durante o turbulento período da década de 1990. Por um lado, a situação interna do Butão era extremamente tensa. As elites ngalop (Butão Ocidental) rechaçavam outros grupos linguísticos e culturais do país — como o lhotshampa (sul do Butão), o sharchop (Butão Oriental) e também os tibetanos —, a ponto de se explodir uma crise violenta que levou ao estabelecimento de campos de refugiados de lhotshampa no Nepal. Por outro lado, a situação externa do país também era complicada. Suas dívidas com a Índia estavam aumentando à medida que o país vizinho se tornava neoliberal. Como o governo butanês via os múltiplos impactos negativos do neoliberalismo, havia uma necessidade urgente de um discurso alternativo. Surgiu, então, a ideia da FIB: em parte como uma forma de resistência ao neoliberalismo e, em parte, talvez, como uma forma de aliviar várias feridas internas.

A felicidade interna bruta assume muitas formas. Examinaremos brevemente duas formas de "FIB limitada" e duas de "FIB profunda". Em primeiro lugar, o índice FIB como um novo indicador integrado foi desenvolvido em meados dos anos 2000, sob a liderança de Karma Ura, do Centro de Estudos do Butão. Ele abrange nove domínios: padrões de vida, educação, saúde, meio ambiente, vitalidade da comunidade, uso do tempo, bem-estar psicológico, boa governança, resiliência e promoção cultural. São medidos por 33 indicadores. Até então, esses indicadores foram utilizados em uma pré-pesquisa (2006) e em três pesquisas completas em todo o país (2008, 2010, 2015). Sua finalidade é medir o bem-estar de maneira holística, a fim de avaliar sua evolução e orientar devidamente a tomada de decisões. Curiosamente, o índice FIB inclui um "limiar de suficiência" para cada indicador. Esses limiares são valores de referência de quanto é suficiente para uma "vida boa" e são baseados em padrões internacionais ou nacionais, em julgamentos normativos ou no resultado de reuniões participativas. Por exemplo, os cidadãos que trabalham mais de oito horas por dia são considerados privados de tempo e com déficit de suficiência.

Em segundo lugar, a Ferramenta de Avaliação de Políticas do índice FIB foi projetada para ajudar a Comissão do FIB. É um órgão poderoso que orquestra o processo de planejamento da economia do Butão na avaliação de políticas e projetos por seus impactos em 22 variáveis que refletem os nove domínios mencionados anteriormente. Essa ferramenta desempenhou um papel significativo na rejeição do Butão à filiação à OMC, bem como na exploração limitada de reservas minerais.

Como exemplos de "FIB profunda na prática", pode-se mencionar a Iniciativa Samdrup Jongkhar (SJI), lançada em 2010, em uma área rural negligenciada do país, por um professor religioso progressista, Dzongsar Jamyang Khyentse Rinpoche. A SJI passou a ser liderada por uma mulher influente da região, Neten Zangmo, e desde o começo se pretende uma iniciativa de baixo para cima, expansível para todo o país. Seu objetivo é estabelecer a soberania alimentar e a autossuficiência com base na agricultura orgânica, protegendo o meio ambiente com uma campanha de desperdício zero, fortalecendo as comunidades, promovendo a educação de jovens e o envolvimento dos cidadãos na tomada de decisões.

Outro exemplo de "FIB profunda" poderia ser o treinamento em Valor Humano Universal — notavelmente coerente com aspectos da ética budista e da psicologia profunda —, oferecido em todas as organizações de educação superior do país. O treinamento dura vários dias e oferece um método sistemático que incentiva os participantes a compreender melhor a si mesmos e seu relacionamento com os outros e com o meio ambiente. Pretende mostrar como a compreensão e os sentimentos corretos dentro de cada pessoa, o destemor na sociedade e a convivência com a natureza são fundamentais para a harmonia e, portanto, para a "felicidade". Infelizmente, existe uma confusão muito enraizada, visto que se argumenta que o dinheiro e a acumulação de bens materiais são centrais, o que leva a várias formas de dominação, medo e exploração.

A partir da perspectiva do pós-desenvolvimento, pode-se dizer que a principal contribuição original da FIB — e talvez também seu maior desafio — é incorporar questionamentos existenciais "interiores", relacionados à psicologia e à espiritualidade. Em uma época em que a maioria dos problemas "exteriores" urgentes é relativamente bem compreendida por muitas pessoas, as interrogações "interiores" — como as que dizem respeito a "necessidades reais", "realização existencial", "falsa consciência" e "condicionamento social" — são muito mais complexas e em grande parte subestimadas, mas são essenciais para a pesquisa e a ação eficazes. Há uma necessidade crucial de mais compreensão interna no ativismo radical.

Referências

GOVERNO REAL DO BUTÃO. *Happiness: Towards a New Development Paradigm.* Thimphu: Governo Real do Butão, 2013.

HAYDEN, Anders. "Bhutan: Blazing a Trail to a Postgrowth Future? Or Stepping on the Treadmill of Production?", *Journal of Environment Development*, v. 24, n. 2, p. 161-86, 2015.

URA, Karma; ALKIRE, Sabina; ZANGMO, Tshoki & WANGDI, Karma. *An Extensive Analysis of GNH Index.* Thimphu: The Centre for Bhutan Studies, 2012.

Feminismos da América Latina

Betty Ruth Lozano Lerma

Palavras-chave: feminismos latino-americanos, eurocentrismo, modernidade, decolonialidade

---

Os feminismos latino-americanos são uma grande força transformadora que trabalha contra as relações patriarcais na América Latina e no Caribe, e sobre os quais se pauta a pergunta do que significa pensar e se construir como mulher no continente. Desde o final do século XIX, a busca profunda das mulheres pela transformação da sociedade se manifestou por meio de movimentos socialistas e anarquistas de mulheres, rebelando-se contra o capitalismo, o patriarcado, a repressão do Estado e da família e a coerção da Igreja, apropriando-se do lema "Nem deus, nem chefe, nem marido" e criando outros, como "Democracia no país, em casa e na cama", cunhado pelas chilenas Julieta Kirkwood e Margarita Pisano. A agenda feminista também inclui contribuições discursivas e práticas políticas de mulheres cujas demandas eram sobretudo reivindicações pelo direito ao voto, à educação e à igualdade perante a lei, o que configurava um feminismo liberal e eurocentrista nas primeiras décadas do século XX. Desde então, a história dos feminismos latino-americanos é o confronto de diversas expressões feministas com o feminismo liberal modernizante, um enfrentamento que hoje se aprofunda com o surgimento potente de vários outros feminismos.

Para falar de feminismo nesse continente, é imperativo reconhecer as lutas das indígenas, negras, mestiças e camponesas contra a submissão desde a Conquista, em 1492, e os tempos

---

BETTY RUTH LOZANO LERMA é socióloga e mestra em filosofia pela Universidade do Vale, em Cali, Colômbia, e doutora em estudos culturais latino-americanos pela Universidade Andina Simón Bolívar, em Quito, Equador. É ativista do feminismo negro decolonial e, atualmente, diretora de pesquisa da Fundación Universitaria Bautista em Cali.

coloniais, como fizeram centenas de mulheres negras escravizadas que, além de se aquilombar, processaram seus senhores. É necessário reconhecer que mulheres de todas as etnias e origens participaram de campanhas pró-independência contra o domínio colonial, na construção das repúblicas e em lutas revolucionárias do século xx, sem que isso necessariamente transformasse sua situação subordinada.

Embora o feminismo faça parte do pensamento crítico moderno, várias expressões do feminismo latino-americano questionam a modernidade, promovendo um afastamento epistêmico do conhecimento europeu, a fim de pensar as complexas relações hierárquicas de dominação que estão entrelaçadas na matriz colonial de poder. Mulheres negras, indígenas, da classe trabalhadora e lésbicas questionam a "mulher universal" do feminismo liberal moderno — ocidental, hegemônico, capitalista, burguês e branco —, porque esse conceito é desprovido de reflexão sobre as desigualdades existentes entre as mulheres, sobre a heteronormatividade e sobre o colonialismo na construção de gênero nas Américas. Segundo essas perspectivas, o feminismo liberal responde à ontologia e à episteme históricas dos Estados Unidos e da Europa, e não da América Latina.

A reconfiguração do feminismo latino-americano vem de uma variedade de espaços de mulheres: coletivos artísticos com agendas feministas, lésbicas, ativistas de um feminismo "Outro", feminismos populares, feminismo comunitário boliviano, comunidade xica guatemalteca, feminismo autônomo, feminismo negro e antirracista, feminismo de(s)colonial, teologia feminista da libertação, ecofeminismo e movimentos sociais em defesa do território e da Mãe Terra liderados por mulheres negras, indígenas e camponesas. Muitos vão além das críticas à modernidade ocidental e ao desenvolvimento ao propor a superação da modernidade patriarcal capitalista. Consideram que ser mulher é indissociável da defesa do território como lugar para *ser* e seguir *sendo* mulheres e povo.

Embora os feminismos latino-americanos tenham bebido de fontes feministas europeias e norte-americanas, eles possuem conteúdos próprios que reconfiguram a teoria feminista e problematizam os conceitos de gênero, patriarcado, desenvolvimento, colonialidade do poder, bem como incorporam a racialidade à análise do poder. Questionam a noção de gênero pela perspectiva das epistemes ameríndias e afrodescendentes, em franco debate com a visão feminista liberal, que interpreta as culturas ancestrais como mais opressivas para as mulheres e propõe a ocidentalização como caminho para o empoderamento de gênero. As vertentes feministas decoloniais alegam que gênero e heterossexualidade devem ser entendidos historicamente. Afirmam um entrelaçamento indissolúvel das múltiplas opressões que denominam interseccionalidade, matriz de dominação, fusão, coconstituição, sobrecruzamento e multiplicidade de opressões. Mulheres negras e indígenas usam outras categorias além de raça, gênero, classe e sexualidade; incluem história ou memória longa, território e direitos coletivos.

Esses complexos feminismos latino-americanos propõem uma dupla crítica ao questionar tanto o patriarcado ocidental como a subordinação de mulheres e pessoas não heterossexuais nas culturas indígenas e afrodescendentes. Afirmam a existência de um patriarcado pré-hispânico, dando origem a conceitos como "patriarcado original ancestral" e "patriarcado de baixa intensidade", que, a partir do contexto colonial, teriam produzido um "entronque de patriarcados" e, para o caso afrodescendente, um "patriarcado colonial negro", como mostro em *Tejiendo con retazos de memorias* [Tecendo com retalhos de memórias]. Esses feminismos propõem a despatriarcalização dos legados e das cosmovisões ancestrais que subordinam a Pacha Mama "feminina" aos corpos celestes do universo "masculino". Questionam o essencialismo étnico que não se opõe à norma heterossexual. Ressaltam a necessidade de resolver as desigualdades dentro de cada cultura, para que o pluriverso inclua histórias, sujeitos e experiências que transcendam o universalismo abstrato da cultura ocidental e a visão moderna eurocêntrica.

Os movimentos de mulheres na América Latina estão transformando radicalmente suas sociedades. Trabalham em prol da descolonização e da despatriarcalização, entrelaçando o comunal, o ambiental e o espiritual. Contribuem para criar outros mundos a partir de ontologias que reivindicam a vida para além do desenvolvimento. Por meio de suas múltiplas práticas, estão construindo as sociedades pós-patriarcais do presente.

Referências

ESPINOSA, Yuderkis; GÓMEZ, Diana & OCHOA, Karina (orgs.). *Tejiendo de otro modo: Feminismo, epistemología y apuestas descoloniales en AbyaYala.* Popayán: Universidad del Cauca, 2014.

FEMINISMO COMUNITARIO. Chiapas: Koman Ilel, 2015. Disponível em: www.youtube.com/watch?v=C6l2BnFCsyk.

GARGALLO, Francesca. *Las ideas feministas latinoamericanas.* Cidade do México: Universidad Autónoma de la Ciudad de México, 2006.

LOZANO, Betty Ruth. *Tejiendo con retazos de memorias insurgencias epistémicas de mujeres negras/afrocolombianas. Aportes a un feminismo negro decolonial.* Tese (Doutorado em Estudos Culturais Latino-Americanos), Universidade Andina Simón Bolívar, Quito, 2016.

Feminismos do Pacífico

Yvonne Underhill-Sem

Palavras-chave: Carta Feminista do Pacífico, LGBTQIA+, relações de poder baseadas no gênero, ilhas do Pacífico

---

As feministas do Pacífico, que assim se identificam, continuam a fazer publicamente a simples pergunta: "e quanto às mulheres e à desigualdade de gênero?". A luta para defender seus direitos e garantir serviços para mulheres e meninas, sem esquecer as pessoas que não se ajustam a critérios convencionais de gênero, continua vigente, porque a desigualdade de gênero no Pacífico é uma experiência cotidiana. E segue acontecendo, apesar da existência de "femocratas", de ministérios de mulheres e dos processos de denúncia da Convention on the Elimination of all Forms of Discrimination Against Women [Convenção sobre a eliminação de todas as formas de discriminação contra as mulheres] (CEDAW). A tradição e a cultura no Pacífico alimentam os processos de exclusão e controle das mulheres de maneira sistemática e constante. Consequentemente, tragédias individuais e coletivas perduram, incluindo violência sexual cotidiana, assassinatos por feitiçaria, gravidez indesejada, intimidação e bullying, distribuição injusta de recursos e assim por diante.

O resultado é uma manifestação plural do feminismo do Pacífico — de feministas autodeclaradas e socialmente identificadas até aquelas cujas práticas de reprodução social estão alinhadas com a manutenção de meios de subsistência que não ignoram a justiça de gênero. O movimento feminista do Pacífico inclui grupos LGBTQIA+ radicais (Haus of Khameleon), coletivos intelectuais (DAWN Pacific), defensores articulados de forma criativa (DIVA for Equality), defensores corajosos e qualificados dos direitos humanos (Voice for

YVONNE TE RUKI-RANGI-O-TANGAROA UNDERHILL-SEM é professora associada de estudos de desenvolvimento na Escola de Ciências Sociais da Faculdade de Artes da Universidade de Auckland, na Nova Zelândia.

Change), legisladores e formuladores de políticas dedicados (Regional Rights Resources Team), organizações feministas de direitos humanos (Fiji Women's Rights Movement), organizações de base juvenil (Pacific Youth Council), entre outros.

Em meio à diversidade cultural dos povos que habitam a região do Pacífico, a política da indigeneidade acrescenta outras complexidades. Contudo, em termos de relações de poder de gênero, o privilégio patriarcal prevalece em detrimento das mulheres, independentemente do tom de sua pele, da superioridade de suas habilidades ou conhecimentos, da qualidade de sua educação ou de seu potencial de liderança.

Em novembro de 2016, a Charter of Feminist Principles for Pacific Feminists [Carta de princípios feministas para feministas do Pacífico] foi lançada no Inaugural Pacific Feminist Forum [Fórum feminista inaugural do Pacífico], em Fiji. A carta foi livremente inspirada na African Feminist Charter [Carta feminista africana], mas foi possível sentir seu sabor do Pacífico, pois as feministas da Oceania reconheceram nossos laços comuns entre o mar (*wansolwara*), a terra (*vanua*) e os ancestrais (*tauanga*). Essa iniciativa se baseou em sentimentos ancestrais importantes de igualdade de gênero, mas também desafiou os difundidos sistemas de liderança contemporâneos que privilegiam os homens.

O progresso da carta sinaliza uma nova tentativa de organização por meio de diversas linhas, de modo a desafiar os privilégios patriarcais históricos e as novas (porém assimétricas) relações de poder baseado no gênero. A carta ressalta uma força fundamental do movimento feminista do Pacífico: suas raízes nas lutas contemporâneas por justiça social e suas diversas manifestações. Ela fornece um impulso adicional à mudança, ao lado, por exemplo, da Pacific Feminist Sexual and Reproductive Health and Rights Statement [Declaração de direitos e saúde sexual e reprodutiva feminista do Pacífico], de 2013, e da Pacific Women's Network Against Violence Against Women [Rede de mulheres do Pacífico contra a violência contra as mulheres]. A lógica que sustenta esses esforços é moldada por uma política de conhecimento, práticas afetivas pessoais e uma crença compartilhada de que a igualdade de gênero no Pacífico é imperativa.

Os povos do Pacífico há muito enfrentam a devoção violenta, cada vez mais militarizada e profundamente dogmática aos processos capitalistas globais de acumulação exploradora, que aprofundam a desigualdade de gênero. As feministas do Pacífico desenvolveram práticas de aliança radical (Fiji Women's Forum [Fórum das mulheres de Fiji]), um compromisso difícil, mas respeitoso (Kup Women for Peace in Papua New Guinea [Mulheres kup pela paz na Papua Nova Guiné]), criatividade considerável (Women's Action for Change [Ação das mulheres pela mudança]) e fervorosa coragem diante da guerra civil (Nazarene Rehabilitation Centre [Centro de reabilitação nazarena]).

O feminismo do Pacífico tem raízes profundas nas lutas pela justiça social. Na década de 1960, a Young Women's Christian Association in Fiji [Associação cristã de moças em Fiji] fez campanha por sistemas tributários e salários justos. Na década de 1970, o East Sepik Council of Women [Conselho das mulheres do Sepik Oriental] forneceu programas de nutrição em plantações de palma. As feministas do Pacífico também reconheceram a importância de trabalhar regionalmente para desafiar os vestígios do colonialismo, tais como a continuação dos testes nucleares, a intensificação das indústrias extrativistas e a escassez de vozes de mulheres nos parlamentos nacionais. Infelizmente, nesses desafios regionais, as relações de poder baseadas no gênero sucumbem muito facilmente à liderança e aos privilégios patriarcais, independentemente das boas intenções de alguns poucos e da retórica de muitos outros.

O feminismo surgiu de maneiras diferentes, em épocas e lugares distintos. Em Fiji, o feminismo baseado em direitos, da Década Internacional das Mulheres (1980), superou em grande medida a Pan-Pacific South East Asia Women's Association [Associação pan-pacífica das mulheres do Sudeste Asiático], criada para apoiar projetos coloniais imediatos. Mais tarde, o feminismo baseado em direitos deu lugar à criação de uma rede de organizações, como o Fiji Women's Crisis

Centre [Centro de crise das mulheres de Fiji], o Punanga Tauturu, nas Ilhas Cook, o Women and Children's Crisis Centre [Centro de crise de mulheres e crianças], em Tonga, o Vanuatu Women's Center [Centro de mulheres de Vanuatu] e o Women United Together Marshall Islands [Mulheres unidas das Ilhas Marshall]. Alguns deles reorientaram suas atividades para projetos de paz e democracia, como em Fiji, após o golpe de Estado, e no estabelecimento do Governo Autônomo de Bougainville, na Papua Nova Guiné.

No Pacífico, pessoas que não se ajustam aos critérios convencionais de gênero e mulheres que não têm filhos biológicos são reconhecidas social e culturalmente pelas contribuições que dão à educação das crianças. Esse reconhecimento questiona as relações de poder assimétricas, que são basicamente de gênero. Na carta, o feminismo do Pacífico abraça essa diversidade de pessoas, com referência explícita às LGBTQIA+ e às mulheres jovens. Além disso, as mulheres de fé, que desempenharam papéis fundamentais na construção da paz, também apoiam os pedidos de descriminalização tanto das pessoas LGBTQIA+ quanto do aborto.

Como conceito de organização política, o feminismo do Pacífico ainda é fraco, prevalecendo o ceticismo sobre sua importância. Os motivos incluem a insistência pós-colonial em rejeitar conceitos alheios ao Pacífico ou "ocidentais" e a crescente influência de ideologias conservadoras inspiradas na fé e seu igualitarismo de gênero tradicional, bem como ignorância pessoal, misoginia e malícia.

A clara ambição dos que assinam a carta é uma mudança que defenda os direitos das mulheres, das meninas e de quem não se ajusta a critérios convencionais de gênero, para que possamos ter "uma vida plena para nós e para nossas comunidades do Pacífico". Essa ainda é uma ambição radical, mas, com a carta, uma ambição com impulso renovado.

Referências

EMBERSON-BAIN, Atu (org.). *Sustainable Development or Malignant Growth? Perspectives of Pacific Island Women*. Suva: Marama Publications, 1994.

MISHRA, Margaret. "A History of Fiji Women's Activism (1900-2010) Repository USP", *Journal of Women's History*, v. 24, n. 2, p. 115-43, 2012.

PACIFIC FEMINIST FORUM. "Charter of Feminist Principles for Pacific Feminists", dez. 2016. Disponível em: http://www.fwrm.org.fj/images/PFF/PFF-Charter-Final-2Dec2016.pdf.

SLATTER, Claire & UNDERHILL-SEM, Yvonne. "Reclaiming Pacific Island Regionalism: Does Neo-Liberalism Have to Reign". *In*: D'COSTA, Bina & LEE-KOO, Katrina (orgs.). *Gender and Global Politics in the Asia-Pacific*. Nova York: Palgrave McMillan, 2009.

TEAIWA, Teresia & SLATTER, Claire. "Samting Nating: Pacific Waves at the Margins of Feminist Security Studies", *International Studies Perspectives*, v. 14, n. 4, p. 447-50, 2013.

UNDERHILL-SEM, Yvonne. "Contract Scholars, Friendly Philanthropists, and Feminist Activists: New Development Subjects in Oceania", *Third World Quarterly*, v. 33, n. 6, p. 1095-112, 2012.

Floresta viva: *Kawsak Sacha*

Paty Gualinga

Palavras-chave: floresta, *yachaks*, Pacha Mama, *Ilakta*, *allpamama*, *yakumama*, *Kawsak Yaku*, povos indígenas

---

A floresta viva, *Kawsak Sacha*, é um espaço onde flui a vida de uma grande quantidade e diversidade de seres, pequenos e grandes. Eles provêm de todos os mundos: animal, vegetal, mineral e cósmico, cuja função é equilibrar e renovar a energia emocional, psicológica, física e espiritual como parte vital e fundamental de todos os seres vivos. É o domínio do sagrado que existe em florestas primárias, cujos pântanos, cachoeiras, lagoas, montanhas, rios e árvores milenares são habitados por seres supremos da natureza, que regeneram ecossistemas vitais para todos os seres humanos. *Kawsak Sacha* é também o espaço de transmissão de conhecimento aos *yachaks* (xamãs), onde se conectam com os seres, com a sabedoria de seus ancestrais e com os locais vivos, mantendo o equilíbrio natural do universo, a perpetuação cultural, a harmonia e a continuidade da vida, ligada como fios invisíveis em todo o universo, e não a partir de perspectivas convencionais dualistas e monoculturais.

Para os povos indígenas que habitam a Amazônia, a floresta é vida. O mundo inteiro do *Kawsak Sacha* tem energia e simboliza o espírito humano tanto por sua força quanto por sua grandeza; é o pensamento interior no qual a alma e a vida são uma só com a Pacha Mama e fazem parte de nossa formação desde o momento de nossa concepção. Embora a perspectiva da floresta viva seja um conceito do povo amazônico, o povo sarayaku torna público seu caráter sagrado,

---

PATY GUALINGA nasceu em Sarayaku, Equador, em 1969. É indígena kíchwa, bacharela em administração de empresas e especialista em direitos humanos, litígios, gestão ambiental e comunicação. Foi diretora das áreas de Mulheres e Relações Internacionais da Asociación del Pueblo Kíchwa de Sarayaku.

projetando-o para outras culturas e sociedades com a intenção de contribuir com um profundo conhecimento da Natureza.

Outros povos indígenas do mundo têm conceitos semelhantes, mencionados como espíritos, não como seres que possuem vida — e que, dada sua pureza, habitam lugares sagrados, como as florestas primárias da Amazônia, ameaçadas pela poluição e extração. O desaparecimento desses seres causa conflitos ambientais e a extinção de ecossistemas. A diferença entre espíritos e seres da floresta é que, enquanto os primeiros não morrem, os últimos, que são regeneradores e guardiões da natureza, podem morrer e desaparecer, colocando em risco a vida dos povos indígenas.

Cada espaço e cada elemento da Natureza e da floresta tem seus atores. Em cada um deles, existem *llakta* (povos) paralelos, com populações chamadas *runa*, que também incluem os locais de moradia e abrigo de animais sagrados. Cada montanha e cada uma das grandes árvores se comunicam através de redes de fios invisíveis, por onde os *supay*, ou seres superiores da floresta, se mobilizam e se comunicam por toda a floresta viva.

O *Kawsak Yaku*, ou Água Viva, brota por toda parte, das cachoeiras que atuam como portas que conectam as lagoas e os grandes rios, por onde circulam os *yakuruna* (seres da água) e as *yakumama* (anacondas), até o grande Rio Amazonas. Nos rios e nas lagoas, são os *yakuruna* que conservam a abundância da *ictiofauna*. Quando as *yakumama* deixam suas habitações, o rio e as lagoas se tornam estéreis e desertos.

A *allpamama* (Mãe Terra) nos dá tudo, nos protege, alimenta e aquece. A terra e a floresta são o que nos dão a energia e o impulso vital. É delas que recebemos a sabedoria, a visão, a responsabilidade, a solidariedade, o compromisso e as emoções que mantêm o ser humano unido com os seus, com sua família, com aqueles que ama e também com aquilo que ele espera no futuro como resultado de seu esforço e modo de vida.

Por meio das transmissões do *muskuy* (visões e sonhos), o espírito humano, que habita a *Kawsak Sacha*, recebe a energia que simboliza a vida humana tanto por sua força quanto por sua grandeza — pensamento interior em que alma e vida são uma só com Pacha Mama, que faz parte de nossa formação, desde o início de nossa concepção, para que nos tornemos parte da *runa kawsay*.

Em relação ao *runakuna kawsay* (a vida de um povo), os princípios são: manter e sustentar a vida comunitária, bem como a unidade familiar; ter uma instituição governamental bem organizada, com tomadas de decisão coletivas e participativas, que incluam mulheres, jovens, crianças e idosos; praticar, transmitir e perpetuar os conhecimentos tradicionais, culturais e espirituais com total liberdade; ter assentamentos humanos adequados e infraestruturas próprias da cultura kíchwa; e garantir a soberania alimentar da população.

O que foi pontuado acima implica o desenvolvimento de uma economia própria que não se fundamenta na acumulação de bens. Implica fomentar uma economia solidária e recíproca, fortalecendo as iniciativas de produção sustentáveis, considerando os recursos naturais e humanos, com práticas e tecnologias kíchwa apropriadas, sempre respeitando o equilíbrio da Natureza. Essa economia se expressa em *mingas*,[1] em pescas comunitárias, em trocas de produtos e serviços, e atualmente envolve também o planejamento de novas formas de pensar a economia.

A *sumak allpa* (terra saudável) nos convida a desfrutar de um planeta saudável com um ecossistema biodiversificado, frágil e não poluído, do qual cuidamos, mantendo um nível de consciência em relação à abundância de flora e fauna da floresta. Devemos conservar e respeitar os locais sagrados e vivos, bem como preservar a integridade do território por meio de regras de gerenciamento e uso baseadas nas leis de conservação dos Kíchwa, de acordo com o zoneamento territorial estabelecido pelo povo.

---

1   Palavra de origem quéchua que significa trabalho realizado coletivamente, de forma gratuita e com fins de utilidade social. É um conceito semelhante ao que chamamos, em português, de "mutirão". Ver "Minga", *Diccionario de la lengua española*, disponível em: https://dle.rae.es/minga?m=form. [N.E.]

O princípio fundamental do *sacha runa yachay* (conhecimento kíchwa do homem da floresta) é perpetuar o conhecimento de nossos ancestrais, as práticas culturais e espirituais que nos permitem continuar a exercer nossas próprias práticas tradicionais de cura e o uso de plantas medicinais, junto com nossos *yachaks*, ou homens sábios.

A valorização de nossa arquitetura tradicional, em harmonia com a realidade de nosso entorno, a floresta, e a prática da arte da cerâmica, da construção de instrumentos de caça e pesca, da música, dos cantos sagrados, dos tambores e da dança são uma parte inseparável da *sacha runa yachay*. Elas são possíveis graças à transmissão de nossas próprias técnicas de preparo e uso do solo para cultivo de caça, pesca e coleta de frutos. É necessário desenvolver a educação de maneira humana e com uma visão aberta, que valorize nosso próprio conhecimento como ponto de partida e que se relacione respeitosamente com outras culturas. Temos de manter a solidariedade entre as famílias-*ayllus*, estabelecendo relações baseadas em *mingas*. Precisamos conservar o equilíbrio e o relacionamento entre os seres humanos e a natureza, perpetuar o conceito de uma floresta viva e vivente, com todos os seus participantes: seus verdadeiros donos e mestres, bem como seus representantes finais, os *yachaks* ou pessoas sábias, verdadeiros cientistas com o mais alto entendimento da Natureza e de seus seres.

A vida e a cosmovisão dos Sarayaku são parte integrante e fundamental do conhecimento necessário para continuar a manter nossa identidade como povo kíchwa.

Hinduísmo e transformação social

Vasudha Narayanan

Palavras-chave: meio ambiente, Índia, religião

O hinduísmo é a religião predominante na Índia e é também uma tradição religiosa global. Existe uma diversidade considerável entre as muitas tradições e grupos categorizados como "hinduísmo", ou chamados "hindus", cujas orientações podem estar baseadas em uma infinidade de textos e autoridades. Neste ensaio, o termo será usado em retrospectiva para as muitas crenças, práticas e comunidades que remetem aos textos em sânscrito, incluindo os Vedas — mas sem se limitar a eles —, os épicos, os puranas, os dharma shastras e as muitas tradições vernaculares do subcontinente indiano, bem como de muitas outras partes do mundo.

Três quadros conceituais confluem neste ensaio. O primeiro é a noção de *karma* (ação), porém referindo-se mais amplamente às consequências de boas e más ações que afetam a qualidade das vidas atuais e futuras, uma ideia compartilhada com o jainismo, o budismo, o siquismo e outras tradições de países do sul da Ásia. A maioria dos hindus reconheceria que este é um conceito complexo, e não uma concepção que explica diretamente o sofrimento e as desigualdades na vida.

Isso nos leva a um segundo conjunto de ideias, relacionadas ao conceito de *dharma* (retidão, dever, lei). Há centenas de passagens nos textos em sânscrito e vernaculares sobre a importância da justiça, do bem-estar social e da felicidade para todos os outros animais. Além disso, existem várias

---

VASUDHA NARAYANAN é professora emérita do Departamento de Religião e diretora do Centro de Estudos de Tradições Hindus (CHiTra) da Universidade da Flórida, nos Estados Unidos. Estudou na Universidade de Madras e na Universidade de Bombaim, na Índia, e na Universidade Harvard, nos Estados Unidos. Foi presidente da American Academy of Religion e da Society for Hindu-Christian Studies.

exortações para manter a pureza e a integridade das florestas, dos lagos, dos rios e da natureza como um todo. As passagens não são simplesmente textos "informativos" — são injunções para que os seres humanos ajam de uma maneira que multiplique a felicidade e a prosperidade neste mundo. Há, por exemplo, instruções específicas para que os governantes ajam com retidão e para que as pessoas façam seu *dharma*, o que pode estar relacionado a vários fatores, como a casta e a posição na vida. Outras declarações, que se sobrepõem aos deveres específicos atribuídos a uma pessoa segundo o caminho de sua posição na vida, são aquelas sobre o *dharma samanya* (geral, universal) ou o *dharma sanatana* (contínuo, eterno), ou virtudes que devem ser comuns a todos os seres humanos. Elas incluem compaixão, não violência, generosidade, paciência, gratidão e assim por diante. Movimentos sociais recentes baseados nas tradições religiosas hindus citam essas virtudes para justificar a ação social.

O terceiro conjunto de ideias e práticas está ligado à noção de *bhakti* ou devoção. A devoção à divindade, conceituada de muitas formas, e/ou o compromisso com os professores religiosos e com outros devotos, em alguns casos, ajudaram a retificar as iniquidades ligadas ao sistema hierárquico de castas, além de servir para atenuar os problemas sociais. Por exemplo, entender que o *bhakti* de uma pessoa é mais importante do que as circunstâncias de seu nascimento levou à ideia de que a devoção e a piedade deveriam criar um sistema hierárquico diferente, fundamentado na fé e na virtude, e não no nascimento ou na ocupação. O poeta Nammalvar disse que estava disposto a servir a todos os devotos da divindade Vishnu, independentemente da casta a que pertencessem. Várias comunidades religiosas ou líderes como Vivekananda (1863-1902) também apoiaram a ideia de que servir aos seres humanos é servir a Deus, *maanava seve madhavan seva* ou *bhagavata seva bhagavat seva*.

Pode haver literalmente milhares de iniciativas de transformação social que brotam das raízes hindus. Um olhar sobre o grande templo Tirumala Tirupati, a Missão Ramakrishna e as muitas organizações geradas ou inspiradas por ela, a comunidade Swaminarayan, as obras de Mātā Amritanandamayi, a rede mundial de atividades inspiradas por Sathya Sai Baba e muitas outras nos dão uma ideia da gama de iniciativas que existem para tratar de questões de injustiça social, insustentabilidade ecológica e exploração econômica. Um exemplo é o programa de *jan kalyan* (bem-estar ou felicidade), centrado no fornecimento de serviços médicos, desde simples clínicas de bairro até hospitais sofisticados "ultraespecializados", bem como em oportunidades educacionais para pessoas que não têm acesso a elas devido a questões de nascimento/casta, localização geográfica ou restrições financeiras.

Ademais, o Tirumala Tirupati Devasthanam — uma das instituições religiosas mais ricas do mundo — também se centra nos problemas ambientais. Incentivar atividades como plantar árvores, organizar seminários educacionais sobre conservação e biodiversidade, parar o desmatamento e evitar a contaminação dos corpos d'água são parte do seu Haritha Project [Projeto verde]. Vários líderes religiosos também trabalham ativamente com o público em geral para a conscientização sobre projetos muito importantes, como a limpeza de grandes rios — o Ganges e o Yamuna, por exemplo — ou o plantio de árvores nas montanhas para evitar a erosão.

Os hindus enfrentam vários desafios em seus esforços para alcançar a equidade social, preservar os direitos humanos e remediar a degradação do meio ambiente. Em alguns casos, a própria religião é um impedimento para esses esforços. Aqueles que pensam no Rio Ganges como um agente de purificação não acreditam que o próprio rio precise ser purificado. Os hindus perpetuam atividades enraizadas na intolerância e também são alvo delas. A adesão extrema a causas religiosas e o proselitismo agressivo de muitas religiões na Índia vão contra os direitos humanos. A intolerância com quem come produtos cárneos, a intolerância a outras religiões, as vendetas religiosas, a persistente violência de casta em muitas tradições religiosas do subcontinente, especialmente contra dalits, e a repressão às mulheres são contrárias às virtudes básicas de não violência e generosidade que são parte integral do *sanatana-dharma*.

A injunção védica *sarve bhavantu sukhinah* ("que todas as pessoas possam ser felizes") tem sido, por muitos milênios, o objetivo sublime, mas elusivo, e é certamente uma luz orientadora para indivíduos e instituições nas tradições hindus.

Referências

ALLEY, Kelly D. *On the Banks of the Gangā: When Wastewater Meets a Sacred River*. Ann Arbor: University of Michigan Press, 2002.

DAVIS, Don. *The Spirit of Hindu Law*. Cambridge/Nova York: Cambridge University Press, 2010.

KANE, Panduranga Vamana. *History of Dharmasâstra (Ancient and Mediaeval Religious and Civil Law)*. Puna: Bhandarkar Oriental Research Institute, 1968-1974, 5 v.

NARAYANAN, Vasudha. "'One Tree Is Equal to Ten Sons': Some Hindu Responses to the Problems of Ecology, Population and Consumption", *Journal of the American Academy of Religion*, v. 65, n. 2, p. 291-332, jun. 1997.

NELSON, Lance E. (org.) *Purifying the Earthly Body of God: Religion and Ecology in Hindu India*. Albany: State University of New York Press, 1998.

SANFORD, A. Whitney. *Growing Stories from India: Religion and the Fate of Agriculture*. Lexington: University Press of Kentucky, 2012.

Hurai

Yuxin Hou

Palavras-chave: bem-estar indígena, naturalismo, xamanismo, renascimento cultural

---

O conceito de *Hurai* ("tudo o que há de melhor") expressa a lógica da transformação da natureza em animais e depois em seres humanos, de acordo com a cosmologia do povo tuvano, na China. Acredita-se que os seres humanos são capazes de receber continuamente o *Hurai* e as bênçãos da natureza (Hou, 2014). Esse termo está intimamente ligado ao bem-estar indígena e às tradições de naturalismo e xamanismo que conduzem a interação sustentável entre o povo tuvano e os animais, a natureza e os deuses.

Os Tuvano são antigos povos nômades e caçadores cuja linhagem remonta à dinastia Tang. Atualmente, estão dispersos pela região chinesa de Xinjiang, pela Mongólia e pela Rússia. Na China, vivem principalmente nas aldeias de Kanas, Hemu e Baihaba, com uma população total de cerca de 2,5 mil pessoas (Hou, 2013). Durante o processo de vida nômade e de caça, o *Hurai*, como conceito ancestral, prevaleceu na vida cotidiana dos Tuvano na China, abarcando um significado amplo de bênção dos deuses a seres humanos, animais e outros elementos da natureza, dentro de um contexto cultural de xamanismo e naturalismo. Por exemplo, o fungo *Ophiocordyceps sinensis*, encontrado em áreas de grande altitude, é de alto valor econômico e médico, mas raramente é colhido pelo povo tuvano na China porque se acredita que ele é o protetor das pastagens e uma das fontes que lhes proporcionam o *Hurai*. No entanto, seu elevado

---

YUXIN HOU é pesquisador visitante no Centro de Pós-Graduação da Universidade da Cidade de Nova York e também pesquisador no Instituto de Filantropia da Universidade Tsinghua, em Pequim, China.

valor econômico levou cada vez mais pessoas de fora das aldeias a desenterrá-lo secretamente, sem restrições, causando danos ecológicos. Para lidar com esse problema, os líderes comunitários tuvano da China organizaram espontaneamente uma equipe de guardas florestais. Além disso, o conceito de *Hurai* se aplica a muitos outros aspectos da vida.

Embora a modernização, a sedentarização e o turismo tenham afetado enormemente os meios de subsistência e as culturas tradicionais, o *Hurai* desempenha, nos dias de hoje, um papel importante no renascimento cultural e em maneiras estratégicas de se opor ao desenvolvimento moderno. Na concepção indígena do povo tuvano na China, não existe um conceito que corresponda à ideia linear de desenvolvimento. O *Hurai*, como conceito holístico, acomoda características como boa vida, saúde, sustentabilidade, amor, santidade e assim por diante. É um conceito antiantropocêntrico, que coloca a natureza, os animais e os deuses à frente dos seres humanos e reflete uma outra noção de bem-estar, a saber: quando a natureza, os animais e os deuses se sentem felizes, os seres humanos são capazes de experimentar a felicidade naturalmente. Para obter o *Hurai*, as pessoas precisam se dedicar a atividades para salvaguardar o bem-estar como um todo, não apenas em rituais mas diariamente.

Os líderes da comunidade tuvano, por meio de práticas da vida cotidiana, de cerimônias ou festivais, educam os jovens para que se envolvam plenamente no culto à natureza e no xamanismo, diferentemente da educação escolar tradicional. Por meio de uma série de práticas, eles aprendem e percebem a estreita relação entre os seres humanos e a natureza. Assim, "relações naturais" são estabelecidas entre humanos e natureza, animais e seres espirituais. As perspectivas ecológicas do povo tuvano na China se refletem em tabus: as crianças são educadas a respeitar as regras naturais sem violar os tabus, são ensinadas a não prejudicar plantas e animais e a viver em harmonia com seu próprio bem-estar e felicidade. Alguns exemplos seriam a crença de que aparecerão marcas no rosto da pessoa que quebrar ovos de pássaros, ou que sofrerá de transtorno de tiques quem cortar uma árvore viva. No que diz respeito à extração de recursos naturais, os Tuvano da China observam estritamente os tabus, tais como não fazer nenhuma escavação extensa ou profunda na terra. Além disso, utilizam uma variedade de cerimônias e rituais anuais para educar os jovens sobre como lidar com o relacionamento entre humanos e natureza.

Sob o impacto do desenvolvimento moderno, o conceito de *Hurai* sofreu uma transformação estratégica, passando a ser uma noção destinada não apenas a orientar as atividades diárias como também a reviver a cultura tradicional e resistir à modernização. Essa transformação é conveniente para unir os Tuvano na China e para revitalizar os laços naturais entre humanos e natureza, animais e deuses. Na "cerimônia de esmagamento de ossos", a palavra *Hurai*, mágica e frequentemente repetida, acompanhada de dança e canto, gera um júbilo coletivo e contribui para reviver a hierarquia e a estrutura ancestrais entre humanos e natureza. Essa cerimônia enfatiza a importância de abençoar, receber e experimentar o bem-estar por meio do consumo de medula óssea (Hou, 2016). Assim como outros rituais ou cerimônias na sociedade tuvano da China, desempenha o papel de renovar a importância do conceito antigo de *Hurai*. Na realidade, o conceito de *Hurai* ajuda os Tuvano da China a enfrentar as ameaças que aparecem nos desafios externos da modernidade, bem como nos problemas sociais e culturais da sociedade tuvano chinesa. Os esforços e estratégias adotados pelos líderes da comunidade oferecem esperança para a continuidade das concepções ancestrais do *Hurai*, fortalecidas pelo atual movimento de reavivamento cultural desse povo.

Referências

HOU, Yuxin. "Saving Our Identity: An Uphill Battle for the Tuva of China", *Cultural Survival Quarterly*, v. 37, n. 4, p. 24-5, 2013.

HOU, Yuxin. "The Analysis of Current Situation of Tuva People in China", *The New Research of Tuva*, n. 1, p. 96-103, 2014.

HOU, Yuxin. "Ritual and Cultural Revival at Tuvan Sacred Natural Sites Supports Indigenous Governance and Conservation of Nature in China". *In*: VERSCHUUREN, Bas & FURUTA, Naoya (orgs.). *Asian Sacred Natural Sites: Philosophy and Practice in Protected Areas and Conservation*. Nova York: Routledge, 2016.

Ibadismo

Mabrouka M'Barek

Palavras-chave: islã, ibadismo, ascetismo, fortalecimento da comunidade, poligamia

---

Muitas alternativas se inspiram no reino espiritual ou em cosmovisões como *sumak kawsay* ou *ubuntu*. Pode o islã também ser uma fonte de inspiração para construir alternativas ao neoliberalismo, ao neocolonialismo e às relações predatórias com a natureza? Há muitos debates a respeito do que o islã representa para a economia e a relação humana com a natureza. O Alcorão e os Hádices foram objetos de uma ampla gama de interpretações, mas se provaram insuficientes para fornecer uma resposta clara aos desafios de hoje.

De fato, a busca por uma interpretação mais complexa e flexível é, muitas vezes, uma tentativa de se adequar ao modo de vida capitalista. As finanças islâmicas, apresentadas como uma alternativa, são apenas um mecanismo que inventa um novo vocabulário que se adeque aos preceitos do islamismo enquanto sustenta o neoliberalismo. Atores políticos, como os partidos islâmicos na Turquia ou na Tunísia, argumentam que o profeta era um comerciante e, portanto, um capitalista, mas essa conexão sem fundamento é um pretexto para justificar a obediência islâmica ao Fundo Monetário Internacional (FMI). Para piorar, os países do Golfo Pérsico ilustram o desperdício e o materialismo a tal ponto que é difícil acreditar que o islã possa enfrentar os desafios de hoje.

Para encontrar um modelo alternativo para a sociedade capitalista, precisamos ir além das petromonarquias e, especialmente, além da divisão entre sunitas e xiitas, e considerar o ibadismo, uma escola pouco conhecida dentro do islã. Este texto situará

MABROUKA M'BAREK é ex-membro eleito da Assembleia Nacional Constituinte da Tunísia (2011-2014). Atualmente, participa do Grupo de Trabalho Global da Fundação Rosa Luxemburgo.

essa ideologia historicamente e descreverá suas principais características: o modo de governança dirigido pela comunidade, o ascetismo como modo de vida e o pluralismo cultural.

Os ibaditas são seguidores de Abdullah ibn-Ibad al-Tamimi e constituem a mais antiga escola de pensamento dentro do islã, anterior à divisão entre sunitas e xiitas. A facção ibadita foi criada após a morte do profeta, pois seus seguidores acreditavam que o líder religioso supremo não precisava descender da linhagem do profeta ou pertencer a uma determinada etnia. O ibadismo é a corrente religiosa dominante em Omã e se espalhou para Líbia, Argélia, Zanzibar e para a ilha de Djerba, na Tunísia. O antropólogo tunisiano Walid Ben Omrane observou que a arquitetura das cidades ibaditas indica a relação da comunidade com a noção de poder. Ao contrário da arquitetura tradicional islâmica, em que a mesquita representa o centro do poder, aqui ela está na periferia. Além disso, as mesquitas ibaditas são menores e mais modestas.

Os ibaditas seguem estruturas familiares berberes igualitárias, nas quais os papéis econômicos de homens e mulheres são semelhantes. Como Walid Ben Omrane (comunicação pessoal, 10 de outubro de 2017) observa:

> Os berberes adotaram o contrato de casamento de Caiurão, que impede os procedimentos poligâmicos para os homens. Além disso, as mulheres ibaditas têm o direito de repudiar seu marido se, por um período de dois anos, ele não der nenhum sinal de vida durante suas viagens como comerciante. A poligamia prosperou em sociedades guerreiras, tribais e nômades. No entanto, as comunidades ibaditas se esforçam para manter a paz social que assegura a prosperidade de seu comércio, e caracterizam-se como sociedades sedentárias baseadas nas famílias tradicionais.

O representante da comunidade continua a ser um imã ibadita, escolhido entre os mais "merecedores", o que significa que o indivíduo eleito não deve mostrar ambição pessoal: deve ser modesto e comprometido em servir seu povo. A estrutura política dos ibaditas permanece patriarcal, uma vez que o imã é eleito entre os homens. Contudo, ele governa com o consenso da comunidade e, portanto, se ele se torna autocrático, é destituído antes mesmo do término de seu mandato.

Além da simplicidade de sua arquitetura, o estilo de vida ibadita repousa nos princípios de sobriedade, modéstia e rejeição a tudo o que é ostensivo. Pensa-se que a independência é alcançada limitando as necessidades e racionando o que a natureza oferece. Essa filosofia de vida se assemelha à dos primeiros califas do islã, mas se opõe ao luxo adotado pelos califas desde a dinastia Omíada. Entre os ibaditas, o estilo de vida simples perdura até hoje. A desigualdade entre o representante da comunidade e o povo é considerada uma indicação de que o modo de governança está se convertendo em direção ao modelo de um rei e seus súditos.

Como seguidores de um islamismo contrário à tirania e à dominação, os ibaditas celebram a pluralidade étnica e o diálogo inter-religioso. Ao acreditar que qualquer um que mereça pode ser escolhido como imã, a população berbere do norte da África é mais receptiva e favorável a essa escola igualitária do islã. Na ilha de Djerba, na Tunísia, por exemplo, os ibaditas valorizam suas origens amazigh ou berbere, bem como sua identidade africana. Em virtude de sua tolerância religiosa e de sua defesa da pluralidade étnica e da autonomia da comunidade, que o protege do capitalismo global, o ibadismo é visto hoje em dia como uma oportunidade de paz no Oriente Médio, dilacerado pela divisão étnica e pela maldição do petróleo.

Os ibaditas resistiram ao poder central, organizando suas comunidades às margens do poder. O ibadismo, sem dúvida, deve sua sobrevivência à sua estratégia de discrição ou *al kitman*. No entanto, na Tunísia, os ibaditas acabaram se engajando no espaço público durante a luta pós-independência entre as tendências youssefista e bourguibista e, mais recentemente, durante a Revolução da Dignidade (2010-2011).[1] Em 2012, a

---

1   Também chamada Revolução do Jasmim, foi a insurreição do povo tunisiano que depôs Ben Ali, que ocupava a presidência da Tunísia desde 1987. As palavras de ordem dos revolucionários eram "pão, trabalho e dignidade". [N.E.]

comunidade ibadista de Guellala, na ilha de Djerba, organizou com sucesso um movimento de resistência contra as autoridades estatais que queriam continuar operando um aterro sanitário sobrecarregado, que representava um risco para fontes escassas de água.

Como mostram os ibaditas de Djerba, a estratégia *al kitman* é ocupar o espaço local, organizar uma comunidade independente do Estado e, quando o Estado interfere, resistir a ele. Embora criticados por ficarem em silêncio durante a ditadura de Zine al Abedine Ben Ali, que durou de 1987 a 2011, os ibaditas conseguem resistir, demonstrando uma série de várias modalidades comunitárias de autogovernança resiliente.

Referências

AILLET, Cyril. "L'ibâdisme, une minorité au cœur de l'islam", *Revue des mondes musulmans et de la Méditerranée*, n. 132, p. 13-26, 2012.

BAPTISTE, Enki. "Aux marges du califat, pouvoirs et doctrines dissidentes: Retour sur le développement de l'ibadisme", *Les Clés du Moyen Orient*, 12 set. 2016.

BEN OMRANE, Walid. "La communauté amazighophone de Jerba et les révolutions au Maghreb". *In: Berber Symposium: Language, Culture & Society in Tunisia and Beyond*. Tunes: Centre D'etudes Maghrebines a Tunis, 2012.

MAGHRIB in Past and Present. Podcast, episódio 39. Entrevistado: Walid bin Omran. Tunes: American Institute for Maghrib Studies, 21 jun. 2018.

ICCAs: territórios de vida

Grazia Borrini-Feyerabend e M. Taghi Farvar

Palavras-chave: território, vida, governança, povos indígenas, comunidades locais, bens comuns

---

Em todas as épocas e em todas as culturas do mundo, há um fenômeno que parece tão forte e tão natural que é quase invisível. Trata-se do vínculo único, profundamente rico, às vezes visceral, que liga um povo ou uma comunidade específica ao seu próprio território: a terra, a água e os recursos naturais de onde vive e dos quais vive. Em todo o mundo, muitos termos diferentes são usados para descrever esse vínculo especial: *wilayah adat, himas, agdals*, territórios de vida, territórios de Bem Viver, *tagal, qoroq-e bumi, yerli qorukh, faritra ifempivelomana*, domínios ancestrais, país, área conservada da comunidade, área natural sagrada, área marinha gerenciada localmente e muitas outras, que representam significados únicos para povos e comunidades únicas. Neste segundo milênio, esse fenômeno foi apontado como uma característica essencial da humanidade e lhe foi dado um nome em língua franca: ICCAS — territórios de vida, uma abreviação que pode ser usada em todos os idiomas e culturas.

GRAZIA BORRINI-FEYERABEND é cofundadora do ICCA Consortium. Depois de desenvolver o Programa de Política Social para a União Internacional para a Conservação da Natureza (IUCN) no início dos anos 1990, ela tem participado da Comissão para Políticas Ambientais, Econômicas e Sociais (CEESP) da IUCN e das Comissões Mundiais de Áreas Protegidas (WCPA), inaugurando e liderando a disciplina de Governança para a Conservação da Natureza. Trabalhou em mais de sessenta países, em cinco idiomas, e publicou 25 livros.

M. TAGHI FARVAR é cofundador do ICCA Consortium e foi presidente da instituição durante o período de 2010 a 2018, ano de seu falecimento. Filho de uma tribo nômade de Shahsevan, no Azerbaijão iraniano, Taghi defendeu os direitos dos domínios ancestrais dos povos indígenas e promoveu como conservacionistas originais as tribos nômades indígenas.

Em suma, ICCAs são "territórios e áreas conservadas por povos indígenas e comunidades locais" — espaços naturais únicos, nos quais combinam-se associação comunidade-território, governança local efetiva e conservação da natureza (Borrini-Feyerabend *et al.*, 2010; Kothari *et al.*, 2012). Os ICCAs, portanto, abrangem, mas nunca devem substituir, uma riqueza de termos locais que são um valor em si mesmos. Certamente, para os povos indígenas defensores da terra e as comunidades tradicionais, o vínculo que os conecta ao seu território é mais rico do que as palavras podem expressar. É um vínculo de subsistência, energia e saúde, uma fonte de identidade, cultura, autonomia e liberdade. Conecta gerações, preserva memórias e práticas do passado e as vincula ao futuro desejado. É o terreno no qual as comunidades aprendem, identificam valores e desenvolvem o autogoverno. Para muitos, o "território" também une as realidades visíveis e invisíveis, a riqueza material e espiritual. Associadas ao território e à natureza estão a vida, a dignidade e a autodeterminação de um povo.

A presença de um "ICCA — território de vida" implica uma "instituição de governança local", constituída pelo conselho de anciãos, por assembleia de aldeias, autoridade espiritual, normas culturais arraigadas, que desenvolve as regras de acesso e garante o respeito a elas e ao uso dos recursos naturais comunitários, cujos resultados são positivos tanto para a natureza quanto para as pessoas. Estão presentes três características definidoras:

- "laços fortes e profundos" entre um povo indígena ou uma comunidade local e um território ou área;
- pessoas ou comunidades interessadas "tomam e fazem cumprir decisões" sobre esse território ou área;
- decisões e esforços do povo ou da comunidade levam à "conservação da natureza" e da "vida, dos meios de subsistência e dos valores culturais associados".

Naturalmente, os fenômenos socioecológicos são complexos. Podem existir "ICCAs definidos" (que exibem todas as três características definidoras), "ICCAs interrompidos" (que cumpriram as três no passado, mas hoje não o fazem devido a problemas que podem ser revertidos ou neutralizados) e até "ICCAs desejados" (que cumprem apenas uma ou duas características definidoras, mas possuem o potencial de desenvolver a terceira) (Borrini-Feyerabend & Campese, 2017).

Apenas as pessoas ou a comunidade que o governa e gerencia podem identificar e manter um ICCA. Tanto os pescadores que se envolvem em operações de vigilância de sua área protegida de estuários, em Casamance, Senegal, quanto as comunidades pastoris indígenas do Irã, que tomam decisões importantes sobre quando migrar para as pastagens de verão e inverno, sabem que têm um ICCA. Os povos indígenas da região amazônica, que resistem veementemente às adversidades causadas pela construção de barragens e estradas e pelas operações de mineração, e as comunidades rurais da Espanha, cujos bens comuns estão no centro da identidade e da cultura local, sabem que seu vínculo é forte e eficaz o suficiente. Os habitantes da floresta de Bornéu, que reconhecem centenas de plantas e animais benéficos, e as mulheres malgaxe, que regulam a coleta de polvos para garantir abundância na próxima temporada de pesca, podem reconhecer e discutir os resultados da conservação.

Hoje, o termo ICCA ganhou vida própria. É usado por conservacionistas e agências governamentais como um tipo de governança para a conservação da natureza (PNUMA, 2016). Os ICCAs são reconhecidos como áreas protegidas sob um tipo específico de governança, como áreas "conservadas" (Borrini-Feyerabend et al., 2013; Borrini-Feyerabend & Hill, 2015) e/ou por meio de acordos apropriados em sobreposição a áreas protegidas sob vários tipos de governança. No que diz respeito a seu alcance e contribuição para a conservação, os ICCAs são, provavelmente, iguais às áreas protegidas oficiais ou até mesmo mais importantes do que elas, e são, portanto, cruciais para alcançar as metas globais de preservação.

Os ICCAs oferecem "padrões duradouros de conservação" que dependem da integridade e das capacidades locais, em vez de conhecimento e financiamento externos. Sustentam meios de subsistência, paz e segurança, assim como identidade e orgulho cultural. São um mecanismo que não se fundamenta no mercado para mitigar as mudanças climáticas e ajudar no processo de adaptação a elas. Além disso, ajudam a alcançar a maioria das metas do Plano Estratégico para a Biodiversidade 2011-2020 (Kothari & Neumann, 2014) e contribuem para a maioria dos objetivos da estrutura de desenvolvimento sustentável da Organização das Nações Unidas (ONU). Para os povos indígenas guardiões e as comunidades locais, no entanto, os ICCAS permanecem essenciais para a vida e a subsistência, para que desfrutem de direitos e responsabilidades coletivas sobre a terra, a água e os recursos naturais, além de garantirem o respeito por conhecimentos, práticas e instituições essenciais à cultura. Essas são razões cruciais pelas quais centenas de povos indígenas, organizações comunitárias e de apoiadores e indivíduos da sociedade civil uniram forças no ICCA Consortium — uma associação internacional que, em todo o mundo, defende os ICCAS contra várias ameaças recorrentes e promove seu reconhecimento e proteção adequados como "territórios de vida".

Referências

BORRINI-FEYERABEND, Grazia; LASSEN, Barbara; STEVENS, Stan; MARTIN, Gary; PEÑA, Juan Carlos Riascos de la; RÁEZ-LUNA; Ernesto F. & FARVAR, M. Taghi. *Bio-Cultural Diversity Conserved by Indigenous Peoples and Local Communities: Examples and Analysis*. Tehran: ICCA Consortium/ Cenesta, 2010.

BORRINI-FEYERABEND, Grazia; DUDLEY, Nigel; JAEGER, Tilman; LASSEN, Barbara; BROOME, Neema Pathak; PHILLIPS, Adrian & SANDWITH, Trevor. *Governance of Protected Areas: From Understanding to Action*. Gland: IUCN/WCPA, 2013.

BORRINI-FEYERABEND, Grazia & HILL, Rosemary. "Governance for the Conservation of Nature". *In*: WORBOYS, Graeme L.; LOCKWOOD, Michael; KOTHARI, Ashish; FEARY, Sue & IAN, Pulsford (orgs.). *Protected Area Governance and Management*. Canberra: ANU Press, 2015.

BORRINI-FEYERABEND, Grazia & CAMPESE, Jessica. *Self-Strengthening ICCAs. Guidance on a Process and Resources for Custodian Indigenous Peoples and Local Communities*. ICCA Consortium, 2017.

KOTHARI, Ashish; CORRIGAN, Colleen; JONAS, Harry; NEUMANN, Aurélie & SHRUMM, Holly (orgs.). "Recognising and Supporting Territories and Areas Conserved by Indigenous Peoples and Local Communities: Global Overview and National Case Studies", *CBD Technical Series*, n. 64, Montreal: Secretariat of the Convention on Biological Diversity/ICCA Consortium/Kalpavriksh/Natural Justice, 2012.

KOTHARI, Ashish & NEUMANN, Aurelie. *ICCAs and Aichi Targets. Policy Brief of the ICCA Consortium*, v. 1. Teerã: ICCA Consortium / Kalpavriksh / CBD Secretariat / CBD Alliance / Cenesta, 2014.

PNUMA — PROGRAMA DAS NAÇÕES UNIDAS PARA O MEIO AMBIENTE. *Protected Planet Report 2016: How Protected Areas Contribute to Achieving Global Targets for Biodiversity*. Cambridge/Gland: UNEP-WCMC/IUCN, 2016.

Justiça ambiental

Joan Martínez-Alier

Palavras-chave: metabolismo social, ecologia política, conflitos de distribuição ecológica, EJAtlas

---

Um movimento global por justiça ambiental está ajudando a impulsionar a sociedade e a economia em direção à sustentabilidade. Ele nasce de "conflitos de distribuição ecológica" (Martínez-Alier, 2002 [2007]), um termo que nomeia queixas coletivas contra injustiças ambientais. Por exemplo, uma fábrica pode estar poluindo um rio que não pertence a ninguém ou que pertence a uma comunidade que administra o rio — como estudaram Elinor Ostrom e sua escola sobre os bens comuns. Esse tipo de dano não é valorizado no mercado. O mesmo acontece com as mudanças climáticas que causam o recuo das geleiras nos Andes ou no Himalaia, privando de água as comunidades. Mais do que um fracasso do mercado — sugerindo que tais externalidades poderiam ser valorizadas monetariamente e internalizadas pelo sistema de preços —, esses são "sucessos de transferência de custos", como diz Karl William Kapp, e levam a queixas daqueles que padecem com a situação. Se as denúncias forem eficazes, o que não é a regra geral, as atividades podem ser proibidas.

Nos Estados Unidos, esses conflitos de distribuição ecológica, percebidos em injustiças persistentes contra "pessoas de cor", deram origem a um movimento social na década de 1980 (Bullard, 1993). As palavras "justiça ambiental" (EJ, na

---

JOAN MARTÍNEZ-ALIER é pesquisador sênior em economia ecológica e ecologia política no Instituto de Ciência e Tecnologia Ambiental da Universidade Autônoma de Barcelona (ICTA-UAB). É autor, entre outros livros, de *Ecological Economics: Energy, Environment and Society* [Economia ecológica: energia, meio ambiente e sociedade] (1987) e *O ecologismo dos pobres: conflitos ambientais e linguagens de valoração* (2002).

sigla em inglês para "environmental justice") começaram a ser usadas em lutas contra o despejo desproporcional de resíduos tóxicos em comunidades negras e pobres. Já em 1991, na cidade de Washington, foram forjados laços na People of Color Environmental Leadership Summit [Cúpula de liderança ambiental das pessoas de cor], "a fim de começar a construir um movimento nacional e internacional de todos os povos de cor para combater a destruição e a tomada de nossas terras e comunidades".

Ao redor do mundo, o número de conflitos de distribuição ecológica centrados em extração de recursos, transporte e eliminação de resíduos está aumentando. Existem várias queixas locais, mas há também exemplos de sucesso em que os projetos são interrompidos e desenvolvem-se alternativas. A justiça ambiental é uma lente poderosa para dar sentido às lutas contra os impactos negativos. O crescimento econômico está mudando o "metabolismo social" global, ou, em outras palavras, os fluxos de energia e os materiais que impactam a subsistência humana e a conservação da natureza em todo o mundo. A economia industrial de hoje tem um apetite colossal por materiais e energia. Mesmo uma economia industrial que não esteja crescendo precisa de suprimentos "frescos" de combustível fóssil, porque a energia não é reciclada, e também precisa de novos suprimentos de materiais que são reciclados apenas parcialmente. Tais exigências aumentam com o crescimento econômico.

Com a industrialização, quantidades maiores de dióxido de carbono são depositadas na atmosfera, aumentando o efeito estufa ou acidificando os oceanos. Esse tipo de economia não é circular, é entrópica. Aquíferos, madeira e pesca são superexplorados, a fertilidade do solo está em perigo e a biodiversidade se esgota. Essa mudança no metabolismo social dá origem a conflitos de distribuição ecológica que, às vezes, se sobrepõem a outros conflitos sociais de classe, etnia ou identidade indígena, gênero, casta ou direitos territoriais.

Um movimento global pela justiça ambiental está lentamente se afirmando, como mostra o *Environmental Justice Atlas* [Atlas da justiça ambiental] (EJAtlas) (Temper *et al.*, 2015). Outros tipos de esgotamento ocorrem quando se requer crescimento metabólico para mineração, barragens, fraturamento hidráulico para extração de gás, plantações e novas redes de transporte. Pouco a pouco, esses desenvolvimentos atingem todos os cantos do planeta, minando o meio ambiente, bem como as condições de existência das populações locais, que consequentemente protestam. Existe a possibilidade de uma aliança difícil entre o movimento por justiça ambiental e o movimento conservacionista, embora um apelo por uma convergência mais fluida entre os movimentos pelo decrescimento e pela justiça ambiental tenha sido feito em 2012 (Martínez-Alier, 2012).

Os conflitos de distribuição ecológica são diferentes daqueles que dizem respeito à distribuição econômica de salários, preços e aluguéis. São conflitos sobre condições de subsistência, acesso a recursos naturais e distribuição de poluição. Seus protagonistas provavelmente não são trabalhadores industriais, mas mulheres indígenas que lutam contra a mineração a céu aberto, camponeses contrários a plantações invasoras de palma ou cidadãos urbanos e recicladores de resíduos que se opõem à incineração — como em muitos casos citados no EJAtlas. Tais conflitos são diferentes das lutas clássicas entre capital e trabalho, embora às vezes se sobreponham.

Esses conflitos são lutas pela valorização em dois sentidos. O primeiro diz respeito a quais valores devem ser aplicados nas decisões sobre o uso da natureza em projetos específicos — por exemplo, valores de mercado, incluindo cifras monetárias fictícias mediante uma valorização contingente ou outros métodos; valores dos meios de subsistência; sacralidade; direitos territoriais indígenas; valores ecológicos em suas próprias unidades de conta. Em segundo lugar, e mais importante, qual grupo social deveria ter o poder de incluir ou excluir os valores relevantes, sopesá-los e permitir trocas — por exemplo, os direitos territoriais indígenas sagrados têm poder de veto (Martínez-Alier, 2002 [2007])?

Desde meados da década de 1990, estabeleceu-se uma conexão entre o movimento por justiça ambiental nos Estados

Unidos e o ambientalismo dos pobres na América Latina, África e Ásia. Foi uma consequência da morte de Chico Mendes, em 1988, no combate ao desmatamento no Brasil, e da morte de Ken Saro-Wiwa e de seus companheiros Ogoni, em 1995, no delta do Níger, combatendo a extração de petróleo e a queima de gás promovidas pela Shell. Também em meados da década de 1990, o livro *Ecologia: grito da Terra, grito dos pobres*, do teólogo da libertação Leonardo Boff (1995), apontou as conexões entre pobreza e denúncias ambientais. Seu trabalho foi retomado pela encíclica papal *Laudato Si'* (Papa Francisco, 2015), que é ela mesma um apelo à justiça ambiental.

Desde os anos 1980, o movimento pela justiça ambiental inaugurou um conjunto de conceitos e uma campanha. A partir de 1997, a Acción Ecológica, no Equador, a Environmental Rights Action [Ação pelos direitos ambientais], na Nigéria e a rede internacional Oilwatch desenvolveram propostas para que os combustíveis fósseis não fossem retirados do solo. A resistência à injustiça socioambiental deu origem a muitas organizações de justiça ambiental (EJOS, na sigla em inglês) que pressionam por transformações sociais alternativas e empregam um novo vocabulário de justiça ambiental, que inclui termos e frases como epidemiologia popular, zonas de sacrifício, justiça climática, justiça da água, soberania alimentar, biopirataria, "aldeias de câncer" na China, "desertos verdes" no Brasil, *pueblos fumigados* [povos fumigados] na Argentina, "máfias de areia" na Índia, racismo ambiental, "plantações de árvores não são florestas", dívida ecológica, apropriação de terras e a apropriação dos oceanos. Diversas redes estão usando esses conceitos em vários idiomas, inventando suas próprias músicas, exibindo seus próprios cartazes e fazendo seus próprios documentários.

Referências

BOFF, Leonardo. *Ecologia: grito da Terra, grito dos pobres*. São Paulo: Ática, 1995.

BULLARD, Robert D. (org.). *Confronting Environmental Racism: Voices from the Grassroots*. Boston: South End Press, 1993.

EJOLT — ENVIRONMENTAL JUSTICE ORGANISATIONS, LIABILITIES AND TRADE. "Glossary", s.d. Disponível em: www.ejolt.org/section/resources/glossary/.

MARTÍNEZ-ALIER, Joan. *The Environmentalism of the Poor: A Study of Ecological Conflicts and Valuation*. Cheltenham: Edward Elgar, 2002 [Ed. bras.: *O ecologismo dos pobres: conflitos ambientais e linguagens de valoração*. São Paulo: Contexto, 2007].

MARTÍNEZ-ALIER, Joan. "Environmental Justice and Economic Degrowth: An Alliance between Two Movements", *Capitalism Nature Socialism*, v. 23, n. 1, p. 51-73, 2012.

MARTÍNEZ-ALIER, Joan; TEMPER, Leah; DEL BENE, Daniela & SCHEIDEL, Arnim. "Is There a Global Environmental Justice Movement?", *Journal of Peasant Studies*, v. 43, n. 3, p. 731-55, 2016.

PAPA FRANCISCO I. *Carta encíclica Laudato Si': sobre o cuidado da casa comum*. Cidade do Vaticano: Santa Sé, 2015. Disponível em: http://www.vatican.va/content/francesco/pt/encyclicals/documents/papa-francesco_20150524_enciclica-laudato-si.html.

TEMPER, Leah; DEL BENE, Daniela; MARTÍNEZ-ALIER, Joan; SCHEIDEL, Arnim; WALTER, Mariana & ÇETINKAYA, Yakup. *Environmental Justice Atlas (EJAtlas)*. 2015. Mapa interativo. Disponível em: http://ejatlas.org.

Kametsa asaike

Emily Caruso e Juan Pablo Sarmiento Barletti

Palavras-chave: convivência, extrativismo, América Latina, relacionalidade, socialidade

---

Este verbete descreve o *kametsa asaike* ("viver bem e juntos neste lugar"), uma filosofia indígena de bem-estar praticada pelo povo ashaninka da Amazônia peruana. Argumentamos que entender a individualidade — a percepção culturalmente modulada da constituição das pessoas — é um terreno fértil para cultivar e sustentar alternativas radicais viáveis ao paradigma de desenvolvimento dominante.

Kametsa asaike tem duas características essenciais que desafiam os principais conceitos de bem-estar: (i) o bem-estar subjetivo só é possível por meio do bem-estar coletivo, e o coletivo inclui seres humanos, seres não humanos e a Terra; e (ii) trata-se de uma prática deliberada, já que viver bem implica o esforço de todos. *Kametsa asaike* demonstra que a medida do "bem-estar subjetivo" em termos de saúde e/ou consumo, tão em voga nos círculos de desenvolvimento convencional, não consegue captar a ética da sociabilidade humana e as formas de conhecer e de se envolver com o mundo que essa prática recupera. Ao reconhecer o mundo como uma rede

EMILY CARUSO é diretora da Global Diversity Foundation. Formada em biologia e antropologia, realizou trabalho de campo nas comunidades ene ashaninka. Tem um interesse apaixonado pela recuperação e a manutenção das relações entre humanos, não humanos e lugares, e considera que esse é o ponto de partida para o bem-estar individual e coletivo.

JUAN PABLO SARMIENTO BARLETTI é antropólogo social do Center for International Forestry Research (Cifor) em Lima, Peru. Realizou extensa pesquisa etnográfica com o povo ashaninka sobre como experimentam e entendem o extrativismo, o impacto óbvio que a prática tem em seu cotidiano e o impacto menos óbvio que causa nas relações com os vizinhos não humanos.

de atores humanos e não humanos mutuamente constituídos, *kametsa asaike* questiona, de forma implícita, a noção moderna de indivíduo desassociado, bem como o dualismo cultura/natureza que sustenta o conceito de desenvolvimento e que sanciona o extrativismo em larga escala, independentemente de suas consequências para a vida.

Dependendo do contexto, *ashaninka* significa "nós, os parentes" ou "nós, as pessoas". A maioria dos seres humanos e não humanos, como plantas, animais e espíritos, é *ashaninka*, ou seja, são atores sociais. Todos percebem e agem no mundo de maneiras semelhantes: podem ser gentis ou mesquinhos; ficam bêbados, cometem erros e precisam de xamãs quando estão doentes; riem, choram, amam e temem. Essa compreensão dos seres não humanos é comum entre muitos povos indígenas. No entanto, essa *não é* uma perspectiva antropocêntrica: os humanos são um dos muitos tipos diferentes de seres que compartilham a condição de pessoas.

Nesses contextos, a condição de pessoa não é estável ou dada. Desde o momento do nascimento, os Ashaninka entram em um processo ao longo de toda a vida para serem continuamente "transformados" em *ashaninkasanori* ("pessoas reais de ashaninka"). A arte de converter as pessoas envolve, principalmente, compartilhar substâncias e espaços de vivência próximos, ingerir alimentos prescritos e ter um comportamento apropriado, como trabalhar duro, ser generoso com o produto do trabalho e compartilhar emoções socialmente construtivas. Viver como um *ashaninkasanori* também requer seguir um éthos de convivialidade no relacionamento com a Terra, respeitar os seres não humanos, cuidar da Terra por meio de muito trabalho, cumprir as prescrições dos locais para plantios de hortas e também onde, o quê e quando caçar, pescar e coletar plantas. Por sua vez, animais, plantas, espíritos e a Terra fornecem o que as pessoas precisam para viver como *ashaninkasanori*. Assim, é estabelecido um ciclo de interdependência e interconexão que reforça continuamente a "ashaninkanidade" de pessoas e lugares e permite o *kametsa asaike*.

O conceito de *kametsa asaike* entra em contradição com o auge dos projetos extrativistas em larga escala em todo o Peru, que se tornaram a espinha dorsal dos esforços de reconstrução após a guerra interna do país (1980-2000). Grandes seções do território tradicional ashaninka, palco de um episódio particularmente violento e prolongado da guerra, foram outorgadas em concessão a empresas multinacionais pelo Estado peruano para extração de petróleo e gás e para a construção de barragens hidrelétricas. Essa violência duradoura, criada pela guerra e acompanhada imediatamente pelo extrativismo, é experimentada pelos Ashaninka como uma ruptura do equilíbrio frágil entre as pessoas e a terra que lhes permite viver bem. Os últimos trinta anos testemunharam a ruína da "ashaninkasanoridade" e, segundo nossos colaboradores ashaninka, a Terra está com raiva. Por ter sofrido a violência da guerra e do extrativismo, a Terra está dando as costas aos humanos. Os cultivos não crescem, as árvores não dão frutos, os rios já não se enchem de peixes nem as florestas de animais e os espíritos que ajudavam os xamãs a curar e proteger os animais da floresta se foram.

Agora, os Ashaninka trabalham incansavelmente para eliminar a memória da guerra e impedir o aumento da atividade extrativista em seus territórios. Buscam reconstruir suas relações de solidariedade e interconexão com a Terra, com os demais seres humanos e entre si, e assim restabelecer as condições para a prática de *kametsa asaike*. Com o apoio da Central Ashaninka Río Ene (Care), uma organização indígena liderada por Ruth Buendía,[1] as comunidades ashaninka no Vale do Ene publicaram um conjunto de princípios, com base nas práticas cotidianas de *kametsa asaike*, que chamaram de Agenda Política (Care, 2011). É esperado que qualquer indivíduo ou instituição que queira se envolver com os territórios ou as pessoas representadas pela Care cumpram esses princípios. Esse manifesto teve aplicação imediata quando a organização

---

1   Ver "Ruth Buendía", *The Goldman Environmental Prize*, 2014. Disponível em: www.goldmanprize.org/recipient/ruth-buendia/.

lançou uma série de projetos em 2011, com o apoio de ONGs internacionais como a Rainforest Foundation UK. Esses projetos foram construídos com base nos requisitos de *kametsa asaike* expressos na agenda. Eles também usaram a agenda como uma ferramenta de defesa em sua luta contra projetos extrativistas.

Embora o *kametsa asaike* possa não ser diretamente aplicável em outros contextos sociais, ele apresenta soluções radicais para a reconstrução da humanidade, para nosso relacionamento com a Terra e para uma abordagem que transcenda os excessos do Antropoceno. Primeiro, nos encoraja a examinar o que nos torna pessoas — em relação a outros humanos e seres — para assim compreender o que nos permitirá viver bem. Propõe que a busca pelo bem-estar é necessariamente coletiva: para viver bem, devemos reconhecer nossa interdependência e o relacionamento com outros seres e a Terra. Também sugere que alcançar o bem-estar só será possível se as pessoas tiverem as ferramentas para serem verdadeiramente humanas. Para aqueles perdidos nas falsas soluções do projeto de desenvolvimento, em que as diferenças humanas são obscurecidas pelos discursos de "aprimoramento" e "racionalidade", descobrir o que nos torna humanos — e como isso influencia nossas construções de bem-estar — provavelmente será uma tarefa complexa. No entanto, pode ser a única maneira de construirmos um mundo mais significativo, respeitoso e belo. Por fim, mostra-nos que a única maneira de sustentar o bem-estar, especialmente quando ele está ameaçado, é continuar a praticá-lo todos os dias, de todas as formas, importantes ou modestas.

Referências

BARLETTI, Juan Pablo Sarmiento. "The Angry Earth: Wellbeing, Place, and Extractive Development in the Amazon", *Anthropology in Action*, v. 23, n. 3, p. 43-53, 2016.

CARE — CENTRAL ASHANINKA DEL RÍO ENE. *Kametsa asaike: El vivir bien de los Asháninkas del Río Ene. Agenda Política de la CARE.* Satipo: Central Ashaninka del Río Ene, 2011. Disponível em: www.careashaninka.org/wp-content/uploads/2013/01/AgendaKametsaAsaike.pdf.

KAMETSA ASAIKE, el Buen Vivir de la Amazonía peruana. Satipo: Central Asháninka del Río Ene, 2014. Disponível em: https://vimeo.com/88115558.

WHEN TWO WORLDS COLLIDE. Direção: Heidi Brandenburg & Mathew Orzel, 2016.

Kyosei

Motoi Fuse

Palavras-chave: *kyosei,* simbiose, relações humanidade-natureza, convivialidade

---

A palavra *kyosei* é usada no japonês vernacular com o sentido de simbiose, convivialidade ou viver junto. Pode ser empregada para descrever relações entre os sexos, diferentes culturas, pessoas com e sem deficiência, humanos e animais, humanos e natureza, e assim por diante. O conceito de *kyosei* sempre abarca relações de humanos entre si e entre a humanidade e a natureza e, desde a segunda metade do século xx, tem sido usado para integrar os problemas ecológicos e sociais. Aplicado como um ideal social, contudo, o *kyosei* atraiu defensores dentro e fora da academia, que lhe atribuíram, posteriormente, uma gama de significados e até ambiguidades. Assim, os partidos políticos japoneses aplicaram o conceito tanto à direita quanto à esquerda do espectro ideológico.

Diante dessas circunstâncias, em 2006 criou-se no Japão uma Associação para Estudos Kyosei, com o objetivo de realizar investigações transdisciplinares em sistemas sociais. Sua intenção é esclarecer os conceitos de *kyosei* e fundamentá-los substancialmente no mundo real. Essa associação encontrou um denominador comum aos vários entendimentos de *kyosei* e estabeleceu o fato de que, em geral, visa aumentar a igualdade e a sustentabilidade, respeitando a heterogeneidade de idiomas, culturas e climas.

O filósofo japonês contemporâneo Shuji Ozeki (2015) criou uma estrutura para categorizar o *kyosei* em três

MOTOI FUSE nasceu em 1981 e possui doutorado pela Universidade de Agricultura e Tecnologia de Tóquio (TUAT), no Japão. Dá aulas na Universidade de Tóquio, na Universidade Kasei e na Universidade Musashino. Publica artigos sobre filosofia ambiental no *Japanese Journal of Environmental Education.*

aspectos: "santuário", "competição" e "comunalidade".
O *kyosei* de santuário tem uma orientação pré-moderna, é representado pelas ideias do arquiteto Kisho Kurokawa e autoriza santuários a proteger e apoiar sociedades e comunidades conservadoras tradicionais. O *kyosei* de competição é de orientação moderna, influenciado pelas ideias do filósofo jurídico Tatsuo Inoue, e tem como princípios a heterogeneidade, a individualidade e a negação da comunalidade. Essas duas formas de *kyosei* são antitéticas.

A terceira variedade, o *kyosei* de comunalidade, é pós--moderna e se expressa nas ideias do filósofo Kohei Hanazaki, do eticista Takashi Kawamoto e do diretor teatral Toshiharu Takeuchi. Contrasta comunalidade, cooperação e solidariedade com o princípio da competição, encontrado no fundamentalismo de mercado e em suas práticas sociais. A comunalidade, nesse caso, não é simplesmente tradicional, mas prioriza as necessidades e visões de pessoas socialmente mais vulneráveis, expondo elementos de desigualdade e subordinação ocultos em alguns usos da palavra *kyosei*. O filósofo e ativista Hanazaki, de Hokkaido, usou o *kyosei* para defender os direitos dos Ainu, povos indígenas do Japão.

Existe ainda outro ideal japonês de "comunalidade", chamado *kyodo*. No entanto, a ideia de *kyodo* propõe o compartilhamento de valores, normas e objetivos, e o *kyosei* comunal destaca os aspectos positivos da vida em conjunto e as experiências de revitalização mútua por meio das diferenças. Esse *kyosei* que respeita a heterogeneidade se contrapõe tanto à comunalidade tradicional homogeneizadora quanto à luta moderna pela existência por meio do sistema de mercado. Essa terceira versão do *kyosei* nega os aspectos das duas primeiras formas e aceita o conflito e a rivalidade como momentos históricos.

À medida que a crise ecológica se torna cada vez mais séria, reconsideram-se formas convencionais de encarar a relação humanidade/natureza e, atualmente, dá-se preferência para a construção da sustentabilidade de acordo com as leis da natureza. Como orientação alternativa, o *kyosei* foi aplicado em contextos agrícolas por Ozeki, concentrando-se no trabalho que vincula a humanidade com a natureza e potencializa o metabolismo entre elas. Na teoria ambiental, o conflito entre antropocentrismo e ecocentrismo pode ser superado aplicando-se a lógica integral do *kyosei*. Aqui, tanto a humanidade quanto a natureza são consideradas sujeitos.

Referências

HANAZAKI, Kohei. *Identity to Kyosei no Tetsugaku*. Tóquio: Heibonsha, 2001.

MURAKAMI, Yoichiro; KAWAMURA, Noriko & CHIBA, Shin (orgs.). *Toward a Peaceable Future: Redefining Peace, Security, and Kyosei from a Multidisciplinary Perspective*. Pullman: Washington State University Press, 2005.

OZEKI, Shuji. *Tagenteki Kyosei Shakaiga Miraiwo Hiraku*. Tóquio: Agriculture and Forestry Statistics Publishing, 2015.

OZEKI, Shuji; YAGUCHI, Yoshio; KAMEYAMA, Sumio & KIMURA, Koshin (orgs.). *Kyosei Shakai 1*. Tóquio: Norin Tokei Shuppan, 2016.

Localização aberta

Giorgos Velegrakis e Eirini Gaitanou

Palavras-chave: subjetividade política, movimento de refugiados, senso de lugar, solidariedade, práxis transformadora

---

Em seu famoso artigo do início dos anos 1990, "A Global Sense of Place" [Um sentido global de lugar], a geógrafa feminista Doreen Massey argumentou que a ideia de lugar como uma única identidade "essencial", baseada em uma história limitada de um território, é equivocada. O que dá especificidade a um lugar é o fato de ele ser construído "de acordo com uma constelação específica de relações sociais, que se reúnem e se entrelaçam em um *locus* particular". Essa reinterpretação radical é útil para entender algumas respostas criativas da Europa à chegada de refugiados das zonas de conflito global. Embora esteja surgindo um novo vocabulário acadêmico para "lugar", "articulação de dimensões locais, interlocais e globais" e "práticas socioespaciais radicais", o termo "localização aberta" pode descrever novas experiências na construção de comunidades, políticas radicais e processos de democratização.

A atual crise capitalista e as receitas da elite para sua recuperação servem apenas para estender e normalizar novas formas de repressão social em vários contextos geográficos. Por essa razão, desde 2011, nota-se em todo o mundo um padrão comum

GIORGOS VELEGRAKIS é doutor em ecologia política pela Faculdade de Geografia da Universidade Harokopio, em Atenas, Grécia. Sua pesquisa se concentra no extrativismo, em movimentos socioecológicos e geografias urbanas, além de debates teóricos sobre ecossocialismo, decrescimento e ecologia política marxista.

EIRINI GAITANOU é doutora em estudos europeus e internacionais pelo King's College de Londres, no Reino Unido. Sua área de pesquisa envolve movimentos sociais, participação política, subjetividade política e consciência, sempre de uma perspectiva marxista. Como ativista, participa de debates sobre teoria e prática política.

de protesto popular, centrado na democracia radical e na transparência da representação. Além disso, surgiram iniciativas de solidariedade na forma de redes de luta localizadas nos espaços urbanos e através deles. Esses movimentos exemplificam uma cultura política baseada no atendimento das necessidades materiais cotidianas por meio da comunidade local. Ao cultivar uma cultura de solidariedade criada de forma coletiva, e não atribuída previamente, cada movimento outorga conteúdo ao que David Featherstone (2015) chama de "geografias dinâmicas da atividade política subalterna e caráter generativo da luta política". Nesse sentido, o movimento de refugiados para a Europa e outros países ocidentais, em 2015, é um lembrete de que a mobilidade e o controle sobre ela refletem e reforçam o poder. Os países ocidentais buscam "administrar fluxos de refugiados" e salvaguardar fronteiras "proibidas", com campos de detenção militarizados. No entanto, da mesma maneira que as populações locais, os refugiados precisam muito de abrigo, segurança, solidariedade e espaços comunitários.

Nos últimos anos, vários movimentos populares criaram espaços comunitários para refugiados e moradores locais ao fornecer moradias dignas dentro da cidade. Residentes locais, solidários com os refugiados, improvisam projetos de auto-organização e centros de solidariedade que priorizam os princípios de antirracismo e inclusão, direito à livre-circulação, condições de vida decentes e relações de igualdade. Eles atualizam uma concepção da vida cotidiana e da luta comum que fortalece de baixo para cima, levando à criação de localidades abertas.

Tais iniciativas têm ampla presença na Itália, Espanha, Suécia, Alemanha e em outros países, principalmente europeus, mas aqui nos limitamos a dois exemplos da Grécia. O primeiro é o Refugee Accommodation and Solidarity Space City Plaza [Espaço City Plaza para alojamento e solidariedade com os refugiados], que opera desde abril de 2016 como um projeto habitacional auto-organizado para refugiados sem-teto no centro de Atenas. O City Plaza surgiu como uma resposta prática às políticas dominantes contra a migração na Grécia e na União Europeia e, nos últimos meses, se desenvolveu como uma nova localidade aberta, baseada em princípios de auto-organização, autonomia e solidariedade. O segundo exemplo é o Social Solidarity Medical Centre of Thessaloniki [Centro médico de solidariedade social de Tessalônica] (SSMC), que opera desde dezembro de 2010 como um coletivo de assistência social, oferecendo tratamento médico e farmacêutico primário a residentes sem plano de saúde. Começou com um grupo de ativistas e médicos dispostos a fornecer cuidados de saúde aos imigrantes, mas logo tornou-se um espaço de atenção à saúde de todos — locais ou imigrantes — que não podiam pagar pelo sistema nacional de saúde grego.

Esses empreendimentos dão sentido ao que podemos identificar como "localização aberta", um processo que transforma as localidades existentes em locais abertos para a solidariedade social e política. Os espaços comunitários incentivam práticas socioespaciais específicas, que atendem às demandas da vida cotidiana enquanto cultivam experimentação social, democratização, auto-organização e formas multiculturais de coexistência.

Localidades abertas são paradigmas de "comunidades políticas em construção", pois combinam lutas sociais e políticas e moldam os participantes como sujeitos políticos/cidadãos. Essas formas de luta propõem uma articulação radical dos interesses sociais e das formas de defendê-los. Seus projetos se referem a um novo modo de politização e expressam a necessidade de reapropriação da participação coletiva, da criação de espaços públicos e de experimentação social, além de contrainstituições alternativas. O que está em jogo aqui é a necessidade de uma "mudança para o político" que vá além de suas formas tradicionais de exercício, tendo a política de rua como um forte componente.

Segundo o filósofo francês Jacques Rancière (2011 [2014]), o caráter político de um movimento está relacionado com a busca de espaços de ação, de discurso e de pensamento, e excede a mera afirmação de um grupo concreto. Nesse sentido, a esfera pública se expande, a política é conceituada como uma "determinação ativa", e as identidades são como "processos políticos em andamento". Assim, podemos identificar as iniciativas de solidariedade anteriormente mencionadas como localidades abertas que executam políticas e, consequentemente, a democracia como modo de vida — "como uma arte da vida". Isso expressa não apenas um meio de transição e organização da sociedade como também de constante autotransformação, democratização e aprendizado: são processos de constituição do povo como sujeito coletivo. Esse tipo de ativismo, mediado por práticas espaciais, questões da vida cotidiana e formas de organização, leva a processos unificadores específicos, sem necessariamente induzir à construção de novos corpos sociais unificados, mas materializando um esquema de "unidade na diversidade". As conexões não se formam apenas por meio da solidariedade, e sim de mobilização, interesses e demandas comuns.

Relatos simplistas idealizam esses movimentos e iniciativas de solidariedade que, no entanto, estão repletos de tensões, limitações e complexidades. As localidades abertas que eles criam devem ser analisadas como "fenômenos em movimento constante" que transformam suas práticas, metodologias e relações internas. No entanto, conceituam de maneira relacional — e, às vezes, controversa — "um senso radical de lugar", que deve sempre ser aberto e democrático.

Referências

FEATHERSTONE, David. "Thinking the Crisis Politically: Lineages of Resistance to Neo-Liberalism and the Politics of the Present Conjuncture", *Space and Polity*, v. 19, n. 1, p. 12-30, 2015.

MASSEY, Doreen. "A Global Sense of Place", *Marxism Today*, n. 38, p. 24-9, 1991.

RANCIÈRE, Jacques. *Hatred of Democracy*. Atenas: Pedio, 2011 [Ed. bras.: *O ódio à democracia*. Trad. Mariana Echalar. São Paulo: Boitempo, 2014].

Mediterraneísmo

Onofrio Romano

Palavras-chave: meridianismo, Mediterrâneo, cultura ocidental

---

A ideia do mediterraneísmo identifica e traduz a lógica histórica e geograficamente específica da vida e da convivência no Mediterrâneo em um consistente quadro cultural, político e até mesmo ético. É uma visão que se apresenta como uma alternativa sistêmica ou, mais precisamente, recupera e radicaliza as supostas raízes "originais" do Ocidente, colocando-as contra os desvios perversos da atual civilização ocidental.

O que é o Mediterrâneo?, pergunta Braudel (1985 [1988]):

> Mil coisas ao mesmo tempo. Não uma paisagem, mas inúmeras paisagens. Não um mar, mas uma sucessão de mares. Não uma civilização, mas civilizações sobrepostas umas às outras. Viajar pelo Mediterrâneo [...] é encontrar coisas muito velhas ainda vivas, ladeando o ultramoderno.

Essa representação da realidade mediterrânea inspira diretamente o mediterraneísmo — também chamado de meridianismo ou pensamento meridiano — como ideal político. Coincide com um mundo no qual é possível que múltiplas culturas, mesmo pertencentes a diferentes estágios da civilização, vivam juntas, copiando-se, sobrepondo-se, afetando-se e alterando-se mutuamente. Portanto, antes de qualquer identidade cultural ou modelo social específico, o mediterraneísmo

---

ONOFRIO ROMANO é professor associado de sociologia na Faculdade de Ciências Políticas da Universidade de Bari, na Itália. Seu campo de pesquisa inclui teoria social, modernidade e pós-modernidade, Mediterrâneo, decrescimento e antiutilitarismo. Entre seus trabalhos recentes, está a obra *The Sociology of Knowledge in a Time of Crisis* [A sociologia do conhecimento em tempos de crise] (2014).

alude, primeiramente, à multiplicidade como um valor em si. A coexistência histórica acidental de múltiplas formas de vida em uma única bacia se converte no desenho deliberado de um horizonte político de convívio. A aceitação mútua e a apreciação das diferenças seguem uma lógica geral, segundo a qual uma cultura tenta extrair o que lhe falta das experiências realizadas por outras culturas. Nesse sentido, o meridianismo se opõe tanto ao universalismo (como descoberta de uma única humanidade além de qualquer envoltório cultural) quanto à nostalgia comunitária (que responde aos desvios anômicos do universalismo com reclusão cultural).

A região do Mediterrâneo tem sido objeto constante de investigação e reflexão para cientistas sociais — historiadores, antropólogos, economistas, sociólogos —, mas é nos anos 1990 que o mediterraneísmo alcança sua formulação mais completa e sistemática, graças ao filósofo e sociólogo italiano Franco Cassano (2012). Concebido no clima cultural do pós-modernismo, do pós-colonialismo e do antiutilitarismo, seu livro é particularmente inspirado na crítica à ocidentalização do mundo proposta por Serge Latouche. Segundo Cassano, a configuração físico-geográfica do Mediterrâneo está incorporada na ideia do meridianismo e em sua etimologia de "mediar as terras". Uma cumplicidade particular entre terra e mar é encenada aqui. O mar é uma presença constante para as pessoas que vivem ao redor do Mediterrâneo, juntamente com a consciência de que além dele encontrarão outras terras, outras pessoas, outras culturas e diversos modos de vida. A terra se torna uma metáfora geral da identidade e do enraizamento; o mar, no entanto, torna-se uma metáfora da emancipação, da liberdade, de escapar do eu e se abrir para o outro. Cada um, isoladamente, corre riscos: a terra, sem a presença do mar, experimentará reclusão identitária, recusa do outro e despotismo; escolher exclusivamente o mar, no entanto, pode significar expor-se ao vácuo do oceano, onde todos os significados são apagados e todas as diferenças achatadas e reduzidas a uma abstração universalista, sob o domínio exclusivo da técnica.

As duas tendências podem ser encontradas nas biografias de Heidegger e Nietzsche. Contra esses dois desvios especulares, o mediterraneísmo está conectado à *phrónesis*, ou sabedoria medida, uma atitude cultural que permite a coexistência de raízes e emancipação, do sentimento de pertencimento e de liberdade, da tradição e da modernidade, do senso e da sensibilidade. É uma medida sem pacificação, que não aspira à síntese, de acordo com a tradição retórica grega dos *Dissoì Lógoi*, ou seja, são "discursos divergentes" que nunca se fundem na singularidade do *logos* moderno (o discurso racional).

O meridianismo interpreta a disseminação da radicalização religiosa em nossos dias como uma reação ao fundamentalismo ocidental de crescimento e modernização — uma forma de *húbris*, exibição de poder e arrogância. Para conter todas as formas de radicalização, precisamos aprender com a experiência histórica da coabitação no Mediterrâneo, que abriga três religiões monoteístas e múltiplas culturas pertencentes a três continentes diferentes. O caráter homérico de Ulisses se converte no modelo de referência antropológico do meridianismo: durante sua incrível circum-navegação do Mediterrâneo, com seus múltiplos mundos, Ulisses nunca perde a nostalgia do lar, para onde finalmente volta. *Nostos* (o retorno) é, portanto, a virtude principal. O desejo de conhecer o Outro é reconciliado com o amor pela pátria.

O mediterraneísmo nasceu em um ambiente acadêmico. Ele se espalhou principalmente pelos debates culturais no sul da Europa, sobretudo na Itália e na França. O trabalho coletivo intitulado *The Mediterranean Alternative* [A alternativa mediterrânea] (Cassano & Zolo, 2007) representa uma tentativa de dar ao novo *koinè* (linguagem comum) uma forma cognitiva e política consumada, agregando ao debate intelectuais de destaque das duas margens da bacia do Mediterrâneo.

O meridianismo não foi traduzido em um movimento político específico, mas certamente inspirou muitas experiências de cooperação social e cultural entre diferentes expressões da sociedade civil nos países do Mediterrâneo. Um considerável impacto político do mediterraneísmo pode ser visto no

Mezzogiorno, termo que corresponde às regiões insulares e ao sul da Itália, onde o meridianismo reformulou completamente a questão do atraso no desenvolvimento, inspirando uma espécie de renascimento cívico traduzido em muitas experiências de governo local nas últimas décadas.

O meridianismo está hoje em crise. O retorno dos conflitos e a turbulência no Mediterrâneo após a Primavera Árabe afetaram a possibilidade de reconhecer a região como fonte de inspiração para alternativas sociais. Além disso, os princípios centrais do mediterraneísmo se mostraram ineficazes para o desenho de alternativas políticas reais à modernidade ocidental. No entanto, a esperança não está perdida: a incapacidade dos países mediterrâneos de atender aos atuais padrões de eficiência econômica (eles não podem competir nem em inovação tecnológica nem no custo do trabalho, por razões estruturais) os transforma em um local favorável para experimentos de "desvinculação" e economias autossuficientes.

Referências

BRAUDEL, Fernand. *La Méditerranée. L'espace et l'histoire*. Paris: Flammarion, 1985 [Ed. bras.: *O espaço e a história no Mediterrâneo*. Trad. Marina Appenseller. São Paulo: Martins Fontes, 1988].

CASSANO, Franco. *Southern Thought and Other Essays on the Mediterranean*. Nova York: Fordham University Press, 2012.

CASSANO, Franco & ZOLO, Danilo (orgs.). *L'alternativa mediterranea*. Milão: Feltrinelli, 2007.

IL MILITANTE IGNOTO. Disponível em: https://web.archive.org/web/20190916130040/http://www.ilmilitanteignoto.it/.

Minobimaatisiiwin

Deborah McGregor

Palavras-chave: bem-estar, saúde, boa vida, culturas anishinaabe e cree, direitos da Terra

---

Minobimaatisiiwin (m'nobi-mah-t'see-win), conhecido em vários dialetos como *miyupimaatisiiun*, *bimaadiȥiiwin*, *pimatisiwin*, *mnaadmodȥawin* e *mino-pimatisiwin*, é um conceito enraizado nas culturas anishinaabe e cree que transmite a ideia de "viver uma boa vida" ou viver em um "estado de bem-estar total" (King, 2013). Embora essa prática de "viver bem" já exista há milhares de anos, sua viabilidade foi comprometida pelas forças devastadoras da opressão colonial e da globalização, que minaram de todas as formas possíveis a vida indígena na América do Norte. Nas últimas décadas, o *minobimaatisiiwin* surgiu como parte de uma revitalização dos sistemas de cura indígenas. Esse ressurgimento está em oposição direta às contínuas pressões decorrentes daquelas forças destrutivas. A ativista anishinaabe Winona LaDuke (1997) introduziu o conceito no discurso ambiental como uma resposta ao colonialismo ambiental, ao racismo e à injustiça.

O *minobimaatisiiwin* faz parte de uma visão holística do mundo e, portanto, implica viver de forma respeitosa e recíproca com toda a Criação, individual e coletivamente. Desse modo, não é possível alcançar o *minobimaatisiiwin* sem relações equilibradas e harmoniosas com outros seres. As relações recíprocas são necessárias não apenas entre as pessoas como também com

---

DEBORAH MCGREGOR é descendente de Anishinaabe. É professora associada da Faculdade de Direito Osgoode Hall e da Faculdade de Estudos Ambientais da Universidade York, em Toronto. Atualmente, faz parte da Cátedra de Pesquisa do Canadá na área de justiça ambiental indígena. Sua pesquisa se concentra em sistemas de conhecimento indígenas, governança hídrica e ambiental, justiça ambiental, gestão de políticas florestais e soberania alimentar indígena.

todos os outros "parentes" — animais, plantas, pedras, água, espíritos, seres celestes como lua, sol e estrelas, antepassados, e aqueles ainda por vir. Ao mesmo tempo, todos os outros seres e entidades precisam atingir o *minobimaatisiiwin* para serem saudáveis também. O objetivo geral de sustentar a vida de toda a Criação é um esforço "mútuo".

Para os ancestrais, seus descendentes deveriam viver de acordo com o *minobimaatisiiwin* e, ao fazê-lo, estabeleceriam relacionamentos amorosos e atenciosos com a Terra e outros seres. Suas decisões se embasavam na garantia do bem-estar das gerações futuras de pessoas e de toda a Criação. O conceito de "boa vida" ou "viver bem" é guiado pelos sete ensinamentos originais — sabedoria, amor, respeito, coragem, honestidade, humildade e verdade — para garantir um relacionamento equilibrado entre as pessoas e com toda a Criação. Não é possível "viver bem" se a Terra continuar sofrendo. Nessa teoria e prática dos relacionamentos, a humanidade é obrigada a cuidar de seus parentes, assim como eles são obrigados a cuidar de nós em reciprocidade. *Minobimaatisiiwin* exige que se aja de maneira sustentável: deve-se assumir a responsabilidade e estar espiritualmente conectado a toda a Criação, o tempo todo.

Esse modo de vida era apoiado por sistemas, princípios e leis de conhecimento indígena que determinavam que as atividades das pessoas afirmassem a vida, e não a desonrassem nem a destruissem. As leis indígenas, fundamentadas em meios harmoniosos de existência, reconhecem os "direitos da Terra" por meio de uma aliança de deveres, obrigações e responsabilidades (McGregor, 2015). A lei anishinaabe exige que as pessoas cooperem com todos os seres da Criação. Foi concebida para permitir boas relações e, em última instância, para que cada ser vivo alcance o *minobimaatisiiwin*. Refere-se às relações entre os seres humanos, bem como às impressionantes responsabilidades da coexistência com membros de outras ordens (King, 2013, p. 5). Além disso, o *minobimaatisiiwin* reconhece que outros seres ou entidades têm suas próprias leis, que devem ser seguidas para garantir relações harmoniosas com a

Criação. Estas são leis naturais. A promulgação e a aplicação da lei natural exigem amplo conhecimento do meio ambiente e de como ele funciona, para garantir a sobrevivência de todos.

Nos dias de hoje, a Terra é tratada de uma maneira diametralmente oposta à filosofia e às normas do *minobimaatisiiwin*. Na ontologia anishinaabe, todos os elementos da Criação são imbuídos de espírito e ação, incluindo, por exemplo, formas de vida não humanas, rochas, montanhas, água e a própria Terra. As sociedades dominantes mercantilizam essas mesmas entidades, explorando-as como recursos e reconceitualizando-as como capital.

A tradição anishinaabe compreende a necessidade de se evitar uma cultura de mercantilização, consumo e destruição do planeta — ensinamentos de Windigo, um ser canibal amaldiçoado por uma fome avassaladora que nunca pode ser satisfeita, não importa quanto consuma. Windigo vagueia pela Terra, destruindo tudo o que encontra em seu caminho, em uma busca agonizante e interminável de satisfação. Esse exemplo nos lembra que podemos escolher um caminho de *minobimaatisiiwin* ou então de Windigo — que trará a eventual destruição de toda vida.

Como fizeram inúmeras gerações de Anishinaabe, as sociedades dominantes também poderiam aprender com a história de Windigo sobre as consequências de se desprezar o *minobimaatisiiwin*. A crise social, econômica e ambiental em que a sociedade global se encontra é o resultado de uma profunda falta de respeito pela Terra e pela exigência de reciprocidade em suas relações com toda a Criação. O *minobimaatisiiwin*, como um conjunto de obrigações e responsabilidades com a Terra viva, desafia diretamente o paradigma neoliberal dominante, que considera a natureza como propriedade e como um recurso a ser explorado.

O *minobimaatisiiwin* oferece uma alternativa real e testada pelo tempo. As nações indígenas do mundo inteiro denunciaram uma ordem econômica mundial que perpetua a desigualdade, a injustiça e a exploração. A crescente resistência a essa ordem mundial foi expressa recentemente na América do Norte por meio de ações como o movimento Idle No More e o protesto do Dakota Access Pipeline. Ao mesmo tempo, ideologias indígenas antigas, expressas em declarações ambientais internacionais, como a Declaração Universal dos Direitos da Mãe Terra, estão redefinindo a noção de "sustentabilidade" como "viver bem com a Terra" de uma maneira mutuamente benéfica.

Ao lado de outras concepções indígenas a ele semelhantes, o *minobimaatisiiwin* oferece um paradigma radical que existe há séculos, em oposição a um mundo de capitalismo industrial incansável. Os povos indígenas adotam sistemas políticos, legais e de governança baseados nesse paradigma há inúmeras gerações. Pode-se postular, então, que alcançar o *minobimaatisiiwin* para todos é o objetivo final da autonomia e da soberania indígenas.

Referências

BELL, Nicole. "'Anishinaabe Bimaadiziwin': Living Spiritually with Respect, Relationships, Reciprocity, and Responsibility". *In*: KULNIEKS, Andrejs; LONGBOAT, Dan Roronhiakewen & YOUNG, Kelly (orgs.). *Contemporary Studies in Environmental and Indigenous Pedagogies: A Curricula of Stories and Place*. Roterdã: Sense Publishers, 2013.

HART, Michael. "Seeking Mino-pimatasiwin (the Good Life): An Aboriginal Approach to Social Work Practice", *Native Social Work Journal*, v. 2, n. 1, p. 91-112, 1999.

KIMMERER, Robin W. *Braiding Sweetgrass: Indigenous Wisdom, Scientific Knowledge and the Teachings of Plants*. Mineápolis: Milkweed Editions, 2013.

KING, Cecil O. *Balancing Two Worlds: Jean-Baptiste Assiginack and the Odawa Nation, 1768-1866*. Saskatoon: Dr. Cecil King, 2013.

LADUKE, Winona. "Voices From White Earth: Gaa-waabaabiganikaag". *In*: HANNUM, Hildegarde (org.). *People, Land & Community: Collected E. F. Schumacher Society Lectures*. New Haven: Yale University Press, 1997.

MCGREGOR, Deborah. "Indigenous Women, Water Justice and Zaagidowin (Love)", *Canadian Woman Studies/Les Cahiers de la femme*, v. 30, n. 2-3, p. 71-8, 2015.

Moedas alternativas

Peter North

Palavras-chave: moedas alternativas, localização, iniciativas de transição

---

Moedas comunitárias, alternativas ou complementares (*complementary currencies* — ccs)[1] são formas de circulação monetária criadas por atores não estatais como alternativas e soluções para as patologias detectadas no dinheiro criado pelo Estado e no desenvolvimento centrado no crescimento.

Há basicamente quatro tipos de moedas alternativas. Os Local Exchange Trading Schemes [Esquemas de negociação de câmbio local] (Lets) são moedas locais que podem ser chamadas de Green Dollars [Dólares verdes] ou então de um nome regionalmente significativo, como Bobbins [Bobinas] em Manchester, no Reino Unido. Os créditos Lets podem ser avaliados em relação à moeda nacional, em uma taxa horária ou em uma mistura dos dois. Eles não têm forma física: os

---

1   A diversidade de moedas alternativas existentes em todo o mundo é registrada pelo Complementary Currency Resource Center, disponível em: https://complementarycurrency.org. Outras boas fontes para pesquisas recentes sobre moedas alternativas são o *International Journal of Community Currency Research*, on-line e de acesso aberto, disponível em: http://ijccr.net/, e a Research Association on Monetary Innovation and Complementary and Community Currency (Ramics), disponível em: https://ramics.org.

PETER NORTH é professor de economias alternativas no Departamento de Geografia e Planejamento da Universidade de Liverpool, no Reino Unido. Sua pesquisa aborda as economias sociais e solidárias como ferramentas para construir e repensar geografias alternativas do dinheiro, empreendedorismo e meios de subsistência, e é parte de um projeto de construção de estratégias para o desenvolvimento econômico local considerando a restrição de recursos, as mudanças climáticas e a crise econômica.

usuários se reúnem por meio de um diretório e depois pagam uns aos outros com cheques emitidos nas unidades Lets, que endossam com o compromisso pessoal de obter créditos suficientes para pagar essa dívida no futuro. Os saldos das contas ficam arquivados em um computador.

Muitos criticam qualquer alinhamento de moedas alternativas com a moeda criada pelo Estado, uma vez que esse esquema reproduz as patologias do capitalismo. Em vez disso, defendem o dinheiro expresso em horas, de modo que banqueiros não recebam mais do que trabalhadores domésticos. Os usuários de Bancos de Tempo ajudam uns aos outros e calculam as contas com um crédito eletrônico de tempo, no qual cada crédito é avaliado como uma hora, independentemente do trabalho realizado. As "horas" são o papel-moeda local, expresso em tempo, que pode ser usado com a mesma facilidade que o dinheiro em espécie, sem necessidade de registros centrais. Depois da crise financeira na Argentina em 2001, milhões de pessoas se apoiaram mutuamente usando papel-moeda criado pela comunidade e calculado em "créditos" — sem relação com o dinheiro estatal ou com o tempo.

Os ativistas que querem evitar as mudanças climáticas e o esgotamento de recursos desenvolveram "moedas de transição" — por exemplo, as moedas Totnes, Lewes ou Stroud Pounds. Trata-se de papel-moeda de circulação local, expresso em unidades equiparadas com e respaldadas pela moeda do Estado. Finalmente, o desenvolvimento de computadores pessoais e smartphones levou a experimentos com moedas eletrônicas, como BitCoin e FairCoin. Há uma variedade desconcertante de moedas alternativas no mundo (North, 2010).

A história de constestação do dinheiro é longa (North, 2007). No alvorecer do capitalismo, no Reino Unido, o socialista utópico Robert Owen defendeu e experimentou o uso de notas de trabalho, como fizeram as comunidades anarquistas durante o século XIX nos Estados Unidos. Nas décadas de 1880 e 1890, os populistas estadunidenses preferiram uma emissão mais liberal de dinheiro, respaldado em prata, entrando em conflito com interesses bancários que defendiam o padrão-ouro, que favorecia a disciplina laboral, com frequência de forma violenta. Na década de 1930, as autoridades locais dos Estados Unidos, da Alemanha pré-nazista, da Suíça, da Áustria e da Espanha revolucionária emitiram seu próprio papel-moeda. O Swiss Business Ring existe até hoje, conectando proprietários de pequenas empresas. A tecnologia da informação amplamente disponível catalisou a criação de moedas alternativas por grupos não estatais em níveis sem precedentes, como o Bangla-Pesa, do Quênia, por exemplo.

A primeira onda de Lets e Bancos de Tempo foi encabeçada em países anglo-saxões por ativistas ecológicos, ou seja, pessoas que estavam profundamente conscientes da insustentabilidade do capitalismo global. Eles argumentaram que, para sobreviver às crises regulares do capitalismo, uma diversidade de moedas locais deveria ser concebida, de modo que, se uma forma de moeda geralmente criada pelo Estado estivesse indisponível, houvesse alternativas disponíveis. Desenvolvidas pelos próprios usuários e respaldadas pelo compromisso deles de pagar essa quantia no futuro, em primeiro lugar, as moedas alternativas estariam mais amplamente disponíveis do que as moedas emitidas pelo Estado, gerando assim uma demanda local (North, 2005). Em segundo lugar, as moedas alternativas estariam disponíveis em quantias necessárias para atender às necessidades daqueles que as criaram, independentemente da disponibilidade de dinheiro preexistente. Finalmente, uma vez que os serviços cotidianos, como o cuidado de crianças, a jardinagem e assim por diante, eram bastante acessíveis em redes de moedas alternativas — ao contrário de serviços profissionais altamente remunerados —, elas outorgariam valor ao trabalho feito por aqueles que o mercado capitalista não valorizava. Como resultado de tornar o crédito em dinheiro amplamente disponível para todos os dispostos a concordar com os valores de reciprocidade das redes, os defensores das moedas alternativas argumentaram que haviam criado um mecanismo de mudança social que levaria a uma economia sustentável, localizada e convivial, priorizando as necessidades das pessoas em vez da compra de "coisas", da maximização do produto interno bruto (PIB) ou da acumulação descabida de dinheiro.

Esses esquemas funcionavam muito bem se o que as pessoas quisessem comprar umas das outras pudesse ser produzido por meio dos recursos pertencentes ou controlados pela comunidade. As iniciativas iam além do que Marx descrevera como a "cooperação anã" dos socialistas utópicos do século XIX, mas, muitas vezes, elas não atendiam a necessidades básicas — comida, abrigo, energia — ou desejos mais complexos gerados pelo sistema capitalista. Os organizadores se esforçariam para equilibrar as contas e seriam sobrecarregados em uma crise econômica se milhões de pessoas começassem a usar as moedas alternativas. Por essa razão, seus defensores começaram a emitir papel-moeda local — chamado *hours* [horas] nos Estados Unidos, *créditos* na Argentina e *transition currencies* [moedas de transição] no Reino Unido —, abolindo assim qualquer necessidade de manter contas. Ao dar atenção para o design das cédulas, era mais provável que os atores do mercado convencional as levassem a sério. Ao contrário do Lets e dos créditos de tempo, porém, elas não eram moedas de crédito pessoal, "dinheiro novo". A questão que se propunha era: por que os usuários migrariam do dinheiro "universal", apoiado pelo Estado, para uma moeda de circulação local, que não poderia ser usada para as necessidades diárias, a menos que compartilhassem os valores da rede? Como resultado, as redes em geral permaneceram pequenas, restritas aos entusiastas.

Então as alternativas seriam soluções radicais ou falsas? Depende. Por um lado, supõe-se que as moedas alternativas apoiam empresas de propriedade local e têm valor por si mesmas. Acredita-se que a existência de uma moeda alternativa fomenta a produção local e outras formas conviviais de criar economias mais localizadas. Por outro lado, as moedas de transição e mais recentemente as moedas eletrônicas têm sido promovidas por interesses comerciais locais, que as veem como um meio de apoiar formas de atividade econômica de propriedade regional, mas talvez insustentáveis — por exemplo, uma mercearia local que não vende nada produzido localmente. Esses projetos ainda podem excluir aqueles que não têm muito dinheiro usual. Assim, o grau que as moedas alternativas podem alcançar, para além da criação de meras visões de pós-desenvolvimento até sua concretização, é, sem dúvida, um processo em construção.

Referências

NORTH, Peter. "Scaling Alternative Economic Practices? Some Lessons from Alternative Currencies", *Transactions of the Institute of British Geographers*, v. 30, n. 2, p. 221-33, 2005.

NORTH, Peter. *Money and Liberation: The Micropolitics of Alternative Currency Movements*. Minneapolis: University of Minnesota Press, 2007.

NORTH, Peter. *Local Money: How to Make It Happen in Your Community*. Dartington: Green Books, 2010.

Movimento de alterglobalização

Geoffrey Pleyers

Palavras-chave: Fórum Social Mundial, ativismo prefigurativo, movimentos sociais

---

A revolta do movimento indígena zapatista contra o governo mexicano e o Acordo de Livre-Comércio da América do Norte (Nafta), em 1º de janeiro de 1994, simbolizam o nascimento da "alterglobalização", ou "movimento da justiça global". A Vía Campesina, organização que reúne mais de duzentos milhões de pequenos agricultores em todo o mundo, foi fundada três meses antes. Inesperadamente, povos indígenas e camponeses se tornaram os líderes do movimento global que denuncia a ordem neoliberal e que explora ou renova os caminhos para alcançar a emancipação.

A globalização foi entendida como o fim do bloco soviético e como a "vitória final" da "democracia de mercado" do Ocidente, ao passo que o movimento de alterglobalização aponta para o fim do "Terceiro Mundo", conforme o entendimento do século XX, e a ascensão do Sul global entre as forças progressistas. É significativo que o início do movimento, seus principais encontros, os Fóruns Sociais Mundiais e os principais passos de sua "virada ecológica" tenham ocorrido principalmente no Sul global. O "encontro transformador" entre ativistas do Norte e lutas, ativistas, epistemologias e cosmovisões do Sul é a essência constitutiva, o objetivo do movimento de

---

GEOFFREY PLEYERS é professor do Fonds de la Recherche Scientifique (FNRS) na Universidade Católica de Louvain, na Bélgica. É presidente do Research Committee 47 — Social Classes and Social Movements da International Sociological Association. É autor de *Alter-Globalization. Becoming Actors in the Global Age* [Alterglobalização: tornar-se atores na era global] (2010). Outras pesquisas se concentram em movimentos ambientais, consumo crítico e movimentos sociais na Europa e na América Latina.

alterglobalização e a raiz das lutas, práticas e epistemologias da emancipação no século XXI.

Mobilizações locais e nacionais dominaram o primeiro período do movimento de alterglobalização. Mas sua globalidade se tornou cada vez mais evidente, notadamente durante as mobilizações contrárias a eventos globais, como o protesto contra a Cúpula do Milênio da Organização Mundial do Comércio (OMC), em 1999, em Seattle, nos Estados Unidos. Intelectuais engajados também desempenharam um papel importante na conscientização pública sobre as consequências sociais do livre-comércio, bem como questionaram a hegemonia do Consenso de Washington. O movimento ganhou ímpeto com protestos contra os acordos de livre-comércio e com a organização dos Fóruns Sociais Mundiais, realizados a partir de 2001 e que reuniram 120 mil (Mumbai, 2004) e 170 mil (Porto Alegre, 2005) ativistas para compartilhar ideias e experiências que mostram que "outro mundo é possível". Desde 2011, uma nova onda global de protestos em todos os continentes prolongou os movimentos de alterglobalização, denunciando principalmente as políticas de austeridade, as crescentes desigualdades e o conluio entre as elites políticas, econômicas e midiáticas.

Os ativistas da alterglobalização afirmam que a especulação financeira, os paraísos fiscais e a concentração de recursos nas mãos dos super-ricos são as principais causas de danos sociais e ecológicos. Desde o início, o movimento de alterglobalização também se mobilizou contra a extrema direita, o nacionalismo e as guerras de fronteiras, além de apoiar os migrantes. Questões ambientais tornaram-se cada vez mais centrais. Movimentos pela justiça global e ativistas verdes se uniram na Climate Justice Network [Rede pela justiça climática], fundada em Bali, na Indonésia, em 2007, afirmando que evitar o aquecimento global requer mudanças estruturais na economia capitalista e no sistema político atuais.

Contra a ideia dominante de que "não há alternativa" às políticas neoliberais, os ativistas da alterglobalização afirmam que os cidadãos comuns são capazes de impactar a política local, nacional e global. Eles têm por base as três culturas de ativismo apresentadas a seguir.

O caminho da razão: o envolvimento político dos cidadãos. No "caminho da razão", os ativistas da alterglobalização consideram que um mundo mais justo exige que os cidadãos se envolvam nos debates sobre questões globais. Eles mostram que as políticas neoliberais são socialmente injustas, antidemocráticas, cientificamente irracionais e economicamente ineficientes. Também articulam políticas alternativas e "mais racionais", orientadas para o bem comum.

Esses ativistas consideram que o maior desafio é o modo como a economia está vinculada a padrões sociais, culturais, ambientais e políticos. Seguindo um conceito de mudança social, de cima para baixo, esses ativistas pedem que os formuladores de políticas e instituições internacionais regulem a economia sob o monitoramento de especialistas e pessoas comprometidas. Com base em evidências científicas claras, campanhas eficientes e mobilização dos cidadãos, tiveram um grande impacto na conscientização pública e na formulação de ações políticas sobre grandes questões globais, como o aquecimento global e a evasão fiscal. No entanto, apesar dos relatórios científicos que convocaram os governos a combater as mudanças climáticas, e da pressão contínua das políticas neoliberais que perderam toda a legitimidade científica, o aumento das emissões de gases de efeito estufa também demonstram os limites de argumentos científicos claros para promover a mudança global.

O caminho da subjetividade: ativismo prefigurativo. Em vez de esperar que os formuladores de políticas resolvam seus problemas, a segunda tendência opta por um conceito ascendente de mudança social. O "novo mundo" começa com a ação individual e em escala local. Essa diretriz tem seus alicerces na coerência entre as práticas e os valores de cada pessoa (democracia, participação, sustentabilidade, igualdade de gênero e assim por diante). Comunidades indígenas e rurais, movimentos autônomos, centros sociais ou movimentos Occupy buscam criar "espaços de experiência", entendidos como "espaços autônomos distanciados da sociedade capitalista que permitem aos atores viver de acordo com seus próprios princípios, tecer relações cordiais e de convivência e expressar sua subjetividade e criatividade". Práticas concretas na vida cotidiana são significativas para além da escala local, pois desafiam o modo de vida capitalista, opondo-se ao domínio de uma cultura consumista. O ativismo é, portanto, "prefigurativo" — prefigura em ações concretas os elementos de um mundo sustentável e mais democrático. O ativismo também é "performativo" — o "outro mundo" começa aqui e agora, em práticas concretas e locais.

Alianças com governos progressistas. Um componente mais clássico do movimento acredita que a mudança social ocorre por meio da aliança entre governos nacionais progressistas e movimentos populares. Em 2005, líderes e movimentos progressistas conseguiram impedir a assinatura da Área de Livre-Comércio das Américas (Alca). Alianças entre movimentos e governos progressistas colocaram o Bem Viver na Constituição equatoriana, e o então presidente da Bolívia, Evo Morales, tomou emprestado o repertório do Fórum Social para organizar a Conferência Mundial dos Povos sobre a Mudança Climática de 2010, em Cochabamba. Alguns anos mais tarde, porém, os governos progressistas da América Latina decepcionaram os ativistas da alterglobalização nas frentes socioeconômica e ambiental.

Em outros continentes, os movimentos Occupy e "pós-2011" se distanciaram da política partidária e implementaram a democracia participativa nas praças, denunciando o conluio das elites políticas, midiáticas e econômicas. A partir de 2013, alguns ativistas optaram por lançar novos partidos ou combinar políticas partidárias com um ativismo mais horizontal.

De modo geral, no entanto, a relação entre movimentos e governos é cada vez mais dominada pela repressão, sugerindo que o uso da força é muitas vezes a única maneira de implementar o desenvolvimento neoliberal e extrativista.

Juntas, essas três culturas de ativismo oferecem diretrizes concretas para uma abordagem global e multidimensional da mudança social e para processos mais sustentáveis que satisfaçam as necessidades do bem-estar humano, reconhecendo simultaneamente os principais papéis a serem desempenhados pelas comunidades locais e atores de base, cidadãos ativistas, instituições internacionais e líderes políticos. Além da divisão Norte/Sul, o movimento de alterglobalização desafia a centralidade da economia, promove a solidariedade internacional e fornece respostas concretas para enfrentar os desafios globais, começando pelo aquecimento global e o crescimento das desigualdades.

Referências

HOLLOWAY, John. *Change the World Without Taking Power*. Londres: Pluto Press, 2002.

JURIS, Jeffrey S. *Networking Futures: The Movements against Corporate Globalization*. Durham: Duke University Press, 2008.

PLEYERS, Geoffrey. *Alter-Globalization: Becoming Actors in the Global Age*. Cambridge: Polity Press, 2010.

SEN, Jai; ANAND, Anita; ESCOBAR, Arturo & WATERMAN, Peter (orgs.). *World Social Forum: Challenging Empires*. Nova Déli: Viveka Foundation, 2004.

SMITH, Jackie. *Social Movements for Global Democracy*. Baltimore: John Hopkins University Press, 2008.

Movimento de Transição

Rob Hopkins

Palavras-chave: localização, resiliência, REconomia, Transição, mudanças climáticas

---

O movimento Transition começou em 2005, no Reino Unido, e foi inicialmente concebido como uma "desintoxicação da opulência ocidental". Inspirado pelo modelo de "contração e convergência" do Global Commons Institute [Instituto global de bens comuns] (Meyer, 2000), tinha como objetivo ajudar as pessoas a entender a escala de cortes nas emissões de carbono que as nações ocidentais deviam assumir como um passo "em direção a" algo, em vez de "afastar-se de" algo insubstituível. Embora emergisse das raízes do movimento de permacultura, do biorregionalismo e do movimento de localização, também se inspirou no movimento das mulheres, nas culturas indígenas e em muitos outros.

Inicialmente enquadrado como "uma resposta às mudanças climáticas e ao pico do petróleo" (Hopkins, 2013), o movimento ganhou força com a necessidade de entender que esses dois desafios requerem uma mudança profunda, que prescinda dos combustíveis fósseis, e também são uma oportunidade histórica para fazer algo novo e extraordinário. Desde sua criação, o conceito evoluiu, se adaptou e desenvolveu suas experiências em uma "rede de aprendizado". Atualmente, existem mais de 1,4 mil iniciativas

---

ROB HOPKINS é fundador do movimento Transition e vive em Totnes, Reino Unido. É doutor pela Universidade de Plymouth e autor de vários livros sobre Transição, sendo o mais recente *21 Stories of Transition: How a Movement of Communities Is Coming Together to Reimagine and Rebuild Our world* [21 histórias de Transição: como um movimento de comunidades se une para reimaginar e reconstruir nosso mundo] (2015). Escreve e dá palestras sobre a necessidade de economias locais mais resilientes e ganhou vários prêmios por seu trabalho. É também jardineiro e diretor de uma cervejaria artesanal.

semelhantes em cinquenta países. A Transition Network [Rede Transição], instituição sem fins lucrativos sediada no Reino Unido, foi criada para apoiar sua evolução e descreve a Transição como um movimento de comunidades que reimaginam e reconstroem o mundo.

O movimento de Transição se espalhou com base na ideia do código aberto. Além de alguns princípios e valores-chave, as comunidades são convidadas a adotar o modelo, adaptá-lo, moldá-lo e se apropriar dele. Existem dois elementos que se destacam no modelo de Transição. Um dos que evoluiu desde o início é o da REconomia. Muitos grupos de Transição criam projetos vinculados a temas como alimentação, energia, moradia ou qualquer outra coisa, mas não possuem as habilidades necessárias para transformá-los em empresas viáveis e sustentáveis. A REconomia desenvolve ferramentas e modelos para possibilitar o investimento comunitário, como os fóruns locais de empreendedores e as opções de compartilhamento, e cria ferramentas como o projeto econômico local para permitir que os grupos de Transição ressaltem a importância econômica do que fazem.

A outra vertente principal que evoluiu dentro do movimento é chamada de "Transição Interna". Essa linha reconhece que a maneira como um grupo realiza um projeto importa tanto quanto aquilo que ele faz. Trata-se de trabalhar de uma forma que priorize a atenção aos fatores que levam ao esgotamento, desenvolva habilidades vitais para a tomada de decisões, realize reuniões eficazes, gerencie conflitos e assim por diante. Trabalhar como ativistas de uma sociedade sustentável fazendo uso de ferramentas enraizadas nos próprios modelos que tentamos mudar é contraproducente. A Transição Interna se inspira em uma variedade de tradições psicológicas e espirituais, bem como em grupos de afinidade predominantes no movimento feminista da década de 1970.

Sua abordagem de desenvolvimento é muito diferente daquela promovida pelos governos ocidentais. Ela se concentra em:

- localização apropriada: trazer a produção de alimentos, a geração de energia e os materiais de construção para mais perto do consumidor;
- resiliência: implantar infraestrutura que permita às comunidades estarem mais bem posicionadas para resistir a choques, aproveitando a oportunidade para reimaginar a economia local e atender às necessidades locais com mais eficiência;
- baixo carbono: desenhar projetos e empresas que sejam inerentemente de baixa emissão de carbono na forma como operam e no que produzem;
- ativos comunitários: sempre que possível, deve-se tratar de incorporar os ativos (terrenos, negócios, geração de energia, edifícios) à propriedade da comunidade, para aprimorar o controle de suas capacidades de moldar seu futuro;
- limites naturais: reconhecer que não vivemos mais em um mundo onde crédito, recursos e energia são infinitos;
- não é apenas para lucro pessoal: uma variedade de modelos de negócios está surgindo, como empresas sociais, cooperativas e aquelas que priorizam a maximização do retorno social.

A abordagem da Transição está se espalhando (Feola & Nunes, 2013). Universidades e governos locais começam a considerá-la. Interessa cada vez mais a trabalhadores da saúde pública. Também é adotada por ativistas sociais e se reverbera em alguns círculos políticos europeus. Foi fascinante ver o surgimento de iniciativas de Transição na América do Sul e em outros lugares, ao lado de movimentos complementares do Bem Viver e da Vía Campesina. Em São Paulo, a Transition Brasilândia está contribuindo para que uma favela se auto-organize por meio do empreendimento social, combata a violência contra as mulheres e fomente a saúde pública e a agricultura urbana. Em Greyton, uma cidade marcada pela era do apartheid sul-africano, a Transição foi introduzida por Nicola

Vernon, que disse: "Como motor de integração social, é o melhor que encontrei em trinta anos trabalhando em bem-estar social". O grupo iniciou muitos projetos com escolas locais, incluindo um festival Trash to Treasure [Do lixo ao luxo], o plantio de milhares de árvores e a construção de novos edifícios usando "ecotijolos" — garrafas plásticas vazias, preenchidas com lixo não reciclável.

O movimento de Transição recebeu algumas críticas. Para o Coletivo Trapese, a ênfase nas ações individuais nega a importância da mudança estrutural. No entanto, os transicionistas argumentam que seu método de construir alternativas ativamente, buscar um terreno comum em vez do confronto político e encontrar uma definição diferente do que constitui a política é uma proposta igualmente válida para alcançar mudanças estruturais. Outros acusam o movimento de se envolver apenas em ações de pequena escala. Essa visão bastante condescendente ignora as realizações mais ambiciosas dos grupos de Transição no fortalecimento das conexões sociais e em dar às pessoas a confiança para assumir projetos maiores. Outros criticaram a composição predominantemente branca e de classe média do movimento. Esse é um desafio observado em muitos movimentos de mudança, que inúmeros grupos de Transição estão trabalhando para enfrentar, mudando o foco para as necessidades locais, a criação de meios de subsistência e o potencial que favorece um envolvimento mais amplo.

Desde o início, a Transição foi entendida como um movimento modelado nos fungos micorrízicos, isto é, aqueles que se espalham com seu próprio impulso, se auto-organizam, criam redes, encontram seu próprio caminho — às vezes, dão frutos quando se espera; outras vezes, dependem de um processo passo a passo. Embora a Transição possa aprender muitas coisas com outros movimentos e abordagens, ela também, depois de anos de experimentação, tem muito a oferecer.

Referências

FEOLA, Giuseppe & NUNES, Richard. "Failure and Success of Transition Initiatives: A Study of the International Replication of the Transition Movement'", *Research Note 4*, Walker Institute for Climate System Research, University of Reading, 2013.

HOPKINS, Rob. *The Power of Just Doing Stuff: How Local Action Can Change the World*. Cambridge: Green Books, 2013.

MEYER, Aubrey. *Contraction and Convergence: The Global Solution to Climate Change*. Totnes: Green Books/Schumacher Society, 2000.

TRANSITION Network Team. *The Essential Guide to Doing Transition: Your Guide to Starting Transition in Your Street, Community, Town or Organisation*. Totnes: Transition Network, 2016.

Movimento Slow

Michelle Boulous Walker

Palavras-chave: ativismo slow, filosofia slow, desaceleração, complexidade, atenção

---

O movimento Slow [devagar] envolve uma reunião eclética de pessoas dedicadas ao ativismo slow, do qual o primeiro e mais proeminente é o movimento Slow Food [Comida lenta]. É um ativismo que exige a desaceleração do ritmo da vida tecnológica moderna, argumentando que o capitalismo avançado é dominado por uma lógica que iguala velocidade e eficiência. Para ativistas slow, em um mundo cada vez mais acelerado, as oportunidades para desfrutar de uma relação contemplativa com outras pessoas e com o mundo natural estão diminuindo. No momento, nossa própria existência é desafiada por uma demanda incansável de decidir, responder e agir sem o tempo adequado para que realmente possamos nos envolver com a complexidade da vida. Uma cultura da pressa se infiltra nos espaços sociais e políticos do século XXI.

Em resposta a essa cultura, o Slow Food foi um dos primeiros movimentos desse tipo a surgir no mundo ocidental. Em 1989, Carlo Petrini desafiou a proliferação de fast-food industrializada e defendeu que fosse substituída por refeições simples, artesanais, que abraçavam os produtos e as tradições da culinária local. De acordo com esses critérios, o Slow Food foi concebido para celebrar os prazeres de cozinhar lentamente e de compartilhar alimentos com outras pessoas em um

MICHELLE BOULOUS WALKER é chefe do European Philosophy Research Group (EPRG) da Escola de Investigação Histórica e Filosófica da Universidade de Queensland, Austrália. É autora do livro *Philosophy and the Maternal Body: Reading Silence* [Filosofia e o corpo maternal: ler o silêncio] (1998) e de diversas publicações sobre filosofia europeia nas áreas de estética, ética e filosofia feminista. Seu livro mais recente é *Slow Philosophy: Reading against the Institution* [Filosofia slow: leituras contra a instituição] (2017).

contexto mais descontraído e menos comercial. Além disso, o movimento aumenta a conscientização sobre as questões ecológicas e educacionais associadas à produção e ao consumo de alimentos em todo o mundo. Desse modo, fornece a base para uma conscientização política de questões como sustentabilidade e agricultura cooperativa em pequena escala como alternativas ao fast-food e à produção industrial de alimentos.

A Fundação Long Now, criada em São Francisco, Estados Unidos, em 1996, contraria a cultura acelerada de hoje, promovendo o pensamento e a responsabilidade em longo prazo. Desafia a relação entre eficiência, produtividade e velocidade, promovendo a lógica "mais lento/melhor" em vez de "mais rápido/mais barato". Embora a proposta "mais lento/melhor" — no contexto da comida — às vezes tenha sido criticada como elitista e gourmetizada, o movimento Slow Food realmente recupera os primeiros protestos sociais de Petrini, promovendo uma política alimentar equitativa, bem como a justiça para os mais desfavorecidos por sistemas alimentares globais. Terra Madre, por exemplo, é uma rede internacional que promove agricultura e biodiversidade sustentáveis, a fim de garantir alimentos bons, limpos e justos. Atualmente, os debates internacionais se concentram no acesso a alimentos locais, sustentáveis e nutritivos para grupos da comunidade que geralmente são negligenciados nos debates éticos e nas políticas sociais. O movimento em Portland, em Oregon, Estados Unidos, por exemplo, argumenta que, se o Slow Food tem a pretensão de evoluir, os trabalhadores imigrantes devem fazer parte desse ativismo.

Hoje, existem 1,5 mil espaços conviviais de Slow Food em 150 países ao redor do mundo, no Norte global e também no Níger, em Angola, na Bolívia, no Sri Lanka e na Indonésia. Além disso, o Slow Food inspirou uma série de movimentos em resposta aos efeitos desumanizadores da globalização. Os movimentos em série incluem Jardinagem Slow, Cidades Slow, Escolas Slow, Educação Slow, Infância Slow, Viagens Slow, Vida Slow, Leitura Slow, Produtos Slow, Dinheiro Slow, Investimento Slow, Consultoria Slow, Envelhecimento Slow,

Cinema Slow, Igreja Slow, Aconselhamento Slow, Moda Slow, Mídia Slow, Comunicação Slow, Fotografia Slow, Ciência Slow, Tecnologia Slow, Design Slow, Arquitetura Slow e Arte Slow. Este último expõe o pensamento capitalista, reconhecendo sua cumplicidade com um sistema que se beneficia material e culturalmente da exploração do mundo não ocidental. Essa autoconsciência entre pessoas de países ricos é, cada vez mais, uma característica definidora do que marca uma prática como "slow". No Sul global, o movimento Slow se manifesta como uma preocupação com o Urbanismo Slow e a Governança Slow, explorando conexões entre crises urbanas, crises econômicas, migração, desapropriação, expulsão e exclusão. Nesses contextos, há uma relação íntima entre o ativismo slow e a recuperação de terras comunitárias.

Embora exista uma diversidade considerável na maneira como a lentidão é adotada pelos movimentos populares em todo o mundo, o que os une é, sem dúvida, uma determinação de experimentar o prazer e dar às necessidades básicas da vida cotidiana uma espécie de lentidão artística. Tais movimentos buscam uma relação mais substancial e sustentada com a complexidade do mundo. O livro de Carl Honoré, *Devagar* (2004 [2005]), explorou como as sociedades industrializadas poderiam pensar na lentidão como um movimento com o potencial de desafiar a crença de que "mais rápido é sempre melhor". Desde então, o movimento Slow evoluiu para abraçar mais conscientemente sua prática ativista que, em parte, envolve desafiar nossos papéis como consumidores passivos em um sistema capitalista dedicado ao crescimento econômico e às trocas incontroláveis.

A recuperação da lentidão se estende também aos espaços culturais dedicados ao "pensamento". A equação de velocidade e pressa com eficiência está incorporada em um típico estilo europeu de pensamento racional instrumental, em que a atenção dá lugar ao cálculo, e o pensamento, de modo geral, é reduzido a uma manipulação vazia e à aplicação técnica dos fatos. A Filosofia Slow é a prática de resistir ao tipo de pensamento que é incapaz de se recolher, fazer uma pausa, considerar e contemplar. Nesse sentido, é uma forma particularmente profunda e criticamente reflexiva do ativismo slow. Assim como o movimento Slow se baseia, de maneiras modernas e contemporâneas, em práticas não dominantes, o mesmo acontece com a Filosofia Slow. Sua prática se opõe a uma relação instrumental com a vida, e é, acima de tudo, o cultivo de uma atenção intensificada. Proporciona encontros intensos que nos abrem para a beleza e a estranheza do mundo, e essa intensidade, sem dúvida, é o núcleo central de todo o ativismo slow.

Referências

HONORÉ, Carl. *In Praise of Slow: How a Worldwide Movement Is Challenging the Cult of Speed*. Londres: Orion Books, 2004 [Ed. bras.: *Devagar: como um movimento mundial está desafiando o culto da velocidade*. Trad. Clóvis Marques. São Paulo: Record, 2005].

PETRINI, Carlo. *Slow Food Nation: Why Our Food Should Be Good, Clean, and Fair*. Nova York: Rizzoli International, 2007.

PETRINI, Carlo. *Terra Madre: Forging a New Global Network of Sustainable Food Communities*. White River Junction: Chelsea Green, 2010.

WALKER, Michelle Boulos. *Slow Philosophy: Reading Against the Institution*. Londres/Nova York: Bloomsbury Academic, 2017.

Mulheres de paz (PeaceWomen)

Lau Kin Chi

Palavras-chave: violência, marginalização subalterna, habilidades relacionais das mulheres, paz global

---

Em 2003, foi lançada uma iniciativa chamada Mil Mulheres para o Prêmio Nobel da Paz de 2005, com a proposta de divulgar de maneira mais ampla os pensamentos e as ações das mulheres subalternizadas. Realizou-se uma convocação na Suíça para o mundo todo e formou-se um comitê internacional de vinte mulheres de todos os continentes. Após a seleção e a documentação, mil mulheres de mais de 150 países foram indicadas coletivamente para o Prêmio Nobel da Paz de 2005.

Essas mulheres foram escolhidas para o projeto sem nenhuma intenção de essencializar "o feminino" ou qualquer polarização biológica do tipo mulheres *versus* homens. Ao contrário, a intenção era ressaltar as relações de cuidado das mulheres na vida cotidiana, sua experiência e habilidades aprendidas, tão essenciais para superar a violência e promover a paz duradoura. A marginalização histórica das mulheres, similar à de grupos indígenas, camponeses e outros, precisa ser confrontada com as complexas forças econômicas e culturais que as mantêm em sujeição social. Ao mesmo tempo, as iniciativas e as resistências das mulheres precisam se tornar visíveis. O PeaceWomen promove diálogos entre diferentes partes do mundo sobre modos alternativos de vida e subjetividade, além de novos imaginários sobre maneiras de vir a ser.

Uma das forças motrizes por trás do PeaceWomen Across the Globe [Muheres de paz ao redor do globo] (PWAG) é o

---

LAU KIN CHI é professora associada do departamento de Estudos Culturais da Universidade Lingnan, em Hong Kong, China. É integrante do Conselho Internacional do PeaceWomen Across the Globe, coordenadora do projeto Wiki PeaceWomen e fundadora da Global University for Sustainability.

desejo de construir uma plataforma para que mulheres contem suas histórias umas às outras. São relatos de como elas transformaram condições limitantes em oportunidades, atualizando possíveis vias de conexão fora das forças da mercantilização capitalista. A indicação do PeaceWomen ao Prêmio Nobel da Paz de 2005 foi, portanto, um questionamento da política dominante de reconhecimento, por meio de uma intervenção para visibilizar os esforços criativos marginalizados das mulheres, em grande medida invisíveis, porque são considerados extremamente menores, locais e fragmentários. A lógica da globalização e da modernização descarta o que lhe oferece resistência, exclui o que não está sob seu controle.

Como copresidente do projeto, Ruth-Gaby Vermot-Mangold, membro do Conselho Nacional Suíço e do Conselho da Europa, observou:

> Em janeiro de 2005, apresentamos os nomes ao Comitê do Prêmio Nobel em Oslo, acreditando que, cem anos depois de Bertha von Suttner, a primeira mulher a receber o Prêmio Nobel, em 1905, chegou o momento de homenagear mais mulheres por seu trabalho, esforço, coragem e determinação na construção da paz.

Uma entre as mil mulheres era a "Anonyma", "que representa todas as mulheres sem nome, cujo trabalho se ignora, e as mulheres em risco, que movimentam as coisas e provocam mudanças, mas que devem permanecer sem nome".

O projeto despertou muito interesse e entusiasmo em diversas partes do mundo. O Comitê do Prêmio Nobel da Paz até endossou um processo especial para essa indicação, que normalmente deve permanecer confidencial. Nesse caso, porém, a confidencialidade não pôde ser respeitada, porque o objetivo do projeto era tornar visíveis as contribuições de mil mulheres, que representavam milhões de outras mulheres marginalizadas. Apesar de o projeto ter perdido para a Agência Internacional de Energia Atômica (AIEA) no Prêmio Nobel da Paz de 2005, ele continuou e foi renomeado como PWAG em 2006. A iniciativa gerou um livro de 2,2 mil páginas, e as mil histórias das integrantes do PeaceWomen, em vários idiomas, foram exibidas em mais de mil exposições em todo o mundo por cinco anos.

Dois temas principais foram privilegiados pelo PWAG: primeiro, promover a Resolução 1.325 da Organização das Nações Unidas (ONU), de modo a permitir que as mulheres se envolvessem em processos de paz; segundo, promover a interconexão entre paz, meios de subsistência e preocupações com a ecologia. Os projetos realizados incluem:

- diálogos de paz no Egito;
- dezenas de mesas-redondas de paz em diferentes continentes;
- aprendizagem inter-regional de mulheres na Argentina, no Brasil e na Indonésia para combater a violência;
- cursos para mulheres mediadoras de paz;
- engajamento na #WomenSeriously;
- as campanhas One Billion Rising;
- intercâmbios entre mulheres agricultoras da África, da América Latina e da Ásia.

Em 2015, para comemorar seu décimo aniversário, a PWAG lançou um projeto de "visibilidade/conectividade/experiência" intitulado Wiki PeaceWomen, com o objetivo de expandir o conhecimento e as habilidades de milhões de PeaceWomen que trabalham em todas as áreas de segurança humana, resolução de conflitos, segurança ecológica, justiça ambiental, saúde, educação, legislação e outros. Sua experiência deve ser disseminada para além das esferas de influência atuais e alcançar diferentes níveis, que variam de associações comunitárias a globais. Esse convite para que se escrevam e traduzam histórias de um milhão de PeaceWomen é parte de uma campanha global de reconhecimento da contribuição das mulheres no combate à violência.

As PeaceWomen desafiam os poderosos, os gananciosos e os vis; dedicam-se a tornar este mundo melhor. Suas histórias devem ser contadas para que as gerações futuras ouçam e se orgulhem. O PWAG é um projeto global de esperança, da aliança da esperança.

Referências

1,000 WOMEN FOR THE NOBEL PEACE PRIZE. *1,000 PeaceWomen Across the Globe*. Zurique: Scalo, 2005.

HING, Chan Shun; LAU, Kin Chi; JINHUA, Dai & MEI, Chung Hsiu (orgs.). *Colors of Peace: 108 Stories of Chinese PeaceWomen*. Pequim: Central Compilation and Translation Press, 2007.

LAU, Kin Chi. "Actions at the Margins", *Signs: Journal of Women in Culture and Society*, v. 36, n. 3, p. 551-60, 2011.

Nayakrishi Andolon

Farhad Mazhar

Palavras-chave: *Nayakrishi*, semente comunitária, conhecimento comunitário

---

O *Nayakrishi Andolon*, ou Novo Movimento Agrícola, liderado por agricultores que coordenam mais de trezentas mil unidades ecológicas familiares em Bangladesh, concentra-se estrategicamente em "sementes" em sua prática agrícola inovadora. O objetivo é demonstrar o *shohoj*, o caminho da vida alegre, garantindo a regeneração ecológica e biodiversa da natureza para obter alimentos, fibras, lenha, remédios, água potável e muitas das diferentes necessidades materiais e espirituais da comunidade. A palavra *shohoj* está fundamentada na poderosa tradição espiritual de Bengala, e geralmente define uma maneira intuitivamente simples, mas transparente, de estar no universo. Filosoficamente, implica aprender a se relacionar com realidades internas e externas com todas as nossas faculdades humanas em unidade, sem permitir que se estabeleça uma hierarquia entre nossas faculdades sensoriais, intelectuais ou imaginativas. Assim, o *shohoj*, na prática, explora o potencial bioespiritual das comunidades humanas no mundo material real para transcender uma existência opressiva, dolorosa e desumanizada.

O movimento usa a "semente" como uma poderosa metáfora da continuidade e da história e identifica o espaço regenerativo como o local onde o invisível se manifesta como visível e o

---

FARHAD MAZHAR é um conhecido poeta, escritor e colunista, com experiência também nas áreas de farmácia e economia. É membro fundador da associação Policy Research for Development Alternatives (Ubinig), de Bangladesh, e também promotor inicial do *Nayakrishi Andolon*. Desde 1970, participa de grandes movimentos literários e é autor de mais de vinte livros publicados em bengali sobre poesia, literatura e questões políticas.

potencial é percebido como realidade. A agricultura é definida como o gerenciamento do espaço cultivado e do não cultivado, e não como uma "fábrica" que produz mercadorias. Como prática, o *Nayakrishi* celebra os momentos em que estamos sensorialmente envolvidos com a natureza e também com nosso corpo, compreendendo e transcendendo o limite do intelectualismo abstrato. Os alicerces do *Nayakrishi* são as poderosas tradições espirituais de Bengala, onde o islã se combinou criativamente às tradições e práticas religiosas nativas para dar origem a movimentos *bhakti*, como o pregado por Chaitanya (1486-1534), e em seu ápice produziu grandes santos, como Fakir Lalon Shah (1772-1890) (Sharif, 1999, p. 241-73).

Desde 1997, os agricultores seguem dez regras simples para manter e regenerar solos vivos e férteis, assim como diversas formas de vida e variabilidade ecossistêmica, e desenvolvem a capacidade do método de conhecimento indígena para adotar os mais recentes avanços nas ciências biológicas. Para ser um agricultor *Nayakrishi*, é preciso seguir todas as dez regras. As regras de número um a cinco, que incluem cláusulas como "o uso de pesticidas ou quaisquer produtos químicos é absolutamente proibido" e "aprender a arte de produzir solo fértil por meio de processos biológicos naturais" são consideradas práticas de nível básico para ser um membro. As regras de número seis a dez, como práticas integradas e avançadas, referem-se à conservação da água no nível da superfície e do aquífero, ao cultivo de diversas espécies de peixes em lagoas e à criação de animais e aves com ração orgânica produzida na fazenda. O desenvolvimento de sistemas ecológicos complexos e integrados maximiza o rendimento sistêmico e contribui para projetos ecológicos inovadores e interessantes, provando o imenso potencial econômico da agricultura ecológica baseada na biodiversidade como uma prática bem-sucedida de resistência contra a globalização. A economia é considerada o meio em que se dá o intercâmbio social entre atividades de afirmação da vida de diversas comunidades. O *Nayakrishi* é um movimento crescente e em expansão. Seu sucesso e consolidação pressupõe o seguinte:

- a disponibilidade de um sistema de sementes para os agricultores é a chave para a inovação autogerida, que historicamente contribuiu para a evolução agroecológica e a geração de conhecimento agrícola;
- o acesso e a disponibilidade ao conhecimento comunitário, que pressupõe a comunicação oral, a memória coletiva e a preservação da sabedoria popular por meio de histórias e narrativas;
- a existência de um sistema de cultura bastante funcional, relacionado principalmente a alimentação e nutrição, que vincula o consumo agrícola à produção dentro de sistemas agroecológicos específicos. O *Nayakrishi* deseja transformar as relações hierárquicas de classe, casta e patriarcado; consequentemente, mulheres e agricultores marginais são líderes naturais do *Nayakrishi*;
- um sistema informal ou formal de troca social de insumos, mão de obra e conhecimento gerados pela fazenda, capaz de operar fora do mercado capitalista, incluindo o gerenciamento comunitário de recursos comuns, como água, florestas e biomassa;
- uma noção operacional de propriedade comum, levando em consideração as fontes cultivadas e não cultivadas de alimentos e meios de subsistência, e os valores morais comunitários que garantem o direito de uso da riqueza natural aos membros da comunidade.

Uma inovação institucional é o desenvolvimento da ação coletiva dos agricultores chamada Nayakrishi Seed Network [Rede de sementes Nayakrishi] (NSN), cuja responsabilidade específica é garantir a conservação *in situ* e *ex situ* da biodiversidade, tendo como ponto principal o núcleo familiar. O NSN tem três níveis. No primeiro nível, as Nayakrishi Seed Huts [Cabanas de sementes Nayakrishi] (NSH) são estabelecidas por iniciativa independente de uma ou duas famílias da aldeia pertencentes ao *Nayakrishi Andolon* e dispostas a assumir a responsabilidade de garantir que todas as espécies e variedades sejam replantadas, regeneradas e conservadas pelos agricultores.

No segundo nível, a Specialised Women Seed Network [Rede de mulheres especializadas em sementes] (swsn), formada por mulheres que se especializam em certas espécies ou variedades de plantas, tem como tarefa coletar variedades locais de diferentes partes de Bangladesh. Elas também monitoram e documentam o cultivo de uma variedade em uma aldeia ou povoado e mantêm informações atualizadas sobre a variabilidade de espécies para as quais foram designadas.

No terceiro nível, a Community Seed Wealth [Riqueza comunitária das sementes] (csw) é a estrutura institucional que articula a relação entre agricultores dentro de uma aldeia e entre aldeias, em outros distritos e também com instituições nacionais, para compartilhamento e troca de sementes. A csw também mantém um viveiro bem desenvolvido. A construção de csws é baseada em dois princípios: (i) elas devem ser construídas com materiais disponíveis na região; e (ii) a manutenção deve refletir as práticas domésticas de conservação de sementes. Qualquer membro do *Nayakrishi Andolon* pode coletar sementes da csw, com a promessa de que depositará o dobro da quantidade que recebeu após a colheita. Nas csws, há uma coleção de mais de três mil variedades de arroz e 538 variedades de vegetais e especiarias.

O *Nayakrishi* incentiva o crescimento de várias plantas, incluindo ervas que não são cultivadas, mas são boas fontes de alimento para humanos e outros animais. Quanto mais os ambientes estão livres de produtos químicos, mais os alimentos silvestres são encontrados nos arredores. Essa avaliação é feita por meio de práticas culturais de comemoração do *Chaitra Sangkranti*, o último dia do ano bengali, quando é costume comer uma refeição que tenha pelo menos catorze tipos diferentes de verduras (ou *shak*), principalmente de fontes não cultivadas. Essa é uma auditoria natural que garante fontes renováveis de alimentos para o futuro. Os agricultores com poucos recursos conseguem coletar quase 40% de suas necessidades alimentares e nutricionais de fontes não cultivadas.

O *Nayakrishi Andolon* representa a resistência dos camponeses contra a aquisição corporativa da cadeia alimentar global, uma afirmação de que são as comunidades agrícolas que nos alimentam. O *Nayakrish* está regenerando o futuro, defendendo a agricultura como um modo de vida, afirmando atividades agrárias e traçando caminhos *shohoj* até *ananda*, ou seja, a alegria de estar no mundo.

Referência

SHARIF, A. "Islam o Gaudiya Vaishanava Motobad". *In*: SANYAL, Abonty Kumar & BHATTACHARYA, Ashoke (orgs.). *Chaitanyadev*. Calcutá: P.M. Bagchi & Company, 1999.

Novo paradigma da água

Jan Pokorný

Palavras-chave: energia solar, evaporação de plantas, ciclos de água, clima, gestão da paisagem

---

Por centenas de milhares de anos, os seres humanos habitaram a Terra como caçadores e coletores, e a capacidade de carga de uma floresta é de uma a três pessoas por quilômetro quadrado. Mas, nos últimos dez mil anos, as civilizações desenvolvidas, caracterizadas pela superprodução agrícola para abastecer cidades e exércitos, secaram seus entornos naturais; arqueólogos encontram suas relíquias enterradas na areia. O crescimento da população levou à conversão de florestas em terras agrícolas. Plantas como milho e batata não toleravam inundações, portanto, os agricultores drenavam áreas úmidas e campos. A água da chuva também foi coletada e drenada das cidades. As antigas civilizações da Mesopotâmia, do Vale do Indo, os Inca da América do Sul e os povos do norte da África não queimaram excessivamente combustíveis fósseis, aumentando a concentração de dióxido de carbono na atmosfera; ao contrário, entraram em colapso devido à falta de precipitação e à alta salinidade do solo. Foi o mau gerenciamento da terra e da água que levou à perda de fertilidade do solo, a secas e a tempestades de areia. A industrialização introduziria outros distúrbios antropogênicos.

A Conferência das Nações Unidas sobre Mudança Climática realizada em Paris em 2015 estabeleceu uma meta

JAN POKORNÝ é fisiologista de plantas formado pela Universidade Charles, em Praga. Pesquisou a fotossíntese de plantas de áreas úmidas na Academia de Ciências da Tchecoslováquia e no Commonwealth Scientific and Industrial Research Organisation (CSIRO), na Austrália. Desde 1998, dirige a organização de pesquisa Enki, lidando com o papel direto das condições da paisagem e da atividade das plantas na distribuição e na interação da energia solar, nos ciclos de água e nos efeitos climáticos.

para limitar o aquecimento global a menos de 2°C da temperatura média global (GAT) em comparação com os níveis pré-industriais. De acordo com o Painel Intergovernamental sobre Mudanças Climáticas (IPCC), o critério quantificável das mudanças climáticas é a GAT, e a razão do aquecimento global é o aumento das concentrações de gases de efeito estufa (GEE), particularmente o dióxido de carbono (CO_2) e o metano (CH_4). O vapor de água é considerado apenas um "agente de realimentação" passivo, mais do que um agente ativo das mudanças climáticas. O IPCC minimiza a cobertura de água e terra como fatores controladores do clima, mas a quantidade de vapor de água no ar é de uma a duas ordens de magnitude maior que a de CO_2 e CH_4. O vapor de água forma nuvens, o que impede a passagem da energia solar à Terra, reduzindo as temperaturas substancialmente. A transição entre as três fases da água — líquida, sólida e gasosa — está ligada à energia térmica. Mas os padrões de gestão da paisagem — desmatamento, drenagem de áreas úmidas, impermeabilização dos solos urbanos — alteram a distribuição da energia solar de tal maneira que não é possível utilizá-la no processo de resfriamento da evaporação da água atmosférica.

Em um dia ensolarado, até mil Watts de energia solar incidem em cada metro quadrado da Terra. Terra seca, superfícies de cidades — telhados, asfalto, calçadas — aquecerão até cerca de 60°C, enquanto as temperaturas sob a sombra das árvores não ultrapassam os 30°C. Cerca de 50% das áreas úmidas foram drenadas nos Estados Unidos (45,9 milhões de hectares), liberando uma enorme quantidade de calor na atmosfera. Uma árvore também esfria ativamente a si mesma e seu ambiente por meio da evaporação da água. Uma árvore abastecida com água é um sistema de ar-condicionado acionado por energia solar. Essa energia está oculta ou latente no vapor de água e é liberada em locais frescos, à medida que esse vapor se precipita novamente em água líquida. A árvore equaliza os gradientes de temperatura de maneira dupla: esfria-se por meio da evaporação e se aquece por meio da condensação. O ar-condicionado tecnológico é deficitário em comparação com a vegetação: ele depende da geração de eletricidade poluente e, enquanto esfria o interior de uma sala, libera calor do lado de fora, aumentando a temperatura ao redor.

Análises convencionais do aquecimento global, como as oferecidas pelo IPCC, tipificam o que pode ser chamado de antigo paradigma da água, que trata dos impactos do aquecimento global no ciclo hídrico, em vez de examinar a água como determinante ativo do clima. O antigo paradigma da água indica o seguinte:

- o aumento da temperatura média global é o principal problema climático;
- talvez ele possa ser atenuado por meio da redução de GEE, considerando-se um horizonte de séculos;
- a drenagem e a paisagem urbana têm um impacto mínimo no ciclo da água;
- o vapor de água atua como um GEE, causando temperaturas mais altas;
- a vegetação tem baixa capacidade de albedo ou reflexão solar e, portanto, aumenta o efeito estufa.

O novo paradigma da água, descrito no livro *Water for Recovery of Climate* [Água para recuperação do clima] (Kravčík *et al.*, 2008), a trata como o meio que equaliza as diferenças de temperatura no tempo e no espaço, entre dia e noite, aqui e ali. As premissas são as seguintes:

- o principal problema climático são as condições meteorológicas extremas, a seca irregular e as tempestades ciclônicas;
- o desmatamento, a agricultura em larga escala e a urbanização alteram o ciclo local da água, o que, por sua vez, afeta os padrões climáticos globais da atmosfera;
- a transpiração da vegetação atenua a temperatura do ar, e a nebulosidade modera a intensidade da radiação solar que chega à superfície da Terra;

- o vapor de água condensa à noite e evita que a radiação infravermelha (RI) se mova da superfície da Terra em direção ao céu;
- com uma nova abordagem para o gerenciamento da água, uma possível recuperação do clima pode ser esperada em poucas décadas.

Os princípios do novo paradigma da água foram demonstrados na Austrália pelo método de agricultura em sequência natural, de Peter Andrews. Esse método reproduz a função dos cursos de água naturais de reverter a salinidade, retardar a erosão e aumentar a qualidade do solo e da água, recarregar aquíferos subterrâneos e permitir que a vegetação nativa restaure a zona ribeirinha. Na Índia, o projeto Tarun Bharat Sangh, iniciado por Rajendra Singh, baseia-se na recuperação de reservatórios hídricos tradicionais. O trabalho tem como objetivo projetar estruturas de captação de água, ou *johads*. Trata-se de simples barreiras de barro, construídas nas encostas das colinas para impedir o escoamento das monções. A altura do aterro varia dependendo do local, fluxo de água e topografia. Um *johad* retém água para o gado e permite que ela seja filtrada através do solo, recarregando o aquífero a um quilômetro de profundidade. Essa captação permitiu que se irrigassem cerca de 140 mil hectares e que o lençol freático ascendesse de cerca de cem a 120 metros de profundidade para algo em torno de três e treze metros. O rendimento das culturas melhorou muito. A cobertura florestal passou de 7% para 40%. Desde 1985, foram construídos mais de cinco mil *johads* e mais de 2,5 mil estruturas antigas foram reabilitadas pelas comunidades em 1.058 aldeias. Projetos semelhantes na Eslováquia criaram oportunidades de emprego e aprimoraram o senso de comunidade.

Referências

ANDREWS, Peter. *Back from the Brink: How Australia's Landscape Can Be Saved.* Sidney: ABC Books, 2006.

KRAVČÍK, Michal; POKORNÝ, Jan; KOHUTIAR, Juraj; KOVÁČ, Martin & TÓTH, Eugen. *Water for the Recovery of Climate: A New Water Paradigm.* Žilina: Krupa Print, 2008.

MAKARIEVA, Anastassia & GORSHKOV, Viktor. "Biotic Pump of Atmospheric Moisture as Driver of the Hydrological Cycle on Land", *Hydrol: Earth Syst. Sci.*, v. 11, n. 2, p. 1013-33, 2007.

POKORNÝ, Jan; HESSLEROVÁ, Petra; HURYNA, Hanna & HARPER, David. "Indirect and Direct Thermodynamic Effects of Wetland Ecosystems on Climate". *In*: VYMAZAL, Jan (org.). *Natural and Constructed Wetlands: Nutrients, Heavy Metals and Energy Cycling, and Flow.* Zurique: Springer, 2016.

PONTING, Clive. *A Green History of the World: The Environment and the Collapse of Great Civilizations.* Londres: Penguin, 1991.

SCHNEIDER, Eric & SAGAN, Dorion. *Into the Cool. Energy Flow, Thermodynamics, and Life.* Chicago: University of Chicago Press, 2005.

Novos matriarcados

Claudia von Werlhof

Palavras-chave: matriarcado, patriarcado capitalista, alquimia, matricultura

---

Os estudos matriarcais contemporâneos definem os matriarcados como culturas, sociedades ou civilizações inteiras que se organizaram segundo as necessidades de mães e filhos de maneira horizontal e igualitária, sem hierarquias, violência, Estado e estrutura de classes. O termo "matriarcado" não significa "governo de mães", mas *mater arché*, cujo significado é "no início da vida existe uma mãe".

A extensa pesquisa de Göttner-Abendroth demonstrou que os matriarcados eram comuns em sociedades pré-patriarcais em todo o mundo, definidas pelo pacifismo e pelo respeito ao ambiente natural. Além disso, eram economias de subsistência, culturas altamente espirituais e relacionadas com a terra e a vida, baseadas na competência e no conhecimento maternos, e não discriminatórias em relação a sexo, gênero, idade e ocupação. Existem várias maneiras de organizar matriarcados de acordo com as condições circundantes, mas os princípios básicos permanecem os mesmos.

Os patriarcados, por sua vez, começaram a se desenvolver há cerca de cinco mil ou seis mil anos. Parecem ter sido o resultado de catástrofes climáticas, forçando as populações de algumas regiões, como a Sibéria, a migrar para outros lugares. Inventaram a violência e a guerra como um meio

---

CLAUDIA VON WERLHOF nasceu em 1943, em Berlim, Alemanha. É professora doutora de ciências políticas e estudos da mulher na Universidade de Innsbruck, na Áustria, e cofundadora da corrente teórica conhecida como Escola de Bielefeld, da Teoria Crítica do Patriarcado, do Planetare Bewegung für Mutter Erde [Movimento planetário pela Mãe Terra] e do *Boomerang*, um periódico de publicações críticas ao patriarcado. Também trabalha como terapeuta do método Dorn.

de sobreviver e de controlar os matriarcados. Os Estados se tornaram a regra, especialmente onde haviam civilizações matriarcais altamente desenvolvidas. Foi o caso de regiões férteis ao redor do mundo, como no Vale do Indo, na Mesopotâmia, e às margens do Rio Nilo. Como consequência, surgiram as estruturas de classe, as sociedades guerreiras e a exploração da população original.

Com a guerra, foram proclamados senhores e governantes, deuses e pais. O *pater arché* surgiu com a ideologia e a religião de "no começo da vida existe um pai". A origem da vida em um pai — em vez de uma mãe — tornou-se a justificativa para seu governo. O significado de *arché* como origem ou começo se transformou; mais ainda, foi também combinado à ideia e ao exercício do governo e, portanto, à dominação. Cabe salientar que a regra não deriva da natureza; somente sob o patriarcado o governo parece natural — do mesmo modo como parece natural o próprio patriarcado. À medida que as civilizações patriarcais se desenvolviam, as civilizações matriarcais eram conquistadas, oprimidas, destruídas, substituídas e viradas de cabeça para baixo em todos os lugares.

Atualmente, falamos de matriarcado como uma "segunda cultura" dentro do patriarcado, que consiste nas reminiscências de tradições matriarcais que ainda sobrevivem. Em diversas partes do mundo, no entanto, os matriarcados continuam existindo, principalmente entre as sociedades indígenas. Muitas delas experimentaram patriarcados locais e perderam suas tradições originais sob o crescente peso da globalização. Foram poucas as sociedades que não experimentaram os impactos brutais do patriarcado colonial.

A colonização moderna foi o resultado do desenvolvimento do patriarcado no capitalismo europeu. O relato mais conhecido dos primeiros passos dessa transformação é o livro de Friederich Engels, *A origem da família, da propriedade privada e do Estado* (1992 [2019]), escrito em 1884 — mas os estudiosos do matriarcado têm uma explicação alternativa. A civilização matriarcal europeia fora interrompida por invasões do Oriente e depois destruída pelo Império Romano. Com o advento dos tempos modernos, a Europa aplicou essa lição ao resto do mundo. A consequência foi o "patriarcado capitalista" como o conhecemos hoje, o sistema mundial que se transformou em globalização neoliberal.

A relação entre capitalismo e patriarcado é objeto de muito debate e sugere que o capitalismo não é simplesmente uma economia apoiada por uma cultura patriarcal, e sim o estágio mais recente do próprio patriarcado. Essa percepção só foi possível quando se inclui na análise a questão do "desenvolvimento das forças produtivas", especialmente da máquina como sistema tecnológico que permite a destruição sistemática da natureza. Essa noção demonstrou como, desde o início, o patriarcado seguiu a ideia utópica — "alquímica" — da "criação" de uma "civilização superior" que finalmente seria independente do *mater arché*, substituindo-o completamente pelo *pater arché*. Essa criação masculina terminaria em um patriarcado puro, sem a necessidade de mães ou da Mãe Natureza. O resultado, no entanto, tem sido a destruição sistemática da vida no planeta, que não leva ao prometido mundo melhor, mas a um mundo morto.

Se o patriarcado é o problema, o matriarcado é a resposta. Isso significa que temos de encontrar uma saída do patriarcado para um novo matriarcado.

As soluções da esquerda parecem ser as mesmas que as propagadas pelo próprio "desenvolvimento". O capitalismo e o socialismo provam ser dois lados da mesma moeda, pois ambos estão orientados para a alquimia moderna da transformação destrutiva da natureza em capital. Os matriarcados ainda existentes e os novos que estão surgindo — mesmo que não se denominem matriarcados, como o movimento zapatista e o Rojava curdo — devem ser reconhecidos como alternativas à modernidade como sistemas de guerra alquímicos. Eles superam as relações destrutivas e violentas com a natureza, as mulheres, as crianças e a sociedade em geral. Somente assim os movimentos pós-desenvolvimento podem evitar permanecer dentro da tradição patriarcal alquímica ou evoluir para neopatriarcados pós-capitalistas.

Existem movimentos e abordagens no Ocidente — como a perspectiva de subsistência ecofeminista, a economia da dádiva e a permacultura — que promovem um novo relacionamento com a Mãe Terra, a fim de protegê-la da desertificação e de outras ameaças, como a geoengenharia, produzida pelos modernos complexos industrial-militares do patriarcado. Poderíamos chamar esses movimentos de "matriculturas", mas é necessário observar até que ponto eles podem inventar um novo modo de vida, aproveitando as memórias remanescentes da lógica matriarcal em todos os lugares.

Todos devemos tomar consciência do "ódio da vida" que foi incorporado como algo normal, substituí-lo pela redescoberta do amor pela vida e pela Mãe Terra e nos organizarmos em sua defesa. No entanto, até agora, esse profundo entendimento permanece amplamente ausente da maioria das alternativas políticas ocidentais.

Referências

ENGELS, Friedrich. *The Origin of the Family, Private Property, and the State*. Chicago: Charles H. Kerr & Co., 1992 [1884] [Ed. bras.: *A origem da família, da propriedade privada e do Estado*. Trad. Nélio Schneider. São Paulo: Boitempo, 2019].

FLACH, Anja; AYBOGA, Ercan & KNAPP, Michael C. *Revolution in Rojava*. Hamburgo: VSA, 2015.

GÖTTNER-ABENDROTH, Heidi (org.). *Societies of Peace*: *Matriarchies of Past, Present and Future*. Toronto: Inanna, 2009.

VON WERLHOF, Claudia. *The Failure of Modern Civilization and the Struggle for a "Deep" Alternative*. Frankfurt: Peter Lang, 2011.

VON WERLHOF, Claudia. "The 'Hatred of Life': The World System which is Threatening All of Us", *Global Research*, 16 ago. 2016.

Ontologias do mar

Karin Amimoto Ingersoll

Palavras-chave: alfabetização oceânica, ontologia, reimaginar, paisagem marinha

---

Os povos oceânicos adotam conhecimentos e modos de ser específicos, que oferecem uma perspectiva única para discutir o desenvolvimento. Os indígenas havaianos contemporâneos, por exemplo, têm uma sabedoria de navegação não instrumental sobre o oceano, o vento, as marés, as correntes, a areia, as algas, os peixes, os pássaros e os corpos celestes, vistos como um sistema interconectado que permite uma maneira distinta de se mover pelo mundo. Nessa alfabetização oceânica, o corpo e a paisagem marinha interagem em um discurso complexo, enquanto os olhos, os ouvidos, os músculos e a pele de um navegador leem os movimentos do oceano por meio de uma conexão dinâmica e indígena com o espaço e o lugar. A alfabetização oceânica cria uma política e uma ética que privilegiam a interconexão como uma alternativa à grande narrativa dos mundos de pensamento ocidentais — que mantém nosso "eu" separado da terra e do mar, que propõe uma viagem de *travessia* de um oceano em vez de uma viagem *dentro* dele.

Essa alfabetização e ontologia oceânicas podem ser ilustradas pelo trajeto de Hōkūle'a, a canoa de casco duplo de 62 pés, por milhares de quilômetros de mar aberto.[1] É necessário que

---

1   Hōkūle'a foi concebida pela primeira vez em 1973 pelos barqueiros havaianos Herb Kawainui Kane e Tommy Holmes e pelo

---

KARIN AMIMOTO INGERSOLL é escritora e intelectual independente de O'ahu, Havaí. Obteve seu bacharelado na Universidade Brown, em Rhode Island, Estados Unidos, seu mestrado e doutorado na Universidade do Havaí, em Mānoa, e contou com a bolsa de pós-doutorado Hawai'i-Mellon. É autora de *Waves of Knowing: A Seascape Epistemology* [Ondas de conhecimento: uma epistemologia da paisagem marítima] (2016).

o navegador indígena havaiano Bruce Blankenfeld amplie seu senso de "eu" para ler a paisagem marinha fluida ao seu redor: "Essas estrelas precisam fazer parte de você", ele afirma.[2] Blankenfeld torna-se então um sujeito estético, cujo movimento no oceano articula uma ontologia e uma epistemologia havaianas através do estímulo dos sentidos: visão, olfato, paladar, audição e tato. O corpo sinestésico é incluído em sua alfabetização oceânica por meio de um engajamento ativo, e o "lugar" assume um significado relacionado à identidade nativa, que tem uma origem no mar mercurial.[3] Blankenfeld imagina que é ele mesmo parte dos pólipos de coral e dos tubarões-lixa embaixo de sua canoa. O vento frio do Norte soprando contra o rosto e a batida rítmica da ondulação nos ouvidos ligam a mente e o corpo a uma identidade profunda, ancorada em um sentimento de pertencimento.

A compreensão de si mesmo em relação com o mundo circundante alimenta uma consciência espiritual aguda, que pode trazer alegria e empoderamento (o poder definido por meio de conexão e propósito). Por exemplo, Blankenfeld pode "ver" a ilha que é seu destino "antes" de partir em uma viagem. Ele sente a ilha dentro de seus ossos e sangue, para que ela se torne parte das expressões de seu corpo enquanto viaja em

antropólogo Ben Finney como uma maneira de provar que os ilhéus do Pacífico conseguiram viajar por grandes distâncias há mais de oitocentos anos, que propositalmente se estabeleceram nas ilhas do Triângulo Polinésio e encontraram o caminho de volta para casa usando apenas métodos de navegação oceânica. Em 1976, a Hōkūle'a completou, com êxito, sua primeira viagem em alto-mar, em um trajeto do Havaí ao Taiti. Para uma história da Hōkūle'a, ver Finney (1994).

2   Entrevista à autora, 20 de março de 2008, Honolulu, Havaí.

3   A história predominante da criação havaiana é um canto chamado "He Kumulipo", composto por um padre indígena do Havaí por volta do século XVIII. Esse canto conta que da escuridão nasceram, espontaneamente, um filho e uma filha, os quais, por sua vez, geraram o coral no mar, e muitas outras criaturas se seguiram, primeiro no mar e depois na terra. A origem do Havaí, então, está no oceano.

direção a ela. A visão se torna corporal: os pés, o nariz e os olhos têm uma maneira específica de ver, transformando em músculo as emoções experimentadas, que são interpretadas pela mente. Essa interação constante entre corpo e mente gera um contexto epistemológico e ontológico específico.

Ver, portanto, torna-se um processo político: à medida que a visão do navegador se expande pela alfabetização oceânica, o mesmo acontece com a capacidade de pensar para além de uma mentalidade estática e de uma única realidade. Blankenfeld encontra sua direção ampliando sua visão até a imaginação, a partir da qual ele cria deliberadamente uma rota de viagem. Se não imaginar essa rota, ela não existe. Se não imaginarmos nossa conexão com a Terra, ela também não existe. Desse modo, a alfabetização oceânica possibilita uma jornada dentro de uma nova circulação do poder como algo ético, e não político, geográfico ou econômico.

A fusão do corpo com a paisagem marítima permite a leitura de todas as memórias e os conhecimentos aprendidos no tempo e no espaço oceânicos, mas que foram apagados por rígidas construções coloniais de identidade, lugar e poder. Os nomes de lugares havaianos, tanto em terra quanto no mar, foram renomeados como resultado da colonização. A praia de Kaluahole, na costa sul de O'ahu, por exemplo, é hoje conhecida como Tonggs, ou Diamond Head Beach [Praia da cabeça de diamante], em homenagem ao empresário Tongg, que comprou uma casa à beira-mar no agora famoso ponto de surfe.[4] Esse espaço oceânico, no entanto, era chamado pelos indígenas havaianos de Kaluahole, porque a história oral diz que havia, na costa próxima a essa praia, uma caverna que "Ai'ai, o filho do deus

---

4   O nome "Diamond Head" foi dado à cratera vulcânica em 1825 por marinheiros britânicos que exploravam a montanha e pensavam ter encontrado diamantes, que, na verdade, eram cristais de calcita. Os indígenas havaianos denominavam o vulcão agora dormente como Le'ahi ou Lae'ahi, nome cujo significado original é incerto; portanto, também não há consenso sobre sua grafia. Para mais informações sobre Kaluahole Beach e outros nomes de lugares no Havaí, ver Clark (1977).

havaiano dos pescadores", encheu de peixes *aholehole*. O conhecimento dessa caverna específica de pesca e o significado cultural desse local fazem parte do que pode ressurgir por meio de um compromisso com a alfabetização oceânica.

Grande parte do mundo segue em frente sem memória, como se os espaços que habitamos fossem geografias em branco e, portanto, disponíveis para consumo e desenvolvimento. Os custos ambientais e espirituais humanos desse esquecimento coletivo são evidentes no apagamento das culturas, na superexploração dos dons da Terra e na imprudência que passa pelo livre-arbítrio em nossa sociedade consumista. Em nossa realidade moderna de capitalismo, militarismo e desenvolvimento ecologicamente problemático, a alfabetização oceânica se converte num relacionamento ético mergulhado em uma consciência celular e espiritual sobre nossas íntimas conexões com os lugares. A humanidade tem sua origem no oceano. A viagem indígena havaiana promove uma maneira de ser e de se mover que potencialmente desperta essa consciência que pode nos levar mais além do "ambientalismo" ou da "conservação", em um horizonte de relações vitais de compaixão e reciprocidade. Reconhecer e reimaginar nossos relacionamentos pode mudar o modo como nos movemos juntos por este mundo.

Referências

CLARK, John. *The Beaches of O'ahu*. Honolulu: University of Hawaii Press, 1977.

FINNEY, Ben. *Voyage of Rediscovery: A Cultural Odyssey through Polynesia*. Berkeley: University of California Press, 1994.

INGERSOLL, Karin Amimoto. *Waves of Knowing: A Seascape Epistemology*. Durham: Duke University Press, 2016.

LEWIS, David. *We, The Navigators: The Ancient Art of Landfinding in the Pacific*. Honolulu: University of Hawaii Press, 1994.

SULLIVAN, Robert. *Star Waka*. Chicago: Independent Publishers Group, 1999.

Pacifismo

Marco Deriu

Palavras-chave: guerra, pacifismo, decrescimento

Essencialmente, o ideal pacifista implica a não justificabilidade da guerra e o compromisso de resolver conflitos por meios não violentos. As primeiras organizações políticas pela paz foram estabelecidas nos decênios iniciais do século XIX nos Estados Unidos e na Inglaterra. Contudo, foi Émile Arnaud, presidente da Ligue Internationale de la Paix et de la Liberté [Liga internacional da paz e da liberdade], que propôs, em 1901, os termos "pacifismo" e "pacifistas" para indicar um movimento político específico. Na era contemporânea, os movimentos pacifistas perseguiram seu ideal não como uma simples rejeição da guerra, mas por meio da promoção de objetivos positivos, como justiça, direitos humanos e desenvolvimento.

"Desenvolvimento é o novo nome para a Paz", afirmou o papa Paulo VI em 1967, num lema que posteriormente se tornou famoso. A encíclica *Populorum Progressio* resumiu em uma expressão as expectativas e as aspirações de uma era inteira, que conectavam a esperança na libertação da pobreza, da escravidão e da violência à promessa de desenvolvimento. Paz e desenvolvimento não foram concebidos como a mesma coisa, mas o último — à sombra da Guerra Fria e da descolonização — parecia uma condição essencial para a conquista da primeira. Em consequência, a hipotética conexão proposta pelo *Populorum Progressio* parece muito problemática por pelo menos três razões.

O primeiro dos motivos é a relação entre consumo e guerras por recursos. Nosso modelo de desenvolvimento é baseado

MARCO DERIU é pesquisador da Universidade de Parma, Itália, onde ensina sociologia da comunicação política e ambiental. É também um integrante ativo da Associazione per la Decrescita [Associação pelo decrescimento].

em um fluxo contínuo de recursos que extraímos de territórios geralmente ocultos aos olhos do consumidor. Muitas das guerras mais longas e sangrentas giram em torno dos recursos naturais. Podemos chamar de "extrativismo militarizado" ou mesmo "militarismo extrativo". Há empresas privadas que, para obter acesso ou defender o controle de uma área estratégica, não hesitam em financiar exércitos ou facções, ou contratar forças de segurança privadas, ainda que esses também tenham se tornado recursos cada vez mais utilizados por missões militares governamentais para controlar ou gerenciar locais estratégicos e canais comerciais.

O segundo é uma simbiose entre as indústrias militar e civil, que nas últimas décadas se entrelaçaram e se fundiram cada vez mais. As indústrias de tecnologia mais avançadas — mecânica, aeroespacial, eletrônica, computacional, que têm como núcleo a nanotecnologia e novos materiais — encontram no exército um de seus principais clientes. De fato, há uma gama crescente de produtos e tecnologias diretas ou potencialmente "duais", ou seja, que têm aplicações civis e militares. Se olharmos para a lista das cem maiores empresas produtoras de armas e serviços militares, podemos observar que envolvem setores como tecnologia aeroespacial, satélites e segurança, aeronáutica, motores, turbinas e sistemas de propulsão, mecânica naval, eletrônica, tecnologia de comunicação e informação ou conglomerados como General Electric, Mitsubishi Heavy Industries, Kawasaki Heavy Industries, Hewlett-Packard, que operam em setores econômicos muito diferentes.

O terceiro motivo é uma conivência entre o sistema bancário e o comércio de armas. Os grandes bancos possibilitam as enormes e lucrativas transações financeiras relacionadas a esse mercado, graças a difusão e presença internacional, rapidez e segurança no pagamento, familiaridade com os clientes, possibilidade de crédito e certo grau de confidencialidade nas operações bancárias.

Portanto, observando o crescimento da pilhagem de recursos, da produção de bens e dos investimentos bancários no comércio de armas, podemos detectar que há uma forte conexão entre o atual desenvolvimento capitalista e o desdobramento da violência em escala global.

Por meio século, desde o famoso discurso de Harry Truman sobre o Estado da União, em 1949, a "pobreza" das regiões "subdesenvolvidas" foi concebida como uma "ameaça", algo que precisava ser combatido e eliminado por meio de ajuda, ajustes estruturais, políticas de desenvolvimento. Hoje, porém, diante dos saques e da poluição dos ecossistemas, do desperdício crescente e dos gases de efeito estufa, da perda de biodiversidade, das mudanças climáticas e das guerras por recursos cada vez mais escassos, existe uma crescente consciência de que o desequilíbrio e a ameaça à paz têm sua origem no crescimento descontrolado da "riqueza", isto é, na propensão capitalista a um aumento contínuo da extração, da produção, da comercialização e do consumo.

Por uma série de razões, portanto, poderíamos dizer: "O decrescimento é o novo nome para a paz". Atualmente, o decrescimento nos "países desenvolvidos é de fato uma 'condição necessária para a paz', mesmo que não seja uma 'garantia suficiente'". De fato, devemos perguntar em que condições alcançaremos concretamente uma redução razoável das formas de produção e consumo. Hoje, o duplo desafio de um "pacifismo crítico" e de um "decrescimento democrático e não violento" é entender mais profundamente as conexões entre os "meios de produção" e os "meios de destruição", entre as maneiras pelas quais produzimos riqueza e prosperidade econômica e as maneiras sempre renovadas por meio das quais as guerras e a violência se disseminam (Deriu, 2005). Para o movimento pacifista, não basta criticar a ação militar sem criar uma oposição suficientemente forte e organizada ao sistema econômico e político vigente, que exige que as operações militares defendam os interesses econômicos fundamentais dos países "desenvolvidos". Para o movimento de decrescimento, é primordial analisar como a simples evocação de riscos de uma catástrofe socioecológica — na ausência de um forte movimento participativo e democrático — deixa espaço para a defesa da segurança e a militarização da questão ambiental (Buxton & Hayes, 2016).

Portanto, é necessário desenvolver estratégias de luta não violenta (Engler & Engler, 2016) contra modelos políticos, econômicos e legais impostos por órgãos nacionais e transnacionais. Devemos pensar quais são as formas que a defesa não violenta dos territórios e da comunidade local poderia assumir. O objetivo é ser capaz de representar, através de caminhos de mobilização local e internacional, uma "crise pública" que revele essas injustiças e obrigue a sociedade e os governos a empreender ações adequadas para defender a democracia, a equidade e a sustentabilidade ambiental nas relações entre pessoas, países, gêneros e gerações.

Referências

BUXTON, Nick & HAYES, Ben (orgs.). *The Secure and the Dispossessed: How the Military and Corporations Are Shaping a Climate-Changed World*. Londres: Pluto Press, 2016.

DERIU, Marco. *Dizionario critico delle nuove guerre*. Bologna: Emi, 2005.

ENGLER, Mark & ENGLER, Paul. *This Is an Uprising: How Nonviolent Revolt is Shaping the Twenty-First Century*. Nova York: Nation Books, 2016.

FLEURANT, Aude; PERLO-FREEMAN, Sam; WEZEMAN, Pieter D.; WEZEMAN, Siemon T. & KELLY, Noel. "The Sipri List of top 100 Arms-Producing and Military Services Companies", *Sipri*, dez. 2016.

TEMPER, Leah; DEL BENE, Daniela; MARTÍNEZ-ALIER, Joan; SCHEIDEL, Arnim; WALTER, Mariana & ÇETINKAYA, Yakup. *Environmental Justice Atlas (EJAtlas)*. Mapa interativo. Disponível em: http://ejatlas.org.

País

Anne Poelina

Palavras-chave: Primeira Lei de Águas Indígenas, colonização, direitos e responsabilidades no país

---

Minha herança indígena é Nyikina — na minha língua, *ngajanoo Yimardoowarramarnil* significa "uma mulher que pertence ao rio". Isso me define como pertencente ao Mardoowarra, ao país do Rio Fitzroy. Nós somos os guardiões tradicionais desse rio sagrado na região de Kimberley, na Austrália Ocidental. Recebemos as regras da Lei Warloongarriy de nosso ancestral Woonyoomboo. Ele criou o Mardoowarra segurando suas lanças firmemente plantadas em Yoongoorroonkoo, a pele da Serpente do Arco-Íris. Enquanto se retorciam e viravam para o céu e para o chão, juntos, eles esculpiram a trilha do vale do rio, cantada na canção Warloongarriy. Essa é a Primeira Lei de Bookarrarra, o princípio dos tempos. E é inerente ao que chamamos de "país".

Em 17 de novembro de 2015, o Constitution Act of 1889 [Lei de Constituição da Austrália Ocidental, de 1889] recebeu uma emenda para reconhecer, pela primeira vez, os habitantes aborígines do estado como o Primeiro Povo da Austrália Ocidental e como os proprietários e guardiões tradicionais da terra — o que nós mesmos chamamos de "país". A emenda defende que o parlamento estadual deve buscar a reconciliação com os povos

ANNE POELINA tem mestrado em saúde pública, medicina tropical e política social indígena. É uma guardiã tradicional Nyikina Warrwa do Mardoowarra, também conhecido como Rio Lower Fitzroy, e diretora do Walalakoo Native Title Body Corporate. É bolsista adjunta de pesquisa sênior e doutoranda do Australian Government Research Training Program, do Instituto de Pesquisa Nungulu, na Universidade de Notre Dame, e também pesquisadora bolsista da Universidade Charles Darwin, ambas instituições australianas. Seu trabalho atual tem como foco a proteção legal do Mardoowarra por meio do direito consuetudinário, da conservação, da cultura e da ciência.

aborígines da Austrália Ocidental. Embora tenha sido um gesto de apoio, nem o governo estadual nem o federal reconheceram ainda a extensão total dos direitos indígenas.

Nos dias 2 e 3 de novembro de 2016, os líderes aborígines se reuniram em Fitzroy Crossing para mostrar ao mundo o reconhecimento de que o Patrimônio Nacional do Rio Fitzroy é nosso ancestral vivo, desde sua nascente até o mar. A Fitzroy River Declaration [Declaração do Rio Fitzroy] afirma:

> Proprietários tradicionais da região de Kimberley, na Austrália Ocidental, estão preocupados com extensas propostas de desenvolvimento para o Rio Fitzroy e sua bacia, e o potencial de impactos cumulativos em seus valores culturais e ambientais únicos. O Rio Fitzroy é um ser ancestral vivo e tem direito à vida. Deve ser protegido para as gerações atuais e futuras, e gerenciado em conjunto.

Apoiando-nos no *United Nations Permanent Forum on Indigenous Issues Background Guide (for) 2017* [Guia Básico do Fórum Permanente das Nações Unidas para as Questões Indígenas para 2017], lançado em 2016, reconhecemos que esse é um modelo importante para a governança cultural de nossos recursos naturais e culturais. A proposta da ONU fundamenta a Fitzroy River Declaration e a resolução final dos proprietários e guardiões tradicionais de Kimberley, permitindo-nos "estudar opções legais [...] para fortalecer a proteção sob a Commonwealth Environmental Protection and Biodiversity Act (1999) [Lei de biodiversidade e proteção ambiental da Comunidade das Nações]", juntamente com a proteção estabelecida pelo Western Australian Aboriginal Heritage Act (1972) [Lei do patrimônio aborígine da Austrália Ocidental], enquanto analisa a legislação em todas as suas formas para proteger a bacia hidrográfica do Rio Fitzroy.

A invasão e a ocupação colonial britânica de nosso país e de nossos povos foram violentas e brutais. Como resultado, vimos a subjugação e escravidão do povo, mas a invasão foi definida como "desenvolvimento". Os Estados coloniais foram estabelecidos para criar riqueza para interesses privados e estrangeiros à custa dos povos indígenas, de nossas terras e águas. Da perspectiva anglo-australiana, o discurso histórico sobre o desenvolvimento se sustenta em termos do processo e dos impactos da invasão, o que levanta questões sobre como ele beneficia os povos das Primeiras Nações, aborígines ou ilhéus do Estreito de Torres.

Como habitante tradicional de 27 mil quilômetros quadrados do país de Nyikina, sou testemunha e compartilho da luta para conciliar o cumprimento da lei tradicional com as condições impostas aos povos aborígines em todo o continente. O foco da política dos governos federal e estadual e do investimento privado está no desenvolvimento do norte da Austrália, segundo o modelo econômico ocidental. Assim, a sociedade anglo-australiana de colonos desconsidera o valor de nosso "capital" humano, baseado nos sistemas tradicionais de conhecimento e nos direitos da natureza. Os interesses estrangeiros veem nosso país como um recurso para investimento: da indústria pastoril e da agricultura intensiva à mineração de diamantes e ouro, e das pérolas ao faturamento hidráulico para extração de gás e petróleo. Nenhuma dessas indústrias é sustentável: cada uma delas tem um efeito adverso no ar, na terra, na água e na biodiversidade; todas elas trazem pobreza para a população local.

A experiência dos povos aborígines em Kimberley e em toda a Austrália é compartilhada com outros povos das Primeiras Nações de países colonizados durante os séculos XVII e XVIII. O filósofo da paz norueguês Johan Galtung chama essa desigualdade legislada de "violência estrutural". Seus efeitos são medidos em altas taxas de mortalidade para crianças e adultos; em abuso endêmico de álcool e drogas; em "doenças socialmente transmitidas" e em trauma psíquico transgeracional. Os efeitos da vida na fronteira[1] são repassa-

---

1 Por "fronteira", a autora se refere aos Australian Frontier Conflicts [Conflitos de fronteiras australianas], ou seja, os inúmeros embates que ocorreram entre os colonizadores britânicos e os habitantes originais do território australiano, notadamente entre os anos de 1788 e 1940 (ver Australian Frontier Conflicts, disponível em: https://australianfrontierconflicts.com.au). [N.E.]

dos através das gerações e se veem agravados pela violenta separação forçada de crianças de suas famílias, uma política de Estado conhecida hoje como a Geração Roubada.[2]

Em 2017, passou-se uma década desde que a Austrália ratificou a Declaração das Nações Unidas sobre os Direitos dos Povos Indígenas. No entanto, não temos visto esses princípios incorporados à lei do país. Muitos de nós, que temos nossa lei consuetudinária reconhecida no Native Title [Título nativo de propriedade], agora trabalhamos juntos para conduzir nosso próprio destino e fazer parcerias com pessoas que pensam da mesma forma, reinvidicando justiça com base na First Water Law [Primeira Lei de Águas] do Mardoowarra. Esta é uma história de esperança, inovação e criatividade cultural, já que exploramos nossos direitos e responsabilidades para criar nossos próprios sistemas, voltando aos princípios da Primeira Lei, a lei do "país". Essa Primeira Lei engloba nossa relação uns com os outros, nossos vizinhos e, mais importante, nossa família de seres não humanos — animais e plantas. Essas relações são a chave para o nosso bem-estar pessoal, comunitário, cultural, econômico e ecossistêmico.

Nossa cultura, nossa ciência, nosso patrimônio e nossa economia de conservação estão florescendo, fundamentados em

---

2   Entre as décadas de 1910 e 1970, o governo australiano legalizou a violenta política de assimilação cultural que removia crianças aborígines de suas famílias. Algumas foram adotadas por famílias brancas e outras permaneceram sob tutela do Estado, em instituições educativas de baixa qualidade, nas quais frequentemente eram vítimas de violência sexual, física e psicológica (ver "The stolen generations", *Common Ground*, disponível em: https://www.commonground. org.au/learn/the-stolen-generations). No Brasil, ainda hoje, o Conselho Tutelar deliberadamente remove crianças indígenas de suas famílias. Um dos casos mais recentes diz respeito ao filho de Élida de Oliveira, da etnia Guarani Kaiowá, residente da *tekoha* Nu Vera, no Mato Grosso do Sul (ver "Após cinco anos, Guarani Kaiowá retirado de sua família com sete dias de vida retorna ao povo e é novamente retirado", Cimi, 9 dez. 2020. Disponível em: https:// cimi.org.br/2020/12/apos-cinco-anos-guarani-kaiowa-retirado-de-sua-familia-com-sete-dias-de-vida-retorna-ao-povo-e-e-novamente-retirado/). [N.E.]

nossa conectividade e identidades culturais. Guiados pela First Water Law, nossos sistemas de "água viva" são nossa força vital, unindo a superfície à água subterrânea, unificando a diversificada paisagem cultural de Kimberley. Ao mesmo tempo, estamos construindo sistemas colaborativos de conhecimento, combinando ciências ocidentais, conhecimentos tradicionais e práticas da indústria para compartilhar nossos recursos mais preciosos — água e biodiversidade. Estamos reformulando a "vida sustentável" em nosso país.

Referências

GALTUNG, Johan. *Peace by Peaceful Means: Peace and Conflict, Development and Civilisation*. Londres: Sage, 1996.

GOVERNMENT OF WESTERN AUSTRALIA. Department of Justice. *Constitutional Act 1889*. Disponível em: https://www.legislation.wa.gov.au/legislation/statutes.nsf/main_mrtitle_185_homepage.html.

KIMBERLEY Land Council. *Kimberley Traditional Owners Unite for the Fitzroy River*, 15 nov. 2016. Disponível em: https://www.klc.org.au/kimberley-traditional-owners-unite-for-the-fitzroy-river.

MCINERNEY, Marie. "Climate Justice: A Call to Broaden Science with Indigenous Knowledge", *Croakey*, 4 mar. 2017.

ONU — ORGANIZAÇÃO DAS NAÇÕES UNIDAS. *Declaração das Nações Unidas sobre os direitos dos povos indígenas*. Rio de Janeiro: ONU, 2008. Disponível em: https://www.un.org/esa/socdev/unpfii/documents/DRIPS_pt.pdf.

UNPFII — UNITED NATIONS PERMANENT FORUM ON INDIGENOUS ISSUES. *Background Guide 2017*. Nova York: ONU, 2017. Disponível em: www.humanrights.gov.au/united-nations-permanent-forum-indigenous-issues.

Pedagogia

Jonathan Dawson

Palavras-chave: educação, pedagogia, empoderamento

Pedagogia: do francês medieval (século XVI), do latim *pædagogia*, "educação, atenção aos jovens", de *paidagogos*, "professor".

A pedagogia pode ser considerada a Cinderela do mundo educacional — amplamente ignorada, apesar do papel crucial que desempenha no âmbito da educação. Isso é ainda mais evidente no campo da economia, no qual o foco dos protestos estudantis nos últimos anos tem sido o currículo, com demandas centradas na importância do ensino de escolas de pensamento que não sejam a economia neoliberal. A suposição implícita aqui é que trocar um conjunto de livros didáticos por outro será suficiente para corrigir a disfunção atual no âmbito da disciplina. Um exame mais detalhado mostra que essa é uma análise superficial e insatisfatória.

Uma série de pressupostos fundamentais domina a prática educacional atual, tão profundamente arraigados que mal temos consciência de sua existência. É isso que Stephen Sterling chama de "geologia subterrânea da educação" — a prática educacional dominante hoje em dia. Os pressupostos incluem a crença de que existe um corpo fixo de conhecimento, que deve ser transmitido em blocos temáticos específicos por um professor "especialista"; que o intelecto é a única faculdade legítima de aprendizagem; e que o aprendizado é um processo individual e competitivo, no qual a colaboração deve ser denunciada como trapaça.

JONATHAN DAWSON é educador do Schumacher College em Devon, Reino Unido, onde coordena e ensina no inovador programa de pós-graduação em economia regenerativa. Participou de uma das equipes principais que criaram o currículo da Gaia Education. Foi também presidente da Global Ecovillage Network.

Felizmente, esses pressupostos essenciais são cada vez mais questionados e estamos testemunhando uma nova onda de experimentação educacional, construída segundo uma ética muito mais esclarecida.

Há uma aceitação crescente de que o conhecimento, em vez de ser fixo e de alguma forma representar a verdade objetiva, é de fato socialmente construído, e de que a criação de significados emerge de um processo reiterado de experimentação, questionamento e reflexão dentro da comunidade de aprendizagem. Nessa jornada de aprendizado contínuo, e com base nas ideias de Paulo Freire (2013), há um reconhecimento de que a linguagem que usamos para interpretar o mundo não é uma representação verdadeira de alguma realidade objetiva, mas emerge de relações estruturais de poder que, quando inquestionáveis e incontestáveis, tendem a se perpetuar insidiosamente.

Segundo esse prisma, o peso da autoridade precisa mudar do professor para a comunidade de aprendizagem, e o papel do educador (palavra cuja etimologia é "extrair de") deve ser reformulado para um recurso, um mentor, um provocador (e, em certo sentido, colega), em vez de apenas um transmissor de informação.

Esse foi um avanço especialmente relevante em contextos nos quais o papel da educação no processo de colonização ideológica foi particularmente forte. A Universidad de la Tierra (Unitierra) em Oaxaca, México, por exemplo, foi criada como resposta à crença de que "a escola foi a principal ferramenta do Estado para destruir os povos indígenas". A Unitierra criou uma ética de aprendizagem mais próxima da prática educacional indígena e que enfatiza a educação informal baseada em projetos, apoiada por pares, em vez do modelo hierárquico de relacionamento convencional entre professor e aluno.

O método científico convencional se apoia fortemente na racionalidade e na validação com base em evidências empíricas. Presume-se que o aluno/pesquisador está situado fora do campo de estudo como observador imparcial, capaz de chegar a conclusões objetivas com base apenas no raciocínio cognitivo. Nossa compreensão emergente do processo de aprendizagem realoca o aluno como uma pessoa integrada e profundamente envolvida no mundo, explorando-o com toda a gama de faculdades humanas: racional e cognitiva, experiencial, intuitiva, relacional e de personificação.

A validação do aspecto subjetivo que isso implica traz a sala de aula de volta à vida. Os estudantes não precisam mais deixar suas emoções, sua intuição e seu corpo do lado de fora do ambiente de ensino. Em vez disso, são convidados a um espaço que acolhe sua criatividade e diversão, suas paixões e lágrimas. O aluno deixa de ser um objeto de manipulação para se tornar um sujeito envolto em relacionamentos.

Por exemplo, como parte de seu curso de mestrado, os estudantes de economia do Schumacher College, em Devon, Reino Unido, participam de uma oficina de Teatro do Oprimido e representam vários contextos político-econômicos, usando seus corpos para mapear sistemas complexos e experimentar somaticamente caminhos potenciais de ação (Dawson & Oliviera, 2017).

Um número crescente de estudos e pesquisas sobre iniciativas educacionais inovadoras está descobrindo que essa abordagem mais holística da educação — que estimula "cabeça, coração e mãos" — é significativamente mais eficaz em catalisar a mudança de comportamento e permitir que os alunos se envolvam crítica e criativamente com os valores, as habilidades e os conhecimentos necessários para enfrentar os desafios relacionados à sustentabilidade.

Finalmente, a prática pedagógica convencional define o aluno como um aprendiz autônomo e essencialmente independente, em competição com seus colegas na corrida por notas. Uma interpretação alternativa recente reconhece que o aluno está imerso em vários relacionamentos no mundo humano e não humano, e que são precisamente esses relacionamentos que permitem e promovem o surgimento do conhecimento.

Diante disso, não surpreende que uma característica comum a muitas das iniciativas educacionais pioneiras de hoje seja sua raiz comunitária. Centros como as muitas ecovilas em todo o mundo que hospedam o currículo da Gaia Education e instituições como a Universidade Swaraj e a Barefoot College, ambas na Índia, são projetados explicitamente para serem incorporados às comunidades de "viver e aprender", profundamente enraizadas no *ashram* gandhiano e na tradição *nai talim* (Sykes, 1988). Nesses programas, estudantes e funcionários trabalham lado a lado na administração do centro educacional: cultivo de alimentos, culinária, lavagem de pratos, limpeza e manutenção dos prédios. Isso expande a "sala de aula viva" para incluir todas as dimensões da vida estudantil, permitindo a quebra dos limites artificiais que existem convencionalmente entre a teoria e a prática da sustentabilidade. Os alunos aprendem a lidar com questões envolvendo a tomada de decisões, a resolução de conflitos, o fornecimento e a preparação de alimentos, e o relacionamento respeitoso e regenerador com outras pessoas.

Por muito tempo, as subjetividades vibrantes e criativas dos alunos foram deixadas fora da sala de aula. A história que foi imposta — a de um ser solitário, competitivo e hiper-racional, dissecando o mundo para manipulá-lo de maneira mais eficaz para seu próprio benefício — nos deixou órfãos de sentido enquanto a Terra sangra. Precisamos nos costurar de volta no tecido da vida. Uma reformulação da forma e do objetivo do aprendizado é um bom lugar para começar.

Referências

D'ALISA, Giacomo; DEMARIA, Federico & KALLIS, Giorgos. *Degrowth: Vocabulary for a New Era*. Nova York: Routledge, 2015 [Ed. bras.: *Decrescimento: vocabulário para um novo mundo*. Trad. Roberto Cataldo Costa. Porto Alegre: Tomo Editorial, 2016].

DAWSON, Jonathan & OLIVIERA, Hugo. *"Bringing the Classroom Back to Life"*. In: WORLDWATCH INSTITUTE. *EarthEd (State of the World): Rethinking Education on a Changing Planet*. Washington: Island Press, 2017.

FREIRE, Paulo. *Pedagogia do oprimido*. São Paulo: Paz e Terra, 2013.

LAKOFF, George & JOHNSON, Mark. *Metaphors We Live By*. Chicago: University of Chicago Press, 1980 [Ed. bras.: *Metáforas da vida cotidiana*. Trad. Vera Maluf & Mara Sophia Zanotto. Campinas/São Paulo: Mercado de Letras/Educ, 2002].

SYKES, Marjorie. *The Story of Nai Talim*. Wardha: Nai Talim Samiti, 1988. Disponível em: https://home.iitk.ac.in/~amman/soc748/sykes_story_of_nai_talim.html.

Permacultura

Terry Leahy

Palavras-chave: agricultura, permacultura, vida sustentável

"Permacultura" é um termo cunhado pelos australianos Bill Mollison e David Holmgren (1978). É referido também como "agricultura permanente" e "cultura permanente".

O movimento da permacultura evoluiu em três fases, cada uma representada por um livro-chave. *Permacultura Um* (1978 [1983]) enfatiza a substituição de culturas anuais por plantas perenes. Mollison e Holmgren dizem que a permacultura é "um sistema evolutivo integrado de espécies vegetais e animais perenes ou autoperpetuantes úteis ao homem". A agricultura é uma "floresta comestível". A fertilidade dos solos agrícolas depende do húmus, gerado por séculos de cobertura florestal. Uma vez que se limpa essa terra para o cultivo de cereais, a camada superficial do solo vai progressivamente se desgastando. A permacultura tenta escapar dessa armadilha, usando plantas perenes para fornecer alimentos e produzir solo fértil.

Na segunda fase, a definição vinculada a plantas perenes é silenciosamente abandonada. Em *Permaculture: A Designers' Manual* [Manual para permacultores] (1988), Mollison define a permacultura em duas frases: "A permacultura (agricultura permanente) é o projeto e a manutenção conscientes de ecossistemas agropecuários produtivos que reproduzem a diversidade, a estabilidade e a resiliência dos ecossistemas naturais". Isso equivale a uma definição de sustentabilidade agrícola — estabilidade e resiliência.

A próxima frase amplia substancialmente o conceito de permacultura: "É a integração harmoniosa da paisagem e das pessoas, fornecendo alimentos, energia, abrigo e outras

TERRY LEAHY é sociólogo e ativista, professor aposentado da Universidade de Newcastle, na Austrália. Seu site, Gift Economy, demonstra a relevância da permacultura para projetos de segurança alimentar na África.

necessidades materiais e não materiais de maneira sustentável". Aqui não falamos apenas de sistemas agrícolas mas de todo tipo de tecnologia que os humanos podem usar para se relacionar com a natureza, incluindo energia, uso de metais, cerâmica e até computadores, desde que todas essas coisas possam ser produzidas de maneira sustentável. Mas, de fato, o *Designer's Manual* trata quase inteiramente de estratégias agrícolas, com uma breve discussão sobre o projeto de aquecimento solar passivo para moradias. Mollison também acrescenta quatro "éticas em permacultura": cuidar da terra; cuidar de outras pessoas; estabelecer limites de população e consumo; e distribuir o excedente. Essas são posições éticas comuns ao movimento ambientalista como um todo.

A fase mais recente do movimento da permacultura surge do influente livro de Holmgren, *Permacultura: princípios e caminhos além da sustentabilidade* (2002 [2013]). Afastando-se de uma definição de permacultura como simplesmente uma estratégia agrícola, o livro desenvolve um conjunto de "princípios de design" relevantes para todas as decisões — pessoais, econômicas, sociais e políticas. Por exemplo, "evite o desperdício" e "obtenha um rendimento".

Essa ampliação do conceito de permacultura pode obscurecer o enfoque de base popular do movimento. A permacultura se tornou um movimento que promove uma ciência popular da agricultura sustentável e do projeto de assentamentos. As estratégias de permacultura nos mostram a direção em que todos teremos que avançar para reduzir o uso de energia. Os princípios também são relevantes para qualquer tipo de agricultura não capitalista, para as situações em que os insumos industriais não são compensados pelos altos lucros das culturas comerciais e para aquelas em que os custos trabalhistas não são um fator determinante.

O que se segue é um resumo das lições da permacultura — a sabedoria acumulada do movimento:

- a permacultura favorece a agricultura orgânica — fertilizantes químicos sintéticos, pesticidas e herbicidas danificam o solo, nossa saúde e outras espécies;
- os projetos de permacultura devem incluir e priorizar as culturas perenes — para manter e reter solos, fornecer forragens, combustível e alimentos;
- uma policultura é a melhor estratégia agrícola — maximizar a biodiversidade e lidar com pragas e doenças sem usar produtos químicos nocivos. Aqui, é necessária uma integração entre pecuária e cultivo, para que os recursos de ambos possam ser facilmente trocados;
- devemos prescindir de máquinas, transporte e insumos dependentes de combustíveis fósseis. Já estamos ficando sem esses recursos e o aquecimento global é um grande problema;
- a agricultura deve cercar e interpenetrar os assentamentos — para que o transporte de alimentos possa ser feito a pé ou por tração animal;
- uma agricultura local permite a reciclagem dos nutrientes do esterco humano e animal e evita a necessidade de refrigerar carnes ou alimentos vegetais;
- a permacultura prioriza plantas e animais adaptados para cada local específico, não aqueles que dependem de irrigação e insumos sintéticos;
- os trabalhos agrícolas devem ser diversos e intensivos em mão de obra, exigindo o conhecimento de uma variedade de espécies e suas interações;
- a permacultura reivindica estruturas construídas para reter e usar a água na paisagem, em vez de bombear água por longas distâncias e usar energia de combustíveis fósseis.

Essas lições são igualmente apropriadas para uma estratégia pós-desenvolvimento. A integração em uma economia global de alta energia não pode resgatar os pobres. As estratégias de permacultura são democráticas, com empregos acessíveis a todos. Os agricultores de subsistência que não podem pagar por insumos comerciais têm uma alternativa orgânica. As culturas perenes alimentam os animais, fixam nitrogênio e fornecem cobertura vegetal. A variedade impede que uma espécie de praga prejudique toda a colheita. Uma agricultura local não depende de longas cadeias de suprimentos e transporte poluente à base de petróleo. A proximidade facilita a ligação de culturas e animais, reciclando nutrientes. Obras de terraplenagem locais podem armazenar água das chuvas e gerenciar o suprimento de água para uso doméstico e nas lavouras. A permacultura transforma o trabalho agrícola em uma experiência gratificante.

Exemplos de projetos de permacultura têm surgido no mundo inteiro. Os cubanos salvaram seu país da fome depois que perderam o acesso ao petróleo da União Soviética. Os voluntários da permacultura estabeleceram uma agricultura local que não dependia de petróleo ou de insumos industriais. O platô de Loess, na China, transformado em deserto por gerações de agricultura, foi restaurado usando técnicas de permacultura. No Níger, a World Vision foi pioneira na "regeneração natural gerenciada pelos agricultores" para restabelecer um regime agrícola misto de floresta e cultivo. Nas Filipinas, os agricultores camponeses endividados pelo cultivo comercial passaram da agricultura de alto insumo para a segurança alimentar. Seu movimento, o Magsasaka at Siyentipiko para sa Pag-unlad ng Agrikultura (MASIPAG), significa "diligente e enérgico" no idioma tagalo. No Zimbábue, o clã Chikukwa restaurou a segurança alimentar de seis aldeias com um projeto de permacultura chamado, na língua shona, "Abelhas Fortes", iniciado pela população local e ainda ativo após vinte anos (Leahy, 2013). Mais experimentos como esses proliferarão à medida que a economia de crescimento esmorece.

Referências

BIRNBAUM, Juliana & FOX, Louis (orgs.). *Sustainable Revolution: Permaculture in Ecovillages, Urban Farms and Communities Worldwide*. Nova York: Random House, 2015.

HOLMGREN, David. *Permaculture: Principles and Pathways Beyond Sustainability*. Hepburn: Holmgren Design Services, 2002 [Ed. bras.: *Permacultura: princípios e caminhos além da sustentabilidade*. Porto Alegre: Via Sapiens, 2013].

LEAHY, Terry. "The Chikukwa Permaculture Project (Zimbabwe) — The Full Story", *Permaculture Research Institute*, 15 ago. 2013.

MOLLISON, Bill. *Permaculture: A Designer's Manual*. Tyalgum: Tagari Publications, 1988.

MOLLISON, Bill & HOLMGREN, David. *Permaculture One*. Uxbridge: Corgi, 1978 [Ed. bras.: *Permacultura Um*. São Paulo: Ground, 1983].

Política do corpo

Wendy Harcourt

Palavras-chave: corporeidade, feminismo, racismo, ativismo queer, heteronormatividade

---

Desde os anos 1980, a "política do corpo" tem sido um importante projeto político entre feministas e ativistas queer em escala transnacional. Segundo essa política, os corpos são considerados pontos de resistência cultural e política à compreensão dominante do corpo "normal" como branco, masculino, ocidental e heterossexual, do qual todas as "outras" formas de corpos diferem. A política do corpo, portanto, abarca desde demandas por justiça econômica liberal até o reconhecimento da integridade dos direitos de orientação sexual para todas as pessoas. Por exemplo, a política do corpo foi uma força disruptiva e crítica nas intervenções queer e feministas nas conferências globais da Organização das Nações Unidas (onu) sobre direitos humanos (1993), população (1994) e mulheres (1995). Ativistas que participaram dessas diferentes conferências direcionaram a atenção internacional para temas como violência doméstica, estupro como arma de guerra, direitos sexuais e reprodutivos das mulheres e direitos dos indígenas e das pessoas homossexuais e transgênero. Essas campanhas se posicionaram contra as desigualdades de gênero, o racismo, o etarismo e as normas heterossexuais. Dessa forma, a política do corpo vinculou diferentes formas de opressão corporal a formas radicais de democracia (Harcourt, 2009).

WENDY HARCOURT é professora de desenvolvimento crítico e estudos feministas no Instituto Internacional de Estudos Sociais da Universidade Erasmus, em Haia, Holanda. De 1988 a 2011, foi editora da revista *Development* e diretora de programas da Society for International Development, em Roma, Itália. Publicou amplamente sobre pós-desenvolvimento, ecologia política e feminismo.

Exemplos de ações e campanhas a favor da política do corpo incluem desde protestos performativos, como os da Índia contra os concursos de Miss Universo, até grandes ações diretas e campanhas de longo prazo, presenciais e na internet; das marchas da década de 1980 contra a criminalização do aborto nos Estados Unidos, na Austrália e na Europa às múltiplas campanhas globais para acabar com a violência contra as mulheres, incluindo estupro, esterilização forçada, feminicídio e tráfico sexual de crianças. Os exemplos vão desde campanhas feministas para reconhecer a violência doméstica no casamento até peças teatrais como *Os monólogos da vagina*, que começou em Nova York e agora é encenada no mundo todo. Outros exemplos seriam as demandas, nos anos 2000, pelo direito ao casamento entre pessoas do mesmo sexo e o reconhecimento das pessoas transgênero como um terceiro gênero, ao lado de homens e mulheres, nos documentos oficiais, nos banheiros públicos e nas escolas. O Sexuality Policy Watch [Observatório de políticas sexuais] (SPW), uma instituição on-line com sede no Brasil, elabora informativos que documentam muitas dessas ações e campanhas, ilustrando quão importante é a política do corpo no cenário político global. Um exemplo notável e recente da política global do corpo seriam as centenas de marchas de mulheres realizadas em todo o mundo em 21 de janeiro de 2017, um dia depois da posse do 45º presidente dos Estados Unidos. Milhões marcharam em protesto contra as declarações misóginas, racistas e homofóbicas de Donald Trump e seu comportamento em relação às mulheres.[1]

---

1   No Brasil, um movimento semelhante, também encabeçado pelas mulheres, lotou as ruas de várias cidades às vésperas das eleições presidenciais de 2018. Em 29 de setembro, mais de sessenta cidades organizaram atos sob o mote "Mulheres Contra Bolsonaro", reforçando o repúdio aos posicionamentos misóginos, homofóbicos, racistas, antidemocráticos e de apologia à tortura defendidos abertamente pelo candidato. A campanha se espalhou internacionalmente na internet: #EleNão foi uma hashtag reivindicada por artistas e celebridades brasileiras e estrangeiras. [N.E.]

A política do corpo é, sem dúvida, controversa, porque torna visíveis questões íntimas e, por vezes, tabus; traz à tona o que não é dito nos espaços políticos e econômicos, pois desafia as normas que justificam e institucionalizam as desigualdades de gênero e de outros tipos. Por exemplo, as campanhas pelo direito das profissionais do sexo a um salário justo exigem que elas sejam vistas como trabalhadoras iguais a todas as outras. A política do corpo desafia a homofobia até mesmo em lugares onde a homossexualidade é penalizada e criminalizada. Ela também fala sobre a discriminação racializada dentro dos movimentos feministas, em que as marcas do apagamento histórico associado ao colonialismo podem ser vistas em privilégios brancos (Harcourt, Icaza & Vargas, 2016). Nos últimos anos, a decolonialidade se tornou parte importante da política global do corpo. Por exemplo, as campanhas para acabar com a discriminação violenta (incluindo a esterilização) de mulheres indígenas na América Central desafiam crenças sobre desenvolvimento e progresso. Outro exemplo são os Encontros Feministas Latino-Americanos e Caribenhos no início dos anos 1990, que rebateram as ideias liberais de sucesso no âmbito do gênero e do desenvolvimento com diálogos interculturais que incluíam povos não brancos, queer e indígenas (Harcourt, Icaza & Vargas, 2016). Como esses últimos exemplos sugerem, a política do corpo critica as formas de poder ocidental expressas no machismo, no racismo, na misoginia e no heterossexismo, que caracterizam os sistemas de conhecimento imperial e colonial e orientam as práticas de desenvolvimento (Mohanty, 2003).

A política do corpo não diz respeito apenas às lutas para acabar com a opressão como também às formas para reimaginar e refazer o mundo. Isso inclui a compreensão da sexualidade, da diversidade e do bem-estar na perspectiva do "outro" marginalizado. Um exemplo é o European Feminist Forum [Fórum feminista europeu] (EFF), realizado entre 2004 e 2008. O EFF reuniu ativistas feministas e queer de vinte países europeus e criou um espaço digital no qual mulheres ciganas, jovens feministas queer da Europa Central e Oriental, migrantes domésticas e trabalhadoras do sexo migrantes puderam se encontrar e debater o futuro que imaginavam, que não fosse influenciado pela política dominante da União Europeia, baseada em ideias individualistas de sucesso e progresso. Vinculada ao Fórum Social Mundial, essa experiência contribuiu para formas alternativas de organização com alicerces em uma compreensão pluriversa do cuidado em grupos familiares não exploradores e não heteronormativos.

O ativismo da política do corpo, portanto, desafia a narrativa da modernidade que define gênero, corpos e sexualidade por meio das lentes do progresso. Em seu ativismo e busca por alternativas, a política do corpo inaugura outras formas de ver a política, para além do desenvolvimento social e econômico baseado nos direitos humanos individuais e em uma suposta igualdade econômica, que seriam proporcionados pelo Estado de acordo com o estado de direito. No lugar disso, a política do corpo desvela o sistema racial/sexual/de gênero que a modernidade impôs à sociedade. Ela desafia a classificação moderna baseada na norma de corpos heterossexuais, masculinos, brancos e privilegiados. Ela desafia a teoria e a prática do pós-desenvolvimento a questionar e desfazer as formas como os corpos são moldados pelas relações sociais que caracterizam o capitalismo neoliberal. Ela convida o pós-desenvolvimento a se construir sobre as múltiplas resistências e rebeliões expressas nas lutas feministas e queer pela integridade corporal dos muitos "outros" e contra os privilégios do homem branco.

Em sua reinvindicação da alteridade, a política do corpo é um ponto de partida essencial para repensar o pós--desenvolvimento. Também é um espaço para a ação coletiva transformadora que conecta o corpo a alternativas radicais em movimentos sociais, criando estratégias para a transformação corporificada. O desafio para o pós-desenvolvimento é levar a sério a noção de que há uma multiplicidade de corpos e formas de corporificação que exigem ir além das histórias e práticas normatizadoras do desenvolvimento moderno. E, para feministas e queers, fica o desafio de entender as múltiplas e diversas maneiras de se conectar com a dimensão espiritual da vida, que permite se relacionar com corpos não humanos ou "os outros da Terra".

Referências

CREA — CREATING RESOURCES FOR EMPOWERMENT IN ACTION. Disponível em: www.creaworld.org.

HARCOURT, Wendy. *Body Politics in Development: Critical Debates in Gender and Development*. Londres: Zed Books, 2009.

HARCOURT, Wendy; ICAZA, Rozalba & VARGAS, Virginia. "Exploring Embodiment and Intersectionality in Transnational Feminist Activist Research". *In*: BIEKART, Kees; HARCOURT, Wendy & KNORRINGA, Peter (orgs.). *Exploring Civic Innovation for Social and Economic Transformation*. Londres: Routledge, 2016.

MOHANTY, Chandra Talpade. *Feminism without Borders: Decolonizing Theory, Practicing Solidarity*. Durham: Duke University Press, 2003.

Pós-economia

Alberto Acosta

Palavras-chave: decrescimento, pós-extrativismo, progresso, desenvolvimento, Bem Viver, desmercantilização, redistribuição, antropocentrismo, direitos da natureza, descolonização, transdisciplinaridade

---

A civilização patriarcal capitalista dominante vivencia uma crise múltipla, generalizada, multifacetada, inter-relacionada e sistêmica. Nunca antes apareceram de forma simultânea tantas perguntas urgentes, que não estão restritas apenas aos âmbitos econômico e social. Já não é possível encobrir os graves problemas ambientais. As manifestações dessa crise civilizatória, influenciadas por um tipo de "vírus mutante", aparecem em muitos outros setores: político, ético, energético, alimentar e, certamente, cultural. De uma perspectiva de grandes soluções, vivemos uma crise de cunho histórico.

A economia, tal como a conhecemos, não dá respostas aceitáveis para enfrentarmos os sérios problemas que afligem a humanidade e a natureza. Em sua busca permanente do "bem-estar", que no fundo é apenas uma busca pelo poder, a economia que conhecemos sufoca a vida humana e natural, conduzindo-nos a um precipício sem retorno. Apesar dessa fatalidade evidente, há barreiras — principalmente ideológicas — que atuam como forças reacionárias, resistentes a encontrar outros rumos, ou seja, à mudança. A economia, em suas diversas "escolas econômicas", é uma dessas barreiras. Portanto, é urgente pensar de

ALBERTO ACOSTA, economista equatoriano, foi gerente de marketing da Corporación Estatal Petrolera Ecuatoriana (Cepe), funcionário da Organización Latinoamericana de Energía (Olade), consultor internacional, ministro de Energia e Minas do Equador e presidente da Assembleia Constituinte de Montecristi. Atualmente, é professor e autor de inúmeros livros e artigos, companheiro nas lutas populares e membro do Grupo de Trabalho Permanente sobre Alternativas ao Desenvolvimento da Fundação Rosa Luxemburgo.

forma exterior à economia, superando, assim, um dos pilares da modernidade.

A economia tem uma história intensa, mas atribulada. Evolui por meio de diversas escolas e teorias, em um processo complexo e cheio de contradições. Seus variados enfoques dão voltas ao redor da busca incessante por progresso e desenvolvimento. Nem a otimização permanente dos resultados ou o equilíbrio das relações sociais e ambientais são suficientes. Essa economia, sempre incipiente, tenta entender e modificar o mundo por meio de uma fé instrumental, seja lançando mão da lógica maximizadora e da eficiência figurada dos mercados, seja apoiando-se nas supostas racionalidades das estruturas estatais.

Para piorar, essa economia tem uma tendência doentia de se legitimar distanciando-se de outras "ciências sociais", aproximando-se muitas vezes das ciências exatas e naturais. Tais ciências, saturadas de positivismo e funcionalismo, causam inveja a muitos economistas que, cegamente, desejam imitar seus métodos, incluindo o uso de uma linguagem matemática que nem sequer foi concebida para entender a complexidade das sociedades humanas.

A falta de identidade da economia é tão evidente que foi necessário inventar um "Prêmio de Ciências Econômicas em memória de Alfred Nobel" para purificar uma área do conhecimento humano que está contaminada por uma complexa "batalha de interesses". Essa falta de identidade leva alguns profissionais a procurarem equilíbrio, exatidão e mensurabilidade, enquanto outros buscam saídas no caos, na complexidade, nas redes etc., e alguns acabam vencidos em colóquios inúteis.

Para que seja possível garantir a vida na Terra, é preciso descontinuar esse objetivo principal de se obter benefícios por meio da exploração da humanidade e da natureza — processo que, por trás de eufemismos como "macroequilíbrio", "ótimo de Pareto" ou "leis gerais", alimenta a lógica perversa da acumulação capitalista e de suas estruturas sociais repressivas. Assim, através de uma "grande transformação" — nos termos de Karl Polanyi —, convém propor a *morte* da "ciência econômica". Precisamos pensar em uma pós-economia que não seja entendida como mais uma entre as tantas escolas econômicas, e sim como uma tentativa genuína de superá-las, reunindo o que possa ser útil para assegurar a vida em harmonia entre os seres humanos, e deles com a natureza.

Essa pós-economia deve abandonar o antropocentrismo. Devemos aceitar que todos os seres têm o mesmo valor ontológico, independentemente de sua "utilidade" ou do "trabalho" necessário para manter sua existência. Precisamos reconhecer valores não instrumentais no mundo da vida não humana, superando o materialismo grosseiro das velhas escolas econômicas.

Como construir essa pós-economia livre de "valores de uso" e "valores de troca"? É impossível responder em poucas linhas a essa pergunta, mas um ponto claro é a necessidade de criar, desde o início, paradigmas, linguagens e metodologias centrados no entendimento da realidade social e de seu vínculo inseparável com a realidade natural. O objetivo é tentar construir uma imagem holística da sociedade humana e ecológica para superar o capitalismo, começando por sua degeneração especulativa. Caso contrário, crescerão a violência social e ambiental — além de guerras fratricidas —, que vão asfixiar a vida humana no planeta.

A pós-economia não é uma antieconomia. Na verdade, a pós-economia reconhece que as sociedades, como qualquer formação social, precisam de produção, distribuição, circulação e consumo para reproduzir sua vida material e sociopolítica. No entanto, esses processos devem ser regulados por uma racionalidade socioecológica, e não pelo capital, que afoga o planeta em seu próprio lixo.

Essa mudança só será possível se superarmos a "tempestade" do progresso, como o entendia Walter Benjamin. Também é urgente abolir o fetiche do crescimento econômico: um mundo finito não aceita uma expansão infinita. Portanto, é imperativo recorrer ao decrescimento, principalmente no Norte global, para diminuir fisicamente o "metabolismo econômico" e fomentar relações descentralizadas:

relações comunitárias, não individualistas; relações plurais e diversas, que não sejam unidimensionais nem monoculturais. Além disso, é preciso impulsionar uma descolonização profunda. Simultaneamente, é necessário um compromisso com o pós-extrativismo no Sul global, mas sem que essa convergência entre decrescimento e pós-extrativismo signifique que os pobres continuem sustentando a opulência dos ricos.

Uma pós-economia exige: a desmercantilização da natureza e dos bens comuns, além do reconhecimento de seus direitos, construindo relações de harmonia com todos os seres vivos; a introdução de critérios comunitários para atribuir "valor" aos objetos; a descentralização e a desconcentração da produção e das cidades; a mudança total dos padrões de consumo; a redistribuição radical da riqueza e do poder; o combate à especulação e o desmonte dos extrativismos; e muitas outras ações, que devem ser pensadas coletivamente. Também cabe recuperar epistemologias alternativas para entender e organizar o mundo. Aqui podem participar o Bem Viver ou os *buenos convivires*, o *eco-swaraj*, *ubuntu* ou o comunitarismo, sem cair em armadilhas de mandonismos únicos, como o "desenvolvimento".

Também parece crucial que uma pós-economia seja transdisciplinar — não uni ou multidisciplinar, e sim constituída do conhecimento mais global e mais completo possível, dialogando com diversos saberes humanos, concebendo o mundo como pergunta e como aspiração. Deve aprender, estudar e investigar criticamente as outras "ciências sociais" e as ciências naturais para integrá-las em uma compreensão sistêmica, sem afãs de superioridade, entendendo o mundo como uma totalidade multifacetada e constitutivamente diversa. A tarefa implica construir e reconstruir o pluriverso.

A discussão está posta. Não cabem dogmas ou imposições. Ou continuamos a ser dominados por equivocadas visões econômicas, ou construímos outra economia para outra civilização a partir de uma permanente subversão epistêmica.

Referências

ACOSTA, Alberto. "Las ciencias sociales en el laberinto de la economía", *POLIS Revista Latinoamericana*, v. 41, 2015.

ACOSTA, Alberto & BRAND, Ulrich. *Salidas al laberinto capitalista: Decrecimiento y Postextractivismo*. Barcelona: Icaria, 2017 [Ed. bras.: *Pós-extrativismo e decrescimento: saídas do labirinto capitalista*. Trad. Tadeu Breda. São Paulo: Elefante, 2018].

BENJAMIN, Walter. "On the Concept of History". *In*: BENJAMIN, Walter. *Gesammelten Schriften*, t. 2. Frankfurt am Main: Suhrkamp Verlag, 1974 [1920] [Ed. bras.: "Teses sobre o conceito de história". *In*: BENJAMIN, Walter. *Obras escolhidas*, v. 1, *Magia e técnica, arte e política: ensaios sobre literatura e história da cultura*. Trad. Sérgio Paulo Rouanet. São Paulo: Brasiliense, 1987, p. 222-32].

POLANYI, Karl. *The Great Transformation: The Political and Economic Origins of Our Time*. Boston: Beacom Press, 2001 [1944] [Ed. bras.: *A grande transformação: as origens da nossa época*. Trad. Fanny Wrobel. Rio de Janeiro: Elsevier, 2011].

QUIJANO, Aníbal. *Cuestiones y Horizontes — Antología Esencial — De la dependencia histórica-estructural a la colonialidad/decolonialidad del poder*. Buenos Aires: Clacso, 2014.

SCHULDT, Jürgen. *Civilización del desperdicio: Psicoeconomía del consumidor*. Lima: Universidad del Pacífico, 2013.

Prakritik swaraj

Aseem Shrivastava

Palavras-chave: swaraj, swadeshi, democracia, liberdade

> *Não considere este* swaraj *como um sonho.*
> — M. K. Gandhi

Ao falar de *swaraj* no século XXI, nossa intenção é recuperar e revitalizar uma visão que pertence a uma forte corrente ancestral de pensamento filosófico, bem como à cultura e a práticas políticas da Índia.

Vamos analisar a palavra *swaraj*. Suas origens etimológicas em sânscrito são simples e óbvias: *swa* (auto) + *rajya* (governo) = *swaraj* (autogoverno). O adjetivo *prakritik* pode ser entendido como "natural" ou como expressão da natureza humana, a fim de permanecer no ritmo do mundo natural ao nosso redor.

Uma noção como *swaraj* não surge de um vazio histórico e cultural. Há evidências de assembleias políticas presenciais — inclusive no nível das aldeias — na Índia antiga. Fontes orais e documentais revelam tradições de governança por meio de discussão e consulta e, às vezes, de decisões tomadas mediante diálogo e consenso.

É importante considerar que noções como *swaraj* (em sânscrito ou pali), que hoje foram incorporadas ao vocabulário da democracia indiana, precedem a era colonial: datam de muitos séculos, às vezes milênios, e não são, de forma alguma, traduções de conceitos do mundo ocidental importados para a Índia. Essas noções estiveram em uso em um ou outro período

---

ASEEM SHRIVASTAVA reside em Déli. É escritor e economista ecológico, doutor em economia pela Universidade de Massachusetts, nos Estados Unidos. É coautor, com Ashish Kothari, do livro *Churning the Earth: The Making of Global India* [Agitando a Terra: a criação da Índia global] (2012) e estuda o pensamento ecológico de Rabindranath Tagore.

da história indiana e passaram a um Estado latente no período moderno, especialmente com a chegada do domínio colonial.

Gandhi não inventou sozinho a ideia de "repúblicas--aldeias", ou *gram swaraj*. Em 1909, ele publicou seu trabalho mais importante, *Hind Swaraj*. O sentido que Gandhi deu ao termo se baseava em um uso anterior, em voga durante a luta pela liberdade. Tilak[1] empregou o vocábulo durante a fase inicial da luta pela liberdade indiana na década de 1890. *Swaraj* parecia ter se tornado o equivalente à noção ocidental moderna de liberdade e independência. Em 1906, quando Dadabhai Naoroji, então presidente do Congresso Nacional indiano, declarou o *swaraj* como o objetivo do movimento nacional, ele tinha em mente esse significado muito específico.

A visão de Gandhi foi muito mais além. Ciente da linhagem antiga do termo, em 1931 ele descreveu o *swaraj* em *Young India* [Índia jovem] como "uma palavra sagrada, uma palavra védica" (Gandhi, 1931). Ele esperava que a Índia e o mundo pudessem recuperar e um dia realizar a ideia ancestral de *swaraj*.

Para Gandhi, o autogoverno autêntico é possível somente se o eu for capaz de ser o soberano de si mesmo. Gandhi era religioso. Ele acreditava que, sem transcendência, era impossível que o eu se tornasse soberano da própria vida. Para ele, a noção era tanto espiritual quanto política. O mais importante, porém, é que a causalidade funciona apenas de uma maneira. Em última instância, para Gandhi, o *swaraj* era um imperativo divino, com consequências frutíferas para os assuntos humanos. O domínio espiritual e o autocontrole também podem gerar as maravilhas da soberania política como um subproduto, mas não o contrário.

Politicamente, o autogoverno, para Gandhi, era tudo menos a democracia parlamentar ou representativa moderna. Em *Hind Swaraj*, ele zombou dos parlamentos modernos, chamando-os de "emblemas da escravidão". É lamentável

---

1 Bal Gangadhar Tilak, proeminente combatente da liberdade e reformador social do final do século XIX.

que *swaraj* seja frequentemente traduzido como "democracia". De fato, em sua forma representativa, esse termo foi adotado na maioria dos países, mas suas premissas cognitivas não poderiam ser mais diferentes.

Em primeiro lugar, o *swaraj* é inconsistente com a política de massa, um fato cotidiano das democracias atuais. Quando as assembleias de bairro presenciais e reduzidas não são viáveis, o *swaraj* não pode funcionar. A multidão pode servir de lubrificante para os partidos políticos nas democracias, mas não no *swaraj*. Os números e suas comparações são tão cruciais para as democracias modernas quanto são irrelevantes para o *swaraj*.

Em segundo lugar, a democracia moderna centra-se no relacionamento direto e não mediado do indivíduo com um Estado que garante seus direitos de cidadania por lei. O "suposto" cenário para esse relacionamento é o de uma sociedade atomizada, na qual a alienação humana é normalizada. O que o *swaraj* precisa para ser nutrido, no entanto, é de uma comunidade na qual o indivíduo pode se estabelecer por meio de relacionamentos filiais, culturais, sociais, políticos, econômicos e ecológicos com aqueles ao seu redor, incluindo seres sencientes não humanos.

Em terceiro lugar, em uma democracia moderna, um indivíduo, quase indiferentemente e em nome da "liberdade", guia-se por seus gostos e desejos (toda a economia moderna se apoia nessa suposição), sem que a comunidade tenha qualquer papel na determinação desses gostos e desejos. Não há obrigação de o indivíduo considerar seus desejos sob uma perspectiva crítica, a menos e até que a realização deles interfira na satisfação dos desejos de outras pessoas. De fato, essa é praticamente a própria definição de "liberdade" nas democracias liberais modernas, geralmente entendida em termos da noção de "liberdade negativa".

O conceito gandhiano de *swaraj* tem a ver com a autonomia de um indivíduo ou de uma comunidade para "determinar" suas escolhas, em vez da aceitação passiva de um cardápio contendo o que devem "escolher". Aplicado ao nosso mundo impulsionado pelo mercado e incitado pela mídia, exigiria primeiramente que assumíssemos a responsabilidade ecológica e cultural de nossos desejos e investigássemos suas origens em paixões estimuladas pela publicidade. Tal manipulação do desejo, na qual praticamente tudo está em jogo, é contrária à liberdade de qualquer defensor do *swaraj*. O desejo, que está no cerne filosófico da noção de liberdade nas democracias modernas de consumo, deve ser examinado criticamente sob o *swaraj*, especialmente considerando o contexto de um mundo ecologicamente em perigo. Uma implicação disso é que a ideia de *swaraj* de Gandhi está inevitavelmente ligada a *swadeshi*, o que traz a necessidade de localização econômica.

Por fim, deve-se mencionar que a ideia de *swaraj* continua a inspirar movimentos sociais, políticos e ecológicos na Índia. A resistência contra o deslocamento pelo desenvolvimento, empreendida por várias organizações que fazem parte da National Alliance of Peoples' Movements [Aliança nacional dos movimentos dos povos], o partido recém-formado Swaraj India, que visa capacitar as pessoas em movimentos de base, os movimentos pela soberania alimentar e pelo autogoverno dos adivasi, ou indígena, entre outras, são iniciativas que tentam adaptar criativamente a noção de *swaraj* no contexto atual.

Referências

GANDHI, Mahatma K. "The Settlement and Its Meaning", *Young India*, Ahmedabad, 19 mar. 1931.

GANDHI, Mahatma K. *Hind Swaraj: A Critical Edition*. Trad. Suresh Sharma & Tridip Suhrud. Nova Déli: Orient Blackswan, 2010.

MUHLBERGER, Steven. "Republics and Quasi-Democratic Institutions in Ancient India". *In*: ISAKHAN, Benjamin & STOCKWELL, Stephen (orgs.). *The Secret History of Democracy*. Londres: Palgrave Macmillan, 2011.

Produção liderada por trabalhadores

Theodoros Karyotis

Palavras-chave: autogestão, recuperação, cooperativas, controle dos trabalhadores, trabalho

---

A produção liderada por trabalhadores se refere a um conjunto diversificado de práticas cujo objetivo é dar protagonismo aos sujeitos do trabalho, ou seja, os próprios trabalhadores. Durante a era industrial, com seus processos associados de desoneração e mecanização, os trabalhadores não apenas exigiram uma parcela maior dos lucros por meio de lutas sindicais como também se esforçaram para participar das tomadas de decisão em seu local de trabalho; criaram cooperativas baseadas em autogestão igualitária; e, finalmente, ocuparam os negócios e os colocaram sob seu controle.

O movimento cooperativo, desenvolvido paralelamente ao movimento dos trabalhadores nos séculos XVIII e XIX, foi uma tentativa formidável de pôr em questão as divisões sociais e econômicas básicas da modernidade industrial. No entanto, no século XX, foi absorvido pelo modo de produção capitalista, uma vez que abraçou e naturalizou amplamente as relações de trabalho e salário. Contudo, o início da reestruturação capitalista neoliberal no final do século XX fez emergir em muitos países um novo cooperativismo radical, sobrepondo-se em parte ao movimento nascente da economia social e solidária.

Mais importante, por volta da virada do século XXI, em países latino-americanos como Argentina, Uruguai, Brasil e Venezuela, os trabalhadores respondem à desindustrialização provocada pela reestruturação da economia. Ocupam

THEODOROS KARYOTIS vive na Grécia e é sociólogo, pesquisador independente e tradutor. Ativista social em movimentos populares relacionados a democracia direta, economia solidária e bens comuns, coordena o site Worker's Control, um recurso multilíngue sobre a autogestão dos trabalhadores, disponível em: www.workerscontrol.net.

empresas falidas ou abandonadas, resistem às tentativas de despejo e reiniciam a produção confiando em suas próprias forças — uma prática chamada "recuperação". Conforme as condições econômicas que deram origem ao movimento latino-americano começam a se tornar realidade também na periferia europeia, surge, a partir de 2011, um movimento de recuperação do local de trabalho na Itália, Grécia, Turquia, França, Espanha, Croácia e Bósnia-Herzegovina.

A perspectiva de uma sociedade futura dirigida pelos próprios "produtores associados" atravessa todas as correntes históricas da esquerda; até hoje, a autogestão democrática do local de trabalho é, para muitos, uma maneira eficaz de superar o abismo entre essa visão do futuro e a luta cotidiana do capitalismo, tornando-se um componente essencial da política prefigurativa, ou seja, de uma política que tenta construir no presente relações sociais alternativas. A substituição das hierarquias existentes por práticas horizontais de tomada de decisão ajuda a superar a alienação inerente à produção industrial e liberar os poderes criativos dos trabalhadores, bem como facilita a substituição de uma motivação míope de busca de lucro por considerações humanas relacionadas ao bem-estar dos trabalhadores e da sociedade em geral.

Contudo, características da produção liderada por trabalhadores, despojadas de seu potencial subversivo, foram gradualmente introduzidas na produção capitalista. Por um lado, as práticas contemporâneas de gerenciamento de negócios buscam aumento da produtividade, permitindo — e exigindo — que alguns grupos de trabalhadores autodirecionem suas atividades. Por outro lado, à medida que a reestruturação econômica desmantela a provisão de bem-estar social, mercantiliza os bens comuns e cria grandes "populações excedentes" de trabalhadores desempregados e precários, uma "economia social" equivalente a uma "economia dos pobres" e à margem da economia dominante é considerada uma "rede de segurança" pelas elites neoliberais. Essa é uma forma barata de fornecer meios de subsistência para os estratos sociais mais baixos e, assim, manter a paz social. Esse tipo de economia social simplesmente oculta a incapacidade do capitalismo contemporâneo de garantir a reprodução social e ecológica.

De fato, no contexto dessa economia social, os trabalhadores autogerenciados são frequentemente vítimas de autoexploração: embora as hierarquias internas possam ser abolidas, a concorrência no mercado capitalista determina o que deve ser produzido, bem como os preços, os salários, e, em última instância, as condições e a intensidade do trabalho. A luta desses esforços pela sobrevivência pode viciar seu caráter emancipatório e relegar considerações ambientais ou sociais a segundo plano.

As empresas recuperadas geralmente enfrentam obstáculos adicionais: falta de acesso ao crédito; maquinaria obsoleta; uma cota de mercado cada vez menor em condições de recessão. Na maioria das vezes, estão envolvidas em longas batalhas judiciais contra o Estado e os antigos proprietários — com pouquíssimos argumentos legais, além de sua legitimidade social, que lhes permitem assegurar os meios de subsistência.

Assim, o controle dos trabalhadores sobre o processo produtivo é uma condição necessária, mas insuficiente para a emancipação social. No entanto, diferentemente das empresas capitalistas, os locais de trabalho administrados por trabalhadores não existem isolados socialmente, mas em geral fazem parte de movimentos sociais mais amplos, que compensam a falta de inovação econômica e tecnológica com a "inovação social". A participação em comunidades de lutas e em redes de empresas geridas por trabalhadores ajuda a redirecionar a produção para produtos socialmente úteis e a criar vias alternativas de distribuição baseadas na solidariedade, e não na competição. A maioria das empresas recém-recuperadas na Europa se direcionou para a produção ambiental e socialmente consciente: Scop-ti e Fabrique du Sud, no sul da França, fabricam chá e sorvete de ervas orgânicas, respectivamente; Viome, na Grécia, produz materiais químicos para construção e produtos de limpeza naturais; Rimaflow e Officine Zero, na Itália, recuperam e reciclam produtos eletrônicos.

É precisamente a inserção das empresas dirigidas por trabalhadores em movimentos sociais mais amplos e sua atenção às necessidades e demandas das comunidades que as tornam componentes importantes em uma estratégia de maximizar a resiliência social e a autodeterminação. Ao abrir a empresa para preocupações alheias à produtividade e à lucratividade capitalistas, os trabalhadores questionam a divisão entre as esferas social, econômica e política sobre a qual repousa a modernidade capitalista. Na América Latina e na Europa, as fábricas ocupadas oferecem seu espaço para escolas, clínicas e centros sociais; acomodam mercados de agricultores, bazares, shows e eventos artísticos. Em suma, "ecossistemas de solidariedade" são formados em torno dos "bens comuns das fábricas", ajudando a dar o salto da mera produção de mercadorias para a produção de relacionamentos, sujeitos e coletivos, abrangendo a vida social em sua totalidade e agindo como um baluarte contra processos de desapropriação e isolamento.

Referências

AZZELLINI, Dario. "Labour as a Commons: The Example of Worker-Recuperated Companies", *Critical Sociology*, v. 44, n. 4-5, p. 763-76, 2018.

AZZELLINI, Dario & RESSLER, Oliver. "Occupy, Resist, Produce", *Oliver Ressler*, 2015.

BARRINGTON-BUSH, Liam. "Work, Place and Community: The Solidarity Ecosystems of Occupied Factories", *More Like People*, 2017.

NEXT STOP: UTOPIA. Direção: Apostolos Karakasis, 2015. Disponível em: www.nextstoputopia.com/.

RUGGERI, Andrés. "Worker Self-Management in Argentina: Problems and Potentials of Self-Managed Labor in the Context of the Neoliberal Post-Crisis". *In*: HARNECKER, Camila Piñeiro (org.). *Cooperatives and Socialism: A View from Cuba*. Londres: Palgrave Macmillan, 2013.

THE TAKE. Direção: Avi Lewis. Roteiro e produção: Naomi Klein, 2004.

Produção negentrópica

Enrique Leff

Palavras-chave: produtividade ecológica, racionalidade ambiental, entropia, sustentabilidade

---

A produção negentrópica é um conceito que sintetiza o escopo de uma teoria e prática alternativas para habitar o planeta, com o objetivo de repensar a sustentabilidade de acordo com as condições ecológicas e culturais dos territórios das pessoas.[1] A negentropia (entropia negativa) pode ser concebida como o processo geral que continuamente cria, mantém e complexifica a vida no planeta, com base na transformação da energia solar radiante em biomassa por meio da fotossíntese, a fonte de toda vida. A produção negentrópica, portanto, é uma resposta ao fato de que o crescimento econômico transforma toda matéria e energia consumidas no processo de produção em energia degradada e, em última análise, como matéria irreciclável e calor irreversível.

A produção negentrópica se contrapõe ao paradigma econômico dominante, baseado em uma visão mecanicista de produtividade, trabalho e tecnologia, que nega as condições ecológicas e culturais de sustentabilidade, provocando a crise ecológica do

1   O conceito se baseia na noção de produtividade ecotecnológica, que afirmei em 1975 e retrabalhei em meu livro de 1986, *Ecología y Capital: Racionalidad ambiental, democracia participativa y desarrollo sustentable* [Ecologia e capital: racionalidade ambiental, democracia participativa e desenvolvimento sustentável]. Ver Leff (1995).

ENRIQUE LEFF é mexicano, sociólogo ambiental, ecologista político e pesquisador sênior do Instituto de Investigações Sociais da Universidade Nacional Autônoma do México (Unam). Foi coordenador da Rede de Treinamento Ambiental para a América Latina e o Caribe no PNUMA (1986-2008). Seu livro mais recente é *La apuesta por la vida: Imaginación sociológica e imaginarios sociales en los territorios ambientales del Sur* [A aposta pela vida: imaginação sociológica e imaginários sociais nos territórios ambientais do Sul] (2014).

planeta. A natureza convertida em objeto e em alimento para a megamáquina da economia global é transformada, segundo a lei da entropia, em mercadorias, poluição e calor. Esse processo de degradação se manifesta no desmatamento, na desertificação, na erosão da biodiversidade e nas mudanças climáticas que estão produzindo a morte entrópica do planeta.

Os seres humanos são a principal força que transforma a base biológica do sistema de suporte de vida do planeta. A produção econômica é o meio pelo qual os seres humanos transformam a matéria e a energia da natureza. O modo de produção é a forma pela qual a humanidade estabelece as condições materiais de sua existência, afetando profundamente a complexa termodinâmica da biosfera. O ambientalismo questiona a inelutável *degradação entrópica da natureza, induzida pelo processo econômico* e justificada pela racionalidade produtivista predominante.

A reversão da produção insustentável e a transição para um modo sustentável não se resolvem com a reforma da economia convencional a fim de internalizar "externalidades ambientais", como o colapso ecológico, a poluição, a biodiversidade, as mudanças climáticas, os gases de efeito estufa ou os bens e serviços ambientais. Os processos econômicos tampouco podem se tornar sustentáveis por meio da adequação do comportamento econômico às condições ecológicas necessárias para a reprodução da natureza, a fim de alcançar uma economia de "estado estacionário". Em contraste com essas propostas ortodoxas, a "bioeconomia" de Georgescu-Roegen (1971) confrontou a racionalidade econômica com o fato inelutável de que os processos econômicos destroem sua própria base ecológica; mas o próprio autor não elaborou um paradigma econômico baseado nos fundamentos ecológicos da produção sustentável.

É necessário um paradigma de produtividade ecotecno-cultural, construído sobre os princípios de uma racionalidade ambiental alternativa (Leff, 2004). Nessa concepção, o "ambiente" é entendido para além da racionalidade dominante e de sua suposta ontologia unitária e universal, que restringe a diversidade e exclui a alteridade. Esse princípio está guiando o ecomarxismo, a economia ecológica e a ecologia política para a construção de um modo alternativo de produção, baseado na conservação e no redesenho das condições sociais e ecológicas da produção — um princípio incorporado em diversas culturas.

A questão final para a sustentabilidade é a sustentabilidade da vida. No entanto, surge a pergunta: é possível uma economia sustentável? Uma economia que trabalhe com e por meio das forças criativas da natureza; uma economia fundamentada nas potencialidades ecológicas do planeta; uma economia que reconheça as condições da vida humana e da diversidade cultural? Isso implica a desconstrução da economia estabelecida e a construção de um novo paradigma de produção: um paradigma de produtividade ecotecnocultural — ou "produção negentrópica" — orientado pelos princípios da racionalidade ambiental.

A sustentabilidade apareceria no horizonte desses outros mundos possíveis se ao menos pudéssemos liberar as potencialidades da vida que foram restringidas pela racionalidade antinatureza, que impulsiona o "desenvolvimento sustentável". A sustentabilidade é o resultado da interação de processos negentrópicos/entrópicos estabelecidos por diferentes entes culturais em seus modos de habitar seus territórios de vida. A construção de um futuro sustentável nos convida a vislumbrar os potenciais ecológicos e as estratégias epistemológicas e sociais necessárias para construir um modo de produção alternativo, baseado nos "potenciais negentrópicos da vida". Isso significa um modo de produção baseado nas condições termodinâmicas e ecológicas da biosfera e nas condições simbólico-culturais da existência humana.

O paradigma negentrópico de produção aqui proposto se alicerça na articulação de três ordens de produtividade: ecológica, tecnológica e cultural. A produtividade ecológica é baseada no potencial ecológico dos diferentes ecossistemas. Pesquisas mostraram que os ecossistemas mais produtivos, os dos trópicos úmidos, produzem biomassa em taxas anuais naturais de até 8%. Esse potencial ecológico pode ser aprimorado por pesquisas científicas, tecnologias ecológicas e inovação de práticas culturais — incluindo fotossíntese de alta eficiência, gerenciamento de sucessão secundária e regeneração seletiva de espécies valiosas em processos ecológicos, bem como a associação de vários cultivos, a agroecologia e a agrossilvicultura — para definir e orientar o valor econômico-cultural da produção tecnoecológica do processo produtivo (Leff, 1995).

Esse paradigma alternativo de produção é articulado a partir da perspectiva de imaginários culturais não modernos e de suas práticas ecológicas. Os espaços privilegiados para implantar essa estratégia de "produção negentrópica" são as áreas rurais do mundo, habitadas por camponeses indígenas que, em suas lutas para construir territórios autônomos, adotam essa perspectiva teórica por meio da reinvenção de suas identidades e da inovação de suas práticas tradicionais.

Essa concepção de produção sustentável repercute as lutas dos movimentos sociais pela reapropriação de seu patrimônio biocultural, como a ancestralidade invocada pelos afro-colombianos da região da floresta do Pacífico, o *sumak kawsay* dos povos andinos, os *caracoles* dos zapatistas no México e os imaginários de sustentabilidade de tantos outros povos tradicionais, dos Mapuche e Guarani no sul da América aos Seri ou Comca'ac no árido norte do México. Os agentes privilegiados de uma sociedade negentrópica são os camponeses tradicionais, os povos indígenas do mundo e os movimentos socioambientais promovidos por eles. Um exemplo emblemático é a luta dos seringueiros na região amazônica brasileira, que estabeleceram suas "reservas extrativistas" como estratégia de desenvolvimento sustentável.

Referências

GEORGESCU-ROEGEN, Nicholas. *The Entropy Law and the Economic Process.* Cambridge: Harvard University Press, 1971.

LEFF, Enrique. *Ecología y capital: Racionalidad ambiental, democracia participativa y desarrollo sustentable.* Cidade do México: Siglo, 1994 [Ed. bras.: *Ecologia, capital e cultura: racionalidade ambiental, democracia participativa e desenvolvimento sustentável.* Trad. Jorge Esteves da Silva. Blumenau: Editora da FURB, 2000].

LEFF, Enrique. *Green Production. Toward an Environmental Rationality.* Nova York: Guilford, 1995.

LEFF, Enrique. *Racionalidad Ambiental. La reapropiación social de la naturaleza.* Cidade do México: Siglo XXI Editores, 2004.

Projetos de Vida

Mario Blaser

Palavras-chave: boa vida, coletivos locais, pluriverso, formas de criar mundos

---

O conceito de Projetos de Vida foi inspirado em um contraste assinalado por intelectuais indígenas Yshiro, do Paraguai, entre a "boa vida (moderna)", que os "projetos de desenvolvimento" oferecem, e suas próprias noções de "boa vida", que emergiram de experiências vivenciadas *em seu lugar* (Blaser, 2010). A principal diferença está na orientação: o desenvolvimento é orientado a estender, como universalmente válida, sua própria visão de uma boa vida baseada na primazia do humano, ao passo que os Projetos de Vida dos Yshiro são apenas conscientes da especificidade das versões de "boa vida" que eles promovem — e, para que elas sobrevivam, consideram ser da maior importância não atropelar outras versões. Os Projetos de Vida são orientados, portanto, a sustentar a heterogeneidade de visões de uma "boa vida". Ao estabelecer essa distinção na orientação, os intelectuais yshiro sugerem uma possibilidade política incipiente que se opõe à missão do desenvolvimento de criar Um Só Mundo (Sachs, 1992 [2000]). Ou seja, apontam para o pluriverso.

Tomando emprestado o termo dos Yshiro, Projetos de Vida é, portanto, um conceito que contribui para a realização do

MARIO BLASER é antropólogo argentino-canadense, presidente da cátedra de pesquisa em estudos aborígines da Universidade Memorial de Newfoundland (MUN), no Canadá. É autor de *Storytelling: Globalization from the Paraguayan Chaco and Beyond* [Contação de histórias: globalização no chaco paraguaio e além] (2010) e coeditor de *Indigenous Peoples and Autonomy: Insights for a Global Age* [Povos indígenas e autonomia: ideias para uma era global] (2010) e também de *In the Way of Development: Indigenous Peoples, Lifes Projects and Globalization* [No caminho do desenvolvimento: povos indígenas, projetos de vida e globalização] (2004).

pluriverso, tornando visíveis e plausíveis as práticas de boa vida dos vários coletivos locais que existem no planeta. Às vezes, eles podem estar associados a "povos indígenas", mas os termos não são sinônimos. Coletivos locais não são o mesmo que "comunidades culturais" que vivem em lugares naturais ou "territórios"; em vez disso, são assembleias muito específicas que "acontecem" em locais específicos — uma mudança de localização os tornaria outra coisa. Um coletivo local pode ser descrito como uma rede de pessoas (humanas e não humanas) — ou seja, entidades dotadas de sua própria dignidade, vontade e propósito — que se vinculam por meio de laços sociais, incluindo familiares. Não é raro ouvir porta-vozes desses coletivos se referirem a rios, montanhas, florestas ou animais como "avô, irmão, proprietário do espírito" e assim por diante. Essas não são metáforas ou "crenças": os termos refletem o fato de que aquilo que as instituições modernas tratariam como territórios compostos por "recursos" e "pessoas" são tratados, pelos Projetos de Vida, como conjuntos relacionais complexos de pessoas humanas e não humanas.

Essa abordagem em relação às entidades que compõem um coletivo local está fundamentada em uma série de pressupostos, frequentemente expressos em histórias e cerimônias de origem compartilhada por muitas tradições de pensamento e prática nas Américas (Cajete, 2000). Por exemplo:

- a existência implica o desdobramento de uma força ou princípio criativo ("a história da vida") inacessível em toda a sua magnitude;
- todas as entidades existentes são moldadas de acordo com esse desdobramento;
- é por meio de suas configurações específicas, modos de ser e relações recíprocas que as entidades contribuem para a história de vida;
- interferir de forma imprudente nas trajetórias das entidades e abusar das relações que sustentam esse desenrolar (por exemplo, quando uma parte da relação, geralmente a parte humana, tira vantagem de outra

sem se preocupar com o equilíbrio) têm, invariavelmente, consequências negativas para a qualidade da história da vida.

Esses pressupostos se referem a relações e interdependências que geram coletivos locais, fazendo com que seja muito difícil privilegiar as necessidades de alguns de seus componentes à custa de outros sem arriscar que o todo seja desfeito. Por exemplo, da perspectiva de um coletivo local ao qual se ofereça uma "compensação" para o futuro represamento de um rio, pode parecer que alguém vem até você e diz: "Vamos matar seu avô, mas não se preocupe, vamos compensar você. Vamos descobrir quanto dinheiro equivale à comida que ele poderia lhe dar e ao tempo de diversão que ele poderia lhe proporcionar", supondo que você ficará bem depois. É por isso que os Projetos de Vida que emergem de coletivos locais estão frequentemente em desacordo com os pressupostos do desenvolvimento sobre a primazia do humano e a validade universal de sua visão de uma boa vida. De fato, dada sua heterogeneidade inerente, os Projetos de Vida são antitéticos a um universo; eles contribuem para gerar um pluriverso. Para citar os zapatistas: "um mundo onde caibam muitos mundos".

O pluriverso pode, portanto, ser visto como uma proposta política coletiva baseada no lugar; uma proposta que é extremamente necessária para enfrentar a urgente crise planetária evocada pelo rótulo de Antropoceno, habitualmente apresentado como um efeito colateral do desenvolvimento, o resultado de a "humanidade" ter agido sem o pleno conhecimento das consequências de seus atos. Ou seja, mais e melhores conhecimentos são o caminho para resolvê-lo. Daí os esforços para integrar as ciências naturais e sociais em programas como o Projeto de Governança do Sistema Terra. Entretanto, se transpusermos as premissas dos coletivos locais a respeito das relações apropriadas entre entidades às relações entre os diferentes "coletivos" (locais ou não), o Antropoceno aparecerá, sob uma luz diferente, como resultado de uma prática (o desenvolvimento) concebida como universalmente válida e sem lugar específico, que não considera a existência de coletivos locais. Sob esse prisma, as principais "soluções" para o Antropoceno são tão universalistas e despreocupadas com esses coletivos quanto o desenvolvimento. Esse ponto fica evidente no crescente conflito entre grandes projetos de "energia verde", por exemplo — eólica ou solar —, e as comunidades locais.

Assim, em vez de soluções universalistas, o que a atual crise talvez exija é o desencadeamento de práticas heterogêneas para a boa vida associadas aos coletivos locais. Algo similar está sendo feito por muitos povos indígenas e afrodescendentes nas Américas, que, apesar das eventuais contradições, têm a intenção de realizar seus Projetos de Vida. Ao se recusar a propor visões universais, os Projetos de Vida apontam para o fato de que a paradoxal tarefa comum de concretizar o pluriverso exige que os coletivos baseados no lugar encontrem suas próprias formas específicas de "fazer a diferença juntos", ao lado de outros coletivos com os quais teceram redes (Verran, 2013).

Referências

BLASER, Mario. *Storytelling: Globalization from the Chaco and Beyond*. Durham: Duke University Press, 2010.

CAJETE, Gregory. *Native Science: Natural Laws of Interdependence*. Novo México: Clear Light Publishing, 2000.

SACHS, Wolfgang. "One World". *In*: SACHS, Wolfgang (org.). *The Development Dictionary*. Londres: Zed Books, 1992 [Ed. bras.: "Um só mundo". *In*: SACHS, Wolfgang (org.). *Dicionário do desenvolvimento: guia para o conhecimento como poder*. Petrópolis: Vozes, 2000].

VERRAN, Helen. "Engagements between Disparate Knowledge Traditions: Toward Doing Difference Generatively and in Good Faith". *In*: GREEN, Lesley (org.). *Contested Ecologies: Dialogues in the South on Nature and Knowledge*. Cidade do Cabo: HSRC Press, 2013.

Reconstrução rural

Sit Tsui

Palavras-chave: integração urbano-rural, sociedades camponesas, China contemporânea, *sannong*

Como resposta aos problemas causados pela industrialização e modernização em um país em desenvolvimento como a China, a reconstrução rural foi concebida como um projeto político e cultural para defender as comunidades camponesas e a agricultura. Esses esforços de base podem ser independentes, paralelos ou estar em conflito com projetos iniciados pelo Estado ou por partidos políticos. Como uma tentativa de construir uma plataforma para a democracia de massa e experimentar a integração participativa urbano-rural para a sustentabilidade, o modelo chinês de reconstrução rural pode se tornar uma política alternativa de "desmodernidade". Entre as décadas de 1920 e 1940, vários estudiosos de diferentes visões se envolveram ativamente nos movimentos de reconstrução rural. James Yen, que recebeu uma educação cristã ocidental, promoveu um movimento de ensino em massa e o fortalecimento da sociedade civil no condado de Ding, no norte da China, e, mais tarde, também em regiões no sudoeste do país. Liang Shuming, confuciano e budista, defendia a governança rural por meio da regeneração do conhecimento e da cultura tradicionais no município de Zouping, na província de Shandong. Lu Zuofu, proprietário de uma companhia de navegação, fundou empresas sociais e instalações públicas para modernizar a cidade de Beibei, no sudoeste chinês. Tao Xingzhi combinou comunismo e educação para a subsistência. Huang Yanpei projetou programas de treinamento vocacional para a população rural. Depois de 1949, James Yen continuou seus projetos de

SIT TSUI é professora associada do Instituto de Reconstrução Rural da China, na Universidade Southwest, em Chongqing, e fundadora da Global University for Sustainability.

491

reconstrução rural em Taiwan, nas Filipinas e em diferentes países da Ásia, América Latina e África.

O projeto de reconstrução rural é uma resposta às reformas de mercado de 1979 e ao incentivo à manufatura orientada para exportação. A consequente demanda por mão de obra barata agravou a divisão urbano-rural e outros tipos de polarização social. A crise financeira global também impactou severamente a economia chinesa. A reconstrução rural como movimento necessário para defender o modo de vida no campo foi proposta em 1999 por Wen Tiejun, então pesquisador do Ministério da Agricultura e, mais tarde, decano executivo do Instituto de Estudos Avançados em Sustentabilidade da Universidade Renmin, em Pequim. Ele cunhou o termo *sannong* como referência às três dimensões rurais: camponeses, aldeias e agricultura. Desde 2004, as questões *sannong* foram oficialmente aceitas como "as mais importantes entre todas as tarefas importantes" no Documento Central nº 1 do Partido e do Estado. Embora o governo tenha priorizado o desenvolvimento rural, investindo mais de dez trilhões de renminbis (aproximadamente 1,54 trilhão de dólares) em infraestrutura e bem-estar nos últimos doze anos, a reconstrução rural está comprometida com a auto-organização e a democracia de massa. A maioria desses esforços locais é autônoma, operando por iniciativa própria, às vezes de forma complementar às políticas estatais.

Wen Tiejun mobilizou funcionários, moradores, acadêmicos e estudantes universitários para trabalharem juntos na reconstrução rural. As mulheres rurais desempenham um papel particularmente importante na organização local, e seu envolvimento é amplamente documentado no projeto PeaceWomen Across the Globe [Mulheres de paz ao redor do globo], conduzido por Lau Kin Chi e Chan Shun Hing, professoras da Universidade Lingnan, em Hong Kong. Entre os diversos esforços de reconstrução rural, alguns eventos notáveis incluem a "Edição Rural" da *China Reform*, uma revista nacional que trata dos interesses camponeses. Em 2001, foi criado o Centro de Reconstrução Rural de Liang Shuming, que oferece programas de treinamento para estudantes universitários e cooperativas camponesas. Em 2002, foi fundada a Casa dos Trabalhadores Migrantes de Pequim, que fornece programas culturais e educacionais aos trabalhadores camponeses. Em 2003, foi criado o Instituto de Reconstrução Rural James Yen, que organiza programas de treinamento para camponeses e defende a agricultura ecológica. Em 2005, o Centro de Educação Popular James Yen foi criado para promover conhecimento popular regional e cursos para trabalhadores camponeses. Em 2008, o Green Ground EcoTech Center foi criado para promover cooperação rural-urbana, agricultura apoiada pela comunidade e habilidades e técnicas ecológicas; também administra a Fazenda Little Donkey, um projeto comum do governo do distrito haidiano e o Centro de Reconstrução Rural da Universidade Renmin da China. Em 2009, realizou-se em Pequim a primeira Conferência de Apoio à Agricultura Comunitária da China. Em 2013, foi fundada a Associação para o Fomento da Cultura Comunitária Doméstica Afetuosa, com o objetivo de organizar campanhas para o reconhecimento dos esforços de base, na defesa do patrimônio rural. Em 2015, foi lançado o Sistema de Garantia Participativa da agricultura social orgânica para construir uma rede nacional de grupos de trabalho agroecológicos. Além disso, em toda a China existem bases de reconstrução rural com diversas experiências, incluindo projetos de desenvolvimento rural integrado em Yongji, na província de Shanxi, em Shunping, na província de Hebei, em Lankao e Lingbao, na província de Henan; projetos de financiamento rural em Lishu, na província de Jilin; e projetos de educação popular e faculdades comunitárias em Xiamen e Longyan, na província de Fujian.

O novo movimento de reconstrução rural conseguiu compartilhar experiências com movimentos populares na Índia, no Nepal, nas Filipinas, na Tailândia, na Indonésia, no Japão, na Coreia do Sul, no Brasil, no Peru, no México, no Equador, na Argentina, na Venezuela, no Egito, na Turquia, na África do Sul e em Senegal, entre outros países. Esses intercâmbios abriram caminho para a organização de três Fóruns Sul-Sul de Sustentabilidade em Hong Kong e Chongqing, de 2011 a 2016.

A reconstrução rural promove a participação social, a agricultura ecológica e a subsistência sustentável. Está comprometida com os Três Princípios dos Povos: o sustento, a solidariedade e a diversidade cultural das pessoas. Enfatiza a renovação organizacional e institucional dos camponeses — a implementação de experimentos locais abrangentes, aplicando o conhecimento da comunidade.

Ao longo do século XX, a China passou por várias mudanças de regime político, mas, independentemente de quem estava no poder, a principal busca foi a modernização, em benefício de uma pequena elite e em detrimento da maioria da população. No entanto, se a China rural tiver apoio para consolidar relações interdependentes e cooperativas dentro das comunidades e entre elas, poderá não apenas proteger os meios de subsistência da maioria da população como também se tornar um pilar de resistência às crises externas derivadas do capitalismo global. Nesse sentido, as manifestações históricas e contemporâneas da reconstrução rural, baseadas nos pequenos camponeses e na comunidade das aldeias, fornecem uma alternativa à modernização destrutiva.

Referências

TIEJUN, Wen; CHANGYONG, Zhou & LAU, Kin Chi (orgs.). *Sustainability and Rural Reconstruction*. Pequim: China Agricultural University Press, 2015.

TIEJUN, Wen; LAU, Kin Chi; CUNWANG, Cheng; HUILI, He & JIANSHENT, Qui. "Ecological Civilization, Indigenous Culture, and Rural Reconstruction in China", *Monthly Review: An Independent Socialist Magazine*, v. 63, n. 9, p. 29-35, 2012.

WONG, Erebus & TSUI, Sit. "Rethinking 'Rural China', Unthinking Modernization: Rural Regeneration and Post-Developmental Historical Agency". *In*: HERRERA, Rémy & LAU, Kin Chi (orgs.). *The Struggle for Food Sovereignty: Alternative Development and the Renewal of Peasant Societies Today*. Londres: Pluto Press, 2015.

Religiões chinesas

Liang Yongjia

Palavras-chave: confucionismo, taoismo, ecologia

O termo "religiões chinesas" refere-se aqui às crenças e práticas religiosas que se originaram na China e se disseminaram ao longo dos séculos. As mais influentes que sobreviveram são o confucionismo e o taoismo. O confucionismo foi fundado por Confúcio (551-479 a.C.), que reinventou os rituais reais em um sistema de pensamento e práticas em torno da ideia de piedade e lealdade filial. Tornou-se a ideologia imperial no século II a.C. e esteve em vigência na China até o início do século XX. O taoismo foi institucionalizado por volta do século I, por meio da sincretização de diferentes filosofias sobre o universo e a salvação, e permaneceu uma das religiões mais influentes na China por dois milênios, em grande parte devido às suas práticas difusas e imensamente populares.

A expressão "religiões chinesas" apareceu pela primeira vez no Ocidente nos relatos dos jesuítas do século XVII e foi usada por Max Weber em *Religião da China: confucionismo e taoismo* (1951 [2018]). A construção elitista de Weber gera a impressão de que o confucionismo e o taoismo são as religiões autenticamente operantes na China, mas, na verdade, não se pode compreendê-los sem levar em consideração o budismo e outras religiões. Além disso, tanto o confucionismo quanto o taoismo entraram em significativo declínio no início do século XX, passando por mudanças radicais para lidar melhor com questões contemporâneas, o que levou a

---

LIANG YONGJIA é especialista em religião e etnia e professor de antropologia na Faculdade de Sociologia da Universidade Agrícola da China. Suas publicações recentes incluem *Reconnect to the Alterity: Religious of the Bai in Southwest China* [Reconectar-se à alteridade: religiosos do Bai no sudoeste da China] (2013) e artigos sobre herança cultural, parentesco e dádiva.

uma reinterpretação de conceitos e tradições relativos a harmonia, natureza, justiça e ecologia.

No começo do século xx, o confucionismo havia perdido sua autoridade e suas instituições ortodoxas devido ao fim do império chinês. Nas primeiras três décadas da República Popular da China (RPC), foi também denunciado como um remanescente feudal. Desde a virada do século xxi, o confucionismo experimentou um forte renascimento com o apoio do Estado. Os principais atores são os "neoconfucionistas continentais", que estão dispostos a construir uma religião reconhecida pelo Estado e direcionar o país para um constitucionalismo confuciano.

Os revivalistas geralmente acreditam que o confucionismo pode superar a crise da modernidade ocidental por meio de técnicas sociais e corporais alternativas, relacionadas à paz interior, à solidariedade comunitária, à civilidade e ao autocontrole (Tu, 2010). O confucionismo oferece soluções para a corrupção política, a disparidade econômica, a instabilidade social e o desastre ecológico. Os revivalistas acreditam que a modernidade, caracterizada pela democracia liberal e pelo capitalismo global, já não é desejável para os chineses. Em vez disso, o confucionismo ensinará a China e o mundo sobre a vida espiritual, moral e ritual, uma espécie de "religião civil" (Jensen, 1997, p. 4). Muitos promovem a leitura de clássicos confucianos em instituições educacionais e oferecem capacitação a empreendedores, políticos, profissionais e aos que buscam um caminho espiritual. Há também ambientalistas que reorientam a perspectiva antropocêntrica confuciana para adequá-la às ideias de harmonia com a natureza, anseio por longevidade, aceitação das dificuldades e desejo de justiça sustentável. A International Confucian Ecological Alliance [Aliança ecológica confuciana internacional] (ICEA) tenta combinar sabedoria confuciana e ciência ecológica para promover uma rede global de conscientização sobre a grave crise ecológica do mundo.

O renascimento contemporâneo do confucionismo permanece, em grande medida, retórico. Na ausência de poder institucional, é principalmente ativo por meio de escritos filosóficos, empreendimentos comerciais, ativismo de base e lobby político. Lembra vários movimentos sincréticos, redentores e salvacionistas que floresceram no início do século passado, como o Caminho Consistente (Yiguandao) e a Igreja Confuciana (Kongjiaohui) (Goossaert & Palmer, 2011, p. 91-122). A maioria das ideias é uma convocação especulativa de um mundo melhor, mas o movimento também está se institucionalizando. Seu potencial para oferecer formas alternativas de desenvolvimento reside na sua perspectiva ética sobre a harmonia da sociedade humana e do mundo em geral (Fei, 1992 [1948]).

No início do século xx, o taoismo foi severamente atacado pelos pensadores iluministas chineses, que o consideravam supersticioso, pseudocientífico e egoísta. O taoismo foi fracamente institucionalizado em 1912 (Goossaert & Palmer, 2011, p. 43-66), embora suas práticas continuem a influenciar a vida social chinesa.

Na virada do século xxi, as elites taoistas começaram a promover o valor da harmonia entre os seres humanos e a natureza. O cânone fundador do taoismo, *Tao Te Jing*, é celebrado como um dos primeiros ensinamentos da ética ecológica na história da humanidade. Muitos estudiosos argumentam que o taoismo havia descoberto que os seres humanos são parte do universo e deveriam "retornar à inocência" (*fanpuguizhen*), mantendo relações harmoniosas com a natureza, em vez de dominá-la. Outras ideias nesse sentido incluem a "não ação" (*wu wei*), o "alimento para a vida" (*yangsheng*) e o "pense menos, deseje menos" (*shao sigua yu*), e todas elas promovem a exploração limitada de recursos naturais e a moderação dos prazeres (Girardo, Miller & Liu, 2001).

Estudiosos e praticantes taoistas escrevem sobre as virtudes do altruísmo, da simplicidade e da compaixão, contribuindo para a saúde dos corpos, dos espíritos, das sociedades e das nações. Eles celebram a forma como os antigos ensinamentos podem curar os males da modernidade: consumismo excessivo, crise de energia, poluição, insegurança alimentar, disparidade de renda e injustiça social. A Associação Taoista Chinesa promove o ambientalismo na arquitetura, nas técnicas corporais, nos rituais, na vegetação, na drenagem de água e na queima de incenso taoistas, e declara também que o fundador do taoismo, Lao Zi, é "o deus da proteção ecológica" (Duara, 2015, p. 43-4).

Práticas taoistas na vida cotidiana estão repletas de conhecimentos práticos sobre alimentação, técnicas corporais, geomancia e rituais comunitários. Os chineses não têm dificuldade em valorizar as ideias de uso restrito de recursos, do fluxo equilibrado de energia cósmica e da arte de não ser agressivo. Os templos das aldeias são abundantes em atividades que enfatizam a reciprocidade entre os seres humanos e a energia cósmica. Os parques urbanos estão cheios de idosos que praticam o fluxo adequado de energia vital. A alimentação, os exercícios respiratórios e o cultivo espiritual refletem as ideias taoistas de equilíbrio e limitação. Independentemente de qualquer promoção institucional, o taoismo na China materializa a instância verdadeira de caminhos alternativos para o bem-estar humano.

Referências

DUARA, Prasenjit. *The Crisis of Global Modernity: Asian Traditions and a Sustainable Future*. Cambridge: Cambridge University Press, 2015.

FEI, Hsiao-t'ung. *From the Soil: The Foundations of Chinese Society*. Trad. Gary G. Hamilton & Zheng Wang. Berkeley: University of California Press, 1992 [1948].

GIRARDOT, Norman J.; MILLER, James & LIU, Xiaogan (orgs.). *Daoism and Ecology: Ways within a Cosmic landscape*. Cambridge: Harvard Divinity School, 2001.

GOOSSAERT, Vincent & PALMER, David. *The Religious Question in Modern China*. Chicago: The University of Chicago Press, 2011.

JENSEN, Lionel M. *Manufacturing Confucianism: Chinese Traditions and Universal Civilization*. Durham: Duke University Press, 1997.

TU, Weiming. *The Global Significance of Concrete Humanity: Essays on the Confucian Discourse in Cultural China*. Nova Déli: Centre for Studies in Civilizations; Munshiram Manoharlal Publishers, 2010.

WEBER, Max. *The Religion of China: Confucianism and Taoism*. Glencoe: The Free Press, 1951 [1915] [Ed. bras.: *Religião da China: confucionismo e taoismo*. Joinville: Clube de Autores, 2018].

Revolução

Eduardo Gudynas

Palavras-chave: revolução, desenvolvimento, ontologia, capitalismo, socialismo

---

Chegou o momento de uma ideia de mudança revolucionária para além do desenvolvimento. Ela é indispensável para que enfrentemos a atual crise social e ambiental; é urgente, dado o ritmo acelerado de destruição do meio ambiente e dos meios de vida das pessoas; e é imediata, pois é possível praticá-la aqui e agora. Um novo significado de revolução deve nos permitir questionar radicalmente as bases conceituais do desenvolvimento e ir além da modernidade.

O conceito de revolução implica uma série de mudanças políticas e culturais substanciais. Podemos considerar a Revolução Francesa como o exemplo mais conhecido, no qual o ato revolucionário era entendido como indispensável para romper com uma ordem injusta e transformar as instituições e formas de representação política, incluindo o tecido social e econômico. Com diferentes graus e ênfases, esse conceito foi usado para descrever mudanças radicais no México, na Rússia, na China e em Cuba, entre outros países.

A ideia de revolução também foi fundamental para promover as práticas convencionais de desenvolvimento. É o caso das revoluções industrial, tecnológica, da internet e do consumo. Elas reforçaram as ideias centrais do desenvolvimento, mesmo alcançando mudanças substanciais na estrutura da sociedade.

Eventos mais recentes deturpam o conceito. Em algumas regiões, ainda existem movimentos sociais importantes que

EDUARDO GUDYNAS é pesquisador sênior do Centro Latino-Americano de Ecologia Social (Claes) em Montevidéu, Uruguai, pesquisador associado do Departamento de Antropologia da Universidade da Califórnia, em Davis, Estados Unidos, e assessor de várias organizações de base na América do Sul.

defendem as concepções tradicionais de revolução como um meio de superar o capitalismo e avançar em direção ao socialismo. Na Europa Central e Oriental, por um lado, a saída do "socialismo real" foi apresentada como uma revolução, embora na direção oposta, rumo às economias de mercado. Por outro lado, as experiências revolucionárias socialistas — por exemplo, na China ou no Vietnã — mantêm esse discurso, mas suas estratégias de desenvolvimento são funcionais ao capitalismo. E ainda que as revoluções islâmicas tenham reforçado as críticas ao desenvolvimento atacando seu eurocentrismo, elas não deixam de endossar o crescimento econômico.

Desde o início do século XXI, a América Latina testemunhou uma guinada à esquerda, com vários governos se descrevendo como "revolucionários" (Venezuela, Bolívia, Equador e Nicarágua). Mas esses países adotaram estilos neodesenvolvimentistas que impulsionaram o crescimento econômico por meio da apropriação intensiva de recursos naturais.

Portanto, somos confrontados com uma variedade de eventos que foram descritos como revolucionários, principalmente no que diz respeito à dimensão política, mas que também influenciam aspectos culturais, econômicos e religiosos da sociedade. Em todos esses casos, no entanto, os componentes básicos do desenvolvimento sobreviveram, como o crescimento econômico, o consumismo, a apropriação da natureza, a modernização tecnológica e a fraqueza democrática. Há uma situação paradoxal na qual revoluções clássicas (como na Rússia ou na China, por exemplo) e recentes (como o "socialismo do século XXI" na América do Sul), fossem elas seculares ou religiosas, gravitaram todas em torno da ideia de desenvolvimento. Algumas dessas revoluções mostraram resultados positivos em relação à representação política e à igualdade social, mas permaneceram presas a fins instrumentais voltados para a conquista do Estado (particularmente as versões leninista, trotskista e maoista). Todas falharam em promover alternativas ao desenvolvimento.

Isso pode ser explicado pelo fato de que todas as tradições políticas modernas compartilham o mesmo contexto. De fato, a ideia de revolução amadureceu ao lado de outras categorias da modernidade, como Estado, direitos, democracia, progresso e desenvolvimento.

Muitos ativistas e acadêmicos, por causa da persistência do desenvolvimentismo, ficaram desiludidos com experiências revolucionárias, argumentando que o conceito de revolução não é mais aplicável às realidades atuais e preferindo, em vez disso, enfatizar as práticas locais. No entanto, essa posição cria um obstáculo importante, uma vez que propostas de alternativas radicais ao desenvolvimento implicam um conjunto de transformações revolucionárias.

Dado que todas as variedades atuais de desenvolvimento são insustentáveis, qualquer alternativa radical deve questionar suas bases conceituais compartilhadas com e assentadas na modernidade. O radicalismo desse esforço requer prática e espírito revolucionários. Mas uma revolução no sentido moderno poderia promover, por exemplo, uma mudança no regime estatal, ou substituir uma variedade de desenvolvimento por outra. Torna-se necessário, portanto, criar uma nova interpretação da ideia de revolução, capaz de superar a modernidade e de imaginar uma alternativa à sua ontologia.

Esse conceito de revolução requer uma rebelião em relação à modernidade, destacando seus limites enquanto explora alternativas a ela; exige uma imaginação inovadora para delinear e ensaiar outras racionalidades e sensibilidades, bem como uma política mais ampla, que envolva múltiplos setores, práticas e experiências sociais.

Esse entendimento de revolução possui semelhanças substanciais com a ideia andina de *pachakuti*. *Pachakuti* se refere à dissolução da ordem cosmológica predominante, ao mesmo tempo que instala um estado de desordem que permite o surgimento de outra cosmovisão. Portanto, uma revolução *pachakuti* não visa destruir a modernidade, mas provocar a desorganização e a dissolução de suas estruturas, gerando assim outros entendimentos e efeitos. Envolve uma recriação significativa.

As práticas desse tipo de revolução têm muitos antecedentes. A experiência de desordem e a recriação são nutridas tanto por ideias racionais, como a evidência esmagadora da crise social e ambiental, quanto por experiências afetivas, artísticas, espirituais e mágicas. Essa revolução não endossa as monoculturas, mas uma diversidade de expressões; é coletiva e requer transformação pessoal, especialmente na restauração do valor da vida (por exemplo, Mahatma Gandhi ou Ivan Illich, zapatismo ou Bem Viver). Nesse sentido, a revolução permite uma ruptura com os valores utilitários, reivindicando várias maneiras de atribuir valor — estético, religioso ou ecológico —, ao mesmo tempo que aceita o "valor intrínseco" do mundo não humano.

Como o desenvolvimento é um construto performativo, constantemente produzido e reproduzido por todos nós através das práticas cotidianas, uma revolução pode interromper essa performatividade, por exemplo, suspendendo a mercantilização da sociedade e da natureza. Então, essas e outras características da modernidade se tornam desorganizadas, o que leva a uma consequência inevitável e, às vezes, desconfortável: uma revolução que rompe tanto com o capitalismo quanto com o socialismo.

As práticas políticas prefiguradas dessa revolução se entrelaçam sinergicamente, enquanto se disseminam por toda a sociedade, concretizando-se em ações, afetos e outros modos de fazer política, particularmente por meio da rebeldia intersticial que decorre da dignidade e da autonomia. Essa é uma revolução com a coparticipação de atores não humanos, incluindo animais e outros seres vivos, que reinterpreta o significado da sociedade (por exemplo, ao considerar a possibilidade de um "proletariado animal").

Esse tipo de revolução desorganiza a dualidade entre sociedade e natureza, ao mesmo tempo que permite a recriação de cosmovisões relacionais (tais como a reincorporação da sociedade na natureza, e vice-versa) e estende a noção de "sujeito" a não humanos.

Em suma, enquanto a modernidade se apresenta como um domínio universal autônomo, ocultando seus limites e neutralizando a busca de alternativas, essa revolução desorganiza, expõe e rompe os limites da modernidade, abrindo-os para outras ontologias. O ato revolucionário consiste em criar condições que possibilitem novas aberturas ontológicas.

Referências

HOLLOWAY, John. *Change the World without Taking Power: The Meaning of Revolution Today.* Londres: Pluto Press, 2003.

WILLIAMS, Raymond. "Revolution". *In:* WILLIAMS, Raymond (org.). *Keywords: A Vocabulary of Culture and Society.* Nova York: Oxford University Press, 1983.

Salário para o trabalho doméstico

Silvia Federici

Palavras-chave: trabalho doméstico, salários, estratégia, feminismo

---

A campanha em prol do salário para o trabalho doméstico da década de 1970 foi um momento histórico importante para o empoderamento das mulheres sob o capitalismo. Ao salientar a centralidade do trabalho reprodutivo, exigindo o reconhecimento e a remuneração do trabalho doméstico, foi pioneira em uma estratégia política internacional para a libertação das mulheres, pôs o capitalismo à prova e expôs a superficialidade do feminismo "baseado em direitos".

Segundo Dolores Hayden, a campanha teve suas origens no final do século XIX, quando, após a Guerra de Secessão, algumas feministas nos Estados Unidos pediram "salários para donas de casa". Na década de 1940, Mary Inman, membro do Partido Comunista, discutiu a campanha em seu livro *In Woman's Defense* [Em defesa da mulher], mas não conseguiu convencer o partido a adotá-la em seu programa.

Foi na década de 1970 que a ideia de salário para o trabalho doméstico deixou de ser uma demanda por compensação monetária para se transformar em uma perspectiva política sobre o lugar das mulheres e do trabalho reprodutivo na acumulação capitalista. Começou com a formação de uma rede feminista internacional, mobilizando-se em diferentes países para exigir que o Estado, como capitalista coletivo, pagasse salários a

SILVIA FEDERICI é militante feminista e professora emérita da Universidade Hofstra, em Nova York. É autora de *Calibã e a bruxa: mulheres, corpo e acumulação primitiva* (2017) e *O ponto zero da revolução: trabalho doméstico, reprodução e luta feminista* (2019), ambos publicados no Brasil pela Editora Elefante. É organizadora da obra *The New York Wages for Housework Committee 1972-1977: History, Theory, Documents* [Comitê nova-iorquino da campanha por salários para o trabalho doméstico 1972-1977: história, teoria e documentos] (2017).

quem realizasse esse trabalho. O raciocínio por trás dessa estratégia sistêmica foi fornecido em 1972 pela teórica e ativista política italiana Mariarosa Dalla Costa, cujos escritos foram rapidamente traduzidos e divulgados como parte fundamental da campanha "Mulheres e a subversão da comunidade".

Contra a tradição marxista, que retratava o trabalho doméstico como um serviço pessoal, um legado da sociedade pré-capitalista a ser superado pela industrialização plena da economia, Dalla Costa argumentou que o trabalho doméstico é o pilar da acumulação capitalista, contribuindo diretamente para a mais-valia por meio da produção da mão de obra, ou seja, a capacidade laboral dos trabalhadores.

Como construto capitalista, o trabalho doméstico era invisibilizado e imposto como trabalho não remunerado. Essa desvalorização beneficia a classe capitalista, que, sem ele, teria de fornecer serviços sociais para permitir que os trabalhadores se apresentassem ao local de trabalho. Em suma, o capitalismo construiu uma imensa riqueza à custa das mulheres, forçadas a depender dos homens para sobreviver ou a assumir uma dupla jornada, dentro e fora de casa.

A demanda de salários para o trabalho doméstico desmascarou a imensa quantidade de trabalho não remunerado que as mulheres fazem para o capital, trazendo à tona todo um terreno de exploração até então naturalizado como "trabalho de mulheres". Revelou também o poder social que esse trabalho potencialmente confere àqueles que o realizam, pois o trabalho doméstico reproduz o trabalhador e é, portanto, a condição de qualquer outra forma de trabalho.

Ao identificar os beneficiários do trabalho reprodutivo, a campanha em prol de salários para o trabalho doméstico libertou as mulheres da culpa que experimentam ao recusar essas tarefas. Mais importante, foi uma alternativa crucial à habitual demanda feminista liberal por igualdade de direitos com os homens e acesso a ocupações masculinas tradicionais. Esse feminismo convencional nada fez para desestabilizar a divisão sexual e as hierarquias do trabalho. A "cortesia" gratuita das mulheres para o capital permaneceu intacta.

O movimento dos salários para trabalho doméstico nunca gerou uma luta de massas, embora a luta pelos direitos sociais das mulheres nos Estados Unidos naquela mesma época e a defesa do subsídio familiar na Inglaterra demonstrassem sua importância para as mulheres proletárias. Feministas liberais e até socialistas se opuseram à campanha salarial, argumentando que ela institucionalizaria as mulheres em casa. Mas três décadas de reestruturação do "trabalho reprodutivo" e da integração das mulheres como trabalhadoras assalariadas na economia mundial demonstraram a contínua relevância dessa reivindicação para as políticas dos movimentos de justiça social.

O acesso ao trabalho assalariado não isentou as mulheres do trabalho doméstico não remunerado nem mudou as condições no "local de trabalho" de modo a permitir que as trabalhadoras cuidem da família e os homens compartilhem o trabalho doméstico. As mulheres nos Estados Unidos ainda não têm um programa de licença-maternidade estipulado pelo governo, como é o caso de muitos outros países. O trabalho reprodutivo, feito principalmente por mulheres, ainda não é remunerado, embora, como afirmo em *O ponto zero da revolução* (2019), esse trabalho seja agora realizado pelas mulheres imigrantes, mal pagas e muito exploradas.

Vários elementos da campanha de salários para o trabalho doméstico confirmam sua validade como um programa transformador positivo. Se implementado, produziria uma transferência massiva de riqueza do topo da sociedade para o segmento mais baixo. Hoje, isso é ainda mais necessário, dada a precarização do trabalho, o desmantelamento do Estado de bem-estar social e a crise reprodutiva enfrentados pelas comunidades proletárias em todo o mundo. Nesse sentido, a campanha é semelhante à demanda por uma renda básica de cidadania. Mas a vantagem dos salários para o trabalho doméstico é colocar o capital sob julgamento, definindo essa transferência como uma reapropriação da riqueza produzida pelas mulheres e desafiando a crescente imposição capitalista do trabalho não remunerado.

Além disso, como escreve Louise Toupin, o movimento em prol de salários para o trabalho doméstico abre um novo campo de negociações entre as mulheres e o Estado sobre a questão da reprodução, reunindo trabalhadoras domésticas remuneradas e não remuneradas para redefinir a relação das mulheres com o trabalho dentro e fora da casa, o casamento, a sexualidade, a procriação e sua identidade como mulher.

Ademais, centrar a luta anticapitalista na valorização das atividades que permitem a reprodução da vida é uma condição essencial para superar a lógica do capital. Uma lógica que prospera na desvalorização — monetária ou não — precisa ser desafiada para recuperar a criatividade desse trabalho. No entanto, essa luta dentro das relações salariais capitalistas é apenas o começo. Para que seja politicamente transformadora, deve ser acompanhada por uma reorganização do trabalho doméstico de uma maneira menos isolada, mais cooperativa e socializada.

Se os salários para o trabalho doméstico são reinvidicados por um movimento forte, seu questionamento às formas de exploração mais ocultas e naturalizadas mudará as relações de poder — entre mulheres e capital, entre mulheres e homens, e entre as próprias mulheres — de formas que contribuam para unificar a classe trabalhadora.

Referências

DALLA COSTA, Mariarosa. "Women and the Subversion of the Community". *In*: DALLA COSTA, Mariarosa & JAMES, Selma (orgs.). *The Power of Women and the Subversion of the Community*. Bristol: Falling Wall Press, 1972.

FEDERICI, Silvia. *Revolution at Point Zero: Housework, Reproduction and Feminist Struggle*. Oakland: PM Press, 2012 [Ed. bras.: *O ponto zero da revolução: trabalho doméstico, reprodução e luta feminista*. Trad. Coletivo Sycorax. São Paulo: Elefante, 2019].

HAYDEN, Dolores. *The Grand Domestic Revolution: A History of Feminist Designs for American Homes, Neighborhoods, and Cities*. Cambridge: MIT Press, 1985.

INMAN, Mary. *In Woman's Defense*. Los Angeles: The Committee to Organise the Advancement of Women, 1941.

TOUPIN, Louise. *Le Salaire au travail ménager: Chronique d'une lutte féministe international (1972-1977)*. Montreal: Les éditions du remue-ménage, 2014.

Sentipensar

Patricia Botero Gómez

Palavras-chave: genealogias do rio, povos afrodiaspóricos, teorias socioterritoriais em movimento, ontologias relacionais

---

Sentipensar é uma palavra enunciada por pessoas e pescadores afrodescendentes em muitas comunidades ribeirinhas da Colômbia. "*Sentipensar* significa agir com o coração usando a cabeça", como um pescador do Rio San Jorge, no Caribe colombiano, expressou ao sociólogo Orlando Fals Borda em meados da década de 1980 (Fals Borda, 1986a, p. 25b).[1]

Sentipensar constitui um léxico afetivo desses povos que, ao unir experiência e linguagem, criam uma promessa revolucionária, uma gramática para o futuro. "O coração, tanto quanto ou até mais do que a razão, tem sido até hoje uma defesa eficaz dos espaços das comunidades de base. Essa é a nossa força secreta, ainda latente, porque outro mundo é possível" (Fals Borda, 2008a, p. 60).

Sentipensar é uma visão e uma prática radicais de mundo, uma vez que questiona a separação abrupta que a modernidade capitalista estabelece entre mente e corpo, razão e emoção, humanos e natureza, secular e sagrado, vida e morte. É um elemento poderoso no dicionário dos povos que encontramos na genealogia das culturas ribeirinhas e anfíbias, e pode ser percebido nessas outras histórias e geografias que sobrevivem,

---

1 Fals Borda relata que o termo era originalmente usado por pessoas dos rios e pântanos da região da costa do Caribe; depois, foi popularizado por Eduardo Galeano e utilizado mais recentemente por Escobar (2014).

PATRICIA BOTERO GÓMEZ é professora de ciências sociais e humanas na Universidade de Manizales, na Colômbia. É membro do Grupo de Académicos e Intelectuales en Defensa del Pacífico Colombiano (Gaidepac) e colabora com a campanha Otro Pacífico Posible, do Proceso de Comunidades Negras (PCN).

como dizem as comunidades do Rio Patía, em "bibliotecas vivas" inscritas no coração e em formas intergeracionais de habitar o mundo. Essas formas de existência revelam as visões de mundo relacionais fundamentadas entre as esferas humanas e não humanas, que esses povos foram capazes de defender em meio a ataques ferozes da moderna ontologia da separação (Escobar, 2014). Como disse um líder da comunidade negra de La Toma, no sudoeste da Colômbia, referindo-se à luta de sua comunidade contra o projeto de desvio de seu amado Rio Ovejas para alimentar a grande represa de Salvajina: "O rio não é negociável; honramos nossas tradições, aprendidas com nossas avós, nossos ancestrais e anciãos, e esperamos que seja isso que nossos *renacientes* aprendam".[2]

Sentipensar expressa uma resistência ativa à tríade capitalista de desapropriação, guerra e corrupção que apaga as cosmovisões ancestrais — às vezes milenares — que acompanham as lutas dos povos. As comunidades de base têm uma compreensão cristalina disso; como eles mesmos dizem, *"Para que el desarrollo entre, la gente tiene que irse"* [Para o desenvolvimento entrar, as pessoas têm que sair]. O Proceso de Comunidades Negras [Processo das comunidades negras] (PCN), uma grande rede de organizações negras, explica essa compreensão nos termos da inter-relação que precisa existir entre ser negro (identidade), o espaço para ser (o território), a autonomia para o exercício de ser e sua própria visão do futuro, vinculando esses princípios à reparação das dívidas históricas causadas por políticas racistas persistentes. Esses princípios estavam em jogo na recente Convergencia de Mujeres Negras Cuidadoras de la Vida y los Territorios Ancestrales [Convergência de mulheres negras cuidadoras da vida e dos territórios ancestrais], que afirmava que "nossa política se baseia no afeto, no amor e na bondade coletivos" (PCN, 2016).

2 *Renacientes* é uma categoria usada pelas comunidades negras. Sugere que tudo está renascendo de forma constituinte. Aqui, o termo se refere às próximas gerações.

A globalização acentuou os conflitos ontológicos (entre visões de mundo ou cosmovisões). No Rio San Jorge, por exemplo, as comunidades pesqueiras coexistiam com a expansão colonial do gado; hoje, a mineração legal e ilegal destrói os manguezais e faz com que os jovens abandonem seus conhecimentos e seu comércio. Afirmam, porém, que continuarão a plantar manguezais, porque sem eles não há peixe e sem peixe não há pescadores nem pescadoras.[3]

Sentipensar habita no conhecimento ancestral e nas economias dos povos, como nos projetos de jovens de comunidades afrodescendentes no sudoeste da Colômbia, como os do Rio Yurumanguí e de La Alsacia. Nesses projetos autônomos, jovens e mulheres confrontam o modelo capitalista patriarcal de educação e economia que arrasou com as formas comunitárias de conhecimento consubstanciais e mundos de vida. É a partir dessas zonas de afirmação do Ser que as pessoas criam suas próprias teorias socioterritoriais em movimento, que nos permitem visualizar as autonomias coletivas e plurais enraizadas nos territórios e uma série de alternativas de transição que as categorias disciplinares convencionais, funcionais ao sistema da modernidade capitalista, tornam invisíveis.

Essas formas de resistência afrolatina sustentadas pelo *sentipensar* constituem uma política de esperança que reimagina o mundo segundo realidades que não foram inteiramente colonizadas por categorias modernas. Eles *sentipensam* e imaginam mundos livres da dependência da capitalização da vida, do Estado e dos discursos do progresso.

Entre silêncios, esquecimento e eloquência sem palavras, *la palabra* é cantada por tambores nascidos da dor dos povos negros escravizados, que conhecem bem a existência dos belos mundos contidos nas águas, nos pássaros e nas árvores. Tal como expressam: "Se não há inspiração, não há vida, e é por isso que a música e a alegria vêm das canções

---

3   Declaração das mulheres da vila de pescadores de Cejebe (Sucre), outubro de 2016.

e dos idiomas do rio".[4] Ao ritmo do tambor e da terra, esses grupos criam referências para o nosso tempo, que nos permitiriam passar das políticas da morte para as políticas da vida. Eles nos chamam a *sentipensar* com a terra e a ouvir o *sentipensamento* dos territórios e de seus povos, em vez de prestar atenção a categorias descontextualizadas de desenvolvimento e crescimento.

O *sentipensar* ocorre entre as *mingas* e as *tongas* (formas coletivas tradicionais de trabalho indígena e afrodescendente, respectivamente), orientadas para o pós-desenvolvimento e o Bem Viver. *Sentipensar* com o território implica pensar a partir do coração e da mente — o *corazonamiento*, como dizem as pessoas inspiradas pela experiência zapatista. Assim, nos interstícios e contra os discursos e práticas racistas e patriarcais e contra o conhecimento acadêmico convencional, sobrevive uma área de afirmação do Ser que cura o vínculo primário com a terra e os territórios; aqui reside uma das fontes mais férteis de soberania alimentar e de autonomia cultural e política dos povos.

4 Declaração de Álvaro Mier (copesquisador de Fals Borda), Festival de Tambora, San Martín de Loba, nov. 2016.

Referências

ESCOBAR, Arturo. *Sentipensar con la tierra: Nuevas lecturas sobre desarrollo, territorio y diferencia*. Medellín: Ediciones Unaula, 2014.

FALS BORDA, Orlando. *História doble de la Costa*, v. 1, *Mompox y loba*. Bogotá: Carlos Valencia Editores, 1986a.

FALS BORDA, Orlando. *História doble de la Costa*, v. 4, *Retorno a la Tierra*. Bogotá: Carlos Valencia Editores, 1986b.

FALS BORDA, Orlando. *El socialismo raizal y la Gran Colombia bolivariana*. Caracas: El perro y la rana, 2008a.

FALS BORDA, Orlando. *Sentipensante*, 2008b. Disponível em: https://www.youtube.com/watch?v=LbJWqetRuMo.

MACHADO, Marilyn; BOTERO, Patricia; ESCOBAR, Arturo & MINA, Charo (orgs). *Buen Vivir Afro*. Manizales: PCN/Universidad de Manizales, 2019.

PCN — PROCESO DE COMUNIDADES NEGRAS. "Declaración del Encuentro Nacional e Internacional de Mujeres Negras Cuidadoras de la Vida y Los Territorios Ancestrales", *Renacientes*, 25 nov. 2016.

Soberania e autonomia alimentares

Laura Gutiérrez Escobar

Palavras-chave: Vía Campesina, agroecologia, sistemas agroalimentares

---

Segundo a definição do movimento camponês transnacional Vía Campesina, a soberania alimentar se refere ao "direito dos povos a alimentos saudáveis e culturalmente apropriados, produzidos por métodos ecologicamente corretos e sustentáveis, e seu direito de definir seus próprios sistemas alimentares e agrícolas" (La Vía Campesina, 2007). Esse grupo articulou o conceito pela primeira vez em 1996, na Cúpula Mundial da Alimentação, em Roma, convocada pela Organização das Nações Unidas para Alimentação e Agricultura (FAO) em resposta ao conceito de "segurança alimentar". A segurança alimentar é um princípio orientador das políticas governamentais e das agências multilaterais para combater a fome no mundo e a pobreza rural. Ao propor a soberania alimentar, a Vía Campesina rejeitou as tentativas crescentes das elites globais para definir a segurança alimentar segundo o modelo neoliberal de mercado.

Governos, organizações multilaterais e empresas alimentícias legitimam acordos e políticas de "livre" comércio em nome da "segurança alimentar". Como resultado, povos e nações, particularmente no Sul global, tornaram-se cada vez mais dependentes dos mercados internacionais para adquirir alimentos "baratos", e são mais vulneráveis a especulação, apropriação de terras, dumping e outras práticas desiguais que prejudicam sua capacidade de alimentar a si mesmos. Camponeses perdem suas

LAURA GUTIÉRREZ ESCOBAR nasceu em Bogotá, Colômbia. É formada em história pela Universidade Nacional da Colômbia, mestre em estudos latino-americanos pela Universidade do Texas, em Austin, Estados Unidos, e doutora em antropologia pela Universidade da Carolina do Norte, em Chapel Hill, também nos Estados Unidos.

terras e se tornam migrantes sem posses nas cidades, pois não podem competir com as importações subsidiadas de alimentos, ou então convertem-se em semisservos de projetos do agronegócio que fornecem matérias-primas para vários setores — desde a indústria de comida rápida e altamente processada até o chamado setor de energia limpa, para a produção de etanol e outros agrocombustíveis.

A segurança alimentar reforça os princípios fundamentais da agricultura industrial moderna e da Revolução Verde, incluindo o uso de capital intensivo e insumos químicos, monocultivos e sementes "melhoradas", como as híbridas e, mais recentemente, as variedades geneticamente modificadas.

A industrialização da agricultura e da alimentação resultou na expansão de: (i) "desertos verdes", ou plantações em que apenas plantas consideradas lucrativas podem crescer e se reproduzir, ameaçando a agricultura camponesa e a (agro)biodiversidade; e (ii) alimentos altamente processados, fast-food e alimentos que envenenam seres humanos e animais. Em outras palavras, a segurança alimentar se alinha ao paradigma ocidental de "desenvolvimento", representado por exploração e manipulação de plantas e animais em laboratórios, confinamentos em granjas de engorda, bem como plantações, fábricas e mercados para o benefício exclusivo de (alguns) seres humanos (Shiva, 2000).

O conceito de soberania alimentar evoluiu desde 1996, pois várias organizações, comunidades e ONGs, dentro e fora da Vía Campesina, adaptaram-no e debateram-no em resposta às suas variadas condições políticas e de vida. Um desses debates está centrado na questão de como ampliar o movimento de soberania alimentar para que se torne resiliente do ponto de vista ambiental, socioeconômico e político diante das mudanças climáticas e do poder corporativo, sem perder a diversidade e a autonomia das iniciativas locais de soberania alimentar (McMichael, 2013).

Outro tópico de discussão se refere ao termo "soberania". Sem dúvida, a Vía Campesina enquadra a soberania alimentar dentro de um paradigma de autonomia que envolve o direito de todos os povos e nações à autonomia ou ao autogoverno para que definam seus próprios sistemas alimentares, em vez de se sujeitarem às demandas e aos interesses de mercados e corporações distantes e inimputáveis. A soberania alimentar, portanto, prioriza economias e mercados locais e nacionais e capacita a agricultura camponesa e de pequena escala. Contudo, alguns movimentos agrários propuseram a "autonomia alimentar" como pré-requisito para a soberania alimentar — para enfatizar o caráter local da produção de alimentos, formas não liberais de tomada de decisão democrática e autonomia em relação às instituições do Estado. Para refletir essa complexidade semântica e política, propomos o conceito dual de soberania e autonomia alimentar.

A soberania e a autonomia alimentares se tornaram um grito de guerra para uma ampla gama de lutas relacionadas com a terra, a água e a acumulação de sementes; os agrotóxicos; a corporativização de sistemas agroalimentares; a conservação da biodiversidade e os direitos da natureza; a biotecnologia agrícola e a patenteação de formas de vida; os direitos trabalhistas de trabalhadores rurais e os direitos humanos; a desnutrição e a fome; e a provisão de comida em centros urbanos, entre outras lutas (Desmarais, 2007).

A soberania e a autonomia alimentar se originaram — e emergem continuamente — de conhecimentos, histórias e experiências de pessoas e comunidades em luta em todo o mundo. Como resultado, elas são um marco analítico, um movimento social e um projeto político (McMichael, 2013). Implicam uma alternativa radical, que procura transformar as desigualdades estruturais incorporadas aos sistemas agroalimentares — incluindo os discursos e as instituições de ajuda e desenvolvimento — e também explora a transição para diferentes modelos baseados nos princípios de afirmação da vida. A soberania e a autonomia alimentar pressupõem a defesa de conhecimentos, práticas e territórios dos povos produtores de alimentos — camponeses, pescadores, pastores e agricultores urbanos — como espaços de reprodução e desenvolvimento da vida e de comunidades multiespecíficas. Desse modo, contrastam com o gerenciamento racionalizado da vida e da morte de plantas e animais para obter lucro e crescimento econômico sob o sistema alimentar corporativo. A realidade transformadora e o potencial da soberania e autonomia alimentares residem na defesa de três desses princípios de afirmação da vida: bens comuns, diversidade e solidariedade.

Em primeiro lugar, sob um paradigma de soberania e autonomia alimentares, sementes, terra, água, conhecimento, biodiversidade — e qualquer outra coisa que sustente material, simbólica ou espiritualmente um povo em um território — são considerados bens comuns. Em vez de "recursos" a serem explorados e apropriados de forma privada, uma perspectiva comum reconhece sua condição coletiva e inalienável.

Em segundo lugar, a soberania e a autonomia alimentar reconhecem que a (agro)biodiversidade e a diversidade cultural são intrinsecamente interdependentes. Contra as tendências homogeneizadoras dos modernos sistemas agroalimentares, a soberania alimentar protege e estimula a multiplicidade de sistemas de produção de alimentos em todo o mundo, que prosperam na diversidade de sementes, animais, alimentos, conhecimentos, práticas trabalhistas, tipos de mercados, paisagens e ecossistemas.

Em terceiro lugar, a solidariedade entre produtores e consumidores de alimentos em todo o mundo e com as gerações vindouras é fundamental para a soberania e a autonomia alimentares. As estratégias para incentivar a solidariedade incluem o "comércio transparente que garanta renda justa para todos os povos, assim como os direitos dos consumidores de controlar sua alimentação e nutrição" e os sistemas alimentares ambientalmente responsáveis, aqueles baseados na agroecologia, para que as futuras gerações possam se abastecer em seus "territórios". No fundo, a soberania alimentar e a autonomia implicam sistemas alimentares fundamentados em "novas relações sociais livres de opressão e desigualdade" (La Vía Campesina, 2007).

Referências

AFRICAN CENTRE FOR BIODIVERSITY. Disponível em: https://acbio.org.za/.

DESMARAIS, Annette Aurelie. *La Vía Campesina: Globalization and the Power of Peasants*. Londres: Pluto Press, 2007.

ETC GROUP — ACTION GROUP ON EROSION, TECHNOLOGY AND CONCENTRATION. Disponível em: www.etcgroup.org/.

LA VÍA CAMPESINA. *Food Sovereignty and Trade Nyéléni Declaration*. Selingue, Mali, 27 fev. 2007. Disponível em: https://viacampesina.org/en/declaration-of-nyi/.

MCMICHAEL, Philip. "Historicizing Food Sovereignty: A Food Regime Perspective". *In: International Conference Food Sovereignty: A Critical Dialogue* (conference paper n. 13.). Yale: Yale University/Journal of Peasant Studies, 2013.

RALLT — RED POR UNA AMÉRICA LATINA LIBRE DE TRANSGÉNICOS. Disponível em: www.rallt.org/.

SHIVA, Vandana. *Stolen Harvest: The Hijacking of the Global Food Supply*. Cambridge: South End Press, 2000.

Soberania energética

Daniela Del Bene, Juan Pablo Soler e Tatiana Roa

Palavras-chave: energia, resistência, alternativas, soberania, transformação

---

O termo "soberania energética" se refere a projetos políticos e visões para geração, distribuição e controle de fontes de energia de forma justa, comandados por comunidades mobilizadas ecológica e culturalmente, tanto urbanas quanto rurais, de maneira respeitosa com as questões ecológicas e que não afete negativamente outras pessoas. A soberania energética atua como um slogan para que organizações e movimentos reivindiquem o direito de tomar decisões sobre energia, entendida como um patrimônio natural e como base da vida para todos. Também se refere à pluralidade de alternativas sistêmicas atualmente em curso, que desafiam o paradigma energético dominante controlado por poderes centralizados.

O conceito de soberania energética tem sido usado na América Latina desde a década de 1990 para questionar a privatização de serviços básicos por corporações transnacionais e a "corporativização" das empresas estatais. De forma semelhante à reivindicação de soberania alimentar pelos movimentos de agricultores, a soberania energética se tornou internacionalmente popular entre organizações e movimentos,

DANIELA DEL BENE é coordenadora do EJAtlas.org na Universidade Autônoma de Barcelona, membro do coletivo Research & Degrowth e da Xarxa per la Sobirania Energètica (XSE).

JUAN PABLO SOLER é membro do movimento colombiano Pueblos Afectados por las Represas y en Defensa de los Territorios — Movimiento Ríos Vivos — e do Movimiento Latinoamericano de Pueblos Afectados por Represas (MAR).

TATIANA ROA é coordenadora-geral da Asociación Centro Nacional Salud, Ambiente y Trabajo, o Censat Agua Viva — Amigos de la Tierra Colombia.

especialmente depois de 2000, como resposta a múltiplas formas de extrativismo, pobreza energética, oligopólio corporativo, patriarcalismo, privatização e acordos comerciais, guerras e crimes para garantir o fornecimento de combustíveis fósseis. Mais recentemente, também se tornou uma resposta às mudanças climáticas e à indústria de combustíveis fósseis. Por exemplo, a soberania energética foi incluída nas novas constituições do Equador e da Bolívia. Na Europa, a questão foi abordada em várias campanhas contrárias ao oligopólio da energia e que buscam criar novas empresas públicas, como em Barcelona. Na Alemanha, onde a *Energiewende* [transição energética] é mais forte, o termo "democracia energética" é mais utilizado. Há movimentos e iniciativas para a remunicipalização das concessionárias e redes de energia urbana em Hamburgo e Berlim, e também em Boulder (Estados Unidos), em Londres etc.

A soberania energética defende o direito de decidir qual fonte de energia explorar, quanto produzir, como, por quem, onde e para quem. Em consonância com as perspectivas ecofeministas, exige a descolonização da estrutura hegemônica do modelo energético, o que requer o questionamento de crenças profundamente enraizadas — por exemplo, a compreensão universalizante da Energia (com "E" maiúsculo) como geração comercial abstrata e uniforme de energia para fins comerciais e como um fator para a acumulação de capital. Implica também diferenciar a "Energia" dos usos incomensuráveis e contextualmente diversos da "energia" (Hildyard, Lohman & Sexton, 2012), que é capaz de se adaptar ao longo do tempo e do espaço a diferentes ecologias e geografias humanas.

A aliança entre atores — organizações de justiça ambiental, populações afetadas por projetos energéticos, sindicatos e moradores urbanos — em todos os setores mostra a complexidade e também o grande potencial da soberania energética como projeto político. Na Colômbia, o movimento de pessoas afetadas por barragens, o Movimiento Ríos Vivos, insiste que qualquer proposta de represa deve incluir a soberania energética e hídrica, devido à estreita conexão entre as comunidades e suas culturas de água, bem como a relação direta entre a dominação histórica sobre os povos e sobre os recursos hídricos.

No Brasil, o Movimento dos Atingidos por Barragens (MAB) se aliou a sindicatos na Plataforma Operária e Camponesa de Água e Energia com o objetivo de discutir a dívida histórica que megaprojetos e empresas de energia devem aos afetados, bem como para elaborar uma proposta de política energética e de mineração para o país (Projeto Energético Popular).

Nos Estados Unidos e internacionalmente, as federações Trade Unions for Energy Democracy [Sindicatos para a democracia energética] (Tued) e Public Service International [Serviço público internacional] (PSI) também entendem a energia como uma questão comum e essencial para a maioria dos setores sociais. A energia é importante para reestruturar as relações econômicas e produtivas e para abordar adequadamente a saúde pública e a segurança dos trabalhadores.

A soberania energética desafia a oposição entre "urbano" e "rural" quando se trata de impactos socioambientais: os afetados por um modelo energético injusto não são apenas os deslocados pelos megaprojetos, e sim todos aqueles sobre quem a socialização dos custos é imposta e de quem se extrai lucros extras. Os pobres em energia nas zonas urbanas devem ser considerados empobrecidos ou roubados, e os processos democráticos devem ser percebidos como distorcidos pelas "portas giratórias" entre políticos e empreendedores de energia. Na Espanha, no Reino Unido ou na Bulgária, por exemplo, os habitantes urbanos se organizaram para denunciar o aumento das tarifas de eletricidade e a violação das leis destinadas a proteger as famílias vulneráveis — como é o caso da Aliança contra a Pobreza Energética, em Barcelona.

A soberania energética também aborda a questão da tecnologia e do conhecimento nas transições de energia. Exige descentralização, relocalização e diferenciação de geração de energia, tecnologia e conhecimento. Propõe um desafio epistêmico para reconsiderar nosso "território" não como um mero repositório de recursos naturais, mas como um todo sociocultural, em que se encontra o sentido da existência e onde se fundamenta e enraízam os Projetos de Vida conscientes, responsáveis e alegres (Escobar, 2008). Ou, como dizem outras comunidades latino-americanas, *planes de permanencia en los territorios* [planos de permanência no território] ou *proyectos de buen vivir* [projetos de Bem Viver].

As propostas em prol da soberania energética inevitavelmente se deparam com limitações e conflitos. Ao sacudir a base das relações de produção, a soberania energética desafia setores poderosos de nossa sociedade: companhias de energia, construtoras, elites políticas e financeiras, o establishment militar etc. Quais serão, por exemplo, as consequências para as estruturas dos Estados e governos modernos? Será exigida uma reestruturação do contexto administrativo para gerir um novo modelo energético? Como evitar grupos fechados e excludentes e, em vez disso, promover a colaboração de comunidades abertas, talvez com base em um princípio subsidiário? Será que as iniciativas para a soberania energética ajudarão a redefinir limites para o consumo e estabelecer padrões de uso de energia verdadeiramente sustentáveis para um determinado território?

Apesar da profundidade desses desafios, um olhar mais atento revela que diferentes modelos já estão implementados e funcionando, tais como as cooperativas de eletrificação rural na Costa Rica (entre as quais a Coopelesca), as cooperativas Som Energia e GoiEner, na Espanha, e Retenergie, na Itália, ao lado de iniciativas de remunicipalização urbana. Esses modelos precisam ser valorizados e defendidos como poderosos multiplicadores potenciais.

Referências

ANGEL, James. *Towards Energy Democracy: Discussions and Outcomes from an International Workshop*. Amsterdã: Transnational Institute, 2016.

CONRAD, Kunze & BECKER, Sorën. *Energy Democracy in Europe: A Survey and Outlook*. Bruxelas: Fundação Rosa Luxemburgo, 2014.

ESCOBAR, Arturo. *Territories of Difference: Place, Movements, Life, Redes*. Durham: Duke University Press, 2008.

HILDYARD, Nicholas; LOHMAN, Larry & SEXTON, Sarah. *Energy Security for What? For Whom?* Sturminster Newton: The Corner House, 2012.

XSE — XARXA PER LA SOBIRANIA ENERGÈTICA. "Definiendo la sobirania energética", *Ecologista*, n. 81, p. 51, 2014.

Software livre

Harry Halpin

Palavras-chave: computadores, software, propriedade intelectual, bens comuns (*commons*)

À medida que o mundo está cada vez mais unido através de uma densa rede interconectada de computadores, a questão central de nossa era passa a ser tecnológica: como a liberdade pode ser mantida em um mundo cada vez menos conduzido por humanos e cada vez mais guiado por softwares? O software livre responde a essa pergunta, atualizando a noção pré-digital tradicional de liberdade para nela incluir a dependência da humanidade dos softwares. A questão, que deve ser respondida por qualquer forma futura de política, inclui não apenas a preservação da liberdade humana como também sua ampliação, pressupondo o aumento do controle popular autônomo da infraestrutura computacional por parte dos próprios usuários.

Atualmente, os recursos gerados pela internet são monopolizados por algumas grandes empresas do Vale do Silício, como Google, Apple, Facebook e Microsoft. Nossas capacidades cognitivas ampliadas são mediadas por softwares efetivamente privatizados. É o sinal de uma mudança distinta no capitalismo: o trabalho digital na forma de "programação" torna-se a nova forma hegemônica de trabalho. Isso não significa que os trabalhos tradicionais em fábricas e na extração de recursos se tornaram

HARRY HALPIN é pesquisador do Institut National de Recherche en Informatique et en Automatique (INRIA), em Paris, e pesquisador visitante do Socio-Technical Systems Research Center do Instituto de Tecnologia de Massachusetts (MIT). Anteriormente, trabalhou para o World Wide Web Consortium (W3C), desenvolvendo padrões de segurança e a questão do Digital Rights Management [Gerenciamento dos direitos digitais] (DRM). É autor de *Social Semantics: The Search for Meaning on the Web* [Semântica social: a busca de sentidos na web] (2012) e editor de *Philosophical Engineering: Toward a Philosophy of the Web* [Engenharia filosófica: para uma filosofia da rede] (2013).

obsoletos — longe disso. Entretanto, esse tipo de trabalho está sendo empurrado, sob condições cada vez mais brutais e precárias, para países da "periferia" e, em países centrais, para zonas marginalizadas. A falta de investimento em softwares e a ênfase simultânea em produção industrial e extração de recursos tornam os países em desenvolvimento meras engrenagens que proporcionam mercadorias de baixo valor agregado e mão de obra barata, enquanto o capitalismo se reorganiza em torno dos softwares.

Os softwares impulsionam a automação, a substituição do trabalho humano por máquinas. A linguagem que coordena essas máquinas globalmente é o código. O computador é definido como uma máquina universal de Turing e infinitamente flexível em comparação com outras ferramentas especializadas, pois uma mesma máquina pode ser reorganizada para ser mais eficiente ou reprogramada para novos recursos. O núcleo do capitalismo não é mais a fábrica, mas o código.

E se as pessoas, elas mesmas, pudessem controlar o código? O "software livre" inscreve quatro liberdades fundamentais no próprio código:

(1) a liberdade de executar o programa como desejar, para qualquer finalidade;
(2) a liberdade de estudar como o programa funciona e alterá-lo para que funcione como você deseja;
(3) a liberdade de redistribuir cópias para que você possa ajudar seu vizinho;
(4) a liberdade de distribuir cópias de suas versões modificadas para outras pessoas.

Essas liberdades significam que as pessoas podem controlar o software para seus próprios propósitos, uma vez que possuem acesso ao código-fonte — e, como afirma a Free Software Foundation [Fundação software livre], "o software livre é uma questão de liberdade, não de preço" (Stallman, s.d.). O software livre é um programa político que vai além da "fonte aberta" e do "acesso aberto" ao código, embora ofereça esse acesso aberto, necessário para a liberdade.

O software livre foi inventado como uma brecha na lei estadunidense de direitos autorais pelo hacker Richard Stallman, no Instituto de Tecnologia de Massachusetts (MIT), que viu que a cultura de compartilhamento de software desenvolvida por hackers estava sendo cercada por empresas comerciais como a Microsoft. A fim de criar uma resistência juridicamente vinculada a esses novos cercamentos cognitivos, Stallman criou a General Public License [Licença pública geral] (GPL). Como os direitos autorais do software pertencem por padrão ao desenvolvedor, ele pode licenciá-lo para um número ilimitado de pessoas, preservando assim as quatro liberdades fundamentais para a posteridade. A licença GPL exige que todos os trabalhos derivados também a utilizem, de modo que as tradicionais restrições obrigatórias dos direitos autorais se transformam em um "copyleft" que requer a concessão das quatro liberdades. Outras licenças de "código aberto", como a licença do MIT ou a maioria das licenças Creative Commons — que atribuem diretamente direitos autorais ao domínio público —, não impedem que as obras derivadas possam ser apropriadas de maneira privada. Com a licença GPL, uma determinada peça de software pode preservar as capacidades humanas e o software comum pode crescer de forma viral. A GPL tem sido bem-sucedida, seja como metodologia de software, seja como licença. Por exemplo, o GNU/ Linux executa a maior parte da arquitetura da internet hoje em dia, e até o Android do Google é baseado em um núcleo de software livre, embora o Google terceirize componentes vitais para a nuvem, que é de sua propriedade.

O software livre resolve problemas anteriormente insuperáveis para aqueles que buscam a soberania tecnológica em escala individual e coletiva. Primeiro, permite que os programadores formem novos tipos de solidariedade social através da programação coletiva de código, em oposição ao desenvolvimento de software proprietário, que é mantido no silo de uma única corporação. Segundo, os usuários de software livre são habilitados a se tornarem programadores, pois têm a capacidade de aprender como programar e fazer modificações no código. Terceiro, o código aberto é a única garantia de segurança, pois permite que os especialistas auditem o código. Não há taxas de licença e as atualizações de segurança são gratuitas, evitando muitos ataques cibernéticos. Por fim, embora o código possa ser mantido "na nuvem", ou seja, hospedado em computadores de outras pessoas, as versões da GPL, como Affero GPL, podem garantir que o código-fonte do software executado nos servidores esteja disponível como parte dos bens comuns. A GPL é um pré-requisito para descentralizar a internet e desafiar o poder do capitalismo informacional.

O software livre é vital para o futuro dos movimentos sociais. Não se pode voltar a uma vida pré-industrial, sem software e computadores. Computadores são uma formalização matemática de uma teoria filosófica abstrata de causalidade no mundo material, podendo assumir muitas formas, desde a computação quântica até a biológica, e, no futuro, esperamos, formas que se integrem à ecologia. Rejeitar os computadores seria, se levado ao extremo, rejeitar todo o maquinário e reduzir a humanidade ao trabalho penoso perpétuo e ao provincianismo — um futuro dificilmente promissor. É igualmente ingênuo imaginar que a disseminação dos computadores transformará o capitalismo em alguma utopia socialista sem trabalho. Mas o software livre ajuda silenciosamente os movimentos sociais há décadas, fornecendo o software de que as lutas necessitam, desde a disseminação do Indymedia até a telefonia móvel comunitária Rhizomatica, em Oaxaca, passando pelo plano de uma infraestrutura ecológica autônoma que usa software livre em Rojava. Em termos de pós-desenvolvimento, é necessária uma estratégia que aumente a liberdade individual e coletiva por meio da potencialização tecnológica das capacidades humanas. Como essas capacidades dependem cada vez mais de computadores, o software livre oferece uma tática necessária na luta para resgatar o software dos cercamentos — e dar poder ao povo.

Referências

GANDY, Robin. "The Confluence of Ideas in 1936". *In*: HERKEN, Rolf (org.). *The Universal Turing Machine: A Half-Century Survey*. Berlim: Springer-Verlag, 1995.

GNU OPERATING SYSTEM. "Licenças", s.d. Disponível em: www.gnu. org/licenses/.

LEVY, Steven. *Hackers: Heroes of the Computer Revolution*. Nova York: Penguin Books, 2001.

MOGLEN, Eben. "Anarchism Triumphant: Free Software and the Death of Copyright", *First Monday*, v. 4, n. 8, 1999.

STALLMAN, Richard. "O que é o software livre?", s.d. *The Free Software Foundation*. Disponível em: www.gnu.org/philosophy/free-sw.html.

Subdesenvolver o Norte

Aram Ziai

Palavras-chave: subdesenvolvimento, pós-desenvolvimento, desenvolvimento sustentável, decrescimento, internacionalismo

---

O conceito de "subdesenvolvimento do Norte" (*Abwicklung des Nordens*) se opõe tanto ao discurso do "desenvolvimento" em geral quanto ao seu imperativo de "desenvolver o Sul", bem como à ideia de "desenvolvimento sustentável" e à modernização ecológica que o acompanha. Considera as relações de poder no capitalismo global e seu impulso acumulador como causa da pobreza no Sul e da degradação ecológica em todo o mundo. Concentra-se, portanto, na luta contra essas relações de poder e esse sistema econômico. O conceito (Spehr, 1996, p. 209-36; Hüttner, 1997; Bernhard *et al.*, 1997) surgiu de uma crítica ao desenvolvimento sustentável, visto como uma modernização ecológica do capitalismo corporativo que reproduz ideias de superioridade ocidental, fé patriarcal na ciência e na tecnologia e confiança injustificada no planejamento e no desenvolvimento (Hüttner, 1997, p. 141).

As raízes históricas do conceito se encontram nos debates que ocorreram durante os anos 1990 no Bundeskongress entwicklungspolitischer Aktionsgruppen [Convenção nacional do grupo de ação para políticas de desenvolvimento] (Buko), uma federação alemã de grupos internacionalistas e de solidariedade ao Terceiro Mundo. Baseava-se no ecofeminismo e na teoria dos sistemas mundiais, mas também nos estudos pós-coloniais e no internacionalismo pós-moderno, ou seja, uma luta internacional pela solidariedade, que abandonou os conceitos tradicionais do Partido Comunista como vanguarda, a classe trabalhadora como sujeito revolucionário

---

ARAM ZIAI é membro do Bundeskoordination Internationalismus (Buko) e professor de desenvolvimento e estudos pós-coloniais na Universidade de Kassel, na Alemanha.

e o socialismo estatal como solução. O conceito estava em sintonia com as abordagens ecofeministas de subsistência, mas criticava as soluções propostas, como aquelas que se concentravam excessivamente na agricultura e muito pouco em alternativas e lutas macropolíticas. Alguns temiam que a valiosa crítica ecofeminista acabasse construindo nichos não capitalistas ou alternativos, deixando intactas estruturas maiores (Bernhard *et al.*, 1997, p. 195f).

A proposta de subdesenvolvimento do Norte percebe o Norte não tanto como uma área geográfica, mas como um modelo de sociedade e um sistema de dominação, no qual alguns grupos são forçados ao trabalho produtivo, reprodutivo e emocional em troca de pagamentos miseráveis, enquanto outros — encontrados desproporcionalmente no Norte — desfrutam de privilégios injustos. Entende que o modelo de sociedade que caracteriza o mundo "desenvolvido" está alicerçado na exclusão e, portanto, não pode ser sugerido para outras partes do mundo, como o faz o discurso do desenvolvimento. O conceito é explicitamente centrado não na criação de nichos alternativos, mas em estruturas sociais gerais, que devem ser abordadas de baixo para cima, e tem como objetivo reduzir a quantidade de trabalho e de recursos naturais a serem explorados dentro dessas estruturas, algo que pode ser alcançado mediante o fortalecimento da autonomia. Seus cinco princípios são os seguintes:

(1) prevenir a capacidade do Norte de promover intervenções militares que lhe permitam acessar mão de obra e natureza ("petróleo sem sangue" era o slogan contra as guerras no Iraque);

(2) afastar o setor global que força as iniciativas locais a competirem globalmente entre si, eliminando assim as alternativas econômicas;

(3) diminuir o privilégio do trabalho formal, que exclui grande parte da população dos benefícios do Estado de bem-estar social, substituindo-o pela provisão de seguridade social básica para todos;

(4) apropriação direta de espaços e relações para a satisfação de necessidades ("terra e liberdade");

(5) medidas para garantir a sobrevivência, impedindo o uso de grandes áreas pelo setor global e usando-as para a segurança alimentar local no Sul, ao lado da reconstrução de estruturas para obter subsistência também no Norte, descolonizando as regiões onde até hoje certos setores se beneficiam de uma divisão colonial do trabalho (Spehr, 1996, p. 214-23).

Em contraste com algumas ideias de desenvolvimento sustentável, a ideia de subdesenvolver o Norte insiste que não é legítimo para os representantes dessa região, por exemplo, impedir o desmatamento da Amazônia em nome de uma consciência ambiental global ou para "salvar o planeta". Ao contrário de algumas abordagens pós-desenvolvimento, tais critérios não pretendem evitar a ocidentalização, a modernização e a industrialização. É nesse ponto que o conceito está vinculado a debates sobre a política zapatista e à postura de não falar em nome de outros. Contrapondo as abordagens marxistas, subdesenvolver o Norte é evitar explicitamente recomendações sobre como as sociedades devem se organizar e produzir, exceto pelo princípio de que não devem fazê-lo com base na exploração do trabalho e dos recursos de outros grupos. No entanto, esse princípio limitaria severamente as tentativas de modernização e industrialização (Spehr, 1996, p. 224). Por si só, a ideia de subdesenvolver o Norte não dá fim ao capitalismo, ao patriarcado e ao racismo, mas oferece uma maneira de lidar com as crises sociais e ecológicas que não reproduz essas estruturas. Pretende, simplesmente, viabilizar um outro alicerce para o futuro arranjo da sociedade (Spehr, 1996, p. 226).

Embora o conceito tenha sido debatido nos círculos ambientalistas, internacionalistas e esquerdistas na Alemanha desde sua criação, nos últimos anos ele é cada vez mais promovido dentro do movimento pelo decrescimento, como uma alternativa radical para abordagens que buscam ampliar o crescimento do capitalismo *per se* (Habermann, 2012).

Em vez de sugerir que as crises ecológicas possam ser resolvidas pelo progresso tecnológico e pelas revoluções de eficiência, conforme sugerem as abordagens convencionais do desenvolvimento sustentável, o conceito aborda suas causas estruturais. Subdesenvolver o Norte vincula a crítica do capitalismo global e do discurso do desenvolvimento a uma perspectiva mais ampla sobre as relações de dominação em geral. É uma tentativa de abolir o "modo de vida imperial" (Brand & Wissen, 2013) na metrópole.

Referências

BERNHARD, Claudia; FEDLER, Bernhard; PETERS, Ulla; SPEHR, Christoph & STOLZ, Heinz J. "Bausteine für Perspektiven". *In*: SCHWERTFISCH (org.). *Zeitgeist mit Gräten. Politische Perspektiven zwischen Ökologie und Autonomie.* Bremen: Yeti Press, 1997.

BRAND, Ulrich & WISSEN, Markus. "Crisis and Continuity of Capitalist Society-Nature Relationships: The Imperial Mode of Living and the Limits to Environmental Governance", *Review of International Political Economy*, v. 20, n. 4, p. 687-711, 2013.

HABERMANN, Friederike. "Von Post-Development, Postwachstum und Peer-Ecommony: Alternative Lebensweisen als Abwicklung des Nordens", *Journal für Entwicklungspoliti*, v. 28, n. 4, p. 69-87, 2012.

HÜTTNER, Bernd. "Von Schlangen und Fröschen — Abwicklung des Nordens statt Öko-Korporatismus". *In*: SCHWERTFISCH (org.). *Zeitgeist mit Gräten. Politische Perspektiven zwischen Ökologie und Autonomie.* Bremen: Yeti Press, 1997.

SPEHR, Christoph. *Die Ökofalle. Nachhaltigkeit und Krise.* Viena: Promedia, 1996.

Teologia da libertação

Elina Vuola

Palavras-chave: teologias latino-americanas negras, indígenas e feministas, dualismo corpo-espírito, opção preferencial pelos pobres, Papa Francisco

---

A teologia da libertação pode ser definida de forma estrita ou ampla. No primeiro sentido, limita-se à sua vertente latino--americana, nascida de um contexto específico da região no final da década de 1960. No sentido mais amplo, também inclui a teologia negra, a teologia feminista e as variações das teologias da libertação asiáticas e africanas. A definição ampla ressalta a inter-relação de diferentes estruturas de opressão e dominação. A libertação envolve necessariamente aspectos políticos, econômicos, sociais, raciais, étnicos e sexuais. Vou me concentrar na teologia da libertação latino-americana, que hoje inclui todas as variantes mencionadas anteriormente, como as teologias latino-americanas negra, feminista e indígena. É possível considerar todas elas como as mais recentes formas da teologia da libertação, mesmo que, em sua maioria, se distanciem criticamente da teologia da libertação inicial. No entanto, metodológica e epistemologicamente, podem ser entendidas como parte do legado da teologia da libertação.

Um conceito influente por trás da teologia da libertação inicial era a teoria da dependência, segundo a qual a principal razão para a pobreza e o "subdesenvolvimento" do Terceiro Mundo (periferia) era sua dependência dos países industrializados (centro). O centro metropolitano "se desenvolveu" precisamente por causa de sua exploração das regiões periféricas

---

ELINA VUOLA é professora da Academia de Teologia da Universidade de Helsinque, Finlândia. Foi professora visitante no Departamento Ecumênico de Investigações em San José, Costa Rica, na Harvard Divinity School e na Universidade Northwestern, em Evanston, nos Estados Unidos.

dependentes. A teologia da libertação também implicou uma radicalização e uma recontextualização da teologia política europeia e a denúncia profética da injustiça e da opressão dentro do próprio cristianismo.

Na teologia da libertação da década de 1970, a igreja popular — parte da Igreja Católica e de algumas igrejas protestantes — estava na vanguarda de uma sociedade civil emergente na América Latina. A teologia da libertação ofereceu a linguagem, os fundamentos e a legitimação para que os cristãos questionassem as políticas econômicas que deixaram grande parte da sociedade em situação de pobreza e também para que contestassem diretamente os regimes militares e suas flagrantes violações de direitos humanos. A teologia da libertação alterou o papel histórico da Igreja Católica na América Latina.

Suas principais realizações são: primeiro, a criação de uma alternativa cristã radical, a partir do Sul global, após séculos de colonialismo e evangelização pelo Norte global; segundo, uma crítica que, partindo do Sul empobrecido, apresentava uma voz profética no cristianismo global, apelando à sua tradição de considerar a pobreza e a injustiça como pecados; e, terceiro, uma nova metodologia para a teologia contemporânea, que considerasse as questões do sofrimento humano, da (in)justiça e da realidade corporal como elementos centrais.

Na fase inicial, foram os trabalhos de influentes teólogos como Gustavo Gutiérrez, Leonardo Boff, Enrique Dussel e Pablo Richard que deram corpo à teologia clássica da libertação. Bem no início, havia também teólogos e teólogas protestantes e feministas da libertação, de modo que a iniciativa nunca foi exclusivamente católica e masculina.

A teologia clássica da libertação afirmava que os pobres eram o ponto de partida para sua reflexão crítica sobre o papel das igrejas em áreas colonizadas pela Europa cristã — o que foi chamado de opção preferencial pelos pobres. Esse ponto de partida foi, desde então, cada vez mais desenvolvido. A categoria dos pobres foi ampliada e especificada, especialmente segundo o argumento de que a pobreza e os pobres não podem ser concebidos apenas em termos econômicos ou materiais. Mulheres, povos indígenas e afro-latino-americanos criticaram a teologia da libertação por ter uma visão muito estreita da pobreza e dos pobres. Questões de racismo e sexismo não eram centrais nem haviam sido elaboradas para uma compreensão mais profunda e mais sutil de como a pobreza afeta pessoas diferentes de maneira diferente.

A teologia da libertação dos dias de hoje não conseguiu incorporar as preocupações sociais e políticas dos movimentos sociais contemporâneos, como ocorreu nas décadas de 1960 e 1970. Por exemplo, são praticamente inexistentes alianças políticas entre movimentos de direitos ambientais, indígenas, feministas, LGBTQIA+ e setores da teologia da libertação nas igrejas. Esses teólogos não lidaram efetivamente com a crítica prática e teórica desses movimentos, que exigem mudanças políticas concretas nas interseções de raça, gênero e sexualidade, classe, etnia e ecologia. Desde o início, questões relacionadas à sexualidade e à reprodução não têm sido consideradas na teologia da libertação.

Além disso, a distância entre ecoteólogos da libertação cristãos e culturas indígenas pode refletir um medo do que há séculos é percebido como sincretismo e crenças não cristãs ("pagãs"). A rica diversidade da paisagem religiosa da América Latina está viva não apenas em instituições religiosas formais, como igrejas, mas também em religiões de matriz africana, como candomblé, umbanda, vodu, santeria, em tradições espirituais indígenas e em diferentes formas de catolicismo popular. Neles, são centrais o corpo (rituais de dança, de cura), a sacralidade da vida (terra e água) e a vida cotidiana (relacionamentos, orações, cura, oferendas votivas). A ênfase está também nos sentidos, na concretude, na visualidade e, frequentemente, em um espaço para as vozes das mulheres.

Em sua avaliação de corpo, gênero, natureza e culturas indígenas, a teologia da libertação se baseia, assim, em binários inquestionáveis da teologia cristã e da filosofia eurocêntrica, apesar de sua insistência no contrário. A dicotomia corpo-espírito, como muitas e muitos teólogos feministas apontam, anda de mãos dadas com a dicotomia homem/mulher, o dualismo "Ocidente e o resto" e o dualismo cultura-natureza. A demonização das mulheres e dos povos indígenas (como na teologia clássica e colonial) ou sua romantização, como em grande parte da ecoteologia, são problemáticas, pois não levam a sério os problemas reais que essas pessoas enfrentam como seres humanos que habitam um corpo.

Uma nova teologia do corpo e da sexualidade, a partir de uma perspectiva teológica da libertação latino-americana, tenta preencher algumas das lacunas da análise sobre pobreza, racismo, sexismo e ecologia. Atualmente, esse tipo de trabalho é transnacional e interdisciplinar e vai muito além da teologia da libertação latino-americana. Nesse sentido, a estrutura da teologia da libertação não tem a mesma relevância que já teve há algumas décadas — o que não significa que seja ou tenha sido sem sentido, muito pelo contrário.

A teologia da libertação, incluindo suas versões feminista, ecológica e indígena, uniu o legado do cristianismo na América Latina à traumática história da região, dando uma voz verdadeiramente latino-americana a questões globais. No entanto, até certo ponto, a teologia da libertação permaneceu europeia, branca e masculina, devido à sua falta de solidariedade com os movimentos sociais pós-ditatoriais. Compreender o desenvolvimento e o pós-desenvolvimento da perspectiva dos mais pobres da América Latina implicaria uma crítica mais substancial ao racismo, sexismo e colonialismo, pois estão relacionados à religião.

O primeiro papa latino-americano, Francisco, da Argentina, nunca teve uma relação estreita com a teologia da libertação, mas fez algumas mudanças substanciais na avaliação do Vaticano sobre ela, diferindo de seus dois predecessores.

Referências

ALTHAUS-REID, Marcella (org.). *Liberation Theology and Sexuality: New Radicalism from Latin America*. Londres: Ashgate, 2006.

BOFF, Leonardo. *Ecologia: grito da Terra, grito dos pobres*. São Paulo: Ática, 1995.

GEBARA, Ivone. *Longing for Running Water: Ecofeminism and Liberation*. Mineápolis: Fortress Press, 1999.

VUOLA, Elina. *Limits of Liberation: Feminist Theology and the Ethics of Poverty and Reproduction*. Nova York: Sheffield Academic Press, 2002.

VUOLA, Elina. "'Latin American Liberation Theologians' Turn to Eco(theo)logy: Critical Remarks". *In*: DEANE-DRUMMOND, Celia & BEDFORD--STROHM, Heinrich (orgs.). *Religion and Ecology in the Public Sphere*. Londres: T&T Clark/Continuum, 2011.

Tikkun Olam judaico

Michael Lerner

Palavras-chave: judaísmo, capitalismo, Ano Sabático, Plano Marshall, meio ambiente

---

A antiga sabedoria da tradição judaica de *Tikkun Olam*, ou reparação mundial, combinada às ideias de economistas radicais e ambientalistas, poderia fornecer uma nova base necessária para o desenvolvimento sustentável.

Em hebraico, *Tikkun Olam* significa "transformação e cura do mundo". Na oração judaica, vincula-se à visão de um mundo enraizado, para nutrir a energia "feminina" e cuidar da Terra. O principal problema que enfrentamos hoje é que o sistema capitalista globalizante precisa de expansão ilimitada para sobreviver. Assim, explora os recursos limitados do planeta sem considerar que, ao fazê-lo, polui a Terra com cada vez mais venenos e resíduos, e, simultaneamente, rouba das gerações futuras os recursos consumidos de forma imprudente. As pessoas cuja consciência se formou segundo esse paradigma passam a acreditar e sentem que "nada nunca é suficiente" e que realmente precisam de mais e mais coisas, experiências e oportunidades. É fundamental superar o papel distorcido do dinheiro na vida social, política e no sistema educacional, bem como superar uma

---

MICHAEL LERNER é rabino, mora na Califórnia e edita a revista *Tikkun*. É presidente da Network of Spiritual Progressives e autor de diversos livros, incluindo *The Left Hand of God: Taking Back Our Country from the Religious Right* [A mão esquerda de Deus: retomando nosso país da direita religiosa] (2006); *Spirit Matters* [Questões espirituais] (2000); *Embracing Israel/Palestine: a Strategy to Heal and Transform the Middle East* [Abraçando Israel/Palestina: uma estratégia para curar e transformar o Oriente Médio] (2012); e *Revolutionary Love: A Political Manifesto to Heal and Transform the World* [Amor revolucionário: um manifesto político para curar e transformar o mundo] (2019). Com Cornel West, escreveu *Jews and Blacks: Let the Healing Begin* [Judeus e negros: que comece a cura] (1995).

indústria midiática que é subserviente aos ricos. Os processos democráticos nunca alcançarão uma nova consciência que transcenda o senso interno de "insaciabilidade", a menos que nossa política esteja intrinsecamente ligada a uma transformação espiritual da sociedade.

As tradições espirituais podem promover o reconhecimento interior de suficiência, assim como a coragem para parar de procurar por mais — em vez disso, podemos nos concentrar na melhor maneira de compartilhar o que já temos, em espírito de generosidade. Um ponto de partida é popularizar a noção de Novos Objetivos Essenciais. As empresas, as políticas governamentais e o sistema educacional podem ser entendidos como "eficientes, racionais ou produtivos" à medida que maximizam as capacidades humanas de empatia e generosidade. Precisamos ser capazes de considerar a Terra não essencialmente como um "recurso", mas como um ser vivo que evoca reverência, admiração, espanto radical e estima (Lerner, 2015).

Essa perspectiva levanta a questão da "segurança nacional", sobretudo nos Estados Unidos, e dos trilhões de dólares de dinheiro público gastos em uma estratégia de "poder sobre os outros". A dominação é exercida em muitos níveis: militar, econômico, como penetração cultural ou diplomacia, e também por meio de assédio. Precisamos, então, de uma Estratégia de Generosidade, manifesta em um novo Plano Marshall Global, que evite os principais erros dos programas de desenvolvimento anteriores. Esse plano exigiria que, pelos próximos vinte anos, as sociedades industriais avançadas dedicassem anualmente de 1% a 2% de seu produto interno bruto (PIB) a causas que afirmam a vida. Seria o suficiente para eliminar — e não para melhorar lentamente — a pobreza global, a falta de moradia, a fome, a educação insuficiente e os cuidados de saúde inadequados. Enquanto isso, duzentos anos de crescimento e desenvolvimento ambientalmente irresponsáveis provocados pelo capitalismo e pelo socialismo podem ser reparados.

Esse tipo de Plano Marshall Global difere de todos os planos anteriores de ajuda ou desenvolvimento. Para alcançá-lo, precisaríamos de uma Emenda de Responsabilidade Ambiental e Social à Constituição estadunidense, exigindo o financiamento público de eleições estaduais e nacionais. As empresas que vendem bens ou serviços nos Estados Unidos teriam que provar, a cada cinco anos, um histórico satisfatório de responsabilidade perante um júri de cidadãos comuns auxiliados por representantes ambientalistas. Seriam requisitados testemunhos não só da empresa como também de pessoas afetadas por suas operações, sua política de emprego, seus impactos ecológicos e sociais. A nova Constituição também tornaria obrigatória a educação ambiental em todos os níveis educacionais, desde a educação infantil até o ensino médio, passando pela faculdade, pela universidade e pelas escolas de pós-graduação.

Todas essas etapas seriam necessárias, mas não suficientes, para criar uma sociedade em que "cuidamos uns dos outros e da Terra". A Torá institui uma prática que precisamos reviver na forma moderna: o Ano Sabático. A cada sete anos, toda a sociedade pararia de produzir bens e se concentraria em celebrar o universo. Em nosso contexto moderno, interromperíamos a maior parte da produção de bens, das vendas e do uso de dinheiro, introduzindo uma moeda sabática distribuída igualmente a todas as pessoas.

No Ano Sabático proposto, pelo menos 85% da população poderia parar de trabalhar, mantendo-se ativos apenas os serviços vitais, como hospitais, distribuição de alimentos e alguns outros. Enquanto isso, para os 85% participantes, aqui está um vislumbre de como poderia ser. As escolas seriam fechadas e os alunos do sexto ano ao ensino médio trabalhariam em fazendas, cuidando de animais, manejando a terra e experimentando a proximidade com a natureza na prática. Ainda que algumas pessoas lamentassem a ausência de computadores, telefones celulares, automóveis ou novos estilos de roupas e acessórios, a maioria sentiria ter recebido um ano com tempo livre para participar da tomada de decisões da comunidade e programar os próximos seis anos. Outros benefícios podem ser a reciclagem para uma mudança na trajetória de trabalho ou para o compartilhamento de habilidades; tempo para brincar, dançar, exercitar-se, meditar, orar, caminhar, nadar, pintar, escrever poesia, romances, ver filmes ou programas de televisão. Em suma, um Ano Sabático poderia nos dar a chance de celebrar a grandeza e o mistério do universo.

O ensinamento fundamental do Ano Sabático se resumiria em: "há o suficiente e você é o suficiente", e, portanto, nem sempre é necessário fazer ou ter algo mais para viver uma vida satisfatória. Com essa consciência, que deve se alastrar como fogo selvagem, temos a base psicoespiritual para construir outro tipo de mundo, fundamentado em uma concepção de desenvolvimento totalmente nova. *Tikkun Olam* é a maneira judaica de dizer que o mundo precisa ser consertado, e é nossa tarefa fazê-lo. Pela tradição da ética de Mishna, não é necessário concluir essa tarefa — mas você não é livre para ignorá-la.

Referências

LERNER, Michael. "Our Path to a World of Love and Justice: The Tikkun/NSP Vision", *Tikkun*, 27 dez. 2015. Disponível em: www.tikkun.org/covenant.

LERNER, Michael. "Environmental and Social Responsibility Amendment to the U.S. Constitution", *Tikkun*, 21 nov. 2017. Disponível em: www.tikkun. org/esra.

NETWORK OF SPIRITUAL PROGRESSIVES. "Global Peace Plan". Disponível em: www.tikkun.org/gmp.

Transições civilizatórias

Arturo Escobar

Palavras-chave: civilização ocidental, modernidade heteropatriarcal capitalista, ontologias, pluriverso

---

A noção de transição(ões) civilizatória(s) designa um deslocamento complexo da dominação de um único modelo de vida, supostamente globalizado, habitualmente caracterizado como ocidental e muitas vezes definido como "modernidade heteropatriarcal capitalista", em direção à pacífica, embora tensa, coexistência de uma multiplicidade de modelos, *um mundo onde caibam muitos mundos*, um pluriverso. Sua origem está na certeza de que a atual e multifacetada crise climática, energética, alimentar, de pobreza e de sentido é resultado de um modelo civilizatório específico, a saber, a "civilização ocidental".

Essa ideia encontra eco em uma variedade de espaços sociais, desde as lutas indígenas, de afrodescendentes e de camponeses na América Latina até a ciência alternativa e a pesquisa de futuros, o budismo, a ecologia espiritual e os escritos e os movimentos anticapitalistas, ecológicos e feministas, tanto no Norte quanto no Sul globais. Antecipada por pensadores anticoloniais como Aimé Césaire — "Uma civilização que se revela incapaz de resolver os problemas que suscita é

ARTURO ESCOBAR leciona na Universidade da Carolina do Norte, em Chapel Hill, Estados Unidos, e em várias universidades colombianas. Seu livro mais conhecido é *La invención del Tercer Mundo: Construcción y desconstrucción del desarrollo* [A invenção do Terceiro Mundo: construção e desconstrução do desenvolvimento] (1995). Suas obras mais recentes são: *Otro posible es posible: Caminando hacia las transiciones desde AbyaYala/Latino-America* [Outro possível é possível: jornada para as transições a partir da AbyaYala/América Latina] (2018); e *Designs for the Pluriverse: Radical Interdependence, Autonomy, and the Making of Worlds* [Projetos para o pluriverso: interdependência radical, autonomia e construção de mundos] (2017). Há mais de duas décadas, trabalha com movimentos sociais afro-colombianos.

uma civilização decadente [...]. Uma civilização que usa seus princípios para artimanhas e para o engano é uma civilização moribunda" (Césaire, 1972 [1955], p. 9) —, a ideia se repete hoje em diversos âmbitos. Nas palavras do reverenciado professor, monge budista e escritor Thich Nhat Hanh, precisamos contemplar ativamente o fim da civilização que está causando o aquecimento global e o consumismo generalizado: "Ao inspirar, sei que esta civilização vai morrer. Ao expirar, esta civilização não pode escapar de morrer" (Nhat Hanh, 2008, p. 55).

As origens do modelo civilizatório ocidental como projeto de dominação econômica, militar, de sexo/gênero, racial e cultural podem ser identificadas em acontecimentos como a conquista da América; a Paz de Vestfália (1648), que pôs fim às guerras religiosas intereuropeias ao fornecer a base para o Estado-nação moderno; o Iluminismo; ou a Revolução Francesa, que inaugurou os direitos dos homens. No entanto, suas raízes mais profundas se fincam no solo histórico do monoteísmo patriarcal judaico-cristão. De uma perspectiva crítica, esse modelo se caracteriza pelo seguinte:

- a classificação hierárquica das diferenças em escalas raciais, de gênero e civilizacionais (colonialidade);
- o domínio econômico, político e militar sobre a maioria das regiões do mundo;
- o capitalismo e os chamados livres-mercados como seu modo de economia;
- a secularização da vida social;
- o liberalismo hegemônico baseado no indivíduo, na propriedade privada e na democracia representativa;
- sistemas de conhecimento baseados na racionalidade instrumental, com sua nítida separação entre humanos e natureza (antropocentrismo).

Toda civilização se baseia em um sistema particular de crenças e ideias (premissas epistêmicas e ontológicas), muitas vezes profundamente arraigadas em mitos fundamentais. As civilizações não são estáticas, e as relações entre as civilizações estão sempre mudando — e estão subordinadas ao poder. Todos os grandes historiadores e teóricos da civilização concordam que as civilizações são plurais — em outras palavras, não pode haver uma civilização única.[1] No entanto, o Ocidente adquiriu um alto grau de domínio civilizatório, que segue um indicador de unificação econômica e política. Não se pode dizer o mesmo a respeito do domínio cultural, apesar dos ataques realizados pela modernização das sociedades e, nas décadas mais recentes, da globalização (como universalização de uma "civilização superior").

Contudo, o projeto de uma única civilização global não se concretizou. Nações e civilizações se recusam a se fundir de forma organizada em uma única ordem mundial, apesar de a experiência global ser profundamente moldada por um modelo eurocêntrico transatlântico. No México, por exemplo, depois de mais de cinco séculos de imposição do projeto colonial ocidental, a civilização indígena mesoamericana continua viva e culturalmente vibrante. Talvez possa se dizer o mesmo sobre outros países e regiões do mundo. É cada vez mais evidente que a democracia não pode ser exportada por meio da força; no caso das civilizações, isso é ainda mais claro. A irracionalidade e a violência do modelo dominante podem ser percebidas em todas as partes. Alguns críticos ressaltam a pobreza espiritual e existencial da vida moderna, dada a expansão da ontologia patriarcal e capitalista de hierarquia, dominação, apropriação, controle e guerra que a caracteriza.

Hoje, um movimento diversificado e pluralista, que pede o fim do domínio eurocêntrico e antropocêntrico, está surgindo como resultado de suas desvantagens, fracassos e até horrores, apesar de suas enormes conquistas tecnológicas (cada vez mais questionáveis ecológica e culturalmente). Esse movimento reúne uma série de visões criativas de transição, bem como

---

1   Esse é o caso de Arnold Toynbee, Fernand Braudel e até mesmo de Samuel Huntington, que cunhou o célebre conceito de "choque de civilizações", segundo uma noção objetivada de civilizações múltiplas, porém separadas.

ações concretas. No Norte global, o chamado para a mudança civilizatória pode ser visto nas economias ecofeministas de subsistência, nas propostas para o decrescimento, na defesa dos bens comuns, no diálogo inter-religioso e nas estratégias para tornar local a produção de alimentos, energia e transporte, entre outras. No Sul global, visões de transição são fundamentadas em ontologias que enfatizam a interdependência radical de tudo o que existe. Essa visão biocêntrica encontra expressão clara nas noções de Bem Viver — o bem-estar coletivo, segundo as cosmovisões de cada pessoa —, nos direitos da natureza e nas transições para o pós-extrativismo, todas elas instâncias de pós-desenvolvimento.

É muito cedo para dizer se essas visões e movimentos heterogêneos, livremente congregados, alcançarão um grau de auto-organização capaz de iniciar transformações significativas e, talvez, transições em larga escala. Para a maioria dos teóricos da transição, embora o resultado não seja de modo algum garantido, a mudança para um modelo civilizatório diferente — ou para um conjunto de modelos — não é impossível. Para muitos, isso já está acontecendo na multiplicidade de práticas que incorporam valores de sociedades profundamente ecológicas, não capitalistas, não patriarcais, não racistas e pluriversais, apesar das limitações e contradições.

A noção de transições civilizatórias estabelece um horizonte para a criação de visões políticas amplas, que vão além dos imaginários do desenvolvimento, do progresso e do universalismo da modernidade ocidental, como o capitalismo, a ciência e o indivíduo. Não exige um retorno às "tradições autênticas" nem a formas de hibridismo alcançadas por meio de uma síntese racional dos melhores traços de cada civilização, como se a sedutora, mas inofensiva, linguagem liberal das "melhores práticas" pudesse ser aplicada às civilizações. Longe disso, esse chamado esboça uma coexistência pluralista de "projetos civilizatórios", alcançados por meio de diálogos entre as civilizações que encorajem contribuições para além da atual ordem mundial eurocêntrica. Prevê a reconstituição da governança global com base em fundamentos civilizatórios plurais, não apenas para evitar o choque mas também para fomentar construtivamente o florescimento do pluriverso.

Referências

BATALLA, Guillermo Bonfil. *México Profundo. Una civilización negada*. Cidade do México: Grijalbo, 1987 [Ed. bras.: *México profundo: uma civilização negada*. Brasília: UnB, 2019].

CÉSAIRE, Aimé. *Discourse on Colonialism*. Nova York: Monthly Review, 1972 [1955].

EBOUSSI BOULAGA, Fabien. *Muntu in Crisis: African Authenticity and Philosophy*. Trenton: Africa World Press, 2014.

GTI — GREAT TRANSITION INITIATIVE. Disponível em: http://www.greattransition.org.

NANDY, Ashis. *Traditions, Tyranny, and Utopias. Essays in the Politics of Awareness*. Déli/Nova York: Oxford University Press, 1987.

NHAT HANH, Thich. *The World We Have: A Buddhist Approach to Peace and Ecology*. Berkeley: Parallax Press, 2008.

Tribunal Internacional de Arbitragem da Dívida Soberana

Oscar Ugarteche Galarza

Palavras-chave: acordos monetários internacionais, empréstimos internacionais e problemas de dívidas, falência

---

Vamos reconhecer que a dívida externa é sempre a expressão mais visível de uma evolução que vai muito além do simples âmbito financeiro e econômico. Por isso, não basta afirmar que a dívida externa e sua gestão causaram repetidas crises econômicas em muitos países do mundo. A dívida propriamente dita tem sido, repetidamente, mais uma manifestação das crises do sistema capitalista. Como tal, acontece de forma cíclica, com uma série de novos elementos e uma repetição de elementos anteriores a cada ocorrência. Assim, a dívida desempenhou e continua a desempenhar um papel importante como alavanca para impor a vontade dos países credores, quase sempre grandes potências imperiais, aos endividados. E essa imposição envolve diversas características, inclusive a violência.

Com base em uma longa história que ressalta a inexistência de um sistema de leis justo, transparente e equitativo para tratar da dívida externa, surge a necessidade de um mecanismo capaz de responder a esse problema global.

A ideia de um mecanismo desse tipo tem também uma longa história, sobretudo a partir da grave crise da dívida dos anos 1980. Alberto Acosta e Oscar Ugarteche criaram um

---

OSCAR UGARTECHE GALARZA é peruano e economista no Instituto de Pesquisas Econômicas da Universidade Nacional Autônoma do México (Unam). É membro do Sistema Nacional de Pesquisadores no Conselho Nacional de Ciência e Tecnologia (SNI-Conyat). Anteriormente, foi consultor de sistemas para a ONU em questões de dívida externa. É autor de 27 livros, 62 artigos acadêmicos e 56 capítulos em volumes editados. Atua como pesquisador convidado em várias universidades europeias.

Tribunal Internacional de Arbitragem da Dívida Soberana, cujos elementos fundamentais foram debatidos duas vezes na Assembleia Geral da Organização das Nações Unidas (ONU),[1] mas não foram aceitos por causa da oposição das maiores economias do planeta.

O Tribunal parte do princípio de que a suspensão de pagamentos é parte regular de ciclos econômicos longos. Faz-se necessário, portanto, um mecanismo que determine quais são os componentes que motivam a suspensão de pagamentos e como processá-los. Sobre esse tópico, há uma indagação recorrente na literatura: quando e quem declara que já não se pode cobrar um devedor (uma suspensão de cobrança), que o pagamento foi suspenso ou que entrou em um processo de reordenamento das dívidas? O ideal é que todos os credores suspendessem simultaneamente as cobranças enquanto entram em acordo sobre como refazer o calendário de pagamentos. Isso implica que nenhum credor pode sair dessa lista, o que significa que não há *free riders*.

Quem decide que um país é incapaz de cumprir suas obrigações? Essa é uma questão ética fundamental. Se existe um contrato em que o devedor se compromete a pagar, e se existe o princípio de *pacta sunt servanda* [acordos devem ser mantidos], então, diante de um horizonte econômico sombrio, o Estado devedor poderia pedir um reordenamento da dívida antes mesmo de realmente enfrentar uma crise de pagamento. Essa opção permite prever um agravamento da crise, que afeta seriamente as condições econômicas, sociais e até ambientais do país endividado. Com base nessa decisão, essa situação deveria ser resolvida de forma transparente, justa e respeitando

---

1 Assembleia Geral da ONU (2013). Projeto de Resolução A/68/L.57/Rev.1, adotado por 124 votos a favor, onze contra e 41 abstenções (Resolução 68/304). Em 2015, o texto foi aprimorado, e a Assembleia o adotou pelo voto registrado de 136 a favor e seis contra (Canadá, Alemanha, Israel, Japão, Reino Unido, Estados Unidos), com 41 abstenções. Disponível em: www.un.org/press/en/2015/ga11676.doc.htm.

as normas mínimas do Estado de direito, ou seja, em um Tribunal Internacional de Arbitragem da Dívida Soberana.

Os princípios básicos para o funcionamento do Tribunal são os seguintes:

(1) o pagamento da dívida externa não pode ser, em nenhum momento, um impedimento ao desenvolvimento humano ou uma ameaça ao equilíbrio ambiental. O objetivo é criar um sistema econômico mais estável e equitativo com benefícios para toda a humanidade. Deve-se incorporar o imposto Tobin, contendo fluxos especulativos e minando a existência de paraísos fiscais, para mencionar brevemente duas ações indispensáveis à construção de outra economia para outra civilização;

(2) é inaceitável ao direito internacional que os acordos da dívida externa sejam instrumentos de pressão política, permitindo que um Estado credor ou uma instância controlada pelos Estados credores — o Fundo Monetário Internacional (FMI) e/ou o Banco Mundial — imponham condições insustentáveis a um Estado devedor;

(3) as condições de qualquer acordo, negociadas internacionalmente, devem basear-se nos direitos humanos e nos direitos da natureza;

(4) com base nos princípios estipulados, é necessário criar um código financeiro internacional que englobe todos os países, sem exceção;

(5) o ponto de partida de qualquer solução, incluindo a arbitragem, deve ser a identificação das dívidas adquiridas legalmente e que podem ser pagas, distinguindo-as daquelas ilegítimas, baseadas na doutrina das dívidas odiosas e corruptas;

(6) isso requer a participação ativa da "sociedade civil", na qual nem governos nem credores intervenham, apenas grupos de auditores, associações de juristas e colégios de contadores acompanhados de outras organizações, que entregarão seus resultados diretamente ao Tribunal;

(7) deve-se estabelecer proporcionalidade (*pari passu*) entre todos os credores. Ou seja, devem estar sujeitos à negociação da dívida não só os credores privados mas também os multilaterais e bilaterais;

(8) para dívidas contratadas e renegociadas com contratos definitivos e em condições de legitimidade, deve-se estabelecer parâmetros fiscais claros, para que as dívidas ainda não pagas não afetem nem os investimentos sociais nem a capacidade de poupança interna, assegurando a capacidade de pagamento do país;

(9) as causas da suspensão do pagamento devem ser estabelecidas para que os casos de força maior sejam tratados de forma diferente dos casos de má administração;

(10) o espaço desse Tribunal deve ser estabelecido em Genebra, devido à proximidade dos escritórios da Conferência das Nações Unidas sobre Comércio e Desenvolvimento (UNCTAD) e das unidades da ONU especializadas em dívida externa, fora do FMI;

(11) o FMI deve retomar seu papel original. Deve-se supervisionar esse controlador, e "a sociedade civil" nacional e internacional, em cada caso, deve ter capacidade de monitorá-lo. O FMI deve prestar contas à Assembleia Geral da ONU, com um sistema de sanções;

(12) deve-se criar uma rede internacional de organizações da sociedade civil que monitore, em cada país, o funcionamento dos organismos internacionais. Essas organizações entregariam relatórios a seu governo e a uma comissão permanente supervisora dos organismos internacionais da ONU. Uma avaliação do trabalho do FMI deve ser realizada anualmente.

O assunto da soberania é complexo. Um país que aceite a arbitragem estaria, até certo ponto, reconhecendo sua incapacidade de pagar e sujeito às conclusões do Tribunal. No entanto, ao aceitar o dogma da não falência para não enfraquecer sua soberania, os países assumem passivamente a necessidade de condições que garantam o pagamento da dívida e perdem *de facto* sua soberania através das políticas que resultam de acordos impostos por seus credores.

Em um mundo verdadeiramente globalizado, o Tribunal seria formado por representantes de todos os países.

Referências

ONU — ORGANIZAÇÃO DAS NAÇÕES UNIDAS. "State of Palestine Flag to Fly at United Nations Headquarters Offices, as General Assembly Adopts Resolution on Non-Member Observer States", 69ª Assembleia Geral, 10 set. 2015.

UGARTECHE, Oscar & ACOSTA, Alberto. "Los problemas de la economía global y el tribunal internacional de arbitraje de deuda soberana", *Polis*, n. 13, 2006.

UGARTECHE, Oscar & ACOSTA, Alberto. "Global Economy Issues and the International Board of Arbitration for Sovereign Debt (IBASD)", *El Norte: Finnish Journal of Latin American Studies*, v. 19, n. 2, 2007.

Tribunal Internacional pelos Direitos da Natureza

Ramiro Ávila-Santamaría

Palavras-chave: direitos da natureza, tribunal ético, aplicação de direitos, crise civilizatória

---

Rios envenenados. Terra violada. Golfinhos mortos. Animais em sofrimento. Florestas mutiladas. Selvas devastadas. Ar contaminado. Recifes de corais moribundos. Aves em extinção. Oceanos e lagos agonizantes. Insetos que desaparecem. Mamíferos que não se reproduzem. Sementes geneticamente modificadas. Povos que tentam sobreviver. Pessoas perseguidas e assassinadas por defenderem a vida...

Milhões de seres vivos não têm espaço para expressar sua dor. Os tribunais convencionais foram projetados para tratar apenas de alguns problemas humanos, e nem mesmo para todos os humanos. Aqueles que sofrem de desnutrição, fome, pobreza, migração forçada, falta de abrigo, guerra e solidão também não têm onde expressar sua agonia e suas necessidades. Um pequeno grupo de seres humanos, aqueles que exploram outros ao controlar a natureza por meio da propriedade, têm tribunais, advogados, leis e políticas que os protegem.

Os seres humanos são a espécie mais insensível e letal do planeta. Estamos atravessando a sexta extinção e nem sequer prestamos atenção nela. As mudanças provocadas pelos seres humanos e suas tecnologias são tão rápidas que espécies e natureza são incapazes de se adaptar. Nessa extinção, o humano é agente e vítima (Kolbert, 2015, p. 267). No entanto, não há

RAMIRO ÁVILA-SANTAMARÍA é juiz do Tribunal Constitucional do Equador. Tem mestrado em direito pela Universidade Columbia, mestrado e doutorado em sociologia jurídica pela Universidade do País Basco e pelo Instituto Internacional de Sociologia Jurídica, respectivamente. Também é formado em direito pela Pontifícia Universidade Católica do Equador e é autor e editor de várias publicações.

qualquer instituição na qual se possa atribuir as responsabilidades pelos problemas causados pela espécie humana. Diante desse vazio, em conjunto com o Tribunal Permanente dos Povos, os movimentos sociais liderados por ambientalistas e intelectuais criaram um espaço ético da sociedade civil, em que a natureza é dotada de voz e essa voz é ouvida, um espaço para apresentar as demandas e permitir a reflexão: o Tribunal Internacional pelos Direitos da Natureza.

O Tribunal se reuniu pela primeira vez em janeiro de 2014, em Quito, Equador. Entre os que compareceram, estavam o Golfo do México, o Parque Nacional Yasuní, no Equador, a Grande Barreira de Coral da Austrália, a Cordilheira do Condor equatoriana, o subsolo onde se pratica o fraturamento hidráulico nos Estados Unidos, além dos defensores dos Direitos da Natureza. Suas exigências: não ao vazamento de óleo; não à exploração de petróleo; não à mineração; não ao turismo predatório; não às mudanças climáticas antropogênicas; não à modificação genética; não à criminalização de ativistas. Os casos foram apresentados por militantes e movimentos sociais, enquanto o Tribunal ouvia. Outros tribunais se seguiram no Equador, nos Estados Unidos, na Austrália, no Peru e na França.

— Senhor Presidente, peço que o Parque Nacional Yasuní compareça diante deste Tribunal.

— Prossiga, senhora Procuradora.

Dessa maneira, Yasuní ganha voz por meio dos humanos que o conhecem e sentem com ele. Pessoas humanas falam em nome de florestas, rios, golfinhos, sapos e insetos, e as vozes dos povos indígenas estão sempre presentes. A umidade da floresta, o canto dos Huaorani, a dor da onça, a tristeza das árvores derrubadas, os horrores da contaminação, as explosões nos campos de petróleo, a miséria da exploração econômica da natureza, a impotência dos habitantes da floresta, o conflito entre quem destrói e quem conserva e a morte de grupos indígenas em isolamento voluntário — tudo isso pode ser intensamente sentido no julgamento. Alguns choram, outros gritam, outros exigem, questionam e informam sobre o suposto modelo de desenvolvimento e progresso. Vozes são ouvidas, relatórios científicos são discutidos, fotografias são consultadas para que um pouco da natureza possa testemunhar diante do Tribunal. Os juízes deliberam, ponderam seus votos e finalmente declaram seu veredicto. Eticamente, ao menos, a natureza é ouvida e a justiça é feita.

O Tribunal ouve casos como o de Yasuní, em que o governo equatoriano propôs a extração de petróleo no meio de uma rica floresta tropical. Considera-se que os Direitos da Natureza foram ali violados e, depois de examinar as provas, o Tribunal reconhece a violação, atribui responsabilidades e sugere medidas reparadoras de acordo com a Declaração Universal dos Direitos da Mãe Terra, a Constituição do Equador (artigos 70-73) e outros direitos derivados da natureza e com base nos conhecimentos dos povos que valorizam a Terra. A Mãe Terra e todos os seres vivos que a habitam têm o direito de existir, de ser respeitados, de se regenerar sem que seus ciclos vitais sejam alterados, de manter sua identidade e integridade, e também de uma reparação integral.

Os tribunais estão equipados com uma secretaria técnica, composta por ativistas, cientistas, políticos, acadêmicos renomados, todos cientes dos Direitos da Natureza e da necessidade de defendê-la. Entre os que presidiram os tribunais estão Vandana Shiva, Boaventura de Sousa Santos, Alberto Acosta, Cormac Cullinan, George Caffentzis, Anuradha Mittal, Brendan Mackey e Tom Goldtooth.

O Tribunal estabelece um passo necessário para a sobrevivência do planeta e da espécie humana. Em poucas palavras, precisamos de uma maneira completamente diferente de nos relacionar com a natureza. Os seres humanos não são a única nem a melhor espécie da Terra. Nosso sentimento de superioridade e domínio sobre a natureza causou a extinção de milhares de espécies e colocou em risco nossa própria existência. Precisamos fazer a transição de um tipo de lei que vê a natureza como um objeto, como um recurso físico, para uma outra legislação, em que ela seja sujeito. Ao contrário do direito de civilização convencional, esse direito foi chamado de "selvagem" (Cullinan, 2003). Essa nova concepção da lei implica um novo entendimento e um novo objetivo: criar sistemas de governo que simultaneamente forneçam suporte aos seres humanos e a todas as comunidades vivas. Assim, essa "lei selvagem" recupera o direito de preservar e recuperar o que é selvagem em nosso coração, outras formas de ser e fazer o que é certo; protege a natureza e a liberdade de autorregulação das comunidades vivas; e dá relevância à criatividade da diversidade, em vez de impor uniformidade (Berry, 2003).

O direito selvagem, cujos detentores e legisladores são a própria natureza e os seres humanos como parte dela, exige que os humanos desçam de seu pedestal para encontrar seu lugar no planeta, libertando-se do que é artificial e supérfluo na vida, encontrando uma nova aceitação de sua própria animalidade e, por fim, aprendendo a viver novamente em harmonia com o resto da natureza. O Tribunal é um espaço em que se leva a cabo essa transformação. É o primeiro passo para consolidar um Tribunal Internacional projetado, controlado e respeitado por todos os povos do planeta.

Referências

BERRY, Thomas. "Foreword". *In*: CULLINAN, Cormac. *Wild Law: A Manifesto for Earth Justice*. Vermont: Chelsea Green Publishing, 2003.

CULLINAN, Cormac. *Wild Law: A Manifesto for Earth Justice*. Vermont: Chelsea Green Publishing, 2003.

KOLBERT, Elizabeth. *The Sixth Extinction: An Unnatural History*. Nova York: Picador, 2015 [Ed. bras.: *A sexta extinção: uma história não natural*. Rio de Janeiro: Intrínseca, 2015.]

Ubuntu

Lesley Le Grange

Palavras-chave: humanidade, interconectividade, justiça social, sustentabilidade ambiental

---

Ubuntu é um conceito sul-africano que significa humanidade. A humanidade implica tanto uma condição de ser quanto um estado de devir. Diz respeito ao desenvolvimento do ser humano em relação a outros seres humanos e ao mundo mais que humano, de natureza não humana. Em outras palavras, vir a ser um humano depende de outros seres humanos e do cosmos. Além disso, *ubuntu* sugere que um ser humano não é o indivíduo atomizado da tradição ocidental, mas está incorporado em relações sociais e biofísicas. Portanto, *ubuntu* é anti-humanista porque enfatiza a existência relacional e o devir do ser humano.

Ubuntu deriva de expressões ou aforismos proverbiais encontrados em vários idiomas da África subsaariana. No grupo linguístico nguni, que reúne as línguas zulu, xhosa e ndebele faladas na África do Sul, *ubuntu* deriva da expressão *"Umuntu ngumuntu ngabanye Bantu"*, que sugere que a humanidade de um indivíduo se expressa idealmente em relação aos outros, e é essa a verdadeira expressão condicional de ser uma pessoa: "Nós somos, portanto eu sou". *Botho* é seu equivalente nas línguas sotho-tswana e deriva da expressão proverbial *"Motho ke motho ka batho babang"*. *Ubuntu* compreende um dos elementos principais de um ser humano. A palavra zulu para ser humano é *umuntu*, e o ser humano é constituído de *umzimba* (corpo, forma, carne), *umoya* (respiração, ar, vida), *umphefumela* (sombra, espírito, alma), *amandla* (vitalidade, força, energia),

---

LESLEY LE GRANGE é professor emérito na Faculdade de Educação da Universidade Stellenbosch, na África do Sul. Seus atuais campos de pesquisa incluem uma análise crítica da sustentabilidade e sua relação com a educação, assim como o estudo do conceito de ubuntu como ética ambiental e suas implicações para a educação.

inhliẓiyo (coração, centro das emoções), *umqondo* (cabeça, cérebro, intelecto), *ulwimi* (linguagem, fala) e *ubuntu* (humanidade) (Le Roux, 2000, p. 43). *Ubuntu*, no entanto, não é apenas um conceito linguístico — possui também uma conotação normativa que estabelece de que modo devemos nos relacionar com o outro. Sugere que nossa obrigação moral é cuidar dos outros, porque, quando eles são prejudicados, nós somos prejudicados. Essa obrigação se estende à vida como um todo, pois tudo no cosmos está relacionado: quando prejudico a natureza, sou prejudicado. Como todos os valores culturais africanos, *ubuntu* circulou por meio da oralidade e da tradição, e seu significado está entrelaçado nas práticas culturais e na vivência desses povos. Tais valores foram corroídos ou apagados pela colonização. No entanto, na África pós-colonial, *ubuntu* e seus equivalentes foram novamente invocados como parte de um projeto de descolonização, e também desfrutam de um apelo crescente, em outros lugares do mundo, como alternativa às noções dominantes de desenvolvimento, as quais ameaçam a conquista da justiça social e da sustentabilidade ambiental. Por exemplo, alguns grupos afrodescendentes na América do Sul estão invocando *ubuntu* para obter uma compreensão mais integral do Bem Viver.

Ubuntu transmite a ideia de que não se pode realizar ou expressar seu verdadeiro eu explorando, enganando os outros ou tratando-os injustamente. Ser capaz de brincar, usar os sentidos, imaginar, pensar, raciocinar, produzir obras ou ter controle sobre o próprio ambiente em que se está não é possível sem a presença de outras pessoas. *Ubuntu*, portanto, é uma demonstração de solidariedade entre humanos, bem como entre humanos e o mundo mais do que humano. Pode ser invocado para criar solidariedade entre as pessoas na luta por justiça social e sustentabilidade ambiental, que são preocupações centrais dos movimentos sociais em todo o mundo. Propõe que a criatividade e a liberdade humanas só devem ser restringidas quando prejudicam outras pessoas. *Ubuntu* é a manifestação do poder dentro de todos os seres, que serve para melhorar a vida, e não para frustrá-la. Trata-se de um poder produtivo, que conecta e gera cuidado e compaixão: é o poder da multidão que dá ímpeto aos movimentos sociais. Essa forma de poder contrasta com o poder que impõe, divide e coloniza — o poder do soberano, exercido por organizações supranacionais, governos, militares e pelo mundo corporativo. Esta última forma de poder provoca a erosão de *ubuntu*.

O potencial transformador de *ubuntu* está em oferecer leituras alternativas para alguns dos principais desafios enfrentados pela humanidade no século XXI: crescente desigualdade entre os seres humanos, desastre ecológico iminente e interconectividade do homem com as novas tecnologias, que chegou ao ponto em que é difícil determinar o que significa agora "ser humano". Com relação a este último desafio, a invocação de *ubuntu* enfatiza a importância de afirmar a humanidade, não definindo o que é ser humano para declarar outras entidades como não humanas, mas por meio de um processo que envolve o desdobramento do ser humano em um contexto de novas tecnologias em expansão. Abordar a desigualdade no mundo sugere uma preocupação apenas com as pessoas (centrada no ser humano), ao passo que enfrentar a crise ecológica amplia o interesse para o mundo mais do que humano, ou seja, de forma ecocêntrica. *Ubuntu* é transformador, pois transcende o conceito binário centrado no homem (antropocêntrico) e no ecológico (ecocêntrico) (Le Grange, 2012). A relação entre os seres humanos deve ser vista como um microcosmo de relacionalidade dentro do cosmos. Cuidar de si mesmo ou cuidar de outros seres humanos não é, portanto, antagônico ao cuidado do mundo mais que humano: *ubuntu* não pode simplesmente ser reduzido à categoria de antropocêntrico ou ecocêntrico. O eu, a comunidade e a natureza estão intrinsecamente relacionados — a cura em um domínio resulta na cura em todas as dimensões, e também o sofrimento é testemunhado transversalmente nas três dimensões. A luta por liberdade individual, justiça social e sustentabilidade ambiental é uma só luta.

Dois limites potenciais de *ubuntu* podem ser identificados. Primeiro, uma estreita interpretação etnocêntrica do conceito poderia ser usada politicamente para excluir outros. Com isso, quero dizer que certos grupos que ganharam poder político na África pós-colonial podem reivindicar que o conceito lhes pertence — mesmo que isso possa contradizer o significado do termo — ou sustentar a opinião de que ele não pode ser sujeito a um exame crítico. Em outras palavras, *ubuntu* pode se ver reduzido a um humanismo restrito, que resultou em atrocidades como a xenofobia na África do Sul nos últimos tempos. Segundo, por causa de seu apelo popular, *ubuntu* poderia ser cooptado por organizações supranacionais, governos e pelo mundo corporativo para se adequar às suas próprias agendas, ou, dado o domínio das formas ocidentais de conhecimento, poderia acabar assimilado como parte do acervo cultural ocidental, corroendo sua "indigenidade".

Referências

LE GRANGE, Lesley, "Ubuntu, Ukama, Environment and Moral Education", *Journal of Moral Education*, v. 4, n. 3, p. 329-40, 2012.

LE ROUX, Johann. "The Concept of 'Ubuntu': Africa's Most Important Contribution to Multicultural Education?", *Multicultural Teaching*, v. 18, n. 2, p. 43-6, 2000.

NOVALIS UBUNTU INSTITUTE. Disponível em: http://novalis.org.za/.

UBUNTU LIBERATION MOVEMENT. Disponível em: www.ubuntuparty.org.za/.

UBUNTU PATHWAYS. Disponível em: https://ubuntupathways.org/.

Visão tao de mundo

Sutej Hugu

Palavras-chave: pacto interespécies, ontologia indígena, calendário ecológico, direitos da natureza, soberania tribal

---

Depois de ter sido ignorado pela colonização do mundo moderno até o final do século XIX (1896), o povo tao da Austronésia atualmente tem uma população de cerca de cinco mil pessoas, das quais metade ainda vive em sua ilha natal, Pongso no Tao (Lanyu). É uma pequena ilhota vulcânica de 45 quilômetros quadrados na costa sudeste de Taiwan, na margem oeste do Oceano Pacífico. Existem seis comunidades tribais independentes que falam o mesmo idioma, mas cada uma tem sua própria origem, seus mitos e histórias lendárias.

Alimentados pela riqueza do grande ecossistema marinho da corrente oceânica de Kuroshio, os Tao viveram durante milênios a "próspera sociedade originária", com seus tradicionais conhecimentos e práticas ecológicos. Existem comunidades tribais igualitárias não hierárquicas e não especializadas, sem chefes ou autoridades anciãs, e sim líderes funcionais responsáveis por orientar várias atividades de produção, construção e cerimoniais, e uma divisão complementar de trabalho na família, estabelecida de acordo com o gênero. Os homens tao alternam sazonalmente a pesca migratória e a realizada em recifes de coral segundo seu sistema único de cálculo do tempo, chamado *ahehep no tao* [noite do povo], um calendário ecológico originário para acompanhar o ciclo lunar mensal e o ciclo solar anual. As mulheres tao cultivam taros de água em campos privados com canais de irrigação e trabalham no

---

SUTEJ HUGU é ativista, visionário da soberania tribal e organizador de meios de subsistência coletivos alternativos. Foi cofundador e secretário-geral da Taiwan Indigenous Conserved Territories Union (TICTU) e coordenador regional para a Ásia Oriental do ICCA Consortium. É CEO da Tao Foundation.

cultivo cíclico itinerante (queima e pousio) de campos secos, que pertencem coletivamente a famílias extensas, colhendo taioba, batatas-doces, inhame e milheto. Também mantêm, ao longo de gerações, uma floresta comunitária, cuidando de árvores reservadas e da colheita ecologicamente inteligente de madeira da floresta tropical de "alta diversidade alfa" para a construção de barcos em prancha e de casas. Esse conhecimento cultural e ecológico adaptativo e um sistema elaborado de normas *makaniaw* (tabus) para a sustentabilidade da ilha e de seu povo seguem vigentes.

O núcleo da visão tao de mundo pode ser delineado como um guia para a sobrevivência, o avivamento e a sustentabilidade das próximas gerações. Eles usam um ecocalendário interespécies compacto como fundamento da governança e dos direitos da natureza. Com base em um relacionamento simples, mas sutil e profundo, e com uma observação cuidadosa dos ciclos ambientais naturais, o ecocalendário é a estrutura fundamental de sua instituição de governança. Ele conta e fornece trinta nomes para as fases da lua e doze nomes para os ciclos lunares, divididos em três estações ao longo do ano. O mais surpreendente é o método de intercalação dinâmica usado para inserir um mês bissexto no ano certo, para calibrar a discrepância entre doze meses lunares e um ano solar: ele está atrelado ao relógio biológico dos peixes-voadores migratórios.

De acordo com esse ecocalendário, combinado ao conhecimento ecológico e fenomenológico, há três grandes cerimônias para iniciar cada estação com valor ético crítico:

(i) *mivanoa* para a temporada de *rayon*, de março a junho: todos os homens, jovens e velhos, devem se reunir na praia comunitária de barcos de pesca para realizar um ritual de convocação dos peixes-voadores e assim reconfirmar o pacto interespécies entre aqueles peixes e o povo tao ancestral, reconhecendo os direitos da natureza e a ordem do mundo dos vivos. Na mitologia tao, o ancestral dos mais nobres peixes-voadores de asas negras havia ensinado o ancestral dos Tao a maneira

de colheita sustentável e o trato adequado dos peixes-
-voadores para a sobrevivência de ambas as espécies.
Na mesma história, há o primeiro relato do arranjo de
obras e cerimônias durante o ano inteiro;

(ii) *mivaci* para a estação *teyteyka*, aproximadamente de
julho a outubro: todos os homens e mulheres devem
se reunir no local da comunidade para celebrar a
colheita de milhetos dos campos comunais da família
consanguínea e de outras culturas de cada parcela da
família conjugal, com a intenção de manter sempre os
mais altos níveis de agrobiodiversidade e soberania de
sementes de alimentos; trata-se de cerca de cinquenta
variedades de diferentes culturas por meio do sistema
agrícola tradicional e de práticas ecológicas resilientes;

(iii) *mipazos* para a estação *amiana*, aproximadamente de
novembro a fevereiro: todas as famílias devem preparar a oferta sacrificial, levá-la primeiro à praia da comunidade e depois voltar para colocá-la no telhado de
cada casa principal, com a intenção de restaurar a harmonia com todos os espíritos e reiterar o compromisso
com o bem-estar de todos os seres que nos rodeiam.

Na instituição tao de governança marinha, a estação do *rayon* é
apenas para a pesca de espécies migratórias. A pesca no recife de
coral é absolutamente proibida durante esse período. A captura
de peixes-voadores é interrompida quando é o momento do
pico da reprodução. Em vez disso, nas outras estações do ano
de pesca nos recifes de coral, esses peixes são divididos em três
categorias: boa (*oyod*), ruim (*rahet*) e não comestível (*jingngana*),
para espalhar e mitigar a pressão sobre a cadeia alimentar marinha. Os peixes "bons" são destinados primeiro para mulheres
e crianças, e os peixes "ruins" são apenas para homens e idosos. Obviamente, todas as práticas anteriormente mencionadas
representam um sistema de zoneamento multidimensional eficaz
para a conservação dos recursos naturais e do meio ambiente.

*Uma ontologia indígena que nomeia o mundo e define um
modo de conexão que incorpora a trindade da diversidade*

linguística, cultural e biológica. Para o mundo em torno de seu espaço de vida, o povo tao dá nomes com significados seculares e espirituais. Existem cerca de 450 nomes para as criaturas do mar e das marés, cerca de 350 para as plantas costeiras e montanhosas, 120 para animais terrestres, aves e insetos. Há também cerca de 1,2 mil nomes de lugares designados em todos os seis habitats comunitários tribais da ilha. O conhecimento holístico e o sistema de valores estão relacionados a cada nome e entrelaçados entre si. Além desses, existem dezenas de nomes de ventos para a orientação de navegação e de nomes de estrelas, que são "olhos no céu". Sem um sistema de escrita, os Tao vivem uma tradição oral de memória coletiva através de uma linhagem contínua de contação de histórias e do canto cerimonial. Essa integração da ecologia do conhecimento e das formas interconectadas de vida, que antecede o dinheiro e o mercado, poderia dar importantes lições para as sociedades modernas em crise. Os Tao, portanto, esperam participar de uma mudança de paradigma e transição de poder na governança planetária, aplicando criativamente visões indígenas de mundo como uma alternativa realista e visionária para o nosso futuro comum.

Referências

BENEDEK, Dezso. *A Comparative Study of the Bashiic Cultures of Irala, Ivatan, and Itbayat*. Tese (Doutorado), Pennsylvania State University, 1987.

BOTEL TOBAGO: THE ISLAND OF MEN. Direção: Véronique Arnaud, 2013. Disponível em: https://archive.org/details/066LIleDesHommesENG.

Posfácio

A Tapeçaria Global de Alternativas

O mundo está passando por uma crise sem precedentes, gerada por um regime dominante que resultou em aprofundamento das desigualdades, aumento de novas formas de privação, destruição de ecossistemas, mudanças climáticas, rompimento do tecido social e desapropriação de todos os seres vivos com imensa violência.

Todavia, *as duas últimas décadas testemunharam o surgimento de uma imensa variedade de alternativas radicais a esse regime dominante e a suas raízes capitalistas, patriarcais, racistas, estatais e antropocêntricas.* Elas abrangem desde iniciativas em setores específicos — como agricultura sustentável e holística, soberania hídrica, energética e alimentar liderada pela comunidade, economia solidária e compartilhada, controle das instalações de produção pelos trabalhadores, recursos de bens comuns, conhecimento, paz interétnica e harmonia — até transformações holísticas ou completas, como as tentativas dos zapatistas, em Chiapas, e dos curdos, em Rojava, em prol do renascimento das tradições antigas ou do surgimento de novas visões de mundo que restabeleçam o lugar da humanidade na natureza e os valores de dignidade, igualdade e respeito pela história.

A Tapeçaria Global de Alternativas é uma iniciativa que busca criar redes de solidariedade e aliança estratégica entre todas essas alternativas nos níveis local, regional e global. Inicia-se na interação local entre alternativas para, gradualmente, organizar formas de acordo nas escalas regional, nacional e global, por meio de estruturas diversas e leves, definidas em cada espaço, horizontais, democráticas, inclusivas e não centralizadas, utilizando diversos idiomas locais e outras formas de comunicação. A iniciativa *não possui estrutura central ou mecanismos de controle.* Ela se espalha pouco a pouco, como um conjunto de tapeçarias complexo e sempre em expansão, construídas por redes comunais ou coletivas já existentes, organizadas como alternativas aos regimes dominantes, cada uma delas se tecendo com outras redes autonomamente.

A iniciativa organiza mecanismos de interação entre essas estruturas regionais e nacionais, e entre elas e as sociedades nas quais existem, em diversas línguas e por diferentes meios, promovendo periodicamente, quando as condições os permitem, encontros regionais, nacionais e globais, bem como vínculos estreitos e sinérgicos com organizações existentes, como o Fórum Social Mundial.

A Tapeçaria Global de Alternativas visa *criar espaços de colaboração e intercâmbio,* a fim de aprender sobre e com os outros, desafiar-se criticamente, oferecer solidariedade ativa sempre que necessário, entrelaçar as iniciativas em ações comunitárias, dar-lhes visibilidade para inspirar outras pessoas a criar suas próprias iniciativas e seguir adiante pelos caminhos existentes ou então forjar novos caminhos que fortaleçam alternativas onde quer que estejam, *até o ponto em que uma massa crítica de modos alternativos possa criar as condições para as mudanças sistêmicas radicais de que precisamos.*

Um pequeno grupo de ativistas de várias regiões do mundo inaugurou a iniciativa, que criará sua estrutura à medida que se forma em diferentes partes do mundo. O grupo inicial continuará apoiando a iniciativa pelo tempo que for necessário. Qualquer pessoa interessada em acompanhar a evolução da iniciativa ou participar dela pode escrever um email para globaltapestryofalternatives@riseup.net.

Para mais informações, acesse www.globaltapestryofalternatives.org.

Divulgação

Sobre os organizadores

ASHISH KOTHARI nasceu em 1961, na Índia. É membro-fundador da organização ecológica Kalpavriksh, coordenador da iniciativa Vikalp Sangam e um dos criadores da Tapeçaria Global de Alternativas. Trabalhou na União Internacional para a Conservação da Natureza, o Greenpeace e no ICCA Consortium. É autor, coautor ou organizador de uma série de livros, entre eles *Churning the Earth: The Making of Global India* e *Alternative Futures: India Unshackled*.

ARIEL SALLEH é australiana, ativista, autora de *Ecofeminism as Politics: Nature, Marx, and the Postmodern* e organizadora de *Eco-Sufficiency and Global Justice: Women Write Political Ecology*. Fundadora da revista *Capitalism Nature Socialism*, é professora de economia política na Universidade de Sydney, Austrália, catedrática emérita na Universidade Friedrich Schiller, em Jena, Alemanha, e professora visitante na Universidade Nelson Mandela, na África do Sul.

ARTURO ESCOBAR é professor da Universidade da Carolina do Norte, em Chapel Hill, Estados Unidos, e de várias universidades na Colômbia, onde nasceu. Há mais de duas décadas trabalha com movimentos sociais afro-colombianos. É autor de *La invención del Tercer Mundo: Construcción y desconstrucción del desarrollo*, *Otro posible es possible: Caminando hacia las transiciones desde AbyaYala/Latino-America* e *Designs for the Pluriverse*.

FEDERICO DEMARIA é cientista socioambiental interdisciplinar, pesquisador em ecologia política e economia ecológica na Universidade Autônoma de Barcelona, Espanha. É professor visitante no Instituto Internacional de Estudos Sociais, em Haia, Holanda, e membro do coletivo Research & Degrowth e da EnvJustice, projeto de pesquisa que visa a estudar e contribuir com o movimento de justiça ambiental global. É também agricultor de azeitona orgânica.

ALBERTO ACOSTA, professor e economista equatoriano, foi ministro de Energia e Minas do Equador, presidente da Assembleia Constituinte que escreveu a Constituição equatoriana de 2008 e candidato à presidência da República. É autor ou coautor de inúmeros livros e artigos, entre eles *O Bem Viver: uma oportunidade para imaginar outros mundos*, *Pós-extrativismo e decrescimento: saídas do labirinto capitalista* e *La maldición de la abundancia*.

O financiamento desta publicação integra o Termo de Fomento CDRT no 01/2020, Processo no 0134/2020, realizado pelo Coletivo660, representado pela Ação Educativa em convênio com a Secretaria de Desenvolvimento Econômico, Ciência, Tecnologia (SDECTI) do Estado de São Paulo.

Chico Whitaker
Dário Bossi
Janaina Uemura
Jorge Abrahão
José Correa Leite
Luiz Marques
Mauri Cruz
Moema Miranda
Oded Grajew
Salete Valesan
Sérgio Haddad
Stella Whitaker

[cc] Editora Elefante, 2021
[cc] Ashish Kothari, Ariel Salleh, Arturo Escobar,
Federico Demaria & Alberto Acosta, 2021

Você tem a liberdade de compartilhar, copiar,
distribuir e transmitir esta obra, desde que cite
a autoria e não faça uso comercial.

Título original:
Pluriverse: A Post-Development Dictionary
Tulikaa Books & AuthorUpFront, 2019

Primeira edição, novembro de 2021

Dados Internacionais de Catalogação na Publicação (CIP)
Angélica Ilacqua CRB-8/7057

Pluriverso: dicionário do pós-desenvolvimento /
Ashish Kothari...[et al.]; tradução de Isabella Victoria Eleonora
— São Paulo: Elefante, 2021.
   576 p.

ISBN 978-65-87235-43-1

1. Desenvolvimento econômico 2. Desenvolvimento social
3. Política e governo 4. Desenvolvimento cultural 5. Ecologia
I. Título II. Eleonora, Victoria

21-2672   CDD 300

Índices para catálogo sistemático:
1. Ciências sociais - Desenvolvimento

EDITORA ELEFANTE
editoraelefante.com.br   Sol Elster [comercial]
editoraelefante@gmail.com   Samanta Marinho [financeiro]
fb.com/editoraelefante   Isadora Attab [redes]
@editoraelefante   Camila Yoshida [mídia]

fontes GT Walsheim Pro & Fournier MT Std
papel Kraft 240 g/m² e Ivory Slim 65 g/m²
impressão BMF Gráfica